Michael L. Brown

JESUS REVOLUTION

Michael L. Brown

Jesus Revolution

Hassmann-Verlag, Fürth

Im Original erschienen bei Regal Books,
2300 Knoll Drive, Ventura, Kalifornien, U. S. A.
mit dem Titel: „Revolution! The Call to Holy War".

Übersetzung: Manfred Schmidt
Covergestaltung: Image Grafik-Design GmbH, Landsberg am Lech
Druck: Schönbach-Druck GmbH, Erzhausen

ISBN 3-932491-30-0

INHALT

WIDMUNG

Den Studenten und Absolventen der
Brownsville Revival School of Ministry,
meinen Mitarbeitern und Mitsoldaten,
Diener Jesu im Leben und im Tod.
Vorwärts mit der Revolution!

1. Thessalonicher 3,8-9

KOMMENTARE

Wenn jeder junge Mensch dieses Landes das vorliegende Buch lesen und es beherzigen würde, dann könnte *Jesus Revolution* zum Katalysator einer neuen Jesus-Bewegung werden!

Ché Ahn, Präsident von *The CallDC,*
Autor von *Into the Fire*

Jesus Revolution hat die Antworten, um die Welt zu verändern.

Jim Burns, Präsident des *National Institute of Youth Ministry*

Michael Browns Gedanken hatten einen tiefen Einfluß auf die Leute von Sonicflood. Ich bete, der Heilige Geist möge durch *Jesus Revolution* die verlorene Leidenschaft und Kraft des Volkes Gottes neu entzünden.

Jason Halbert, Keyboarder, *Sonicflood*

Der Trompetenstoß eines Mannes, der den Einen kennt, der die Befehle gibt und unsere tiefste Bestimmung Gestalt gewinnen läßt.

Winkie Pratney, Autor von *Fire On the Horizon*

Jesus Revolution ist eine Idee, deren Zeit angebrochen ist. Michael Brown hat den Herzschlag des Heiligen Geistes zu Beginn des neuen Jahrtausends eingefangen.

David Shibley, Präsident von *Global Advance*

Jesus Revolution ist kein Buch für Sesselchristen – oder vielleicht doch? Diese Seiten sind so voller Leidenschaft und Salbung, daß wir alle aus dem Sessel gerissen werden und in die Schlacht ziehen!

Tommy Tenney, Autor von *The God Chasers*
und *God's Secret to Greatness*

Michael Browns *Jesus Revolution* ist der prophetische Fahrplan für die größte Jugenderweckung der westlichen Welt.

Bob Weiner, Weiner Ministries International

VORWORT

Irgendwann in der ersten Hälfte des Jahres 1999 ist der Groschen gefallen. Vielleicht waren die Schießereien an der Columbine Highschool daran schuld; vielleicht war es die Anhäufung von Frust und Ohnmachtsgefühlen aus Jahren der politischen Korruption und des moralischen Niedergangs in Amerika; vielleicht war es auch die Erkenntnis, daß die Kirche in Amerika ihre gegenwärtigen Ansätze und Methoden bis zur Neige ausgeschöpft hat. Was auch immer die Faktoren im einzelnen waren, einer Sache bin mir sicher: quer durchs ganze Land haben die Gläubigen begonnen zu sagen: „Es reicht! Wir brauchen eine Revolution!“ Dieses Buch, das fast ganz in sechs sehr intensiven Wochen entstanden ist (von der letzten Dezemberwoche 1999 bis zur ersten Februarwoche 2000) ist eine deutliche und definitive Aufforderung, mit der Revolution zu beginnen.

Aber eine solche Sprache führt sehr leicht zu Mißverständnissen, deshalb möchte ich von vornherein eines klarstellen: Dieses Buch ist *kein* Aufruf zu einem gewaltsamen Umsturz der Regierung, noch ist es ein Aufruf, zu den Waffen zu greifen oder Einschüchterungstaktiken gegenüber Menschen anzuwenden, die anderer Meinung sind. Es ist auch kein Aufruf zu politischem Aktivismus als solchem. Es ist ein Aufruf zu etwas weitaus Extremerem: das Evangelium Jesu mit Haut und Haaren zu leben, mit all seinen radikalen Ansprüchen. Es ist ein Aufruf an das Volk Gottes, diese Generation mit der prophetischen Botschaft der Umkehr zu prägen, ein Aufruf, die mächtigste Gegenkultur in der Geschichte unseres Landes und der westlichen Welt auf den Weg zu bringen, ein Aufruf, den moralischen Boden zurückzugewinnen, der uns gestohlen wurde, ein Aufruf, Jesus im Leben und im Tod nachzufolgen. In dieser Hinsicht ist es tatsächlich ein Aufruf, mit der Revolution zu beginnen – und zwar jetzt.

Als 1999 das Thema „Revolution“ meine Gedanken zu beherrschen begann (die Anfänge dazu liegen allerdings schon Jahre zurück), kaufte ich mir einige Bücher über die Gegenkultur der sechziger Jahre. Ich selbst war ein Produkt jener Zeit. Tief geprägt von Rockmusik fing ich 1969 mit vierzehn an, Haschisch zu rauchen und LSD zu nehmen; im Jahr darauf wandte ich mich Speed und Heroin zu. Dann, Ende 1971, begegnete ich dem Herrn. Ich weiß, wie dekadent dieses Jahrzehnt war – in meinen Augen hatte es vorwiegend mit Drogen, Rock'n Roll, Rebellion und unmoralischem Lebensstil zu tun. Und ich weiß, wie sehr sich unsere Gesellschaft in jenem Jahrzehnt verändert hat. Aber ich hatte vergessen, wie sehr die sechziger Jahre aus dem Impuls einer *Gegenkultur* lebte, nicht nur aus *fleischlichen* Impulsen heraus. Von der Antikriegsbewegung zur Bürgerrechtsbewegung, vom Beginn des Feminismus und des homosexuellen Aktivismus bis zur Hippie-Bewegung: überall geriet der Status quo unter Beschuß. Die meisten Angriffe hinterließen tragische Spuren in Amerika und der ganzen Welt.

David G. Myers malt uns das plastisch vor Augen:

> Wären Sie im Jahre 1960 eingeschlafen und erst heute wieder aufgewacht (auch wenn wir wieder erste Anzeichen einer gesellschaftlichen Erholung zu verzeichnen haben), würden Ihnen die gesellschaftlichen Veränderungen gefallen? Sie würden aufwachen in einer Welt mit …
>
> - einer doppelt so hohen Scheidungsrate
> - einer dreimal so hohen Selbstmordrate unter Teenagern
> - einer viermal so hohen Rate von Gewaltverbrechen, die zur Anzeige gebracht wurden
> - einer fünfmal so hohen Zahl von Gefängnisinsassen
> - einer sechsmal so hohen Rate unehelicher Geburten
> - einer siebenmal so hohen Rate unverheirateter Paare (einem Indikator für zukünftige Scheidungsziffern)
> - einer enorm gestiegenen Rate von Depressionen – nach einer Schätzung liegt sie beim Zehnfachen des Niveaus vor dem Zweiten Weltkrieg[1].

Wir müssen uns wirklich von den sechzigern erholen! Man hat beobachtet, daß „das Wertesystem der Gegenkultur, das in den 60ern und 70ern von jungen Amerikanern vertreten wurde, inzwischen effektiv zum Wertesystem des Establishments geworden ist.“[2] Doch sehe ich mitten in der Finsternis ein großes Licht aufscheinen: Gott stellt eine Armee auf; und die meisten ihrer Angehörigen sind jung. Einfacher gesagt: *Amerika und die gesamte westliche Welt können verändert werden!*

Ein Absolvent der *Brownsville Revival School of Ministry* schrieb das folgende Lied als Antwort auf unsere Betonung der Revolution. Der Text beschreibt, was viele heute fühlen:

Can you feel it coming?
Can you feel it stirring?
Can you feel it shaking everything?
This is the hour—this is the generation.

There's a people standing.
There's a voice that's sounding.
There's a banner being raised for righteousness.
This is the hour—this is the generation.

Revolution – we're taking ground.
Revolution – we won't bow down.
Revolution – let the trumpet sound.
Revolution now!

We will fight to the death.
Worthless idols we detest.
Let the army's anthem roar,
Holiness to the Lord.[3]

[Spürst du, wie es kommt?
Spürst du, wie sich etwas bewegt?
Spürst du, daß es alles erschüttert?
Dies ist die Stunde – dies ist die Generation.

Ein Volk steht auf.
Eine Stimme erschallt.
Das Banner der Gerechtigkeit wird aufgerichtet.
Dies ist die Stunde – dies ist die Generation.

Revolution – wir gewinnen Boden.
Revolution – wir werden uns nicht beugen.
Revolution – laß die Trompeten erschallen.
Revolution jetzt!

Wir kämpfen bis zum Tod.
Wertlose Götzen verabscheuen wir.
Laßt das Lied der Armee erschallen:
Heiligkeit für den Herrn!]

Ja, es reicht jetzt. Dies ist die Stunde, und wir werden nicht zurückweichen.

Ich kann mich noch gut an die tragischen Morde am 15. September 1999 in der Wedgwood Baptist Church in Fort Worth, Texas, erinnern. In Pensacola hielten wir gerade unseren wöchentlichen Gottesdienst mit mehr als 1000 Studenten unserer *School of Ministry* und Hunderten von Gästen und Besuchern ab. An diesem Abend war ich mit der Predigt an der Reihe. Ich hatte eine recht herausfordernde Botschaft, die die Sünde beim Namen nannte und mit einem guten Schuß Humor gewürzt war. Gleich nach Beginn des Gottesdienstes erhielt ich eine handschriftliche Nachricht über die Schießereien zusammen mit einem Bericht aus dem Internet. Ich fragte mich: *Soll ich den Gottesdienst unterbrechen, die Informationen vorlesen und zum Gebet aufrufen, oder soll ich bis zum Ende des Gottesdienstes warten?* Natürlich konnte ich meine Botschaft nicht einfach so bringen, wie ich das geplant hatte. Aber wenn ich diese furchtbaren Nachrichten weitergab, dann konnte keiner sagen, was die Folgen sein würden. Ich beschloß, den Gottesdienst zu unterbrechen und die Ansage zu machen. Das Ergebnis war dramatisch.

Zuerst begannen die Leute zu weinen, aufzuschreien und laut Fürbitte zu tun – aus Schmerz über die Gewalt, die unser Land zugrunde richtet, aus Mitgefühl mit den Opfern und ihren Familien, und mit der flehentlichen Bitte, daß Gott selbst helfend eingreifen möchte. Aber dann änderte sich die Atmosphäre: die innere Zerbrochenheit wich einer kämpferischen Einstellung. Es war, als ob die Gläubigen, allen voran die Studenten, dem Teufel sagen wollten: „Denkst du, du kannst uns damit einschüchtern? Denkst du, so etwas wird uns daran hindern, furchtlose Zeugen Jesu zu sein? Du hast dich getäuscht! Hier kommen wir! Kugeln können uns nicht aufhalten, sie machen uns nur kühner. Satan, jetzt bist du zu weit gegangen! Alles, was du damit erreicht hast, ist, die schlafende Gemeinde Jesu aufzwecken! Jetzt verlierst du!“ Etwas ging durch den Raum.

Ich warf meine Predigt über den Haufen und sprach über kämpferische Heiligkeit, über eine heilige Militanz – über die Verachtung der Macht und der Werke des Feindes (in Anlehnung an Jesaja 37,21-38). „Zufällig“ war an jenem Abend ein Pastor aus Indien zu Besuch, der mit seiner Familie schwer zusammengeschlagen worden war, weil er das Evangelium gepredigt hatte. Ich rief ihn nach vorne und bat ihn um ein paar Worte. „Den Stephanus haben sie getötet", sagte er, „aber die Jünger haben weiter gepredigt. Jakobus wurde getötet, aber die Jünger predigten weiter. Meine Frau hat keine echten Zähne mehr, nur noch künstliche, weil sie um des Evangeliums willen verprügelt wurde. Sie haben mich zusammengeschlagen und fast umgebracht. Sie haben meine Söhne fast getötet. Aber wir predigen weiter!" Also: *Weiter* mit der Revolution, im Leben oder im Tod!

Der gleiche Geist weht durch das Land. Der Ruf zu einer heiligen Revolution erschallt von den Lippen von Pastoren, Jugendleitern, christlichen Erziehern und Gläubigen aller Altersstufen – insbesondere von jungen Leuten. Ja, das Evangelium ist die ultimative Botschaft der Revolution. Die Nachfolge Jesu ist die ultimative Gegenkultur. Historiker haben uns darauf hingewiesen. So hat zum Beispiel die Zeitschrift *Christian History* die Erweckung des „Great Awakening" als eine Art Revolution beschrieben: *„Jahrzehnte vor der Revolution, durch die die Vereinigten Staaten entstanden, lief eine andere Art von Revolution durch das Land, die aus Gottes Geist geboren war."*[4] Andere Wissenschaftler haben das Konzept der Revolution immer wieder in der Kirchengeschichte entdeckt[5]. In den kommenden Monaten und Jahren haben wir die Gelegenheit, unsere eigene Revolutionsgeschichte zu schreiben. Wie wird diese Geschichte ausgehen?

Als Gott mich dazu drängte, dieses Buch zu schreiben, bestellte ich mir Dutzende von Büchern. Fast alle beschrieben sie gewaltsame Revolutionen, deren Ideologien ich vollkommen ablehne. Trotzdem wollte ich verstehen, wie revolutionäre Bewegungen entstehen und warum sie Erfolg haben. Ich habe sie mit revolutionären Bewegungen in der Kirche verglichen (wie die Reformation im 16. Jahrhundert oder die methodistische Erweckung im 18. Jahrhundert) und mit den Anweisungen Jesu im Neuen Testament. Meine Mitarbeiter fingen an, sich zu wundern, als sie Paket um Paket öffneten und mir Bücher wie *Das Kommunistische Manifest,* Maos *Kleines Rotes Buch,* Che Guevaras Ausführungen über den Guerilla-Krieg, Mahatma Gandhis Gedanken über gewaltlosen Widerstand und verschiedene Bücher über den islamischen Dschihad auf den Schreibtisch stellten.[6] Ich muß wohl nicht erst betonen, daß ich die Ansichten all der Leute nicht unterstütze, die ich in diesem Buch, das Sie gerade in Händen halten, zitiere! Aber wenn wir die Inspiration und die Hingabe sehen, die so manche weltliche, ja sogar satanische Revolution antrieben, dann werden wir besser verstehen, was es braucht, um unsere Generation zu beeinflussen. Machen Sie immer noch mit?

Obwohl ich einen Arbeitsstil gewöhnt bin, bei dem ich ununterbrochen schreibe, hat mich dieses Projekt völlig überwältigt. Die Seiten flossen nur so, in einem nie dagewesenen Tempo (zwei Drittel des Buches entstanden in drei Wochen). Warum, so fragte ich mich, eine *solche* Dringlichkeit? Mir war damals gar nicht bewußt, daß bei diesem Tempo der Verleger das Buch bis zum 1. September 2000 würde herausbringen können, und das hieß genau einen Tag vor der großen Rallye *Call DC* in Washington. Somit konnten wir Zehntausende von Exemplaren an die jungen Leute verschenken, die dort zusammenkamen. Ich sehe das als Gottes Plan; diese Zusammenhänge sind mir, während ich das Buch schrieb, auch nicht für eine Sekunde bewußt gewesen. (An alle Teenager, die dieses Buch lesen: Keine Angst vor den Anmerkungen im hinteren Teil des Buches! Lest sie, wenn Ihr wollt; oder ignoriert sie – allerdings finden sich dort eine ganze Menge guter Zitate!)

Aber dieses Buch ist nicht nur für Jugendliche. Vor der Fertigstellung der endgültigen Druckfahnen geriet das Manuskript in die Hände einiger einflußreicher Politiker. Auch sie reden von der Notwendigkeit einer Revolution. Wir werden sehen, was die Zukunft bringt.

Und dann sind da noch meine Mit-Soldaten, die in der Jesus-People-Bewegung Anfang bis Mitte der siebziger Jahre errettet wurden.[7] Dieses Buch ist in ganz besonderer Weise für euch. So viele von uns waren radikal, bevor wir zum Herrn kamen, aber im Lauf der Zeit haben wir unsere Radikalität verloren, obwohl viele von uns inzwischen leitende Stellungen im Leib Christi innehaben (und durchaus respektable, muß man sagen!). Und doch lebt tief in uns das Wissen, daß es mehr geben muß. Vielleicht kommt jetzt unsere Zeit, unsere heilige Stunde, um eine Generation zu Gott zurückzuführen. Wer weiß? Mein Herz zerspringt fast vor Erwartung.

Vor mehr als dreißig Jahren schrieb Bob Dylan die folgenden Worte in einer seiner berühmten Balladen, *All Along the Watchtower*: „There are many here among us who feel that life is but a joke. / But you and I, we've been through that, and this is not our fate, / So let us not talk falsely now, the hour is getting late." („Es gibt viele hier unter uns, die fühlen, daß das Leben nur ein Witz ist. / Aber du und ich, wir sind da durch gegangen, und das ist nicht unser Schicksal. / Also laßt uns jetzt nichts Falsches sagen, die Stunde ist schon spät.")

Wie spät ist es jetzt? Jedenfalls ist es Zeit zum Handeln.

Mein Dank geht an Bill Greig III und Kyle Duncan von *Gospel Light*, die so voll und ganz an die Botschaft dieses Buches glaubten, daß sie für die *Call DC*-Rallye mehr als 100 000 Exemplare zum Druckkostenpreis zur Verfügung stellten. Mein Dank geht auch an meinen treuen, unermüdlichen Assistenten Scott Volk, der mich auf einige wichtige Zitate hingewiesen und mir andere besorgt hat; an Bennie und Hazel Johnson dafür, daß sie jedes Kapitel gleich nach Fertigstellung gelesen haben und mir viel Ermutigung und wertvolles Feedback haben zukommen lassen; an Charles Moore von *Plough Publishing*, dafür, daß er mir die Schriften von Eberhard Arnold nahegebracht hat und mir ausgezeichnetes Quellenmaterial besorgt hat; an Bob Gladstone, unseren akademischen Dekan, an Ward Simpson, unseren geschäftsführenden Direktor, und an die tolle Fakultät und die unglaublichen Studenten der Schule dafür, daß sie das Thema der Revolution weitertragen; und an meine außergewöhnliche Frau Nancy, die das Wort „Kompromiß" nicht kennt und auch keine Menschenfurcht. Ich kann mir das Leben nicht ohne sie vorstellen.

Ich widme dieses Buch (unter Tränen) den Studenten und Absolventen der *Brownsville Revival School of Ministry*, der wunderbarsten Gruppe von Menschen, die ich je gekannt habe; sie sind die Freude meines Lebens. Wenn ich in ihre Augen blicke, dann weiß ich, daß ich nicht träume: Wir werden eine Revolution erleben: Vorwärts damit!

Ich glaube, wir sind an einen Punkt gekommen, wo sich das Denken [der Christen] ändern muß, und es muß sich jetzt ändern. Sonst wird die Kirche zu einer kleinen Sekte in irgendeiner Ecke. Ich habe aber kein Interesse daran, einer Religion zu folgen, die die Welt, in der wir leben, nicht prägt … Jesus war ein Rebell, und er hat uns gerufen, sich dieser Rebellenbewegung anzuschließen, um gemeinsam die Welt zu verändern. *Nevers Mumba*, christlicher Leiter aus Sambia

Wenn wir uns die evangelikalen Leiter in diesem Land in den letzten paar Jahrzehnten ansehen, dann müssen wir leider zu dem Schluß kommen, daß sie nicht viel bewegt haben. Allzuoft waren sie von einem übergeistlichen, platonischen Christentum geprägt. Ihre Spiritualität hat oftmals nicht die Herrschaft Christi über das gesamte Spektrum des Lebens mit eingeschlossen. Oft war das geistliche Leben auf einen sehr engen Bereich begrenzt. Und leider gilt auch recht häufig für Evangelikale, einschließlich vieler ihrer Leiter, daß ihr Ziel letztlich die Absicherung ihrer eigenen Vorhaben zu sein scheint … Ich stelle nochmals die Frage: Warum haben wir uns nur so weit treiben lassen?
Francis Schaeffer, A Christian Manifesto

Der Angriff des Sozialismus und Kommunismus auf den Status quo ist ein Aufruf an unser Gewissen – für die von uns, die sich als Christen betrachten. Dieser Aufruf warnt uns stärker als jede Predigt, daß es unsere Aufgabe ist, im Protest gegen alles zu leben, was Gott in dieser Welt widersteht. Als Christen haben wir aber diese Rolle derartig armselig erfüllt, daß man die Frage stellen muß: Sind wir denn überhaupt Christen? *Eberhard Arnold*, 1919

1. Warum ich nie ein Sonntagschrist sein werde

Ich bin nicht christlich erzogen worden. Auf echtes Christentum stieß ich zum ersten Mal im Alter von sechzehn Jahren. Das war ein Alter, in dem ich schwer in Drogen und Rock'n Roll verstrickt war. Meine Prägung war die der Gegenkultur der späten sechziger Jahre. Mit Gott hatte ich absolut nichts am Hut und an Religion nicht das mindeste Interesse. Religion? Dafür hatte ich keinen Platz in meinem Leben!

Aufgewachsen bin ich in einer konservativen jüdischen Familie, und so dachte ich, ich wüßte, worum es bei Religion geht. Das war eine tote, trockene Angelegenheit und stank nach Heuchelei! Die meisten der Männer, die bei uns in den Sabbatgottesdienst gingen, fuhren mit dem Auto zur Synagoge, parkten ihr Auto zwei Straßen weiter und gingen dann zu Fuß zum Gebäude. Warum? Weil das jüdische Gesetz am Sabbat das Autofahren verbietet. Also mußte man den Anschein erwecken, daß man das Gesetz hielt – indem man zu Fuß vor dem Gebäude erschien –, aber den Rest des Weges kam man mit dem Auto. Der Rabbi, ein zutiefst religiöser Mann und Leiter der jüdischen Gemeinde, ging natürlich den ganzen Weg zu Fuß, hin und zurück. Aber das war ja auch seine Aufgabe als Rabbi.

Man erwartet auch, daß die Männer am Sabbat nicht rauchten. Aber auch das stellte kein Problem für sie dar. Sie zündeten sich nach dem Gottesdienst beim Mittagessen im Untergeschoß wie gewöhnlich ihre Zigaretten an, und sobald sie die Schritte des Rabbis hörten, drückten sie ihre Zigaretten schnell Walter in die Hand, dem nichtjüdischen Hausmeister. Es muß für den Rabbi schon ein faszinierender Anblick gewesen sein, den guten alten Walter gleich mit mehreren brennenden Zigaretten in der Hand und im Mund zu entdecken! So sah also die Religion aus, die ich kannte.

Die Synagoge selbst (oder der „Tempel", wie sie hieß) war ziemlich klein und bot nicht ganz 200 Personen Platz. An so manchem Samstagmorgen waren aber nicht einmal die nötigen 10 Männer anwesend. In einem solchen Fall erhielt mein Vater einen Notruf und wurde gebeten, doch schnell zum Tempel rüberzukommen, um beim Gottesdienst mitzumachen. Die jüdische Tradition erfordert nämlich mindestens 10 Männer, um eine gültige religiöse Veranstaltung durchführen zu können. Bei nur neun hatte man also ein Problem. Zum Glück aber kam Abe (mein Vater) immer rüber und half ihnen aus der Klemme. Das war das geistliche Niveau unserer Synagoge! Aber an den hohen Feiertagen (Passa, dem jüdischen Neujahrstag, dem Großen Versöhnungstag usw.) war die Synagoge so rappelvoll, daß man beschloß, einen Anbau zu errichten, in dem fünfmal so viele Leute Platz hatten wie im Hauptraum. Und bei diesen besonderen Anlässen war es auch immer voll. Welche Heuchelei!

Als Kind bin ich immer mit meiner Familie zu diesen jährlichen Gottesdiensten gegangen und versuchte, mich dabei auf alle nur mögliche Weise in meinen Gedanken zu beschäftigen. Ich wünschte mir sehnlichst, die Stunden würden nicht so unendlich langsam verstreichen. Ich konnte mir keinen langweiligeren Zeitvertreib vorstellen. Ich konnte auch mit Leuten nichts anfangen, die wöchentlich oder, schlimmer noch, sogar täglich zur Synagoge gingen, wie diese fanatischen orthodoxen Juden in der Nachbarstadt, die sich doch tatsächlich auch noch an die Speisevorschriften hielten und morgens, mittags und abends ihre Gebete aufsagten.

Als ich dann älter wurde, mußte ich als Vorbereitung auf meinen dreizehnten Geburtstag mit meinen Freunden auch noch den Hebräischunterricht besuchen. Das hieß zweimal die Woche unendlich stumpfsinnige Unterrichtsstunden, gefolgt von vielen Stunden stupiden Auswendiglernens eines Textes aus der hebräischen Bibel, den ich dann an meiner Bar Mizwah rezitieren sollten[1]. (Seltsamerweise kam niemand auf den Gedanken, mir zu erklären, worum es in dem Bibeltext eigentlich ging. Erst 1988, zwanzig Jahre nach meiner Bar Mizwah, fand ich die Textstelle dann selbst in der Bibel.)

In der Woche vor der Bar-Mizwah-Feier machte ich dann ein faszinierendes Erlebnis: ich bekam bestimmte Teile der Liturgie des Sabbatgottesdienstes zum ersten Mal überhaupt mit! Wenn ich früher mit meinem Vater zum Tempel gegangen war, waren wir immer so um die 30 Minuten zu spät gekommen. Diesmal aber mußten wir von Anfang an dasein. Ich hatte keine Ahnung, daß es diesen Teil des Gottesdienstes überhaupt gab!

Natürlich war diese Oberflächlichkeit und Heuchelei nicht die Schuld des Judentums an sich. Es war vielmehr diese *Form* von Judentum, die ich kennengelernt hatte, die so oberflächlich war. Aber ich wußte es nicht besser, denn diese Wischi-waschi-Ausgabe des Judentums, wie sie auf Long Island üblich war, war alles, was ich selbst erlebt hatte. Wie anders war es doch bei meiner ersten Begegnung mit dem Evangelium! Meine erste echte Begegnung mit der Botschaft Jesu war erfüllt von Leben und Kraft. Die Menschen in der Gemeinde, die ich besuchte, glaubten ja wirklich!

Ich war dorthin hingegangen, um meine beiden besten Freunde herauszuholen. Es gab Veränderungen in ihrem Leben, und ich fing an, mir Sorgen zu machen. Mein Ruf war damals so miserabel, daß eine der jungen Frauen an jenem Abend in ihr Tagebuch schrieb: „Der Antichrist kommt in die Gemeinde!“ Ich war wirklich übel drauf. Ich *genoß* es, mir Heroin in die Adern zu spritzen, hohe Dosen von LSD und Speed einzuwerfen und satanistische Musik zu hören. Außerdem schnitt ich die Leute gerne mit meiner schnellen, scharfen Zunge in Scheibchen. Meine ganze Identität bestand darin, ein stolzer Rebell zu sein, der Drogen nahm und Rockmusik machte – als Drummer. Trotzdem – oder deswegen – war des Werk des Heiligen Geistes in meinem Leben so dynamisch, daß ich bei meinem zweiten Besuch in dieser kleinen Gemeinde (sie war noch kleiner als unsere Synagoge) Jesus bat, mir meine Sünden zu vergeben. Kurz danach war ich frei von Drogen und Alkohol. Völlig frei!

Ich fing an, dienstags- und freitagsabends die Gemeinde zu besuchen. Bald ging ich auch noch zu den Gebetstreffen am Montagabend, mit etwa zehn bis fünfzehn anderen. Jesus wurde mein ein und alles. Jeden Tag veränderte sich mein Leben mehr. Aber ich hatte immer noch keinen Sonntagsgottesdienst besucht. Schließlich bedeutete der Sonntag nichts Besonderes für mich. Außerdem hatte ich nicht allzu gute religiöse „Morgenerinnerungen“ aus meiner Vergangenheit. Was war außerdem schon der Unterschied zwischen Samstag und Sonntag?

Als ich dann schließlich am Sonntag zum erstenmal in die Gemeinde ging, erlebte ich einen Schock. *Was sind das alles bloß für Leute hier?* fragte ich mich. *Die habe ich doch noch nie gesehen! Und warum haben die alle so nette Klamotten an?* Bei diesen Gedanken beschlich mich eine erste Ahnung – auch wenn ich das damals kaum richtig verstand –, nämlich daß es genauso ein „Sonntagschristentum“ gab, wie es ein „Samstagsjudentum“ gab.

An jenem ersten Osterfest, etwa fünf Monate nach meiner Wiedergeburt, war ich ganz begeistert, als das kleine Gebäude aus allen Nähten platzte. Wir teilten das Abendmahl an mehr als 125 Leute aus – die höchste Zahl in der gesamten Geschichte der Gemeinde – und ich war zutiefst beeindruckt von diesen wunderbaren, geistlich gesinnten Gläubigen, die an jenem Tag zu unserem Gottesdienst kamen. Ein Jahr später fiel dann der Groschen bei mir, und ich merkte, daß sie genauso „Feiertagschristen" waren, wie es „Feiertasgsjuden" gab. Bis heute zucke ich innerlich zusammen, wenn ich sehe, wie Gemeindegebäude, die normalerweise halb voll sind, an Ostern bis auf den letzten Platz besetzt sind, auch wenn das der Traum jedes Evangelisten ist. Und ich kann immer noch keinen tieferen Sinn in einem Sonntagmorgengottesdienst entdecken. Anders ausgedrückt: ein Glaube, der sich hauptsächlich am Sonntagmorgen betätigt oder der sich auf ein paar besondere Gelegenheiten im Jahr beschränkt, scheint mir eine völlige Abweichung vom neutestamentlichen Glauben zu sein. Denken Sie, Jesus sieht das anders?

Es gibt noch einen weiteren Faktor, der meine Haltung gegenüber der traditionellen Religion prägt. Mit „traditionell" meine ich eine Religion, die mehr das Ergebnis menschlicher Überlieferungen ist als das Ergebnis göttlicher Wahrheit, eine Religion, die von menschlichen Sitten und Regelungen eingeschnürt und abgewürgt wird. Im Gegensatz dazu steht ein lebendiger Glaube, der von der Realität und Kraft des Geistes durchdrungen wird. Einfach ausgedrückt: ich weigere mich, den Status quo zu akzeptieren, sei es in der Gesellschaft allgemein oder im Leib Christi im besonderen – wenn dieser Status quo im Widerspruch zum Wort Gottes steht. Es spielt keine Rolle, ob die öffentliche Meinung eine bestimmte Auffassung bevorzugt, oder ob die Mehrheit der Gläubigen einen bestimmten Maßstab akzeptieren. Wenn solche Auffassungen oder Maßstäbe im Widerspruch zum Willen Gottes stehen, müssen sie hinterfragt, kritisiert oder abgelehnt werden[2].

So ist es beispielsweise in Skandinavien üblich, unverheiratet zusammenzuleben, fast wie ein Ehepaar, aber ohne gesetzlich verheiratet zu sein. Traurigerweise werden solche Pärchen in den evangelischen Nationalkirchen oft als Gläubige willkommen geheißen, weil dieser weitverbreitete Lebensstil von der Gesellschaft nicht als sündhaft angesehen wird. In diesen Gemeinden hat sich das Volk Gottes so weit der Welt angeglichen, daß es keinerlei moralisches Gespür mehr besitzt.

Wahre Gläubige können solche Kompromisse nicht tolerieren! Wir müssen den Status quo ablehnen, wenn er die Prinzipien Gottes verletzt. In den folgenden Kapiteln werde ich noch sehr viel mehr dazu sagen. In bestimmter Hinsicht kreist das ganze vorliegende Buch um dieses Thema, in heiliger und heilsamer Weise gegen den Staus quo anzugehen. Zunächst aber möchte ich noch ein bißchen von meinem persönlichen Hintergrund erzählen, damit Sie besser verstehen, wo ich herkomme.

Lassen Sie mich wieder in die späten sechziger und frühen siebziger Jahre zurückgehen, in die Tage der Studentenunruhen und Uniproteste. Trotziger Widerstand lag in der Luft. In unseren Augen war die Rebellion richtig und das Establishment verkehrt. Polizisten in ihrer Rolle als Gesetzeshüter waren „Schweine"; Eltern, als Symbol für alles, was an der älteren Generation falsch war, galten als hoffnungslos überholt und von gestern. Wir, die Jugend, wollten unsere Welt grundlegend ändern. Der traditionelle amerikanische Traum hatte uns wenig zu sagen. Wir machten unsere eigene Sache. In einer Zeit des (Vietnam-)Krieges traten wir für den Frieden ein, selbst wenn das hieß, gelegentlich etwas gewalttätig zu werden. Das war die Mentalität dieser stürmischen Zeit!

Natürlich war ich damals einfach nur ein Teenager, der Spaß haben wollte und fleischlichen Genüssen anhing. Aber die Botschaft der Gegenkultur, wie sie über die Rockmusik verbreitet wurde, brachte mich zusammen mit den bewußtseinsverändernden Drogen dazu, die Werte und Maßstäbe der Gesellschaft in Bausch und Bogen abzulehnen. So kam es, daß ich mich sofort Hals über Kopf die ersten Unruhen in meiner Highschool (in West Hempstead auf Long Island) stürzte, kaum daß sie sich abzeichneten. Eine Reihe von Schülern hatte die Nase voll von einigen neuen, als restriktiv empfundenen Regelungen; so beschlossen sie, einen Protest zu organisieren. Die Kunde davon verbreitete sich wie eine Lauffeuer durch die gesamte Schule: „Versammelt euch morgen früh in dem Hauptkorridor der Schule! Wenn die Glocke klingelt, geht keiner in die Klassenzimmer! Wir werden unsere Forderungen der Schulleitung vorlegen, und sie wird nachgeben!"

Nun, der Morgen kam. Es war ein Schock für mich, zu sehen, daß tatsächlich die meisten Schüler gekommen waren. Nicht nur die Radikalen, sondern auch einige der braven, gesetzestreuen Schüler waren versammelt. Das war großartig! Dann läutete es zum Unterrichtsbeginn – und die meisten gingen in ihre Klassenzimmer. Ich konnte es nicht fassen! Das war also unser Protest. Der Stellvertretende Direktor, Mr. S., kam zu uns, griff sich die Rädelsführer heraus und zitierte sie namentlich in sein Büro. Das ganze schien endgültig gescheitert, bevor es überhaupt richtig begonnen hatte. So schrie ich los: „Wenn die ins Büro von Mr. S. gehen sollen, dann kommen wir alle mit!" In Kürze war das Büro überlaufen, und immer noch mehr Schüler drängten hinein. Es funktionierte. Man schickte uns in die Schulaula, was bedeutete, daß noch mehr Schüler dazukamen, und man bat uns, unsere Forderungen zu äußern. (Ich weiß, es klingt verrückt, aber so passierte es. Ich war dabei!)

Unter uns war eine junge Frau, eine weiße Schülerin, die mit einem Mitglied der Black Panther ging. (Sein Vater war ein Schwarzer, seine Mutter eine Weiße, und er war so an die Anfang zwanzig.) Sie stand auf und sprach voller Emotionen, im Black Panther Stil, militant bis zu den Zähnen. Ich genoß es! Und natürlich stimmte ich mit ein. Die Dinge mußten sich grundlegend ändern in unserer Schule!

Der Direktor war ein weiser Mann und verfolgte eine interessante Strategie. Innerhalb eines Tages ließ er die gesamte Schülerschaft zu einer Vollversammlung zusammenkommen. Wir quetschten uns alle in die Turnhalle und ließen uns mit untergeschlagenen Beinen auf dem Fußboden nieder. Dann sagte er uns, wenn wir, d. h. die Radikalen, unsere Forderungen schriftlich erheben würden und sie in einem Tag in der ganzen Schule verbreiten könnten, dann würde er auf unsere Forderungen eingehen. Natürlich wußte er, daß das unmöglich war. Es war undenkbar, daß wir alle zusammenkämen, unsere Forderungen untereinander ausdiskutierten, sie druckten und dann an alle Schüler verteilten – und das alles in ein paar Stunden! Er hatte sich getäuscht.

Mit Unterstützung einiger mit uns sympathisierender Lehrer und Berater aus dem Fach Psychologie stellten wir unter der Anleitung einiger Mitschüler eine Liste von Forderungen zusammen, kopierten sie und verteilten sie in der ganzen Schule. Noch erstaunlicher war, daß der Direktor unseren Forderungen nachgab – da halfen einige Mitglieder des Lehrkörpers tatkräftig mit, die einiges an juristischen Druckmitteln einzusetzen wußten. Ein paar Monate später begann das neue Schuljahr (Herbst 1971) und damit auch die S.A.F.E.-Schule, die aus 60 bis 65 Schülern und vier Lehrern bestand. Die Abkürzung bedeutete soviel wie „Studenten- und Fakultätserziehung" – denn es sollte ein Lernexperiment für alle Beteiligten werden, und das wurde es dann allerdings auch!

Man überlege nur: Während der Rest der Schüler täglich bis drei Uhr in der Schule war, waren wir um 12 fertig. Während der Rest der Schule weiterhin in einem sauberen und ordentlichen Zustand war, bemalten wir die Fenster unserer vier Zimmer im S.A.F.E.-Flügel mit Graffitis. Während der Rest der Schüler Unterrichtspflicht hatte – natürlich! –, konnten wir selbst darüber bestimmen, ob wir hingehen wollten oder nicht (kein Witz!). Und während der Rest der Schüler für ihre Leistungen herkömmliche Noten bekamen, konnten wir uns entscheiden, nach bestanden / nicht bestanden klassifiziert zu werden. Es war schon verrückt und im Rückblick auch völlig absurd, vor allem angesichts der Tatsache, daß einige unserer *Lehrer* unsere rebellische Haltung unterstützten, einschließlich unseres Drogenkonsums.

In den letzten beiden Jahren der Highschool war der einzige „normale“ Klassenunterricht in Musik, nämlich Band und Orchester. In allen anderen Fächern an der S.A.F.E.-Schule erhielt ich meine „B“s für „bestanden“. Zwar ließen uns einige Lehrer mit Schulbüchern arbeiten (an eins oder zwei kann ich mich erinnern), Aufsätze schreiben (ich erinnere mich ganz klar daran, wenigstens zwei in diesen Jahren verfaßt zu haben) oder sogar Schulaufgaben schreiben (ich bin mir sicher, ich habe einigen Mitschülern bei ihrer Vorbereitung darauf geholfen!), doch waren andere Lehrer weitaus entgegenkommender. Der radikalste von ihnen meinte sogar: „Wenn deine Bildung darin besteht, am Morgen aufs Feld zu gehen und high zu werden, und du dafür gerne ein ‚A‘ hättest (‚A‘ war sogar noch besser als ‚B‘!), dann mußt du es mir nur sagen, und ich gebe dir ein ‚A‘.“ Ich nahm ihn beim Wort (auch wenn ich mich mit einem ‚B‘ zufriedengab) und nahm mit meinen Freunden jeden einzelnen Morgen Drogen. Was für eine Bildung!

Drei Monate nach Unterrichtsbeginn erlebte ich meine Wiedergeburt. Jetzt wurde die S.A.F.E.-Schule für mich zum Missionsfeld. Wir hatten ja sowieso schon die „Alles-ist-erlaubt“-Mentalität. Zu unseren Fächern gehörten auch Existentialismus, Hexerei, Okkultismus und Philosophie (zu schweigen von Logik und amerikanischer Geschichte), und so war es sehr einfach, meinen Freunden das Evangelium zu erzählen.

Im ersten Jahr besuchten etwa vierzig Freunde und zwei Lehrer meine kleine Gemeinde. Ich bekam sogar die Erlaubnis, meinen Pastor an die Schule einzuladen. Er sprach vor der ganzen Schülerschaft der S.A.F.E.-Schule und machte einen Aufruf zur Bekehrung! Dann regte sich eine der jüdischen Schülerinnen auf und lud ihren Rabbi in die Schule ein; auch er hielt einen Vortrag. Wir hatten auch die Anführer unterschiedlicher Sekten und von TM (Transzendentaler Meditation) zu Gast, um uns ihre Sicht vorzustellen.

Die meisten von uns waren geistlich auf der Suche, und so fanden einige von uns wirklich zum Herrn. Ja, die S.A.F.E.-Schule war schon ein besonderer Ort! (Falls Sie sich die Frage gestellt haben: das ganze Experiment wurde nach ein paar Jahren aufgegeben. Für mich aber war es ein toller Ort, um über Jesus zu reden, und der verkürzte Unterricht erlaubte es mir, stundenlang Bibel zu lesen, zu beten und die Bibel auswendig zu lernen.)

Ich habe das alles aus zwei Gründen berichtet. Zuerst einmal beweist es, daß sich die Dinge tatsächlich verändern können, und zwar in den unwahrscheinlichsten Umständen auf höchst unvorhersehbare Weise. Wer hätte sich träumen lassen, daß solch eine extreme Schule Anfang der siebziger Jahre auf Long Island existieren könnte, und zwar *innerhalb* einer typisch-traditionellen?

Zweitens haben meine Erfahrungen mit der S.A.F.E.-Schule meine Ansichten über den Status quo geprägt. Von einem moralischen Standpunkt aus war S.A.F.E. natürlich eine Travestie, und aus akademischer Sicht eine absolute Katastrophe – was mir alte Freunde aus der Highschool 1998 bei unserem ersten Wiedersehenstreffen nach 25 Jahren bestätigten. Einige von ihnen waren auf das Studium am College sehr schlecht vorbereitet, als sie von den surrealen Ufern der S.A.F.E.-Schule abgelegt hatten. Gleichzeitig habe ich aber im Verlauf meiner eigenen akademischen Studien bis hin zum Doktortitel auch gemerkt, daß die akademische Ausbildung in unserer Gesellschaft uns nicht unbedingt auf das Leben vorbereitet, geschweige denn unsere Persönlichkeitsentwicklung fördert. Erst recht garantiert sie kein individuelles Wachstum. Man kann einen Doktortitel haben und völliger Ignorant sein, während andererseits ein Analphabet sehr weise sein kann. Die Maßstäbe dieser Welt sind nicht immer ein Indikator unserer echten Begabungen und unseres wahren Wertes.

Eine Ausbildung macht uns nicht unbedingt schlauer. In vielerlei Hinsicht ist sie in unserer Kultur zum Götzen geworden, ein Bild, vor dem wir anbetend niederfallen – wir *müssen* einen Abschluß oder einen Titel haben. Ausbildung ist oft nicht mehr das, was sie eigentlich sein sollte: ein Werkzeug, um Gottes Ziele und Absichten in unserem Leben zu fördern. Es ist eine Sache, sich hohe Ziele zu setzen und nach Höchstleistungen zu streben. Es ist etwas anderes, sich dem System dieser Welt zu beugen. Wir glauben, wir müssen an die beste Universität gehen, die besten Noten bekommen und möglichst als Klassenbester abschließen, wenn wir wirklich Erfolg haben wollen. (Könnte da nicht eine Spur Stolz sichtbar werden, sei es bei den Schülern/Studenten oder ihren Eltern, die ihre Kinder zu akademischen Höchstleistungen antreiben?) Bloß unsere brillanten Kinder nicht an eine unbekannte Bibelschule schicken, wo sie zum Missionar ausgebildet werden! Zuerst müssen sie ihre säkulare Ausbildung abschließen!

Ich bin natürlich der erste, der sagt, daß es Gott selbst ist, der viele seiner Kinder auf gute Colleges, säkulare Ausbildungsstätten und zu höheren akademischen Weihen ruft; alle diese Dinge können eingesetzt werden, um Gottes Pläne zu befördern, so wie Er meine Studien in Semitistik zu seiner Ehre benutzt hat. Aber ich bin ebensosehr davon überzeugt, daß eine akademische Ausbildung in unserem Leben zum Götzen geworden ist. Heute gerät nun in unserer Kultur etwas in Bewegung, genauso wie in den späten sechziger und frühen siebziger Jahren – es wächst die Bereitschaft, den Status quo aus guten Gründen abzulehnen. Darauf komme ich in Kapitel 6 noch einmal zurück.

Was ich damit meine, ist schlicht folgendes: Ich habe eine bestimmte Perspektive, die von meinen Erfahrungen im Leben geprägt ist. Sie wurde durch viele Erlebnisse im geistlichen Dienst auf der ganzen Welt noch klarer und schärfer. Manche meiner engsten Freunde und Kollegen im geistlichen Dienst haben viel für das Evangelium gelitten. Sie wurden angeschossen, gesteinigt oder gefoltert. Einige starben den Märtyrertod. Andere haben alles aufgegegeben um des Reiches Gottes willen. Wie John Wesley glauben sie, daß es nichts anderes zu tun gibt, als Menschen zu retten. Sie sind „heilige Radikale“ im wahrsten Sinn des Wortes. Im Licht dieser Dinge ist es mir nicht möglich, mich den Wegen der Welt anzupassen und mich auf das einzulassen, was die Kirche und die Gesellschaft für normal halten.[3] Es ist Zeit, daß sich etwas ändert! Und damit meine ich *echte* Veränderungen, radikale Veränderungen, revolutionäre Veränderungen.

Der einzige Grund, warum ich dieses Buch geschrieben habe, ist die Überzeugung, daß bald eine Kulturrevolution in unserer Gesellschaft ausbrechen wird, die so weit geht wie die Bewegung der Gegenkultur vor mehr als dreißig Jahren. Diese Revolution wird entweder von Gewalt und Zerstörung gekennzeichnet sein oder von Umkehr und Reformation. Dieses Mal aber wird das Volk Gottes nicht überrascht werden. Wir werden nicht mehr nur reagieren. Wir werden auch nicht ignorant sein, im Hinblick auf das, was der Herr selbst tut. (Wie abartig ist es doch, wenn der Leib nicht weiß, was das Haupt tut!)

Während der Hippie-Bewegung in den sechziger und siebziger Jahren hat sich der Geist Gottes die geistliche Suche vieler von uns zunutze gemacht und Tausende und Abertausende aus Drogen und Unmoral errettet. Aber die Gemeinden und Kirchen waren kaum darauf vorbereitet; deshalb fiel die Mehrheit derer, die damals zum Glauben kamen, wieder ab. (Das bleibt ein beständiger Schmerz für mich. Mein bester Freund aus der damaligen Zeit, ein Mitglied meiner Band, der mich zu Jesus geführt hatte, ist seit fast 25 Jahren abgefallen.[4])

Dieses Mal aber wird es anders kommen! Wir werden diese kulturelle Revolution nicht nur erkennen und verstehen, noch ehe sie eintritt – besonders unter der Jugend – sondern wir werden darin vorangehen. Wir werden es sein, die die Götzen dieser Zeit ablehnen. Wir werden es sein, die in einem anderen Rhythmus marschieren. Wir werden das Tempo vorgeben und den Weg weisen. Es ist Zeit, die Welt zu ändern!

1989 schrieb ich mein erstes Buch über Erweckung mit dem Titel *The End of the American Gospel Enterprise* (etwa: „Das Ende des amerikanischen Evangeliums“). Damals formulierte ich:

> Das letzte Kapitel ist noch nicht geschrieben. Das Urteil ist noch nicht gefällt. Amerika hängt noch in der Schwebe. Die Gerichte Gottes haben schon begonnen. Werden wir leben oder sterben?

Höre das Wort des Herrn:

> „Aber selbst jetzt noch könnt ihr zu mir umkehren“, sagt der Herr. „Wendet euch mir zu von ganzem Herzen, fastet, weint und klagt! Zerreißt eure Herzen und nicht eure Kleider!“ Ja, kehrt um zum Herrn, eurem Gott! Ihr wißt doch: „Er ist voll Liebe und Erbarmen. Er hat Geduld, seine Güte kennt keine Grenzen. Das Unheil, das er androht – wie oft tut es ihm leid!“ Vielleicht tut es ihm auch diesmal leid, und er läßt auf euren Feldern und Weinbergen wieder eine Ernte heranwachsen. Dann könnt ihr ihm, eurem Gott, wieder Korn und Wein als Opfer darbringen. Joel 2,12-14; GN

Wer weiß? Vielleicht kommt das Beste ja noch.[5]

Im Vorwort dieses Buches schrieb ich mit tiefer Überzeugung, daß der allmächtige Gott eine Erweckungsflut über Amerika kommen lassen möchte. Ende der achtziger Jahre war es klar, daß etwas im Gange war. Die Gemeinde Jesu lag auf den Knien, überall im Land stieg Gebet um Erweckung zum Himmel auf. Erweckung stand vor der Tür! Fünf Jahre später schrieb ich ein ausführlicheres Buch über das Thema Erweckung mit dem Titel *From Holy Laughter to Holy Fire: America on the Edge of Revival*.[6] Ich war sicher, daß wir die Anfänge einer geistlichen Erneuerung in Amerika erlebten. Wenn wir die doppelte Falle religiöser Kritiksucht auf der einen Seite und Manifestationssucht auf der anderen vermieden, dann würden wir erleben, wie Erneuerung zur Erweckung würde. Wenn Heiligkeit und Ernte unsere Themen wären und wir Gott ernsthaft in Gebet und Fasten suchen würden, dann könnte Erweckung ausbrechen!

Dieses Buch erschien im März 1995; innerhalb von ein paar Monaten flammten Erweckungsfeuer in verschiedenen Teilen des Landes auf. Interessanterweise predigte ich damals, wie ich bei einer Durchsicht meiner Predigten von 1993 und 1994 in den Gemeinden in Amerika und im Ausland feststellen konnte, immer wieder: „Es ist Zeit! Die Erweckung steht vor der

Tür! Jetzt ist die Stunde der göttlichen Heimsuchung gekommen!" Und dann geschah es: das Feuer fiel und Erweckung war – in ihren wunderbaren ersten Stadien – über uns gekommen.

Es stimmt, daß die Erneuerung schon viele berührt hatte, aber um ihr Ziel zu erreichen, mußte sie zu einer Erweckung führen, bei der Sünde beim Namen genannt und die Wurzelprobleme der Gemeinde Jesu ans Licht gebracht und ausgerissen würden. Mit einem überfließenden Herzen sage ich jetzt: Es ist Zeit! Eine heilige Revolution bricht explosionsartig aus! Dies ist die Stunde, eine ganze Generation zu verändern!

Möchten Sie mitmachen bei diesem einmaligen Abenteuer? Stellen Sie sich in den Dienst des Herrn, egal, was es kostet oder welche Konsequenzen es hat? Setzen Sie Ihr Leben ein für die Sache des Meisters – nämlich Ihre Nation und die Nationen der Welt zu Jüngern zu machen, Licht an die Orte der Finsternis zu tragen, Jesus als Retter, Befreier, Erlöser und Herrn zu verherrlichen? Wollen Sie ein Revolutionär werden?

Das ist der Moment, auf den wir gewartet haben. Wer Geschichte machen will, soll aufstehen! Die Zeit ist kurz, die Stunde ist fortgeschritten, die Schlacht um die Seele unserer Nation ist auf dem Höhepunkt. Aber der Sieg ist unser. Unser Retter lebt! Alle Macht im Himmel und auf Erden ist Sein. Keine Macht oder Gewalt kann Seinem machtvollen Namen widerstehen. Deshalb müssen wir *losgehen*.

Ihr Kameraden in der Armee des Herrn, ihr heiligen Diener des Auferstandenen, ihr bluterkauften Jünger des Meisters, folgt dem Ruf. Jetzt oder nie! Es ist Zeit zu handeln – oder für immer zu verstummen. Entweder stehen wir ein für allemal auf, oder wir werden uns ewig schämen. Die Geschichte wartet darauf, was wir unternehmen. Deshalb: Los! Laßt uns eine Revolution beginnen!

14. Januar, Salt Lake City, Utah (1 Toter, 2 Verletzte)
18. März, Johnson City, Tennessee (2 Tote)
15. April, Salt Lake City, Utah (3 Tote, 4 Verletzte)
20. April, Littleton, Colorado (15 Tote, 23 Verletzte)
20. Mai, Conyers, Georgia (6 Verletzte)
3. Juni , Las Vegas, Nevada (4 Tote)
11. Juni, Southfield, Michigan (3 Tote, 4 Verletzte)
8. Juli, Sidney, Ohio (4 Tote, 1 Verletzter)
12. Juli, Atlanta, Georgia (7 Tote)
29. Juli, Atlanta, Georgia (10 Tote, 13 Verletzte)
5. August, Pelham, Alabama (3 Tote)
10. August, Los Angeles, Kalifornien (1 Toter, 5 Verletzte)
15. September, Fort Worth, Texas (7 Tote, 8 Verletzte)
2. November, Honolulu, Hawaii (7 Tote)
3. November, Seattle, Washington (2 Tote, 2 Verletzte)
6. Dezember, Fort Gibson, Oklahoma (4 Verletzte)
30. Dezember, Tampa, Florida (5 Tote, 3 Verletzte)

„Multiple Shootings“: Opfer von Amokschützen in den USA, 1999

Unser Land war noch nie so stark wie heute.

Präsident Bill Clinton in seiner letzten Rede
zur Lage der Nation, 27. Januar 2000

2. Es ist soweit: Von der Erweckung zur Revolution!

Ich will kein sensationshungriger Schwarzseher sein oder ein Endzeitverrückter. Ich will nicht behaupten, daß uns der Himmel auf den Kopf fällt, solange er nicht wirklich fällt. Wenn es Ihnen genauso geht wie mir, dann haben Sie auch die ominösen Vorhersagen satt, die nie eintreffen, die dringlichen Warnungen, die sich irgendwann verflüchtigen, und die fruchtlosen Spekulationen, die nie zu konstruktiven Ergebnissen führen. Ich hasse Narretei, und ich vermute, Ihnen geht es auch so. Wir haben Besseres zu tun, als aufgeregt und endlos unsere neuesten Erkenntnisse oder „Offenbarungen" zu verbreiten. Wo steht denn da noch irgendeine Realität dahinter?

Gestatten Sie mir, meine Aussagen in den richtigen Zusammenhang zu stellen. Im August 1973 begann ich im Alter von achtzehn Jahren mit dem Predigen. Meine 13. Predigt, die ich einige Monate später hielt, ist die einzige aus der damaligen Zeit, die aufgenommen wurde. Vor ein paar Jahren habe ich sie mir mit einigem Interesse noch einmal angehört. Mein New Yorker Akzent war recht stark (was ist bloß aus ihm geworden?). Der Ton war etwas ruppig (ich war ja Jugendlicher!). Aber die Botschaft war so ungefähr die gleiche wie seit fast 30 Jahren. „Amerika ist ein Saustall! Schauen wir uns doch den Zustand unserer Gesellschaft an: man muß kein Prophet sein, um zu wissen, daß wir in gefährlichen Zeiten leben. Wachen wir doch endlich auf und tun was! Laßt uns für Jesus etwas auf die Beine stellen!"

Nun, wenn man die jugendliche Begeisterung und den New Yorker Akzent beiseiteläßt, dann sprach mich diese alte Botschaft sehr an, und ich stellte mir ein paar offensichtliche Fragen: War das nur meine enge Sicht der Dinge? Habe ich damals die Dinge übertrieben, und tue ich es vielleicht heute noch? Oder war die Lage damals wirklich so schlimm und ist seitdem noch schlimmer geworden?

Es ist richtig, daß fast jede Generation zur Nostalgie tendiert und zur Verklärung der „guten alten Zeit", die manchmal doch nur das Produkt unserer eigenen Fantasie ist. Und es ist auch richtig, daß fast jede Generation die nachwachsende Generation für respektlos, rebellisch und außer Rand und Band hält. Wir denken gern: *Ich war als Kind nicht so! So hätte ich meine Eltern nie behandelt! Mensch! Was sind die Dinge schlecht geworden!*

Aber diese Perspektive trifft nicht immer zu. Selbst angesichts dessen, wo wir heute stehen, müssen wir zugeben, daß es in den letzten dreißig Jahren vieles an Fortschritten gegeben hat – zumindest was das Volk Gottes anbelangt. Gemeinden erleben immer mehr Gnadenzeiten Gottes; der geistliche Hunger nimmt zu; neutestamentliche Vorbilder werden wiederentdeckt (in der Anbetung, in Leitungsstrukturen, in der Jüngerschaft, in der Mission, im Opfer, im Gebet). Mauern zwischen den Konfessionen und Denominationen fallen (wobei damit nicht gesagt sein soll, daß alle Denominationen oder Konfessionen schlecht sind, sondern nur, daß Trennmauern fallen).

Insbesondere unter jungen Leuten werden Maßstäbe wiederentdeckt, die nahezu völlig in Vergessenheit geraten waren. So hat bei Tausenden von Jugendlichen wieder das Werben um den Partner Einzug gehalten, statt einfach formlos mit ihm auszugehen. (Wie vielen von uns kam als Teenager auch nur flüchtig einmal der Gedanke, die Eltern um Erlaubnis und Segen zu fragen, bevor wir eine Beziehung suchten? Und wie viele suchten eine Beziehung nur dann, wenn wir dachten, sie könnte zur Ehe führen?) Sexuelle Enthaltsamkeit vor der Ehe nimmt wieder zu; kämpferische Heiligkeit wächst bei vielen; mehr und mehr junge Leute folgen dem Ruf in die Außenmission.

Ja, die Liste positiver Ereignisse, die heute in der Kirche geschehen, selbst hier in Nordamerika, ist lang und gewichtig. Das aber bringt mich zu meiner Frage zurück: Wie steht es mit der Botschaft, die ich vor vielen Jahren gepredigt hatte? War sie ein typisches Beispiel für einen „alttestamentlichen Propheten in neutestamentlichem Gewand"? Anders formuliert: War sie auch nur ein Beispiel für eine Untergangsmentalität, die immer nur die satanische Seite sieht, aber Gottes Seite ignoriert? Präziser gefragt: Sollte man Leute wie mich, die ständig den Refrain wiederholen „Schaut, wie schlimm alles ist!" und behaupten, unsere Gesellschaft befinde sich in schwerer Gefahr, einfach als geistliche Hypochonder beiseite schieben? Bedeutet es, daß unser Gefühl der Dringlichkeit nur eine Projektion unserer eigenen inneren Probleme ist?

Im Sommer 1999 kehrte ich nach einer kurzen Ansprache auf einer großen christlichen Konferenz in mein Hotelzimmer zurück und sah im

Fernsehen einen fesselnden Dokumentarfilm über das weltweite Zunehmen des Fundamentalismus seit 1979. Im allgemeinen schaue ich unterwegs ja nicht fern, aber dieser Film hatte mich sehr interessiert. In der Sendung wurde ein bekannter amerikanischer Evangelist gezeigt, der auf einer christlichen Großkonferenz sprach, bei der es um einen Präsidentschaftskandidaten namens Ronald Reagan ging. Wie ein Schlag traf mich die Erkenntnis, daß seine Worte praktisch identisch waren mit denen, die ich selbst ein paar Stunden zuvor gesprochen hatte. Beide hatten wir in etwa gesagt: „Homosexuelle und andere haben sich geoutet. Es ist Zeit, daß Christen dasselbe tun!“ Aber er hatte seine Worte schon zwanzig Jahre früher gesagt!

Natürlich war die Stoßrichtung unserer Botschaft verschieden. Er plädierte für ein christliches Engagement im Bereich der Politik; ich rief dazu auf, das Evangelium um jeden Preis auf die Straßen zu tragen. Trotzdem waren sich die beiden Aussagen sprachlich so ähnlich, daß ich mich fragte: *Was läuft hier eigentlich? Wiederholen wir nur die Aussagen der vergangenen Jahrzehnte? Wirbeln wir viel Staub auf, aber machen keine wirklichen Fortschritte? Oder, noch besorgniserregender: Regen wir uns wegen nichts auf?*

Seien wir ehrlich: Es gab zu Jesu Zeiten Probleme; es gab zu Luthers Zeiten Probleme; es gab zu Wesleys Zeiten Probleme; es gibt auch heute Probleme. Warum die ganze Aufregung? Aus einem bestimmten Blickwinkel sehen die Dinge immer ziemlich schlimm aus, so daß man immer sagen kann, das Gericht sei nahe und der Zusammenbruch stünde vor der Tür.[1] Aber, so geht diese Überlegung weiter, wer reif ist, sieht das Ganze viel ausgewogener. Man lebt dann nicht ständig in Panik und flößt anderen auch nicht ständig Angst ein. Man kümmert sich um seine eigenen Angelegenheiten, predigt das Evangelium, hilft den Notleidenden, und tut das alles recht ausgewogen. Man lebt stabil und stetig und läßt sich nicht von jedem neuesten prophetischen Wind umblasen.

Wer hat nun recht? Wo stehen wir heute wirklich? Was ist heute die biblische – und damit realistische – Sichtweise, im Unterschied zu einer hoffnungslosen (übermäßig pessimistischen!) Sicht oder zu einer törichten (zu optimistischen)? Was ist die Wahrheit? Wie sehen die Fakten denn wirklich aus? Was ist Gottes Sicht vom Zustand unserer Nation?

Seit den achtziger Jahren habe ich geglaubt, daß Erweckung die einzige Hoffnung für Amerika ist; zugleich war ich der Überzeugung, daß sie eine sehr reale Hoffnung für Amerika darstellt. Ich habe nie die Ansicht akzeptiert, daß es zu spät sei für unsere Nation, noch habe ich einer Endzeittheologie gehuldigt, die von einem völligen Niedergang ausgeht.[2] Nein! Die

Gemeinde des Herrn Jesus wird diese Weltzeit nicht damit ausklingen lassen, daß sie das Versagen Seines Geistes demonstriert. Gott hat Amerika auch nicht völlig verworfen. Stattdessen hat Er in Seiner Gnade und Barmherzigkeit Seinen Geist ausgegossen, besonders seit Mitte der neunziger Jahre. Nun, nach einigen Jahren der Erweckung – natürlich nicht auf nationaler Ebene, wohl aber in Teilbereichen quer durchs Land – ist die Stunde dringender als je zuvor.

Zwar ist es völlig richtig, daß Gott unter uns handelt, aber auch Satan ist am Werk, und so schlafen nur allzuviele Gläubige – genaugenommen sogar die meisten – mitten am hellen Tag. Die gegenwärtige Erweckung muß zu einer Revolution werden! Die gegenwärtige Ausgießung des Geistes muß zu einem umfassenden geistlichen Erwachen führen! Wenn das nicht bald geschieht, dann passiert es vielleicht überhaupt nicht mehr.

Was gibt mir das Recht, so zu reden? Mit welchen Fakten kann ich das untermauern? Stimmt es nicht, so könnte man fragen, daß es viele Anzeichen einer positiven moralischen Wende in unserer Mitte gibt? Ja, es gibt sie, und dafür sind wir Gott dankbar. Wie William Bennett in seiner wichtigen Untersuchung über die kulturellen Leitindikatoren Amerikas gesagt hat:

> Das Jahrzehnt der neunziger Jahre hat Fortschritte in einigen sozialen Schlüsselindikatoren gezeitigt: Rückgänge bei der Sozialunterstützung, den Gewaltverbrechen, der Abtreibung, AIDS, Scheidung und Selbstmord … So hat es beispielsweise seit 1994 einen Rückgang von 46,5 Prozent bei den Sozialhilfeempfängern gegeben. Die Mordrate ist auf dem niedrigsten Stand sein 1967. Alkoholbedingte Verkehrsunfälle mit tödlichem Ausgang sind auf dem niedrigsten Stand, seitdem es amtliche Statistiken gibt. Seit 1993 ist die Zahl der AIDS-Fälle um mehr als 50 Prozent zurückgegangen. Am Ende dieses Jahrzehnts gibt es jährlich 243 000 Abtreibungen weniger als an seinem Anfang.[3]

Es hat in den vergangenen Jahren viele positive Entwicklungen gegeben, und das ist mit Sicherheit ein Grund, äußerst dankbar zu sein! Gleichzeitig aber sind viele Dinge schlimmer als je zuvor in unserem Land (darauf möchte ich gleich noch zurückkommen), während andere eher einem köchelnden Vulkan gleichen, der jederzeit ausbrechen kann.

Wir haben noch nicht die volle Strafe für unseren Abtreibungsholocaust bezahlt (und wir wußten es besser, als viele andere Nationen! Wem viel gegeben ist, von dem wird auch viel verlangt, vgl. Lukas 12,48). Wir haben erst die Spitze des Eisbergs gesehen im Hinblick auf die Auswirkungen der rapiden Zunahme der Scheidungsziffern auf unsere Gesellschaft (die weit überwiegende Mehrzahl der Kriminellen kommt aus kaputten Familien). Wir haben noch nicht die schrankenlose Aggression der Homosexuellenbewegung erlebt (wenn sie herausgefordert wird, wird sie höchst aggressiv und gewalttätig). Wir haben noch nicht geerntet, was wir gesät haben.

Die Mehrzahl der Sexual- und Gewaltverbrechen werden von Menschen begangen, die ohne Vater aufgewachsen sind. Bennetts Untersuchung konstatiert: „Zweiundsiebzig Prozent der jugendlichen Mörder Amerikas, 70 Prozent der Gefängnisinsassen mit hohen Haftstrafen und 60 Prozent der Vergewaltiger stammen aus vaterlosen Elternhäusern.“[4] Nun wird aber die Generation derer, die in den neunziger Jahren zur Welt kommen, die vaterloseste Generation in unserer gesamten Geschichte sein, und nur die Hälfte derer, die im ersten Jahrzehnt des einundzwanzigstem Jahrhunderts heranwachsen, „werden ihre gesamte Kindheit in einer intakten Familie verbringen“.[5] Was bedeutet das für unsere Zukunft?

Der Teufel dreht am Schalter für die Sünde und die Verschmutzung in unserer Gesellschaft; die Temperatur steigt, doch wir merken es kaum, so wie der sprichwörtliche Frosch im sich langsam erhitzenden Wasser. Zwar sollten wir froh sein über alles, was der Herr in unserem Land tut, aber wir dürfen uns nicht täuschen lassen. Der Prozentsatz der Gottesdienstbesucher in Amerika ist zwischen 1965 und heute in Wirklichkeit *gesunken*; selbst innerhalb der neunziger Jahre ist er nur leicht angestiegen.[6]

Noch ernüchternder ist folgende Feststellung: „1997 wiederholte das Meinungsforschungsinstitut Gallup eine Umfrage, die ursprünglich 1947 durchgeführt worden war. Dabei wurde festgestellt, daß die gleiche Anzahl von Amerikanern betet (90 Prozent), an Gott glaubt (96 Prozent) und einmal in der Woche in die Kirche geht.“[7] Das bedeutet, daß wir heute genauso religiös sind wie vor über fünfzig Jahren, aber auf einem weit niedrigeren moralischen Niveau! Das Wasser, in dem der Frosch sitzt, kocht inzwischen, doch aus irgendeinem Grund glaubt der Frosch, er würde baden. Langsam wird er abgekocht, aber er glaubt ans Sonnenbaden. Was für ein Jammer.

Lassen Sie mich das in die richtige Perspektive rücken. Bitte treten Sie einen Schritt zurück, um die Fakten zu betrachten. 1961, am Beginn eines der turbulentesten Jahrzehnte in unserer Geschichte, schien alles noch recht friedlich zu sein. Über den Tag der Amtseinführung von John F. Kennedy schrieben Irwin und Debbie Unger:

> Amerika war an jenem stürmischen Tag der Amtseinführung des Präsidenten noch tief in den Nachkriegs-Konformisnus verstrickt. Die

> Röcke reichten bis unterhalb der Knie, die Kleider waren maßgeschneidert, die Frauen trugen spitz zulaufende Stöckelschuhe. Im Fernsehen liefen zur Hauptsendezeit *The Flintstones*, *Ozzie and Harriet*, *One Happy Family* und *The Bob Hope Show*. Beim Kinofilm ging der Academy Award 1961 für die besten Bilder an eine musikalische Erzählung über sich befehdende New Yorker Banden, aber die *West Side Story* war trotz dieses Themas von grandioser Unschuld. Am Broadway zog *My Fair Lady* nach 2300 Vorstellungen immer noch die Massen an. Elvis hatte mit seinem Hüftschwung und seinen suggestiven Phrasen schon den Zorn der Eltern und Tugendwächter erregt, aber der erfolgreichste Künstler war 1961 immer noch Eddie Fisher, die Verkörperung des Jungen von Nebenan. Die sexuellen Umgangsformen waren streng. Außereheliche Geburten kamen in der Mittelschicht sehr selten vor, die meisten Amerikaner hielten Homosexualität für eine Sünde und verbannten diejenigen, die sie praktizierten, in den Untergrund … An den Universitäten waren, mit Ausnahme der „progressivsten" und kosmopolitischsten, die dominierenden Aktivitäten außerhalb der Lehrveranstaltungen so harmlose Dinge wie studentische Verbindungen, Tanzveranstaltungen und politische Sandkastenspiele.[8]

Am Ende des Jahrzehnts hatte sich die Lage dann dramatisch verändert:

> Die Pille, die bei ihrer Einführung 1960 relativ wenig öffentliche Aufmerksamkeit erregte, hatte die Angst vor einer Schwangerschaft beendet; Penicillin hatte die Angst vor Krankheiten abgeschafft. Sex wurde, in jeder Form und Position, für gut gehalten; ihn zu verweigern war schlecht. Die neue Bewegung der sexuellen Befreiung beschränkte sich bald nicht mehr auf die jugendlichen Aussteiger der Flower-Power-Generation. Die gesamte Mittelklasse und Arbeiterklasse Amerikas huldigte einem neuen Strom sexueller Freizügigkeit.[9]

1970 war das Woodstock-Festival schon Geschichte, ebenso Stonewall, das Ereignis, das zur Wasserscheide für die Homosexuellenbewegung wurde.[10] Die feministische Bewegung war entstanden, und die Studentenunruhen waren ein nationales Gesprächsthema. (Hatte all das mit einer Entscheidung des Obersten Gerichtshofs der USA von 1962 zu tun, gegen die es von seiten der Kirchen kaum Widerspruch gab, nämlich das öffentliche Gebet aus unseren Schulen zu verbannen?)

Die sechziger Jahre markieren tatsächlich einen Wendepunkt in unserer Kultur; seitdem befinden wir uns, moralisch gesehen, im freien Fall. Die Promiskuität nahm in jenem Jahrzehnt zu, ebenso der Drogen- und Alkoholkonsum. Die Scheidungszahlen stiegen. Jugendverbrechen erreichten schwindelerregende Höhen. Trotzdem kam es erst 1973 zur gesetzlichen Freigabe der Abtreibung (seitdem haben wir *legal* mehr als 40 Millionen unschuldiger Menschen umgebracht), während das Vorkommen von Sex, Gewalt und Drogenmißbrauch bei Teenagern in den späten sechziger Jahren viel niedriger lag als Ende der achtziger oder Anfang und Mitte der neunziger Jahre.

Trotz einiger wichtiger positiver Entwicklungen degeneriert das moralische Klima in unserem Land immer mehr – was sofort klar wird, wenn wir die größeren Zusammenhänge betrachten. Zwar ging die Zahl der Gewaltverbrechen zwischen 1990 und 1997 um 17 Prozent zurück, doch fällt der Vergleich über die größere Zeitspanne von 1960 bis 1997 sehr negativ aus: Gewaltverbrechen *nahmen* in dieser Zeit um 280 Prozent *zu.*[11] Im gleichen Zeitraum hat sich die Zahl der Gefängnisinsassen dramatisch erhöht, nämlich von 196 429 im Jahr 1970 (und damit 96 von 100 000 Amerikanern) auf 1 197 590 im Jahr 1997 (445 von 100 000 Amerikanern). Diese Zahl ist am dramatischsten in den neunziger Jahren gewachsen (von 297 von 100 000 im Jahr 1990 auf 445 von 100 000 im Jahr 1997).[12]

Schauen wir uns das Amerika des Jahres 1961 näher an und vergleichen es mit dem Amerika der neunziger Jahre: Damals wie heute gab es populäre TV-Shows. 1961 waren *The Flintstones* der Spitzenreiter, heute sind es *The Simpsons*. Was für ein schockierender Kontrast! 1961 galt die *West Side Story* als relativ gewalttätig, heute ist es *Natural Born Killers*. Damals bestand das Unterhaltungsprogramm aus *Ozzie and Harriet* und *One Happy Family*; heute lassen sich die Leute von Jerry Springer und Jenny Jones in den Bann schlagen. Ich wünschte, es wäre anders! Noch vor zehn Jahren hätten die Amerikaner in ihrer Mehrheit nicht solch einen vulgären Müll im Fernsehen toleriert. Heute sind alle Kanäle voll davon. Wir brauchen uns nur umzusehen. Der Teufel legt seine Karten auf den Tisch.[13]

Jeden Nachmittag sieht man heute im Fernsehen – wohlgemerkt bei hellem Tageslicht! – lebhafte Diskussionen über solche Themen wie Geschlechtsumwandlungen, Transvestiten, offener Betrug am Ehepartner (oftmals gleichgeschlechtlich) und Prostitution, um nur ein paar Dinge herauszugreifen. Wie kann so etwas sein? (Natürlich kann man jederzeit auf die Soap

Operas umschalten, wenn man leichtere Kost wünscht!) Und auch die Sprache wird immer vulgärer; der Standard sinkt nahezu jährlich.[14] Und all das bei den größten, frei zu empfangenden Sendern!

Welche Dinge werden dann erst im Bezahlfernsehen gezeigt? Wie steht es um Pornographie und Gewaltszenen, die in den Filmen immer mehr zunehmen? Was machen wir mit der Tatsache, daß ein durchschnittliches zehnjähriges Kind heute Dinge hört und sieht, die noch vor einer Generation ein durchschnittlicher Erwachsener kaum je zu Gesicht oder Gehör bekam? (Und vom Internet war noch gar nicht die Rede!)

In einem Artikel über die Sexualität von Teenagern hieß es 1998 im *Time Magazine*:

> Selbst wenn die Jugendlichen bestimmte TV-Shows nicht anschauen, so wissen sie doch, daß sie existieren, und sind fasziniert von dem Verbotenen. Der achtjährige Jeff in Chicago erfährt von seinen Schulkameraden alles über die obszönen Kids von *South Park;* obwohl er das Programm selbst nie gesehen hat, kann er bestimmte Episoden bis ins Detail beschreiben. (Natürlich kennt er auch die AIDS-Thematik des Musicals *Rent*, denn er hat die CD Dutzende Male gehört.) Argentina aus Detroit, 16, sagt: „Das Fernsehen läßt Sex wie ein großes Spiel aussehen." Ihr Freund Michael, 17, fügt hinzu: „Die machen aus Sex so etwas wie Monopoly. Man muß es machen, um zur nächsten Ebene zu gelangen."[15]

Im Hinblick auf die Auswirkungen, die die Gewalt im Fernsehen und im Kino auf unsere Gesellschaft hat, mußte selbst eine säkulare Stimme aus Hollywood einräumen: „Nicht daß Bilder der Gewalt mehr Gewalttaten erzeugen, aber die konstante Litanei überflüssiger Gewalttaten wirkt sich zerstörerisch auf die Struktur unserer Kultur aus, denn die Sensibilität für die damit verbundene Problematik wird immer geringer."[16] Und wie niedrig sie inzwischen liegt! Eine neuere Verbrechensstatistik lieferte die folgenden schockierenden Zahlen: „1995 wurden durch Handfeuerwaffen zwei Menschen in Neuseeland getötet, 15 in Japan, 30 in Großbritannien, 106 in Kanada, 213 in Deutschland und 9 390 in den Vereinigten Staaten."[17] Was sagen wir zu solchen Fakten?

Ist Ihnen aufgefallen, wie wir nach jeder neuen Gewaltdarstellung, nach jeder Schrecklichkeit weniger schockiert sind, weniger sensibel, weniger empört? Wie wir immer weniger betroffen sind, immer weniger traurig und immer hartherziger? Im Verlauf des Jahres 1999 reagierten die Amerikaner mit wachsender Gleichgültigkeit auf die zunehmende Welle von Amokschützen in unserem Land. Im Januar begann es langsam, mit einem Toten und einem Verletzten; Ende März waren wir bei drei Toten und einem Verletzten angekommen; Ende April bereits bei 21 Toten und 28 Verletzten. Ende Juni hatten wir die Zahl von 28 Toten und 38 Verletzten erreicht, Ende Juli von 49 Toten und 52 Verletzten, Ende September von 60 Toten und 65 Verletzten. Am Jahresende lag die Zahl bei 74 Toten und 74 Verletzten – alles Opfer von Amokschützen.[18] Einige dieser Tragödien beschäftigten noch nicht einmal einen Tag lang unsere Aufmerksamkeit. Andere, wie die beispiellosen Schüsse in der Baptistengemeinde von Wedgewood in Fort Worth, schafften es bei einigen nationalen Zeitungen noch nicht einmal, in die Schlagzeilen zu kommen.

Jahrelang hatten uns Gottesmänner gewarnt und uns gedrängt, aus unserer Erstarrung aufzuwachen, aber wir schlafen immer noch. Wir haben uns so sehr an den Unrat gewöhnt, daß wir seinen Gestank kaum mehr bemerken. Wir reagieren so immun gegenüber dem Bösen, daß wir seine Verwüstungen nicht mehr bemerken. Hören Sie die Alarmglocken schrillen? Mitte der neunziger Jahre, als in einer bekannten TV-Show zum erstenmal eine lesbische Frau dargestellt wurde, gab es einen Aufstand. 1999 gibt es *mehr als 30* homosexuelle Rollen im Fernsehen. Was läuft hier ab?

Vor mehr als 300 Jahren beobachtete Thomas Manton: „Zuerst praktizieren wir die Sünde, dann rechtfertigen wir sie, und schließlich prahlen wir damit.“ Genau das geschieht vor unseren Augen mit der Homosexuellenbewegung. Zuerst wurde diese Sünde im Geheimen praktiziert; dann wurde sie als gesunder, akzeptabler Lebensstil gerechtfertigt; und jetzt wird jeder, der dagegen Einwände erhebt, als homophob verschrien. Bei *uns* sei etwas nicht in Ordnung, wenn wir diesen Lebensstil als gottwidrig ablehnen! Und mit dem Beginn des neuen Milleniums hat sich die Lage nur noch weiter verschärft: Homosexuelle Aktivisten kämpfen für eine amtliche Anerkennung gleichgeschlechtlicher Ehen; in einigen Teilen unserer Landes gewinnen sie massiv an Boden. (Am 25. April 2000 erließ der Bundesstaat Vermont ein Gesetz, das gleichgeschlechtlichen Partnerschaften eheliche Rechte zubilligt.) Sehen wir nicht die Schrift an der Wand?

Selbst der Satanismus tritt immer offener und unverhüllter auf. Warum sollte sich der Teufel im Schatten verstecken, wenn er in aller Öffentlichkeit frei operieren kann? Natürlich ist mir klar, daß wir seit Jahren schon unsere Horrorfilme hatten, wie *Dracula* oder *Frankenstein* und später dann den *Exorzisten* oder *Rosemary's Baby*. Aber das wachsende Interesse an immer deutlicheren Darstellungen ist auffällig. Allein im Jahre 1999 hatten mindestens sechs Kassenschlager eine stark okkulte Thematik, einschließlich von *The Blair Witch Project* und *The Sixth Sense*.

Ja, die Schlachtreihen stehen sich gegenüber, der Feind gewinnt Boden, und viele von uns haben noch gar nicht gemerkt, daß Krieg herrscht. Der Teufel geht energisch und aggressiv vor. Und was in aller Welt tun *wir*?

1961 trugen Mädchen und Frauen im allgemeinen Röcke oder Kleider (statt Hosen). Sie trugen sie in jedem Fall in der Schule, und diese Röcke und Kleider waren mindestens knielang. Heute sind selbst Tennisspielerinnen – ich spreche von Sportlerinnen, nicht Nachtclubtänzerinnen! – für ihre extrem engen Outfits bekannt, die mehr zeigen als verhüllen. Bedeuten solche Trends gar nichts? Oder schauen wir uns die Titelseiten der Magazine in den letzten 40 Jahren an. Bilder von fast völlig nackten Frauen, die es vor noch nicht einmal zehn Jahren nicht gab – und ich spreche nicht über Pornomagazine! – „zieren" heute viele Covers von Magazinen. Was kommt als nächstes?

Es stimmt: die Welt geht ihren Weg ohne irgendeinen nennenswerten moralischen oder geistlichen Widerstand von seiten der Christen. Und selbst in den Bereichen, in denen wir einige moralische Fortschritte gesehen haben – beispielsweise bei dem kürzlichen Rückgang der Abtreibungszahlen –, gibt es schlechte Nachrichten, denn einer der Hauptgründe dafür ist der zunehmende Gebrauch von Kondomen bei unverheirateten, sexuell aktiven Jugendlichen.[19]

Wir leben heute in einer Gesellschaft, in der Jugendliche in der Schule satanistische T-Shirts tragen dürfen, aber ihnen das Beten bei der Abschlußfeier verboten ist, wo Teenager ohne elterliche Erlaubnis abtreiben lassen dürfen, aber der Lehrer denselben Schülerinnen keine Bibelstelle vorlesen darf, ohne fürchten zu müssen, daß die Eltern ihn dafür vor Gericht bringen. Wir leben in einer Gesellschaft, in der Elf- und Dreizehnjährige geschickt und gezielt morden können – und Klassenkameraden als Zielscheiben benützen. In dieser Gesellschaft gehören *Doom* und *Mortal Kombat* zu den beliebtesten Videospielen, und *South Park* ist einer der beliebtesten Comic Strips.[20] Die Tage, in denen der Hüftschwung von Elvis eine moralische Empörung auslöste, sind längst vorbei. MTV hat seine Unmoral zum Standard erhoben und der „Gangsta Rap" bleibt uns erhalten – wenn es nicht zu einer moralischen und geistlichen Revolution kommt.[21]

Worauf also warten wir? Was muß denn noch geschehen? Wie viele weitere Massaker in unseren Schulen, Gemeinden und Arbeitsplätzen braucht es noch? Wann ist der Punkt erreicht, an dem wir merken, daß es *jetzt* Zeit zum Handeln ist? Es ist viel später, als wir glauben!

Wenn der amerikanische Kongreß darüber debattieren muß, ob es ethisch vertretbar ist, Teile von abgetriebenen Babys zu nützen und weiterzuverkaufen – Haut, Gehirn, Rückgrat – wo sind wir dann als Nation hingekommen? Im November 1999 fand genau diese Debatte statt.

Am 9. November 1999 hat das Repräsentantenhaus eine nichtbindende Resolution für eine Anhörung im Kongreß verabschiedet, bei der der Handel mit Gewebe, Organen und ganzen Körpern von abgetriebenen Babys untersucht werden sollte. Die Abgeordneten Joseph Pitts (Republikaner, Pennsylvania) Tom Tancredo (Republikaner, Colorado) und Christopher Smith (Republikaner, New Jersey) stellten die Resolution H. R. 350 vor. Während der Debatte über H. R. 350 sagte Pitts: „Ich wünschte, diese schauerliche Preisliste [für Babyteile] wäre ein grausamer Halloween-Scherz, aber dem ist nicht so. Es ist fast wie die bürokratische Nazi-‚Endlösung', die in Konferenzen erarbeitet und in gesetzliche Dokumente gegossen wurde. Nur daß es hier in der Gestalt einer kapitalistischen Preisliste erscheint, organisiert für den Kommerz und keimfrei verpackt, um die bittere Realität zu verschleiern, die dahintersteht."

Die Abtreibungsbefürworter behaupteten, daß diejenigen, die die Resolution befürworteten, „versuchten, die medizinische Forschung durch ihre Abtreibungsrhetorik in Mißkredit zu bringen". Sie fochten außerdem die vorgelegten Beweise an und behaupteten, daß „niemand herumläuft und Babyteile, -arme oder -beine zu irgendeinem Zweck verkauft". Zwei Wochen vorher hatte während der Senatsdebatte über das Verbot der „Teilgeburtsabtreibung" („partial-birth abortion": Spätabtreibung, bei der der Embryo im Mutterleib zerstückelt wird; Anm. d. Ü.) der Senator Robert Smith (Republikaner, New Hampshire) Einzelheiten aus einer sorgfältig erstellten Studie über die Verwendung von Babyteilen angeführt. Smith argumentierte, daß dies eines der schrecklichen Geheimnisse hinter dem Druck von interessierter Seite sei, die Teilgeburtsabtreibung weiterhin zu erlauben. Er schlug eine vernünftige Ergänzung des Verbotsantrags vor, die eine sofortige Regulierung der Industrie für Fötusgewebe vorsah, aber sein Vorschlag wurde mit einer Mehrheit von 51 zu 46 Stimmen im Senat abgelehnt.[22]

Ist Ihnen bewußt, was Sie gerade gelesen haben? Es ist eine unaussprechliche Tragik, daß die Clinton-Regierung dreimal ihr Veto gegen das Verbot der Teilgeburtsabtreibung eingelegt hat und so den Weg bereitet hat für die schauerlichen Schrecklichkeiten, die gerade beschrieben wurden. Das ist die Zeit, in der wir leben!

Am Beispiel unseres Präsidenten haben wir gelernt, daß oraler Sex gar kein Sex ist, daß man am Sonntag in die Kirche gehen kann, um am Montag die Nation zu belügen, daß man ein ausgezeichneter Führer und – gleichzeitig – ein schlechter Mensch sein kann, und daß Homosexualität akzeptabel ist, während ihre Ablehnung es nicht ist. Kein Wunder, daß viele Jugendliche nicht mehr wissen, wo rechts und links ist. Und kein Wunder, daß wir Erwachsenen auch keinen klaren Kopf haben. Wir haben ja unsere eigenen verrückten Obsessionen.

Überlegen Sie doch: wir leben in einer Zeit moralischen Wahnsinns und gesellschaftlicher Ungewißheit, in der man an allen Ecken und Enden über die Notwendigkeit einer moralischen Revolution diskutieren sollte. Stattdessen sind die einzigen „revolutionären" Dinge, von denen wir hören, Bücher über neue Diäten![23] Was sagt das über uns als Volk aus? Während wir über die Berufung reden müßten, für das Evangelium zu sterben, reden wir lieber über den Ruf zur Diät, damit wir besser aussehen. Was für ein trauriger Zustand! Und welche Aussage über unsere Selbsttäuschung und Mangel an Disziplin steckt in der Beobachtung, daß wir gleichzeitig das Land in der Welt sind mit den meisten Büchern über Diät und gesunde Ernährung und gleichzeitig das Land mit den meisten fettleibigen Menschen? Selbst unsere Haustiere haben Übergewicht.[24] Wir brauchen eine Revolution!

Noch einmal ein Zitat von William Bennett zu unserer gegenwärtigen moralischen Erstarrung:

> Der Prozentsatz von Geburten bei unverheirateten Müttern – der am Anfang des Jahrzehnts [d. h. der neunziger Jahre] schon auf dem alarmierend hohen Niveau von 28 Prozent war – liegt heute noch höher, nämlich bei 32,4 Prozent ... Bei Männern und Frauen zwischen Mitte zwanzig und Mitte dreißig ist das Zusammenleben vor der Ehe häufiger als das Gegenteil ... 1998 gaben 5,6 Prozent aller Schüler in der Abschlußklasse der Highschool an, täglich Marihuana zu rauchen – eine Zunahme um 180 Prozent seit 1991. Bei den Leistungen in Mathematik rangieren amerikanische Zwölftklässler an neunzehnter Stelle unter einundzwanzig untersuchten Nationen.[25]

Die USA sind stolz darauf, den höchsten Prozentsatz bekennender Evangelikaler in der Ersten Welt zu besitzen. Umfragen zufolge halten sich 36 Prozent der Amerikaner für wiedergeboren (wobei die Rate unter den Schwarzen am höchsten liegt, nämlich bei 51 Prozent). Das bedeutet, daß einer von drei Amerikanern – also mehr als 90 Millionen Menschen! – den Anspruch erheben, wiedergeboren zu sein.[26] Und gleichzeitig hat Amerika

- den höchsten Prozentsatz alleinerziehender Mütter bzw. Väter in der Ersten Welt[27]
- die höchste Abtreibungsrate in der industrialisierten Welt[28]
- die höchste Rate an geschlechtlich übertragenen Krankheiten in der Ersten Welt (die Rate liegt bei Syphilis und Gonorrhöe um fast 500 Prozent höher als in anderen industrialisierten Ländern)[29]
- die höchste Geburtenrate unter Teenagern in der industrialisierten Welt (mit weitem Abstand!)[30]
- die höchste Rate beim Drogenmißbrauch durch Teenager in der industrialisierten Welt[31]

Als ob das noch nicht genug wäre: „21 Prozent der neunjährigen Amerikaner sehen wochentags mehr als fünf Stunden fern – die höchste Rate in der westlichen Welt."[32] Was für eine ernüchternde Statistik! Millionen Neunjähriger schauen *fünf Stunden* Fernsehen *pro Wochentag* – und vieles davon ist Gift! Unsere Lage ist wirklich schlimm![33]

In unserem eigenen, „gesegneten" Heimatland gilt: „Zwischen 1990 und 1997 nahm die Rate unehelicher Geburten um 16 Prozent zu. Zwischen 1960 und 1997 betrug die Zunahme 511 Prozent."[34] Das bedeutet, daß heute fünfmal mehr uneheliche Kinder geboren werden als 1960 – und das trotz der Tatsache, daß auch die meisten Abtreibungen bei nichtverheirateten Müttern durchgeführt werden. Wenn wir diese gezeugten, aber nie geborenen Kinder dazuzählen, dann ist die Rate unehelicher Schwangerschaften noch atemberaubender.

Wenn wir uns mit der Situation der schwarzen Amerikaner beschäftigen, stehen wir vor folgendem Paradox: Während es einerseits zu einer Zunahme bürgerlicher Rechte in den letzten 40 Jahren gekommen ist – das war tatsächlich ein positives Ergebnis der sechziger Jahre –, ging es andererseits mit der afroamerikanischen Familie bergab. Heute werden zwei Drittel aller schwarzen Kinder unehelich geboren; die Rate des moralischen Verfalls war hier steil.[35]

1960 waren 23 Prozent aller Geburten bei Schwarzen unehelich; bis 1965 war diese Zahl lediglich auf 27,9 Prozent angestiegen, während sie 1970 schon bei 37,6 Prozent lag. Aber in den neunziger Jahren lag der Durchschnitt *über 68 Prozent*, nahezu eine Verdreifachung seit 1960. Wie kann es sein, daß genau dieser Teil unserer Bevölkerung der religiöseste ist? 82 Prozent der schwarzen Amerikaner sind nach eigener Aussage Kirchenmitglieder, 43 Prozent sagen, daß sie wöchentlich zur Gemeinde gehen, und

86 Prozent sagen, daß sie „Religion als eine Lösung für die Probleme der heutigen Zeit" betrachten.[36]

Doch es gibt noch schockierendere Zahlen. Der Prozentsatz unehelicher Kinder bei Weißen ist weitaus dramatischer gestiegen! 1960 waren nur 2,3 Prozent aller Geburten unehelich, 1965 immerhin noch 4,0 Prozent, 1970 5,7 Prozent und 1975 7,3 Prozent. Aber 1997 lag die Zahl bei 25,8 Prozent – und stellt damit eine Zunahme von mehr als 1000 Prozent, also das Zehnfache von 1960 dar![37] *All dies bedeutet, daß in den gesamten USA fast ein Drittel aller Kinder unehelich geboren werden.* In den letzten 40 Jahren hat sich das Verhältnis von ehelichen zu unehelichen Geburten auf nationaler Ebene so verändert, daß „1994 zum ersten Mal in der amerikanischen Geschichte mehr als die Hälfte aller Erstgeborenen unehelich gezeugt oder geboren wurden".[38]

Das alles verschlägt einem den Atem, insbesondere, wenn man daran denkt, wie wichtig eine starke Familie für die Gesundheit jeder Zivilisation ist. Aber die Familie zerfällt.

Von den annähernd 65 Millionen Kindern unter 17 Jahren verbrachten 1996 fast 28 Millionen (43 Prozent) Zeit in einer Familie mit nur einem Elternteil. Etwa 8,25 Millionen waren uneheliche Kinder, ca. 16,7 Millionen erlebten die Scheidung ihrer Eltern, und weitere drei Millionen Kinder waren unehelich *und* Scheidungskinder.[39]

Satan hat es auf die Jugend abgesehen! Die schlimmen Statistiken, die William Bennett anführt, machen das deutlich:

- Von den Frauen, die zwischen 1951 und 1955 geboren wurden [und damit in den neunziger Jahren 40 Jahre und älter waren], waren 23 Prozent bei ihrem ersten Geschlechtsverkehr mit ihrem Partner verheiratet. Von den Frauen, die zwischen 1971 und 1975 geboren wurden [und damit in den neunziger Jahren 20 Jahre und älter waren], waren zwei Prozent bei ihrem ersten Geschlechtsverkehr mit ihrem Partner verheiratet.[40] [Das bedeutet, daß in meiner Generation nur eine von vier Frauen bis zur Ehe gewartet hat, um Sex zu haben, worauf man nun wahrlich nicht stolz sein kann. Aber in der Generation meiner Tochter ist das Verhältnis *eins zu fünfzig!*]
- Der Prozentsatz von Mädchen im Abschlußjahr der Highschool, die der Meinung sind: „Ein Kind zu haben ohne verheiratet zu sein bedeutet, mit einem Lebensstil zu experimentieren, der sich lohnt oder sonst niemand beeinträchtigt" stieg von 33 Prozent in den Jahren 1976–1980 auf 53 Prozent in den Jahren 1991–1995.[41]

- 1997 zogen sich etwa 3 Millionen Teenager – ein Viertel aller, die sexuell aktiv waren – eine durch Geschlechtsverkehr übertragene Krankheit zu.[42]
- Sechsundsiebzig Prozent aller Kinder, die ein Mädchen im Teenageralter bekommt, sind unehelich.[43]
- In 15 unserer größten Städte lag 1995 die Rate unehelicher Geburten bei Teenagern über 90 Prozent. Die Städte mit den höchsten unehelichen Geburtenraten für Mädchen unter 20 Jahren sind Baltimore und Pittsburgh [beide liegen bei 96,5 Prozent!].[44]
- 1996 nahmen 8 000 Kinder unter sechs Jahren eines von drei allgemein verschriebenen Antidepressiva – Prozac, Zoloft oder Paxil. Diese Zahl stieg um 400 Prozent auf 40 000 im Jahre 1997. [Ja, die Steigerung geschah innerhalb eines Jahres!][45]

Worte reichen einfach nicht aus, um zu beschreiben, wie tief wir gesunken sind. Dies ist die Realität, lieber Leser. Aber es spielt eigentlich nur noch eine einzige Sache eine Rolle. Wir können nur noch eine Frage stellen, nämlich: Gibt es überhaupt einen Ausweg? (Kann Amerika verändert werden?) Die Antwort, das behaupte ich, ist eindeutig ja. Unser Land kann verändert werden. Aber es braucht eine Revolution, und diese Revolution muß *jetzt* beginnen. Machen Sie mit?

Kann die Liebe Christi den Missionar nicht dorthin führen, wohin der Sklavenhandel den Händler führt?

David Livingstone, Afrika,
Mitte des 19. Jahrhunderts

Wir Christen haben Golgatha den Kommunisten überlassen. Sie nehmen Erniedrigung und Tod in Kauf, um ihr Evangelium auszubreiten, während wir Christen jedes Evangelium ablehnen, das nicht um Heilung und Glücklichsein kreist. *George E. Failing*

Diese unsere Erfahrung ist es wert, dafür ein paar Kugeln in Kauf zu nehmen. [Wenn du tatsächlich kommst,] denke nicht an Rückkehr, denn die Revolution wartet nicht.

Einladung von *Che Guevara* an seinen alten Freund
Julio „El Gaucho" Castro nach Kuba

An jeden, dem Gottes Hand zu kommen winkt: Überschlage die Kosten, denn das gebietet Er uns, aber bringe deine Rechentafel zum Fuß des Kreuzes und kalkuliere dort.

Amy Carmichael, die 55 Jahre als Missionarin in Indien wirkte, ohne je einen einzigen Heimaturlaub zu nehmen.

Ich werden den Sudan für das Evangelium erschließen oder beim Versuch umkommen.

Rowland Bingham, einflußreicher Mitarbeiter der Sudan Interior Mission.

3. Totale Hingabe: Das Grundprinzip der Revolution

Die Weltgeschichte wurde in ihrem Verlauf von revolutionären Bewegungen geprägt: von der Amerikanischen Revolution im achtzehnten Jahrhundert bis zur Islamischen Revolution im zwanzigsten, von der Französischen Revolution Ende des achtzehnten Jahrhunderts bis zur Russischen Revolution Anfang des zwanzigsten. Einige gingen ohne Blutvergießen vonstatten, wie die Industrielle Revolution, die England vor 200 Jahren umgestaltete. Andere waren unglaublich brutal, wie die chinesische Kulturrevolution unter Mao Tse-tung seit 1966. Aber jede Revolution war von bestimmten Prinzipien geleitet, von unverrückbaren Grundzügen. Ohne sie hätte es keine Revolution gegeben.

John Lee Anderson bezeichnet in seiner umfangreichen Studie über Che Guevara, den gewalttätigen lateinamerikanischen Revolutionär (ein führender Historiker nannte ihn einen „totalitären Terroristen"), „Opferbereitschaft, Aufrichtigkeit und Hingabe an die Idee" als die „revolutionären Prinzipien, die [Che] beispielhaft verkörperte".[1] Letztlich kostete Che diese Hingabe das Leben, zusammen mit vielen anderen. Aber er war bereit, diesen Preis zu bezahlen. Schauen wir uns nur einige Kapitelüberschriften in Andersons Biographie an (die ersten drei sind Originalzitate von Che): „Gott und seine neue rechte Hand"; „Das heilige Feuer in mir"; „Wir sind die Zukunft, und wir wissen es"; „Kein Zurück"; „Notwendiges Opfer". Ja, es sieht so aus, als ob Che Guevara wie Hunderte anderer Revolutionäre nichts anderes tun konnte, als sein Leben für diese Idee zu geben. Für den Revolutionär ist die Idee es wert, dafür zu sterben; nichts sonst hat genug Wert, um dafür zu leben.[2]

Warum ist diese absolute Hingabe an die Idee – diese leidenschaftliche, oft selbstlose, manchmal mörderische und immer fanatische Hingabe –

ein Kennzeichen von revolutionären Bewegungen? Weil der Revolutionär zutiefst der Überzeugung ist, daß in der Gesellschaft etwas von Grund auf verkehrt läuft, daß etwas Entscheidendes fehlt, daß etwas sich völlig ändern muß, und daß es sich unter allen Umständen ändern muß – *jetzt*. Hören wir das blumige Statement eines Pioniers der amerikanischen „Counterculture" (mit anderen Worten: eines LSD-süchtigen Hippies!) aus dem Haight-Ashbury District von San Francisco im Jahre 1967. Zwei Sätze daraus habe ich besonders hervorgehoben:

> Die Straße ist zum Eingangstor zu einem Phänomen geworden, zu dem wir alle eingeladen sind. Das Wort ist im Land herumgegangen, mit freundlichen Grüßen von den Obergrund-Medien, daß es in der Haight Street eine Szene gibt. Diejenigen, die am bereitwilligsten dem Aufruf folgen, kommen aus den netten Wohngebieten der Mittelklasse. *Sie verlassen ihre Jobs, die Armeen und die Schulen, um ihr Leben und ihre Psyche völlig umzukrempeln; sie sind alle auf der Suche nach einem Stoff, aus dem sich ein Leben bauen läßt.* Alle von uns begannen zu merken, selbst in unseren 17 oder 20 kurzen Jahren, daß das Spiel des Lebens, das in der Schule und im Supermarkt abläuft, uns nur einen Styroporsarg und selbstvergessene Knechtschaft einbringt. Die meisten von uns standen schon an der Schwelle, um in das gesellschaftlich akzeptierte Schwimmbad zu springen, aber wir hielten inne und forderten mehr Zeit, weil wir instinktiv, vielleicht auch intellektuell, schon genug gesehen hatten. Wenige haben genug Talent oder ausreichend entwickelte Fähigkeiten, um persönliche Zufriedenheit zu erringen oder auf dem Markt zu bestehen; alle sind wir dressiert auf unterschiedslosen Konsum. *Aber das Gefühl bleibt – es muß etwas Größeres als das alles geben.*[3]

Ja, es muß etwas Größeres als das alles geben – als Essen und Trinken, Arbeiten und Schlafen, als *Existieren*. Es muß mehr geben als eine gute Ausbildung, damit man eine gute Arbeit findet und eine gute Familie hat, damit dann *deine Kinder* eine gute Ausbildung bekommen, eine gute Arbeit finden und eine gute Familie haben, damit dann *deren Kinder* eine gute Ausbildung bekommen … Ist es das wirklich? Ist das der Grund, warum Gott uns auf die Erde gesandt hat? Es gibt soviel Leid, soviel Schmerz, soviel Unrecht, soviel Verschwendung, soviel Sinnlosigkeit. Was ist unsere gottgewollte Bestimmung in alledem?

Selbst in Zeiten des Friedens und des Wohlstands, wenn alles gut zu sein scheint, gibt es empfindsame Menschen, die auf der Suche sind und unangenehme, prüfende Fragen stellen: Warum sind wir hier? Nachdem der Tod nun einmal das letzte, unvermeidliche Ende für jeden von uns ist – und wir so alle geboren werden, um zu sterben –, was ist denn der letzte Sinn unseres Friedens und unseres Wohlstands? Wirklich nur, eine neue Generation hervorzubringen, um zu leben und zu sterben, wie wir es getan haben und noch tun? Nur um die Fortpflanzung und Erhaltung der Menschheit zu gewährleisten? Nur um stilvoll zu überleben? Warum sind wir hier?

Egal, wie befriedigend und erfüllend unser eigenes Leben sein mag, egal, wie sehr wir versuchen, uns von dem Leid, das uns umgibt, zu isolieren: das Leid bleibt und schreit nach unserer Aufmerksamkeit. Es zerstört unsere Illusion der Sicherheit, es attackiert unser allzu zerbrechliches Glück. Was machen wir mit der abgrundtiefen Agonie der Menschheit, zu der wir doch gehören?

Ja, selbst die Zeiten von Frieden und Wohlstand sind entstellt durch den Schmerz einer gefallenen Welt. Dieser Schmerz wird dann oft zum Antrieb für Menschen, sich von ihrer Kultur zu distanzieren und einen anderen Lebensweg einzuschlagen – selbst wenn alles „gut" ist. Genau das passierte in den sechziger Jahren in Amerika, als Menschen wie Timothy Leary, ein Harvardprofessor, der für den LSD-Konsum eintrat, zu Gurus der Hippie-Bewegung wurden: Die Philosophie war einfach: „Turn on, tune in, drop out!" („Anschalten, einstimmen, aussteigen!") Die Botschaft war klar: Es gibt mehr im Leben als das Amerika der Mittelklasse. Es gibt mehr im Leben als die hübsche Eigentumswohnung oder das Häuschen im Grünen. Also muß man eine höhere Wirklichkeit finden und aus dem Konkurrenzkampf eine Zeitlang aussteigen. Es muß etwas Größeres geben!

Das Interessante dabei ist, daß die amerikanische Gesellschaft in den fünfziger und Anfang der sechziger Jahre relativ stabil gewesen war. Trotzdem kam es zu diesem gesellschaftlichen Umbruch. Und wenn solch ein Umbruch in den besten Zeiten geschehen kann, was passiert dann erst in Zeiten nationalen Unglücks – Zeiten von Armut, Hungersnöten, von moralischem Chaos oder einem sozialen Zusammenbruch? Solche Zeiten sind ein fruchtbarer Boden für Revolutionen, in dem oftmals revolutionäre Bewegungen wachsen. „Es muß mehr geben!" ist der Schlachtruf. Auf einer gewissen Ebene können wir alle diese Aussage bejahen. Wir sind Menschen, keine Tiere; wir sind zum Ebenbild Gottes erschaffen, nicht zum Ebenbild von Fisch oder Vogel. Und wir sind *für den Herrn* erschaffen. Ohne Ihn suchen wir vergeblich nach Erfüllung.

Treten wir einmal einen Schritt zurück und betrachten unseren Ursprung und unser Ziel. Wir sind nicht dazu erschaffen, um mit endlos vielen Sexualpartnern zu kopulieren, wie die Hunde an den Straßenecken, und dann Nachkommen ohne Familie und Zuhause in die Welt zu setzen. Wir sind nicht dazu erschaffen, uns Drogen in die Adern zu pumpen oder hochprozentigen Alkohol in die Kehle zu schütten, bis wir in unserem Erbrochenen verenden. Wir sind nicht dazu erschaffen, zu morden, zu vergewaltigen, zu foltern und einander Schlimmes anzutun. Unser Leib ist nicht dazu erschaffen, um durch niedere Lüste und entwürdigende Süchte versklavt zu werden. Gott hat uns nicht in die Welt gesetzt, damit wir immer neue und verbesserte Methoden der Massenvernichtung erfinden oder uns zunehmend bizarre Wege ausdenken, unsere fleischlichen Gelüste zu befriedigen. Selbst Tiere sinken nicht auf solch ein Niveau herab. Es gibt mehr im Leben als Sex und Saufen, Spaß und Sport, Umsatz und Unterhaltung, Kurzweil und Konsum, Bildung und Banalitäten. Es gibt mehr!

Theologen sprechen manchmal von einer gottförmigen Leere, die in jedem Menschen vorhanden ist, eine Leere, die nur in einer persönlichen, intimen Beziehung zu Gott selbst ihre Erfüllung findet. Was geschieht, wenn eine Generation – aus guten Gründen! – unzufrieden wird mit dem Leben, so wie es ist, aber sich nicht zu Jesus wendet, um diese innere Leere zu füllen? Diese Generation wird sich anderem zuwenden – falschen Religionen und Sekten, Drogen, Promiskuität, Waffen und Gewalt, Tierrechtsaktivismus oder Umweltextremismus, den Sorgen und Vergnügungen dieser Welt, oder aber einem „edlen" Anliegen, wie dem der wirtschaftlichen Gerechtigkeit, die durch den Umsturz einer Regierung herbeigeführt werden soll.

Auf die eine oder andere Weise werden Menschen danach trachten, die Leere in ihrem Leben mit einer Idee zu füllen, die bedeutsam erscheint (wie die Antikriegsbewegung in den sechziger Jahren). Oder man sucht nach dem Sinn des Lebens (wie in unserer überstürzten Vergötzung des Materialismus in der Gegenwart). Aber die Leere wird dadurch nicht gefüllt.

Es gibt etwas Größeres als bloßes Existieren auf dieser Erde, aber unsere Gesellschaft sucht es am falschen Ort und in den falschen Dingen. Wir, die den Herrn kennen, müssen vorangehen. Wir müssen den Weg bahnen. Wir müssen diejenigen sein, die sich von den Göttern dieser Welt, dem System dieser Welt und den Werten dieser Welt lossagen. Wir müssen voll und ganz für die „gegenkulturellen" Werte unseres Meisters leben. Wir müssen den wahren Sinn des Lebens sichtbar vorleben und ihn zugleich zur Sprache bringen. Wir müssen klarstellen, daß sich der Wert unseres Lebens nicht am Überfluß unseres Besitzes mißt (vgl. Lukas 12,15), noch an irgendeiner Größe, die mit menschlichen Maßstäben gemessen wird (vgl. 1. Korinther 3,18-19). Er mißt sich auch nicht an irdischen Erfolgen oder Leistungen (vgl. Jeremia 9,23-24). Der wahre Sinn des Lebens besteht darin, Jesus zu kennen und Ihn bekannt zu machen (vgl. Johannes 17,3; Apostelgeschichte 23,24). Solange wir Ihn nicht kennen und bekanntmachen, bleibt unser Leben leer, ziellos und wertlos.

Paulus übertrieb nicht, als er schrieb:

> Doch was mir damals ein Gewinn war, das habe ich um Christi willen als Verlust erkannt. Ja noch mehr: ich sehe alles als Verlust an, weil die Erkenntnis Christi Jesu, meines Herrn, alles übertrifft. Seinetwegen habe ich alles aufgegeben und halte es für Unrat, um Christus zu gewinnen und in ihm zu sein. Nicht meine eigene Gerechtigkeit suche ich, die aus dem Gesetz hervorgeht, sondern jene, die durch den Glauben an Christus kommt, die Gerechtigkeit, die Gott aufgrund des Glaubens schenkt. Christus will ich erkennen und die Macht seiner Auferstehung und die Gemeinschaft mit seinen Leiden; sein Tod soll mich prägen. So hoffe ich, auch zur Auferstehung von den Toten zu gelangen. Philipper 3,7-11

Paulus wußte, was wirklich zählte!

Nate Saint und Jim Elliot wußten ebenfalls, was wirklich zählte. Saint und Elliot erlitten zusammen mit drei anderen amerikanischen Missionaren im Jahre 1956 den Märtyrertod durch die Auca-Indianer in Ekuador. Sie hatten erkannt, daß das Leben weitaus sinnvoller, reicher und bedeutender ist, als die meisten von uns je merken, selbst wenn wir hundert Jahre alt würden. Nate Saint schrieb:

> Menschen, die den Herrn nicht kennen, stellen die Frage, warum in aller Welt wir nur unser Leben als Missionare vergeuden. Sie vergessen, daß sie selbst auch ihr Leben ausgeben, und wenn die Seifenblase einmal geplatzt ist, dann haben sie nichts von ewiger Bedeutung für all die Jahre vorzuweisen, die sie zugebracht haben.[4]

Ja, bei jedem wird eines Tages die Seifenblase platzen. Staub wird wieder zu Staub werden, und der Geist wird zu Gott zurückkehren, der ihn verliehen hat (vgl. Prediger 12,7). An jenem Tag wird für Sie nur noch eines zählen: Haben Sie den Zweck erfüllt, den Gott Ihrem Leben zugedacht hat? Haben Sie etwas Bleibendes für Jesus bewirkt? Haben Sie für die kommenden Generationen ein Erbe des Segens hinterlassen?

Alle die kleinen dummen Dinge, die uns während unserer paar Jahre hier auf Erden so wichtig erschienen, werden dann im Licht der Ewigkeit völlig bedeutungslos sein.

Wie weise sind diese inzwischen berühmten Worte von Jim Elliot: „Jener Mensch ist kein Narr, der hingibt, was er nicht behalten kann, um zu gewinnen, was er nicht verlieren kann.“ Und wie weise war es, als er als junger Collegestudent Gott um folgendes bat: „Gott, ich bitte Dich, entzünde diese nutzlosen Scheite meines Lebens; laß mich für Dich brennen. Verzehre mein Leben, mein Gott, denn es gehört Dir. Ich suche kein langes Leben, sondern ein erfülltes, so wie Du, Herr Jesus.“[5] Wenn nur alle von uns ein wahrhaft erfülltes Leben führen würden!

Tief in Ihrem Herzen, so glaube ich, spüren Sie die Richtigkeit dieser Bitte Jim Elliots. Gleichzeitig fragen Sie sich vielleicht, wie in aller Welt Sie nur aus der täglichen Routine des irdischen Existierens herauskommen. Wie kann man ein wahrhaft sinnvolles Leben führen? Manchmal braucht es die ganze Energie, die man hat, um nur über die Runden zu kommen – die Rechnungen zu zahlen, für die Familie zu sorgen, den Verstand nicht zu verlieren, sich von moralischem Schmutz fernzuhalten. Manchmal scheint es, als ob all dieses abgehobene Gerede über Erweckung, von der Erfüllung des Missionsbefehls und von der Veränderung der Gesellschaft völlig unrealistisch und unerreichbar wäre. Nein! Bei Jesus ist das alles realistisch und erreichbar.

Lassen Sie sich nicht die Lüge unterjubeln, daß sich sowieso nichts ändern kann – daß Ihr Leben, Ihre Familie, Ihre Gemeinde oder Ihre Gesellschaft immer so bleiben werden, daß Sie immer in diesem grausamen Kreislauf gefangen sein werden, verstrickt in den Morast dieser Welt, aus dem Sie sich nicht befreien können. Akzeptieren Sie diese Denkweise nicht! Fassen Sie den Entschluß, Gott aufs neue zu vertrauen. Fangen Sie an, in Ihrem Herzen heilige Träume zu träumen. Machen Sie sich in Ihrem Denken frei, und überlegen Sie sich, was Sie tun können.

Jede echte Revolution beginnt mit einer Idee, einer tiefen Überzeugung, einem Traum, erst dann folgt die Aktion. Der Herr hat einen Aktionsplan für Sie! Aber dieser Plan muß aus Ihrer Loyalität zu Ihm erwachsen, aus der Hingabe an Seine Sache. Er ist gekommen, um die Gefangenen zu befreien, aber sie bleiben so lange gefesselt, bis wir ihnen die gute Nachricht bringen. Ist es jetzt nicht an der Zeit, hinzugehen und den Gefangenen die Freiheit zu verkünden?

Halten Sie einmal für einen Moment inne und stellen Sie sich einige Fragen. Wieviel sind Sie Ihrem Erlöser schuldig? Wieviel sind Sie bereit, für Seine Sache zu geben? Wie wichtig sind die Dinge, für die Er gestorben ist, und die Prinzipien, für die Er Opfer gebracht hat? Und wie groß ist Seine verändernde und verwandelnde Macht, sei es in Ihrem Leben oder in dem der Menschen, mit denen Sie zu tun haben? Wenn Gott Gott ist, und wenn Gott für uns ist, wo liegen die Grenzen? Abgesehen von dem, was außerhalb *Seines* Willens liegt, sind dann nicht alle anderen Begrenzungen solche, die durch *unseren eigenen* Willen erzeugt werden?

John Wesley und ein Heer namenloser Prediger veränderten im achtzehnten Jahrhundert ganz England. Die Frucht ihrer Mühen war so unbestreitbar, daß der prominente französische Historiker Elie Halévy im Hinblick auf die Verwandlung Englands behauptete: „Es dürfte schwerfallen, die Rolle, die die Erweckung Wesleys gespielt hat, zu überschätzen." Er sprach sogar von dem „moralischen Zement" der Gesellschaft und kam zu dem Schluß, daß die Erweckung „das Wunder des modernen England" erkläre. Erzbischof Davidson meinte, daß es „nicht zuviel wäre, zu sagen, daß Wesley praktisch das Aussehen und sogar den Charakter der englischen Nation verändert hatte". Der britische Premierminister Baldwin bemerkte, daß es unmöglich sei, das England des neunzehnten Jahrhunderts zu erklären, ohne vorher auf Wesley zu sprechen zu kommen. Er behauptete sogar, daß „man das Amerika des zwanzigsten Jahrhunderts nicht verstehen kann, wenn man Wesley nicht versteht."[6]

Sie reden von einem Mann, der bei seinen Predigten mit Steinen und Kot beworfen wurde! Es war der gleiche Mann, der gesagt hatte: „Gib mir hundert Männer, die nichts fürchten, außer der Sünde, und die nichts begehren, außer Gott, und ich werde die Welt erschüttern." Wer werden die Leute sein, die in der heutigen Erweckung die Welt erschüttern werden? Wer werden die Rädelsführer der Revolution in der heutigen Generation sein?

Die einfache Wahrheit ist, daß es keinen John und Charles Wesley gegeben hätte ohne ihre fromme Mutter Susanna; ohne John und Charles Wesley aber hätte es keine methodistische Erweckung gegeben. Ohne diese Erweckung wiederum hätte es keine Industrielle Revolution gegeben, und ohne diese Erweckung hätte die Gewalt der französischen Revolution wahrscheinlich auch England erfaßt. Wir müssen uns vor Augen halten, daß jedes Leben zählt – das Leben jeder betenden Mutter, das Leben jedes gehorsamen Sohnes, das Leben jedes Soldaten in der Armee Gottes. Jedes Leben zählt! Die Frage ist nur: Werden Sie Ihr Leben für die Sache Jesu geben? Werden Sie sich selbst für den Dienst des Herrn zur Verfügung stellen? Werden Sie den guten Kampf kämpfen? Werden Sie es tun?

„Aber in Amerika ändert sich doch nichts!“ sagen Sie. „Niemals ändert sich etwas!“

Ich sehe das anders! Schauen wir uns nur einmal die kurze Geschichte Amerikas an. Es scheint für uns heute zutiefst empörend zu sein, daß Frauen irgendwo das Wahlrecht verweigert wird. Aber vor 100 Jahren gestand man amerikanischen Frauen dieses grundlegende demokratische Recht nicht zu. Als diese Idee 1869 von Frauen wie Lucretia Mott, Elizabeth Cady Stanton und Susan B. Anthony aufgebracht wurde (einige von ihnen konnte man angesichts ihrer Überzeugungen und Handlungen kaum als Christen bezeichnen), erschien sie radikal und revolutionär. Und es brauchte auch mehr als fünfzig Jahre – bis 1920, um genau zu sein –, um dieses grundlegende Recht als Bundesgesetz zu verankern. Heute erscheint es uns primitiv und abstoßend, Frauen dieses Grundrecht *nicht* zu gewähren. Die Dinge können sich verändern, wenn wir nur treu bleiben und nicht vom Weg abweichen. Was in der einen Generation als empörend erscheint, wird in der nächsten zur Normalität. Wie Mark Twain es formuliert hat: „Der Radikale des einen Jahrhunderts ist der Konservative des nächsten. Der Radikale erfindet die Ansichten. Wenn sie für ihn zum alten Hut geworden sind, übernimmt sie der Konservative.“ Gut ausgedrückt!

Denken wir nur an den enormen Beitrag, den schwarze Amerikaner im Profisport geleistet haben. Diese Athleten aus der Welt des Sports wegzudenken, ist fast unmöglich. Wie sähe Basketball aus ohne Michael Jordan und Julius Erving, Baseball ohne Hank Aaron und Willie Mays, oder Football ohne Walter Payton und Jim Brown? Aber es dauerte bis 1947, bis zum ersten Mal ein Schwarzer offiziell Baseball spielen durfte; und dafür hatte er viel an Beschimpfungen und Vorurteilen einzustecken. Jahrzehnte vorher hatten Menschen ihre Stimme erhoben – es waren die leidenschaftlichen, wohlartikulierten Stimmen schwarzer Amerikaner –, um die Vorurteile und Bigotterie in unserer Gesellschaft beim Namen zu nennen. Sie mußten allerdings einiges einstecken!

Hören wir auf die Worte von W. E. DuBois vom August 1906:

> Wir werden uns nicht damit zufriedengeben, auch nur einen Jota weniger zu akzeptieren als unsere vollständigen Menschenrechte. Wir beanspruchen für uns jedes einzelne Recht, das einem in Freiheit geborenen Amerikaner zusteht – ob politisch, bürgerlich oder sozial –,

> und solange wir diese Rechte nicht bekommen, werden wir nicht aufhören zu protestieren und Amerika in den Ohren zu liegen. Der Kampf, den wir kämpfen, ist nicht für uns selbst allein, sondern für alle wahren Amerikaner. Es ist ein Kampf um Ideale, damit nicht dieses unser gemeinsames Vaterland seiner Ursprungsidee untreu wird und in Wahrheit zum Land von Dieben und zur Heimat von Sklaven wird, zum Hohn und Spott der Nationen wegen seiner tönenden Anmaßungen und jämmerlichen Errungenschaften.[7]

Nicht alles, was DuBois sich erhofft hat, ist voll und ganz eingetreten, aber das Amerika von heute unterscheidet sich radikal von dem Amerika seiner Zeit. Vieles an seinem Traum ist verwirklicht worden. Die Lage *hat* sich im Hinblick auf die Bürgerrechte zum Besseren gewendet.

Natürlich war der Großteil der Veränderungen, die in den letzten Jahrzehnten in unserer Gesellschaft stattgefunden haben, zum Schlechteren, wie wir im letzten Kapitel mit verheerender Deutlichkeit gesehen haben. Aber wenn die Dinge sich ver*schlechtern* können – durch einen letztlich teuflisch inspirierten Lebensstil ohne Gott –, dann können sie sich auch ver*bessern*, ja sogar neu werden – nämlich durch einen gottesfürchtigen Lebensstil, der sich von der Kraft des Geistes inspirieren läßt. Auf der ganzen Welt gibt es heute Städte und sogar Nationen (besonders in Lateinamerika und Afrika), die eine bedeutende Transformation durch das Evangelium erleben. Es geschieht, wenn Christen die Verlorenen gewinnen, in Einheit wirken und so lange beten, bis Jesus eingreift. Warum kann eine solche Veränderung nicht unser Land erfassen? Warum nicht diese Generation? Warum nicht Ihr Leben, Ihre Stadt, Ihr Umfeld?

Amerika hat auch früher schon sein moralisches Auf und Ab erlebt (auch wenn wir in puncto Maßstäbe und offener Sünde noch nie so tief gesunken waren), und es hat geistliche Kehrtwendungen in unserer Geschichte gegeben. Das ist keine Frage. Die Frage lautet vielmehr: Werden Sie sich dieser Idee verschreiben?

Jesus hat uns einen Auftrag mit einer klaren Ausrichtung gegeben; solange er nicht erledigt ist – und erledigt ist er erst, wenn Jesus wiederkommt –, ist uns unsere Arbeit ganz klar vorgegeben. Wir haben unsere Arbeitsplatzbeschreibung! Jesus hat uns befohlen: „Darum geht zu allen Völkern, und macht alle Menschen zu meinen Jüngern; tauft sie auf den Namen des Vaters und des Sohnes und des Heiligen Geistes, und lehrt sie, alles zu befolgen, was ich euch geboten habe“ (Matthäus 28,19-20). Solange dieser Auftrag nicht erfüllt ist, bleibt er unsere vordringlichste Aufgabe, unsere heiligste Verpflichtung, unser revolutionäres Anliegen. Es ist der Ruf, wie Bill Bright es einmal formuliert hat: „Komm und hilf die Welt zu verändern.“[8] Das ist der Grund, warum wir hier sind. Es ist eine herrliche Aufgabe.

Wie traurig ist es, daß Satans Diener dem Ruf *ihres* Meisters folgen, die Welt zu verändern; sie leisten eine ausgezeichnete Arbeit mit ihrer Verführung und Zerstörung. Fieberhaft sind sie am Werk, während die Uhr der Erde abläuft. Sie gehören dem Teufel und werden von ihm gesteuert; für sein Reich leben und sterben sie. Aber der Preis seiner Nachfolge ist hoch! Der einst wohlhabende Glücksspieler hat sein Lebenseinkommen verloren, die Teenage-Stripperin ihre Würde, der geschiedene Alkoholiker Frau und Kinder, und die engagierte Hexe ihre Seele. Und all das wofür?[9]

Denken wir an die extremen Mittel, zu denen Menschen um der Sünde willen greifen: Sie stehlen und töten, um an Drogen zu kommen. Sie lügen, betrügen und verstellen sich, um eine Affäre zu vertuschen. Sie reisen bis an die Enden der Erde um eines flüchtigen Vergnügens willen. Wie weit sollten wir gehen und welchen Preis sollten wir bezahlen, wenn es um Gehorsam gegenüber Gott und geistlichen Dienst geht? Dem Teufel ist es letztlich egal, welche Worte wir singen und welche Versprechen wir ablegen, solange er das gewünschte Ergebnis bekommt. Man könnte die bekannte Liedzeile etwas verändern: „Alles geb' ich Satan hin, alles geb' ich gerne ihm!“ Solch ein Herr ist er. Er ist es, der die uralte Rebellion der Erde speist und der zahllose gottlose Revolutionen inspiriert hat. Von denen, die in sein Netz gehen, verlangt er völligen Gehorsam. Und wie loyal sind seine Anhänger!

Denken wir an das Beispiel von Chang Ta Pao, einem ungebildeten chinesischen Bauern, der zu einem Anführer der Roten Garden aufstieg, der brutalen Jugendarmee, die auf Maos Lehren hin entstand. Changs Geschichte wird von Niu-Niu berichtet, einem Opfer der Kulturrevolution. Sie war ein Kind von vier Jahren, als ihre Eltern vor ihren Augen brutal zusammengeschlagen und abtransportiert wurden. Ihr schönes Haus wurde demoliert und ihr Besitz zerstört. Die kleine Niu-Niu, ihre Schwester Mimi und die Eltern ihres Vaters wurden in ein verlassenes Hotel in einem anderen Teil der Stadt umgesiedelt, wo ihre Großeltern zu erniedrigenden Arbeiten gezwungen und immer wieder geschlagen wurden. Ihr Verbrechen? Sie waren reich und gebildet gewesen, Teil der bürgerlichen Gesellschaft, und deshalb als Kriminelle und Volksfeinde an den Pranger gestellt.

Ein großer Teil dieser brutalen Behandlung ging auf das Konto von Chang. Er war bei dem Angriff auf Niu-Nius Familie dabeigewesen und trug großteils die Verantwortung für die qualvolle Behandlung, die ihre Großeltern erlitten. Niu-Niu beschrieb, was eines Tages auf einer lokalen Versammlung passierte, als sie gerade fünf Jahre alt war. Die Erinnerungen waren über all die Jahre sehr lebendig geblieben:

Es war ein schöner Tag. Alle waren in ihren besten Kleidern gekommen und warteten auf den Beginn der Zeremonie. Schließlich begann es nach einer langen Verzögerung. Alle wandten ihre Köpfe einem Mann zu, der langsam die Stufen zur Bühne hinaufstieg.

„Das ist Chang Ta Pao“, murmelte meine Großmutter.

Er trug eine Armeemütze, ein schönes weißes Hemd und Khakihosen; in seiner Hand hielt er einen Gegenstand, der in rotes Papier eingewickelt war. Langsam ging er auf Maos Porträt zu und warf sich mehrfach davor nieder, bevor er sich der Menge zuwandte.

„Genossen! Heute werde ich etwas Besonderes tun, um zu beweisen, daß mein Herz Mao gehört! Vor der Befreiung ging es mir dreckig. Es waren Mao und die Kommunistische Partei, die mich gerettet haben. Aber selbst dann noch haben die Kapitalisten und Verbrecher mich belästigt … Durch die Kulturrevolution hat Mao mich ein zweites Mal gerettet. Alles, was ich heute habe, hat Mao mir gegeben. Deshalb schwöre ich beim Himmel, daß ich jeden Tropfen Blut für Mao geben werde …“ Außer Atem und mit Tränen in den Augen hielt er inne. Er fing wirklich zu weinen an.[10]

Der junge Revolutionär wickelte sein Päckchen aus; darin war eine große Nadel mit einem Medaillon Maos eingewickelt. Dann öffnete er sein Hemd und stach sich zum Entsetzen der Zuschauer die Nadel direkt ins Fleisch. Er mußte schließlich ins Krankenhaus gebracht werden. Was für eine bemitleidenswerte, irrsinnige Hingabe! Doch ist die Geschichte damit noch nicht zu Ende.

In einer öffentlichen Veranstaltung verkündete Chang eines Tages stolz, daß er aus Liebe zum Vorsitzenden Mao seinem neugeborenen Sohn den Namen Mao Tse-tung gegeben habe. In seiner Kultur war das ein absolut unvorstellbarer Akt (man betrachtete es als eine Beleidigung für die Ehre des Kaisers oder einer hochgestellten Persönlichkeit); er wurde sofort für seinen blinden Eifer gescholten und gedemütigt. Für sein „Verbrechen“ wurde er zum Kriminellen abgestempelt und zu Schwerstarbeit verurteilt. Nun mußte er sinnlose Arbeiten tun, angeschirrt wie ein Tier und gequält wie ein Feind. Und er hatte auch noch das Empfinden, es geschehe ihm recht! Schließlich hatte er seinen geliebten Mao entehrt. Noch tragischer als sein Leben war dann sein Tod:

Chang Ta Pao starb kurze Zeit später. Wie andere Neugierige ging ich hin, um seine Leiche in der Hütte zu sehen, in die seine Familie „umgesiedelt“ worden war, so wie es unserer ergangen war. Ich war noch sehr jung und erschrak über den Anblick, der sich mir bot. Der Tote war auf seinen Knien, den Kopf auf der Brust. Er hatte seinen Körper wieder mit einem Mao-Medaillon durchstochen. Auf einem Fetzen Papier an seiner Hüfte stand: „Vergib mir, Mao.“ Ein Stück seiner blutigen Zunge war daran befestigt. Er hatte seine Hüften mit einem Küchenmesser aufgeschlitzt und sich seine schuldige Zunge abgeschnitten.[11]

Wie er es geschworen hatte, hatte dieser irregeleitete Revolutionär sein Blut für Mao gegeben. So groß war seine Hingabe. Und wie pervers und destruktiv war diese Sache! Er hinterließ zudem ein Baby und eine junge Frau, die bald darauf ihren Verstand verlor. Mao war alles für Chang Ta Pao gewesen. Darf ich fragen, was Jesus für uns bedeutet? Darf ich fragen, wie wichtig Seine Sache für uns ist? Können wir, wenn wir ehrlich sind, *weniger* für die Sache Jesu einsetzen – natürlich nicht in Form von Selbstverstümmelung, Selbstzerstörung, Selbstmord oder Gewalt (entsetzlich!), sondern in Form einer gesunden Hingabe, eines fröhlichen Opfers und eines durch Liebe motivierten Dienstes?

Unsere Gesellschaft geht um uns herum den Bach hinunter; etwas läuft furchtbar falsch. Warum? Der Grund ist, daß wir, das Volk Gottes, die Armee des Herrn Jesus, uns von der Liebe zur Welt und den Sorgen dieser Welt haben ablenken lassen. Wir haben diese Generation nicht verändert; diese Generation hat vielmehr uns verändert!

Statt die Welt wie Salz zu würzen und sie wie Licht zu erleuchten, riechen und schmecken wir jetzt selbst wie die Welt, und ihre Finsternis erstickt das Licht unserer Lampen. Statt die Gefangenen durch die Kraft des Blutes Jesu zu befreien, lassen wir uns selbst umgarnen und versklaven und machen dadurch Sein heiliges Blut zum Gespött. Statt Sünder zu Jüngern zu machen und sie die Wege Gottes zu lehren, werden wir ihre Jünger, lernen ihre Wege, ahmen ihren Lebensstil nach und gleichen uns ihren Maßstäben an.

Überlegen wir doch: Wessen Maßstäbe haben sich in den letzten vierzig Jahren stärker verändert – die der Gemeinde oder die der Gesellschaft? Wer gleicht inzwischen wem? Eine Studie von George Barna aus dem Jahr 1997 verglich anhand von 152 Einzelpunkten die Gemeinde und die Welt. Er stellt praktisch keine Unterschiede zwischen den beiden fest.[12] Wir brauchen eine Revolution!

Wenn ich mit Ihnen persönlich reden könnte, würde ich alles versuchen: ich würde Sie anflehen, anbetteln, drängen und ermahnen, aufzuwachen und sich der Realität des Hier und Heute zu stellen, dem Ruf Jesu zu gehorchen, Ihm um jeden Preis nachzufolgen, und sich dem Dienst des Meisters zu weihen, im Leben und im Tod.

Warum bin ich, wie andere auch, in dieser Frage so voller Leidenschaft? Weil wir ganz unten angekommen sind, oder schlimmer noch, weil wir tief genug gesunken sind, um zu sehen, wie es ganz unten aussehen könnte; und dieser Anblick ist absolut entsetzlich. Mordanschläge durch Schüler an Schulen könnten bald als harmlos erscheinen. Gemeinden und Synagogen brauchen vielleicht bald schon (wie Flughäfen und leider auch schon viele unserer Schulen) Metalldetektoren an den Eingängen. Es gab eine Zeit, in der man in Flughäfen noch keine Metalldetektoren brauchte, und der Gedanke, sie in Schulen zu haben, schien absurd.

In Zukunft könnte Kinderpornographie sogar noch schlimmer werden und sich noch weiter verbreiten. Unsere Innenstädte könnten buchstäblich zu Kriegsgebieten werden und richtiges Familienleben praktisch völlig aus den Städten verschwinden. TV-Shows, die jetzt schon Abfall sind, könnten noch tiefer sinken – und wer hätte gedacht, daß sie überhaupt je so tief sinken könnten, wie es jetzt der Fall ist? –, während Menschen, die es tatsächlich wagen, für die Notwendigkeit moralischer Maßstäbe einzutreten, von vornherein als gefährlich und extrem abgelehnt würden. Was ich sage, ist nichts Undenkbares!

Wer hätte gedacht, daß in bestimmten Staaten der USA in den späten neunziger Jahren bestimmte, ärztlich unterstützte Formen des Selbstmords rechtmäßig sein würden? Oder daß jemand wie Jack Kevorkian mehr als 70 Menschen dabei helfen konnte, ihr Leben zu beenden, bevor er endlich ins Gefängnis kam? Was wird verhindern, daß wir ein zweites Holland werden, wo Ärzte offen zugeben, Tausenden von kranken oder behinderten Menschen das Leben genommen zu haben – ohne überhaupt die Zustimmung des Patienten oder seiner Familie bekommen zu haben? Der Tag könnte bald kommen, wo man in Amerika angeben muß, welche Art von Arzt man möchte – einen der heilt, oder einen der tötet!

Erinnern Sie sich an die Beschreibung des Lebens in Amerika vom Jahre 1961 aus dem vorigen Kapitel? Wie wäre es gewesen, wenn 1960 ein Prophet Gottes gekommen wäre und gesagt hätte: „Innerhalb von zehn Jahren wird es eine breite Revolution der Gegenkultur geben mit sexueller Befreiung, einer feministischen Bewegung, einer Hippie-Bewegung und einer Antikriegsbewegung. Und innerhalb von acht Jahren werden John F. Kennedy Jr., Robert F. Kennedy und Martin Luther King Jr. ermordet werden.“ Hätten wir solch eine Botschaft geglaubt?

Ich habe mir erstaunt die Aufzeichnungen aus den frühen Tagen des klassischen Rock'n Roll angesehen, als saubere, gut angezogene Jugendliche – die jungen Männer trugen Jackett und Krawatte, die jungen Frauen Röcke – in der Halle saßen und im Rhythmus der Musik hüpften. Innerhalb von drei Jahren hatten viele der gleichen jungen Leute lange, ungekämmte Haare und kleideten sich in T-Shirts, Jeans und Sandalen. Ihr Horizont hatte sich durch LSD und Haschisch „erweitert", sie hatten das College hingeschmissen und lebten in Kommunen. Das ist tatsächlich passiert! Derartige radikale Veränderungen werden wir bald auch in unserer Gesellschaft wieder erleben, und wenn wir nicht die Gunst der Stunde ergreifen und Schrittmacher sind, wird das der Teufel übernehmen. Und wenn er es tut, dann werden wir uns umsehen. Es wird *sehr* übel sein. Hoffentlich werden wir nicht wieder kalt erwischt!

1993 schrieb ich, daß diese Generation diejenige seine könnte, die erlebt, wie Märtyrerblut in Amerika fließt. Fragen Sie unsere christlichen Teenager, ob dieses Blut in ihrer Mitte geflossen ist! Ohne radikale Veränderungen in unserer Kultur, ohne eine durchgreifende nationale Erweckung, ohne ein heiliges Eingreifen Gottes, das die Nation zutiefst erschüttert, wird es praktisch unmöglich sein, daß wir uns von alledem erholen. Aber wenn der Herr eingreift, dann können einige unserer wildesten Träume für Amerika in Erfüllung gehen. Unsere glühendsten Hoffnungen, unsere leidenschaftlichsten Gebete, unser brennendstes Verlangen für dieses Land können Wirklichkeit werden.

„Aber", so fragen Sie vielleicht, „wer sagt denn, daß wir die Berufung haben, unsere Gesellschaft zu verändern? Sind wir nicht einfach nur gerufen, die Verlorenen zu retten?"

Mein lieber Freund, merken Sie, was Sie da sagen? Wenn wir die Verlorenen gewinnen, dann verändert sich die Gesellschaft, besonders in Zeiten geistlicher Bewegung. Wie ich 1989 schrieb:

> Wenn große Mengen von Sündern errettet werden, dann wird nicht mehr so viel gesündigt! Weniger Mörder bedeutet niedrigere Mordstatistiken. Weniger Diebe bedeutet weniger Diebstahl. Wenn Drogenhändler von ihren Drogen frei werden, geht der Drogenhandel zurück. In Erweckungszeiten werden Bierhallen in Kirchen verwandelt, und Pornotheater in Stätten der Evangelisation. Weil die Besitzer errettet worden sind!

Das ist nicht der einzige Faktor, der die Gesellschaft beeinflußt. Darüber hinaus ist nämlich Gottes Volk lebendig geworden! Sie treten aktiv ein für Gerechtigkeit, sie konfrontieren die Sünde am Arbeitsplatz und in ihrer Umgebung. Ihr Leben ist wahrhaft heilig geworden. Sie sind Träger des Lichts Gottes wie eine Fackel. Vor Gericht gibt es wieder Gerechtigkeit, in den Schulen Achtung und Ehrfurcht vor Gott. Und Jesus ist wieder Herr Seiner Gemeinde![13]

In der Geschichte hat das Evangelium immer wieder die Gesellschaft verändert. Durch die unermüdlichen Anstrengungen William Careys wurde die Witwenverbrennung in Indien gesetzlich verboten.[14] Der Sklavenhandel und die Kinderarbeit wurden durch das unablässige Bemühen William Wilberforces abgeschafft. Auf der ganzen Welt hat das Evangelium den Standard der Erziehung, der Bildung, des Gesundheitswesens, den Umgang mit Minderheiten und die Menschenwürde verbessert. Darüber könnte man Bücher über Bücher schreiben. Sie sind ja auch tatsächlich geschrieben worden![15] Wenn hier in Amerika, wo sich nahezu 100 Millionen Menschen als evangelikale Gläubige bezeichnen, *ein Viertel* davon *wirklich* ihr Leben mit Gott in Ordnung bringen würde, dann würde das schnellstens den moralischen Verfall unserer Nation stoppen. Wir sind berufen, unsere Welt zu verändern!

Um es noch einmal zu sagen: unser Ziel ist Erweckung, nicht Erhaltung – die Verwandlung der Menschheit, nicht ihr Überleben. Als Glaubende haben wir die Berufung, das Reich Gottes auf Erden auszubreiten, „die Hölle zu plündern, um den Himmel zu bevölkern", wie es der Evangelist Reinhard Bonnke formuliert. Als Glaubende haben wir die Berufung, eine prophetische Stimme zu sein, Herz und Gedanken des Heiligen Geistes zum Ausdruck zu bringen, zu überführen, zu warnen, aufzuschreien, zu trösten, zu heilen, zu helfen. Auch das verändert eine Nation! Als Fremdlinge in dieser Welt sind wir berufen, zu segnen und für die Nation zu beten, in der wir leben. Wie Gott zu den Verbannten aus Juda sprach, die in Babylon im Exil lebten: „Seid um das Wohl der Städte besorgt, in die ich euch verbannt habe, und betet für sie! Denn wenn es ihnen gutgeht, dann geht es auch euch gut" (Jeremia 29,7 GN; eine neutestamentliche Parallele findet sich etwa in 1. Timotheus 2,1-4).

Wir können ohne Übertreibung sagen, daß das Schicksal unserer Nation am seidenen Faden hängt. Deshalb hören so viele den Geist Gottes sagen: „Laßt uns eine Revolution anzetteln!" Deshalb sind die Worte des 100 Jahre alten Liedes von William Booth, dem Gründer der Heilsarmee, heute neu vertont worden. Das Thema ist wieder relevant. Einer der Verse fleht:

God of Elijah, hear our cry –
Send the fire!
And make us fit to live or die –
Send the fire today!
To burn out every trace of sin,
To bring the light and glory in,
The revolution now begin –
Send the fire today!

Gott Elias, hör unser Schrei'n –
Sende das Feuer!
Bring uns dazu, dafür zu leben oder zu sterben –
Sende das Feuer!
Damit es jede Spur von Sünde hinwegbrennt,
damit es das Licht und die Herrlichkeit bringt,
und die Revolution jetzt beginnt –
Sende das Feuer!

Durch William und Catherine Booth und die Heilsarmee begann eine Revolution: eine Revolution des Feuers des Evangeliums, der Leidenschaft des Evangeliums und der Opferbereitschaft des Evangeliums. Heute brauchen wir wieder eine Revolution, eine noch radikalere, weitreichendere, umfassendere, kraftvollere, gesalbtere, welterschütterndere Revolution. Amerika ist bereit dafür! Zu lange schon hat die Sünde regiert; zu viele Menschen sind daran zugrunde gegangen; zu viel Finsternis hat das Land erfüllt. Es ist Zeit, daß die Gemeinde in dem rotglühenden Feuer der Erweckung aufsteht! Es ist Zeit, daß die Gemeinde mit der Demonstration der Kraft des Heiligen Geistes auf die Straßen geht. Es ist Zeit, daß die Welt sieht und erkennt, daß Jesus der Herr ist, daß Er wahrhaftig von den Toten auferstanden ist, daß die Macht Satans gebrochen ist.

Gott hat diese Generation in einzigartiger Weise dazu befähigt, an der Front der Erweckung zu marschieren und den Kampf bis an die Tore der Hölle zu tragen. Wenn wir dem Geist der Apostel und Märtyrer folgen und unser Leben nicht achten, wenn wir uns selbst rückhaltlos hingeben, um Jesus bekanntzumachen, dann wird unsere Nation erschüttert. Es ist Zeit!

Aber bleiben wir realistisch. Der Grund, warum Satan den Kampf um diese Generation gewonnen hat, ist der, daß seine Diener hungriger, hingegebener, ernster und engagierter sind als die meisten Diener des Herrn. Das muß jetzt aufhören! Laßt uns *heute*, um es mit den Worten des Grafen

Zinzendorf, des großen deutschen Reformers des achtzehnten Jahrhunderts, zu sagen, „für das Lamm den Lohn seiner Leiden gewinnen“![16] Er ist dessen würdig! Sein Werk ist so wunderbar. Denken wir an die Frucht Seiner Mühen: Sündige Heiden werden zu strahlenden Heiligen. Lasterhafte Egozentriker werden zu liebevollen Eltern. Mörder werden zu Missionaren, Unfähige frei zum Handeln. Die Verwundeten werden geheilt, die Verletzten gesund, und die Ausgestoßenen finden endlich ein Zuhause. Der Schmutz der Sünde verschwindet in Seinem lebenspendenden Fluß. Die Werke des Teufels werden zerstört. Was für eine Botschaft haben wir! Was für einen Herrn!

Unser Evangelium ist ein Evangelium der Freiheit von Sünde und allen ihren Verstrickungen, die Ansage von Befreiung und Vergebung, eine Botschaft der Hoffnung mit der Verheißung des Himmels. Es ist die Verkündung einer Amnestie, die Ankündigung, daß der allmächtige Gott bereit ist, auch den rebellischsten Sünder zu Seinem Sohn oder Seiner Tochter zu machen. Es ist nicht nur einfach eine gute Nachricht, es ist eine außerordentliche Nachricht, eine fast unglaubliche Nachricht. Es ist die beste Nachricht, die menschliche Ohren je hören können. Und es ist unser Vorrecht, sie bekannt zu machen! Was hält uns ab, sie zu verkünden? Was hindert uns, sie zu proklamieren? Wer oder was hält uns zurück?

Wir haben die wunderbarste, revolutionärste Botschaft, die die Welt je gehört hat. Laßt sie uns von den Dächern rufen. Laßt sie uns auf der Uni leben, am Arbeitsplatz, im Klassenzimmer, auf der Straße, zu Hause. Laßt uns der Welt ein für allemal das wahre Potential des Evangeliums Jesu Christi demonstrieren. Wagen wir es wirklich, zu leben und zu sterben, ohne herausgefunden zu haben, was Gott durch ein wirklich hingegebenes Leben machen könnte?

Natürlich wird es Kämpfe geben, wenn Sie hier auf Erden leben. Viele Sachen werden um Ihre Zuneigung kämpfen und viele Projekte werden Ihre Aufmerksamkeit beanspruchen. Aber nur eines davon lohnt sich.

Mao Tse-tung hatte unrecht. Che Guevara hatte unrecht. Timothy Leary hatte unrecht. Jesus und seine Sache haben recht!

Deshalb: Überschlagen Sie die Kosten. Überlegen Sie sich einen Plan. Springen Sie ins Wasser. Die Revolution beginnt jetzt!

Für jemand, der mit einer prophetischen Schau begabt ist, erscheinen alle anderen blind; für jemand, dessen Ohr Gottes Stimme hört, erscheinen alle anderen taub … Der Prophet haßt das nur Ungefähre, die goldene Mitte ist ihm ein Greuel. Der Mensch muß auf dem Gipfel leben, um nicht in den Abgrund zu stürzen. Das Wort des Propheten ist ein Schrei in der Nacht. Während die Welt ruhig ihren Gang geht und schläft, spürt der Prophet den Trompetenstoß des Himmels … Der Prophet ist ein Mensch, doch spielt er Noten, die eine Oktave zu hoch für unser menschliches Gehör sind … Seine Worte fangen oft dort an zu brennen, wo unser Gewissen endet.

Abraham Joshua Heschel, The Prophets

Wenn ein sogenannter Glaube nicht radikal ist, müssen wir vermuten, daß es sich um einen bloßen Aberglauben handelt. Das Bekenntnis zu einem religiösen Glauben ist eine Lüge, wenn es nicht das wirtschaftliche, politische und soziale Verhalten in signifikanter Weise prägt.

M Scott Peck, The Different Drum

Die Christen bilden unter sich Geheimgesellschaften, die außerhalb des Systems der Gesetze leben … eine obskure und mysteriöse Gemeinschaft, gegründet auf Rebellion und den Vorteilen, die diese mit sich bringt.

Vorwürfe gegen die Christen von Celsus, 2. Jahrhundert

4. Aufruf zum Umsturz: Die Sprache der Revolution

Den meisten von uns ist die Geschichte der Kreuzigung Jesu so vertraut, daß sie uns nicht als ungewöhnlich berührt. Schließlich war es doch Gottes Plan, daß Sein Sohn am Kreuz sterben sollte. Jesus kam ja aus genau diesem Grund auf die Erde, oder? Das ist richtig, Er kam, um Sein Leben zu geben, aber das Überraschende ist, daß er nicht einfach starb. Er wurde *umgebracht*. Warum?

Warum haßte man ihn so sehr? Warum wurden alle möglichen Pläne geschmiedet, um Ihm das Leben zu nehmen? Warum gab es soviel Feindseligkeit Ihm gegenüber? Warum war der Widerstand gegen Ihn so bösartig? Warum lehnte man Ihn ab und machte Ihn schlecht? Warum nagelte man den Sohn Gottes an einen Balken?

Das sind keine abstrakten, theoretischen Fragen. Unser Erlöser war in jeder Hinsicht vollkommen. Er war das Ebenbild Gottes in menschlicher Gestalt. Er war der vollkommenste, fehlerloseste Ausdruck der reinen Liebe, den die Welt je gesehen hat. Er war die Güte, die Treue und das Erbarmen in Person. Warum sollte Ihn überhaupt jemand umbringen wollen? Was war an Ihm so bedrohlich? Ich weiß, daß er oft in hitzige Streitgespräche geriet, und das erzeugte natürlich Widerstand. Aber Ihn deswegen zu *ermorden?*

Gehen wir noch einen Schritt weiter. Warum sollte jemand Seine Nachfolger umbringen wollen? Warum sollte sie jemand ins Gefängnis werfen, verletzen oder verfolgen wollen? Warum würde jemand einen humanitären Missionar mit seinen beiden Jungen verbrennen wollen – wie es im Januar 1999 im indischen Bundesstaat Orissa geschehen ist? Warum würde jemand eine stillende Mutter, die Christin ist, foltern und köpfen wollen – so geschehen im Jahr 203 in Rom? Warum wurden an die zwei Millionen Christen allein in den letzten zwanzig Jahren des zwanzigsten Jahrhunderts um ihres Glaubens willen getötet? Diese Leute waren weder Diebe noch Mörder; sie waren keine Verbrecher. Sie waren weder Unruhestifter noch politische Umstürzler. Sie waren einfache Nachfolger Jesu. Warum hat die Welt sie so hart und grausam behandelt? Warum ging man mit ihnen genauso um wie mit ihrem Herrn?

Sicherlich gibt es viele Gründe für Verfolgungen. Manche Menschen haben Angst vor allem, was neu oder fremd ist; und eine neue religiöse Botschaft erscheint oft in diesem Licht.[1] Das führt dann manchmal zu gewalttätigen Verfolgungen. In anderen Fällen werden Menschen eifersüchtig, wenn ein anderer im Mittelpunkt steht, und sie versuchen, die Konkurrenz auszuschalten. Eifersucht war auch ein Faktor bei der Ablehnung Jesu und Seiner Apostel, wie man zum Beispiel an Matthäus 27,18 oder Apostelgeschichte 5,17-18 sehen kann. Aber das ist nicht das ganze Bild. Es gibt noch mehr als bloß psychologische oder soziologische Gründe.

Sie meinen vielleicht, das Problem liege darin, daß Sünder es nicht ertragen, wenn Gott in ihr Leben tritt, und daß sie jeden – wenn nötig mit Gewalt – ablehnen, der versucht, ihnen Seine Maßstäbe anzulegen.

Das ist einer der Hauptfaktoren der Verfolgung. Jesus selbst hat gelehrt: „Jeder, der Böses tut, haßt das Licht und kommt nicht zum Licht, damit seine Taten nicht aufgedeckt werden“ (Johannes 3,20; vgl. Epheser 5,11-14). Die Propheten wurden verspottet und abgelehnt, weil sie einer hartherzigen Nation Gottes Zurechtweisung brachten. In dem Maß, wie man Gott nicht in seinem Leben haben will, wird man auch seine Diener ablehnen. Deshalb hat Jesus gesagt:

> Wenn die Welt euch haßt, dann wißt, daß sie mich schon vor euch gehaßt hat. Wenn ihr von der Welt stammen würdet, würde die Welt euch als ihr Eigentum lieben. Aber weil ihr nicht von der Welt stammt, sondern weil ich euch aus der Welt erwählt habe, darum haßt euch die Welt. Denkt an das Wort, das ich euch gesagt habe: Der Sklave ist nicht größer als sein Herr. Wenn sie mich verfolgt haben, werden sie auch euch verfolgen; wenn sie an meinem Wort festgehalten haben, werden sie auch an eurem Wort festhalten. Das alles werden sie euch um meines Namens willen antun; denn sie kennen den nicht, der mich gesandt hat. Wenn ich nicht gekommen wäre und nicht zu ihnen gesprochen hätte, wären sie ohne Sünde; jetzt aber haben sie keine Entschuldigung für ihre Sünde. Wer mich haßt, haßt auch meinen Vater. Johannes 15,18-23

Das sind also einige der Gründe, warum der Messias Gottes und die Boten Gottes wie unschuldige Schafe geschlachtet wurden. Aber es gibt noch einen weiteren Faktor, den man in Betracht ziehen muß. *Jesus und Seine Nachfolger wurden abgelehnt und werden auch weiterhin abgelehnt werden, weil sie eine Bedrohung für das System dieser Welt darstellen.* Licht ist eine Bedrohung der Finsternis. Wahrheit ist eine Bedrohung für die Lüge. Das Reich Gottes ist eine Bedrohung für das Reich Satans. Heiligkeit ist eine Bedrohung für die Sünde. Freiheit ist eine Bedrohung für die Knechtschaft. Fragen Sie doch einmal die Drogenbarone in Kolumbien, die versucht haben, Cesar Castellanos, den Pastor der *Mission Charismatica Internacional* in Bogota zu töten, einer der schnellstwachsenden Gemeinden der Welt. Jesus hat ihr Geschäft gestört! Sie verloren ihr Geld, ihren Einfluß, ihre Klientel und ihr Reich.[2]

Das ist auch der Grund, warum König Herodes alles tat, um Jesus zu töten, kaum daß er geboren war. Herodes hatte erfahren, daß ein *anderer* jüdischer König geboren worden sei (Matthäus 2,13.16). Es gab nur für einen König Platz! Das Gefühl der Bedrohung war auch der Grund, warum die Synagogenleiter Pläne schmiedeten, wie sie Jesus umbringen konnten, als Er einen Gelähmten geheilt und dadurch ihre Sabbattraditionen verletzt hatte. Wie konnte Er es wagen, das Establishment zu untergraben! Es war derselbe Grund, aus dem die Hohenpriester planten, Jesus und Lazarus zu töten, nachdem Er ihn von den Toten auferweckt hatte und eine große Menge gekommen war, um die beiden zu sehen (Johannes 12,9.10). Solche Wunder offenbarten, wie leer eine Religion ohne die Kraft Gottes ist! Deshalb waren die religiösen Führer sich sicher, Jesus auf clevere Weise aus dem Weg schaffen zu *müssen*, denn die Volksmassen folgten Ihm nach und hingen an Seinen Lippen (vgl. Markus 11,1-18; 14,1). Ihnen entglitt nämlich ihre Kontrolle über die Massen!

Als nach der Kreuzigung Jesu Berichte von Seiner Auferstehung laut wurden, stritten diese Führer das rundweg ab (sie konnten Ihn ja nicht noch einmal umbringen!) und brachten das Gerücht in Umlauf, Sein Leichnam sei gestohlen worden (vgl. Matthäus 28,1-15). Wenn die Leute herausfänden, daß er auferstanden wäre, würde ihr ganzes religiöses System zusammenbrechen!

Einfacher gesagt: Jesus stellte eine Bedrohung dar. Seine Botschaft war eine Bedrohung; Seine Wunder waren eine Bedrohung; Sein Lebensstil war eine Bedrohung; Seine Maßstäbe waren eine Bedrohung. Er war – und Er ist es bis auf den heutigen Tag! – die Verkörperung einer Anti-Establishment-Mentalität – sofern es sich dabei um ein antigöttliches Establishment handelt. Tatsache ist, daß der *größte* Teil des Establishments dieser Welt, egal, ob es sich dabei um das Establishment im Bereich von Religion, Unterhaltung, Verbrechen, Medien oder Sport handelt, entweder Gott feindselig gegenübersteht oder mit Ihm nichts mehr zu tun hat. Deshalb ist das Evangelium eine solche Bedrohung für das System dieser Welt, obwohl es in seiner Botschaft um Frieden und Versöhnung geht.

Denken wir nur daran, daß der Apostel Paulus geschrieben hat: „Vor allem fordere ich zu Bitten und Gebeten, zu Fürbitte und Danksagung auf, und zwar für alle Menschen, für die Herrscher und für alle, die Macht ausüben, damit wir in aller Frömmigkeit und Rechtschaffenheit ungestört und ruhig leben können" (1. Timotheus 2,1-2). Es war Paulus, der lehrte: „Jeder leiste den Trägern der staatlichen Gewalt den schuldigen Gehorsam. Denn es gibt keine staatliche Gewalt, die nicht von Gott stammt; jede ist von Gott eingesetzt. Wer sich daher der staatlichen Gewalt widersetzt, stellt sich gegen die Ordnung Gottes, und wer sich ihm entgegenstellt, wird dem Gericht verfallen" (Römer 13,1-2). Und es war Paulus, der Titus aufforderte: „Erinnere sie daran, sich den Herrschern und Machthabern unterzuordnen und ihnen zu gehorchen. Sie sollen immer bereit sein, Gutes zu tun, sollen niemand schmähen, nicht streitsüchtig sein, sondern freundlich und gütig zu allen Menschen" (Titus 2,1-2).

Trotzdem wurde Paulus und seinen Begleitern von römischen Bürgern vorgeworfen: „Diese Männer bringen Unruhe in unsere Stadt. Es sind Juden; sie verkünden Sitten und Bräuche, die wir als Römer weder annehmen können noch ausüben dürfen" (Apostelgeschichte 16,20-21). Und in Thessaloniki wurde Paulus beschuldigt, zu denen zu gehören, die „in der ganzen Welt Umsturz gebracht haben" (nach der Wiedergabe von F. F. Bruce).[3] Und Paulus wurde von seinen eigenen jüdischen Volksgenossen angeklagt: „Das ist der Mensch, der in aller Welt Lehren verbreitet, die sich gegen das Volk und das Gesetz und gegen diesen Ort richten" (Apostelgeschichte 21,28). Sein Besuch im Tempel brachte die ganze Stadt Jerusalem in Aufruhr (Apostelgeschichte 21,27-37; 22,1-24)! Durch die ganze Apostelgeschichte hindurch werden Attentate auf Paulus versucht.[4] Warum?

Die Antwort findet sich in Apostelgeschichte 17,1-7. Das ist ein Stück Revolution! Hier der Text im Zusammenhang:

> Auf dem Weg über Amphipolis und Apollonia kamen sie nach Thessaloniki. Dort hatten die Juden eine Synagoge. Nach seiner Gewohnheit ging Paulus zu ihnen und redete an drei Sabbaten zu ihnen, wobei er von den Schriften ausging. Er legte sie ihnen aus und erklärte, daß der

> Messias leiden und von den Toten auferstehen mußte. Und er sagte: Jesus, den ich euch verkünde, ist dieser Messias. Einige von ihnen ließen sich überzeugen und schlossen sich Paulus und Silas an, außerdem eine große Schar gottesfürchtiger Griechen, darunter nicht wenige Frauen aus vornehmen Kreisen. Die Juden wurden eifersüchtig, holten sich einige nichtsnutzige Männer, die sich auf dem Markt herumtrieben, wiegelten mit ihrer Hilfe das Volk auf und brachten die Stadt in Aufruhr. Sie zogen zum Haus des Jason und wollten die beiden vor das Volk führen. Sie fanden sie aber nicht. Daher schleppten sie den Jason und einige Brüder vor die Stadtpräfekten und schrieen: Diese Leute, die die ganze Welt in Aufruhr gebracht haben, sind jetzt auch hier, und Jason hat sie aufgenommen. Sie alle verstoßen gegen die Gesetze des Kaisers; denn sie behaupten, ein anderer sei König, nämlich Jesus.

Haben Sie aufgepaßt? „Diese Leute, die die ganze Welt in Aufruhr gebracht haben, sind jetzt auch hier … Sie alle verstoßen gegen die Gesetze des Kaisers; denn sie behaupten, ein anderer sei König, nämlich Jesus." Bombastisch! Das klingt genauso wie die Anklage gegen Paulus und Silas ein Kapitel früher: „Diese Männer bringen Unruhe in unsere Stadt. Es sind Juden; sie verkünden Sitten und Bräuche, die wir als Römer weder annehmen können noch ausüben dürfen" (Apostelgeschichte 16,20-21). Und *das* klingt wiederum genauso wie die Anklage gegen Stephanus in Apostelgeschichte 6,13-14: „Dieser Mensch hört nicht auf, gegen diesen heiligen Ort und das Gesetz zu reden. Wir haben ihn nämlich sagen hören: Dieser Jesus, der Nazoräer, wird diesen Ort zerstören und die Bräuche ändern, die uns Mose überliefert hat."

Unruhestifter! Revolutionäre! Du stachelst zur Rebellion an, indem du einen anderen König verkündest – und damit des Kaisers Reich bedrohst – und indem du andere Sitten befürwortest – und somit die gesellschaftliche und religiöse Ordnung bedrohst. Du bist des Aufrufs zum Umsturz schuldig!

Der renommierte Neutestamentler F. F. Bruce erklärt die Schwere des Vorwurfs, der in Apostelgeschichte 17 gegen die Christen erhoben wird:

> Es war eine äußerst ernste Klage, die gegen die Missionare und ihre Gastgeber erhoben wurde. Jason und sein Freunde wurden angeklagt, jüdischen Agitatoren Unterschlupf zu gewähren, politischen Messiasanhängern, die in anderen Städten des Römischen Reiches Unruhen angezettelt hatten. Rom und Alexandria hatten vor kurzem solche Unruhen erlebt; nun, so die Ankläger, seien die Unruhestifter auch

> nach Thessaloniki gekommen. Ihre umstürzlerischen und revolutionären Aktivitäten waren nicht nur an sich schon illegal; sie verkündeten dazu noch einen sogenannten Jesus als Rivalen des Kaisers in Rom.[5]

Das griechische Wort, das von Bruce mit „Umsturz" und in manchen Übersetzungen mit „auf den Kopf stellen", „den Erdkreis aufwiegeln" wiedergegeben wird, findet sich nur noch zweimal im Neuen Testament – einmal in Galater 5,12 im Sinn von „aufhetzen", und einmal in Apostelgeschichte 21,28 im Sinn von „zu einer Revolte anstacheln". Ein ausgewiesener Kenner des Griechischen, Adolf Deissmann, umschreibt das Wort im Sinn von „ich bringe zum Aufstehen, mache aufständig, wiegele auf", während ein griechisches Wörterbuch Übersetzungen vorschlägt wie:„Menschen dazu zu bringen, gegen Autorität zu rebellieren oder sie abzulehnen."[6] Hier sind wir auf etwas Zentrales gestoßen!

Natürlich wissen wir, daß diese Anklagen in bestimmter Hinsicht völlig ungerechtfertigt waren. Wie Calvin bemerkte: „Das ist die Bosheit der Feinde Christi, daß sie die Schuld für Aufruhr, den sie selbst verursachen, auf heilige und bescheidene Männer legen."[7]

Der methodistische Kommentator Adam Clarke, der in seiner eigenen Zeit sehr ähnliche Szenen erlebte, bemerkte, daß der aufgestachelte Mob „nachdem er diesen Aufruhr veranstaltet hatte, dies den friedlichen und unschuldigen Aposteln zur Last legte!"[8] Welche Ironie! Ein paar widerwärtige Leute werden wütend auf die Christen, holen sich ein paar üble Typen und hetzen eine Volksmenge auf, bis es fast zu Unruhen kommt, und schieben dann die Schuld dafür den friedliebenden Predigern in die Schuhe. Und achten wir darauf, was Clarke als den Hauptvorwurf identifiziert, der gegen die Gläubigen erhoben wird: „Die Verfolger trachten immer danach, dem Gegenstand ihres Hasses zu schaden, indem sie sie des Aufruhrs oder der Verschwörung gegen dien Staat bezichtigen."[9]

Da haben wir es wieder! Verschwörung gegen den Staat. Rebellion erzeugen. Zum Aufstand anstacheln. Das klingt wie Revolution!

„Das verstehe ich jetzt nicht mehr", sagen Sie vielleicht. „Wenn der Vorwurf unberechtigt ist, wo bleibt dann die ‚Revolution'? Wenn die Anklage falsch ist, warum dann groß darüber reden?"

Ich bin dankbar für diese Frage! Sehen Sie, die konkreten Einzelheiten der Anklage sind falsch, aber der dadurch beschriebene Geist ist es nicht.

Paulus und die Apostel traten *tatsächlich* dafür ein, daß die Loyalität gegenüber Christus höher steht als die gegenüber dem Kaiser – auch wenn das Reich Christi nicht von dieser Welt ist. Deshalb weigerten sich die

Christen auch, den Kaiser oder sein Standbild zu verehren. Sie nannten ihn nicht „den Herrn“, weil sie einen anderen als Herrn hatten.

Die Apostel führten *tatsächlich* andere Sitten und Gebräuche ein, auch wenn diese Gebräuche den Römern oder Juden nicht wirklich verboten waren.[10] Als Paulus und Petrus Tischgemeinschaft mit unbeschnittenen Heiden pflegten – für einen traditionellen Juden war das undenkbar –, oder wenn sie römische Bürger aufriefen, sich der Herrschaft Jesu zu unterstellen – was als illegal oder zumindest höchst ungewöhnlich galt –, wurden sie verlacht und abgelehnt, mißverstanden und verleumdet.

Die Diener des Herrn waren damals eine Bedrohung für das Establishment, und sie sind es auch heute noch. Das Evangelium hat Umsturzcharakter, weil sich die Welt gegen Gott gestellt hat.

Der Judaist und Neutestamentler Joseph Fitzmyer schreibt zu Apostelgeschichte 16,20-21:

> Paulus wurde vorgeworfen, einen nichtrömischen Kult zu predigen, eine Form von Gottesverehrung und Gebräuchen, die die Römer nicht akzeptierten. Ein Römer konnte das Judentum nicht annehmen, ohne sich nach römischem Recht strafbar zu machen; Cicero, De Legibus 2,8,19: „Niemand soll Götter für sich selbst haben, seien es neue oder fremde Götter, solange sie nicht offiziell anerkannt sind“ (*nisi publice adscitos*, d. h. staatlich anerkannt).[11]

Merken Sie, woran sich der Konflikt entzündete? „Niemand soll Götter für sich selbst haben, seien es neue oder fremde Götter, solange sie nicht offiziell anerkannt sind.“ Paulus und Silas, der Staat erkennt eure Götter nicht an!

Ein weiterer Neutestamentler und Spezialist fürs Griechische, A. T. Robinson, macht eine interessante Beobachtung im Hinblick auf den Vorwurf des Umsturzes gegenüber den Aposteln in Apostelgeschichte 17: „Der Vorwurf hat etwas Wahres an sich“, schreibt er, „denn das Christentum ist revolutionär, aber in diesem konkreten Fall ging der Aufruhr (Vers 5) von den [jüdischen Führern] und den bestochenen Taugenichtsen aus.“[12] Es stimmt, der Aufruhr war das Werk einer wilden Opposition, aber was den Widerstand erzeugte, war die revolutionäre Natur der Botschaft!

Der Kirchengeschichtler W. C. Frend bemerkt: „Paulus predigte eine revolutionäre Religion der Bekehrung und Hingabe an Christus, einen neuen Exodus, der auf einer neuen Tora beruhte.“[13] Beachten wir, was alle diese renommierten Wissenschaftler schreiben: „Das Christentum ist revolutionär“,

„Paulus predigte eine revolutionäre Religion". Sie ist heute nicht weniger revolutionär und konfrontativ.[14]

Juan Carlos Ortiz beleuchtet die Einstellungen, mit denen es die Christen des ersten Jahrhunderts zu tun hatten, mit etwas mehr literarischem Beiwerk:

Das griechische Wort *kyrios* („Herr") war die Anrede, die Sklaven ihren Herren gegenüber gebrauchten. Aber wenn von „dem" kyrios gesprochen wurde, dann war damit nur eine einzige Person im gesamten römischen Reich gemeint: der Kaiser von Rom. Er war *Der Herr.* Und wenn sich Beamte oder Soldaten auf der Straße begegneten, mußten sie sich mit dem Ruf grüßen: „Der Kaiser ist der Herr!" Und die Antwort darauf lautete: „Ja, Herr ist der Kaiser!"

Nun hatten die Christen ein Problem. Wenn sie gegrüßt wurden mit dem Satz: „Der Kaiser ist der Herr!", antworteten sie: „Nein, Jesus Christus ist der Herr!" Und sofort steckten sie in Schwierigkeiten. Nicht weil der Kaiser eifersüchtig gewesen wäre. Es ging um viel Tieferes. Der Kaiser wußte, daß die Christen wirklich zum Ausdruck bringen wollten, daß ihre letzte Loyalität einer anderen Autorität galt und Jesus Christus für sie weit gewichtiger war als der Kaiser.

Sie sagten: „Kaiser, du kannst in bestimmten Bereichen auf uns zählen, aber wenn man uns zwingt, uns für den einen und gegen den anderen zu entscheiden, dann wählen wir Jesus, denn wir haben ihm unser Leben übergeben. Er kommt zuerst. Er ist Der Herr, die allerhöchste Autorität für uns." Kein Wunder, daß der Kaiser die Christen verfolgte.[15]

Wie bedrohlich ist es doch für die Kaiser aller Zeiten, wenn Jesus mehr Gewicht und Autorität hat als sie!

In der islamischen Welt hat die Familie eines Moslems, der sich zu einer anderen Religion bekehrt, offiziell das Recht, ihn zu töten. Bekehrung von dem angeblich wahren Glauben *weg* bringt alles in Aufruhr und untergräbt das gesamte System. Vielleicht bekehrt sich ja noch jemand!

In der kommunistischen Welt gilt der bloße Glaube an Gott als eine furchtbare Bedrohung des erstickenden atheistischen Systems. Absolute Loyalität irgendeiner anderen „Partei" gegenüber als der kommunistischen – also etwa der Kirche – wird als Hochverrat angesehen. Es darf keine geteilte Loyalität geben!

Deshalb behaupte ich ohne zu zögern: das Evangelium ist subversiv. Es ist die ultimative revolutionäre Botschaft. Es ist die Philosophie einer totalen Gegenkultur. Es besagt, daß diese Welt nicht unser ewiges Zuhause ist und ihr System uns nicht regieren und beherrschen darf. Wir werden von einer höheren Autorität regiert, wir unterstehen einer anderen Macht, wir sind in einer anderen Welt zu Hause. Und das ist die Botschaft, die wir verbreiten. Das ist das Denken, das wir vertreten.

James D. G. Dunn, ein führender Neutestamentler, macht folgende Beobachtung im Blick auf die Angriffe der Juden von Thessaloniki auf die jüdischen Apostel:

> Dem, was eine Bedrohung für den eigenen Frieden und die etablierten Lebensformen war, warfen sie vor, eine Bedrohung für Recht und Ordnung der Gesellschaft insgesamt zu sein. Der Anspruch des erhöhten und bald wiederkommenden Jesus im Evangelium auf das eigene Leben und die Beziehungen war so weitreichend, daß er zum Anspruch eines irdischen Tyrannen verfälscht werden konnte und Jesus zum Konkurrenten des Kaisers.[16]

Sieht man sich das durch die Augen eines Juden an, der nicht glaubte, daß Jesus der Messias ist, dann kann man verstehen, warum die Predigt des Paulus „eine Bedrohung für den eigenen Frieden und die etablierten Lebensformen" war. Überlegen wir, wie irritierend es für seine jüdischen Glaubensgenossen gewesen sein muß, als dieser Mann, der Erzverfolger der Jesusbewegung, zum eifrigsten Vertreter eben dieser Bewegung geworden war.

Als Paulus schon jahrelang in der Nachfolge seines Messias Jesus gelebt hatte, versuchte er, davon vor einer großen Volksmenge vor dem Tempel in Jerusalem Zeugnis abzulegen: „In Windeseile sprach es sich in der Stadt herum, und das Volk lief zusammen. Sie packten Paulus, zerrten ihn aus dem Heiligtum, aus dem inneren Vorhof, hinaus, und sofort wurden die Tore hinter ihm geschlossen. Die Menge stürzte sich auf Paulus und wollte ihn schon umbringen, da wurde dem Kommandanten der römischen Garnison gemeldet: ‚Ganz Jerusalem ist in Aufruhr!'" (Apostelgeschichte 21,30-31, GN).

Als er schließlich sprechen konnte und sie verstanden, was er sagte, wurde die Lage noch schlimmer! „Bis zu diesem Wort hörten sie ihm zu, dann fingen sie an zu schreien: Weg mit so einem Menschen! Er darf nicht am Leben bleiben. Sie lärmten, zerrissen ihre Kleider und warfen Staub in die Luft. Da befahl der Oberst, ihn in die Kaserne zu führen" (Apostelgeschichte 22,22-24). Selbst der römische Kommandeur war verwirrt, was die Identität des Paulus anbelangte: „Dann bist du also nicht der Ägypter, der vor einiger Zeit den Aufstand angezettelt und die viertausend bewaffneten Terroristen in die Wüste hinausgeführt hat?" (GN).[17]

„Unruhestifter! Verräter! Rebell! Der gehört nicht mehr zu uns! Bringen wir ihn um!" Wie bedrohlich war doch dieser Mann. Wie irritierend seine neue Loyalität, wie gefährlich seine neue Sicht. Und wie unheimlich seine Botschaft. „Paulus, du rufst zum Umsturz auf!" Das stimmte![18]

Schauen wir uns an, wie die ersten Gläubigen auf das Establishment reagierten, als sich das Establishment gegen Gott auflehnte. Wir lesen in Apostelgeschichte 4, wie die religiösen Führer versuchten, die Predigt des Petrus zu unterbinden, nachdem es zu der Wunderheilung des Gelähmten in Apostelgeschichte 3 gekommen war. Diese Männer waren Sadduzäer – Juden, die nicht an die Auferstehung der Toten glaubten – „Sie waren aufgebracht, weil die Apostel das Volk lehrten und in Jesus *die Auferstehung von den Toten* verkündeten" (Apostelgeschichte 4,2). Was für ein subversiver Akt!

> Also ließen sie die Apostel ergreifen und diskutierten die Lage. „Und sie riefen sie herein und verboten ihnen, jemals wieder im Namen Jesu zu predigen und zu lehren. Doch Petrus und Johannes antworteten ihnen: Ob es vor Gott recht ist, mehr auf euch zu hören als auf Gott, das entscheidet selbst. Wir können unmöglich schweigen über das, was wir gesehen und gehört haben." Apostelgeschichte 4,18-20

Was die Apostel sagten, war: „Tut uns leid, aber da können wir nicht mitmachen. Ihr könnt uns den Befehl geben, es nicht zu bezeugen, aber wir *müssen* es bezeugen. Wir können nicht anders!"

Bald darauf ließen sie die Apostel aus Neid auf ihren Erfolg ins Gefängnis werfen. „Doch in der Nacht öffnete der Engel des Herrn die Gefängnistore, führte die Apostel heraus und sagte zu ihnen: ‚Geht in den Tempel und verkündet dem Volk die Botschaft von dem Leben, das Jesus gebracht hat!' Die Apostel *gehorchten*, gingen früh am Morgen in den Tempel, stellten sich hin und lehrten das Volk" (Apostelgeschichte 5,19-21, GN).

Die Apostel gehorchten einfach und taten, was der Herr ihnen gesagt hatte, statt auf die Menschen zu hören. Das Establishment sagte: „Redet nicht davon!" Der Herr sagte: „Redet!" Also redeten sie! Und beachten wir, daß der Engel des Herrn sich nicht von den fleischlichen Kontrollbestrebungen von Menschen einschüchtern ließ. „Geht in den Tempel", sagte er, „und verkündet dem Volk die Botschaft von dem Leben, das Jesus gebracht hat." Ausgesprochen subversiv! Und wie unverschämt – auf Befehl des Herrn.

Diesmal stand der Hohepriester unter Dampf: „Er sagte: ‚Wir haben euch deutlich genug befohlen, nicht mehr unter Berufung auf diesen Namen vor dem Volk als Lehrer aufzutreten. Und was habt ihr getan? Ganz Jerusalem ist voll von dem, was ihr lehrt! Ihr macht uns für den Tod dieses Menschen verantwortlich und wollt die Strafe Gottes über uns bringen!' Aber Petrus und die anderen Apostel antworteten: ‚Gott muß man mehr gehorchen als den Menschen!'" (Apostelgeschichte 5,28-29). So ließen sie die Apostel auspeitschen „und verboten ihnen, weiterhin von Jesus zu sprechen und unter Berufung auf seinen Namen öffentlich aufzutreten" (Apostelgeschichte 5,40 GN). Diese Führer meinten es ernst! Sie waren tief religiöse Männer und nicht bereit, diese sektiererische Bewegung unter ihren Augen aufblühen zu lassen. Sie wollten sie auslöschen – wenn nötig mit Gewalt.

Und wie verhielten sich die Apostel? „Die Apostel gingen aus dem Rat weg und waren voller Freude, weil Gott sie für wert gehalten hatte, für den Namen von Jesus zu leiden" (Apostelgeschichte 5,41). Endlich! Die Welt behandelte sie so, wie sie ihren Meister behandelt hatte![19] Und was war ihre Antwort auf den Befehl, nicht mehr im Namen Jesu zu reden? „Unbeirrt lehrten sie Tag für Tag im Tempel und in den Häusern und verkündeten die Gute Nachricht von Jesus, dem versprochenen Retter" (Apostelgeschichte 5,42). Absolut subversiv!

Im Jahr 132 n. Chr. begannen die Römer aufs Schärfste gegen die Juden vorzugehen. Das gipfelte im Jahr 134 in dem Verbot sämtlicher jüdischer Praktiken einschließlich der Beschneidung, des Torastudiums und der Sabbatobservanz. Wie reagierten die Rabbis darauf? Einer der bekannten Führer, Rabbi Hananja ben Teradjon, hielt *öffentlichen* Toraunterricht ab und bezahlte dafür mit seinem Leben. Aber das war keine emotionale Entscheidung aus der Aufwallung eines Moments heraus. Es gab einen Grund für seine Handlungen, der auf Rabbi Akiba, den größten Rabbinen dieser Zeit (der aber kein Nachfolger Jesu war), zurückging. Er wurde ebenfalls zum Märtyrer für seine Treue zur Tora. Der Talmud erzählt:

> Einst erließ die gottlose römische Regierung ein Gesetz, das den Juden verbot, die Tora zu studieren und zu praktizieren. Pappus ben Juda kam vorbei, fand Rabbi Akiba, wie er öffentlich Veranstaltungen abhielt, in denen er sich mit der Tora beschäftigte, und fragte ihn: „Akiba, hast du keine Angst vor der Regierung?" Rabbi Akiba antwortete: „Du, Pappus, von dem es heißt, er sei weise, bist in Wahrheit ein Narr. Was ich tue, kann ich anhand eines Gleichnisses erklären: Ein Fuchs ging am Flußufer entlang, sah, wie die Fische hin und her eilten, und fragte sie: ‚Wovor flieht ihr?' Sie antworteten: ‚Vor den Netzen und Fallen, die uns die Menschen stellen.' So sagte der Fuchs zu ihnen: ‚Warum

kommt ihr denn nicht herauf aufs trockene Land, damit ihr und ich zusammen leben, wie meine und eure Vorfahren es zusammen getan haben?' Sie antworteten ihm: ,Du, den man das weiseste unter den Tieren nennt, bist in Wirklichkeit ein Narr. Wenn wir Angst haben an dem Ort, an dem wir am Leben bleiben können, wieviel mehr sollten wir Angst haben an einem Ort, an dem wir sicher sterben müßten!' So ist es auch mit uns. Wenn wir Angst haben, wenn wir uns setzen und die Tora studieren, von der geschrieben steht: ,Denn das bedeutet für dich, daß du lebst und alt wirst' (5. Mose 30,20), um wieviel mehr sollten wir Angst haben, wenn wir aufhören, die Worte der Tora zu studieren!"[20]

Ich kann mich erinnern, wie verlegen sich viele von uns Christen in Amerika fühlten, als uns Richard Wurmbrand, ein jüdischer Christ, der für seinen Glauben 14 Jahre lang in rumänischen Gefängnissen brutal gefoltert worden war, einmal die Frage stellte: „Als der Oberste Gerichtshof das öffentliche Gebet in den Schulen verbot, warum habt ihr gehorcht?" Seine sanften Worte waren wie ein Messerstich! Hier stand ein Bruder vor uns, den man dreimal verhaftet hatte, weil er das Evangelium gepredigt hatte. Drei Jahre hatte er sich in Einzelhaft befunden, war permanent auf die Fußsohlen geschlagen worden, mit Messern und heißen Eisen mißhandelt worden, in einer ungeheizten Zelle fast zu Tode erfroren. Körperlich war er völlig kaputt – und kaum daß er aus dem Gefängnis herauskam, begann er wieder zu predigen. Das geschah nicht nur einmal, sondern zweimal. Er konnte nicht anders. Warum? Weil Jesus sein Leben war.

Es ist das eine, sich einer gottgegebenen Regierung auf jede nur mögliche Weise unterzuordnen, selbst wenn wir eindeutig anderer Meinung sind. Petrus gab den Christen den Rat: „Unterwerft euch um des Herrn willen jeder menschlichen Ordnung: dem Kaiser, weil er über allen steht, den Statthaltern, weil sie von ihm entsandt sind, um die zu bestrafen, die Böses tun, und die auszuzeichnen, die Gutes tun" (1. Petrus 2,13-14).

Wir sollten als gesetzestreu, aufrichtig, ehrbar, vertrauenswürdig und voller Achtung gegenüber Autorität bekannt sein, mehr als alle anderen Bürger. Jesus hat uns berufen, sanft und barmherzig zu sein, sowie Frieden zu stiften (vgl. Matthäus 5,5.7.9). *Wenn allerdings* die regierenden Mächte – ob religiös oder säkular – *verlangen, daß wir Gott ungehorsam sind,* dann müssen wir uns standhaft weigern, selbst wenn es uns das Leben kostet. Dann – wenn die Regierung uns sagt, wir dürften unseren Glauben nicht weitergeben, oder beten, oder Neubekehrte taufen, oder in der Bibel lesen – müssen wir mit den Aposteln sagen: „Wir müssen Gott mehr gehorchen als Menschen!"[21]

Was bedeutet das im Hinblick auf unsere gegenwärtige Kultur? Oder, wenn man die Frage aus einer anderen Perspektive stellen möchte: Wenn Jesus heute leiblich unter uns wäre – im Amerika des einundzwanzigsten Jahrhunderts –, auf welche Widerstände würde er stoßen? Aus welcher Ecke? Was würde man ihm vorwerfen? Wären es die Religiösen – insbesondere deren hartherzige Führer –, die planen, ihn zu töten? Und was würde passieren, wenn Paulus und die Apostel unter uns wären? Welche Anklagen würde man gegen sie erheben? Inwiefern würden ihr Dienst und ihre Botschaft eine Bedrohung für das Establishment darstellen? Mit welchen Argumenten würde man ihnen die Anstiftung zum Umsturz vorwerfen? Umsturz von was und gegen wen?

Mitten bei einem brutalen, entwürdigenden Verhör im kommunistischen China wurde eine junge Christin namens Sheng mit folgenden Worten beleidigt:

> Ihr Haufen von … (Schimpfworte), ihr habt die Atmosphäre verpestet und dem Volk und der Regierung dieser beiden Distrikte und der drei Länder Schwierigkeiten bereitet. Ihr habt unsere Arbeit gestört. Merkt ihr nicht, wie schwer die Verbrechen sind, die ihr begangen habt?[22]

Das klingt ganz nach Apostelgeschichte, oder?

Während der Kulturrevolution in China wurde der Versuch gemacht, die „vier altmodischen Wege" abzuschaffen, nämlich „alte Kultur, alte Sitten, alte Gewohnheiten und alte Denkmuster".[23] Der Ahnenkult und die Verehrung Buddhas wurden verurteilt. Nur der Vorsitzende Mao durfte verehrt werden. Die Loyalität der Partei gegenüber wurde wichtiger als die Loyalität der eigenen Familie gegenüber. Jeder mußte der von Mao festgelegten Norm entsprechen. So wurde in seiner Revolution die Loyalität gegenüber dem alten System durch eine noch größere Loyalität dem neuen System gegenüber ersetzt.[24] Wer Widerstand leistete, bezahlte einen hohen Preis.

Wo hat das Christentum seinen Platz in all dem? Nirgends! „Ihr Nachfolger Jesu, ihr habt die Atmosphäre verpestet und dem Volk und der Regierung Schwierigkeiten bereitet! Ihr untergrabt alles, was wir tun!"

Als kleines Mädchen in den kommunistischen Schulen Chinas begann Niu-Niu jeden Tag mit dem Chor: „Guten Morgen, Mao Tse-tung." Danach mußte eine laute Antwort auf die folgenden vier Fragen gegeben werden: „Liebst du Mao? Wirst du Mao dein ganzes Leben lang folgen? Bist du ein gutes Kind von Mao? Mußt du Mao etwas bekennen?"[25] Es gab keinerlei Raum für Liebe und Hingabe einem anderen, größeren Meister gegenüber!

Joseph Fitzmyer beschreibt ein ähnliches Phänomen in der römischen Antike:

> Weil Paulus Jesus als „den Messias" (Apostelgeschichte 17,3) verkündete, folgerten seine Gegner, daß Jesus als *basileus* [König] betrachtet werden mußte, in dem Wissen, wie schlecht dieser Titel „König" bei den Römern ankommen würde. Er implizierte Aufstand und Hochverrat … Einen Vergleich bietet der sogenannte Eid von Gangra aus dem Jahre 3 v. Chr., in dem der Sprecher seine Unterstützung schwört für „Caesar Augustus, seine Kinder und Nachkommen, mein ganzes Leben lang, in Worten, Taten und Gedanken … daß, wann immer ich höre oder sehe, daß etwas gegen sie gesagt, geplant oder unternommen wird, ich es melde."[26]

Was für eine Loyalität – und das einem Menschen gegenüber! Hier gibt es für rivalisierende Könige keinen Raum. Der loyale Anhänger des Kaisers verpflichtete sich, alle Anschläge gegen seinen geliebten Führer ans Licht zu bringen und gegen jeden vorzugehen, der so etwas versuchen würde. Jahrhundertelang haben Christen immer wieder ähnlichen Widerstand von seiten des Staates erlebt, ob er nun griechisch, römisch, islamisch oder kommunistisch war:

> Niemand habe auf eigene Faust Götter, weder neue, noch fremde, nur die von Staats wegen herbeigeholten. Niemand soll in der Stadt nächtliche Vereinigungen betreiben.[27]

> Von denen, die neue und nach Gebräuchen unbekannte Religionen einführen, durch die die Gemüter der Menschen beunruhigt werden können, sollen die Vornehmeren deportiert, die Geringeren mit dem Tode bestraft werden.[28]

> Diese Menschen, die den Göttern nicht opfern und dem Befehl des Kaisers nicht gehorchen wollten, sollen durchgepeitscht und zur Enthauptung abgeführt werden, wie die Gesetze es vorschreiben.[29]

> Wenn wir [die Christen] behaupten, daß der Ordner dieses Alls der eine Gott ist, so steht uns unbegreiflicherweise ein Gesetz entgegen.[30]

Tertullian (160-225) beschrieb die Reaktion einer gottlosen Regierung auf die Glaubensüberzeugungen der ersten Christen:

> Wir werden als irreligiöse Menschen bezeichnet, und zwar in Beziehung auf die Kaiser, weil wir die religiöse Verehrung der kaiserlichen Majestät und seines Genius verweigern, und weil wir den Schwur bei ihnen verweigern. Das Majestätsverbrechen ist ein Verbrechen der Verletzung der römischen Religion, ein Verbrechen offenbarer Irreligiosität, ein Erheben der Hand zur Verletzung der Gottheit. Die Christen gelten als Staatsfeinde, als Feinde des öffentlichen Wohls. Eine Schlacht liefern wir, wenn wir vor das Gerichtstribunal gefordert werden, daß wir dort unter der Gefahr, den Kopf zu verlieren, für die Wahrheit Zeugnis ablegen. Polizei und Unterrichter erstatten die Schuldanklage gegen die Christen als gegen unzüchtige Verbrecher und Mörder, Religions-Verbrecher und Hochverräter, Feinde des öffentlichen Lebens und als Tempelschänder, als Verbrecher an der römischen Religion.[31]

Das widergöttliche Establishment duldet keine Konkurrenten! Und auch der Herr duldet keinen Rivalen (zu Recht!). Sein erstes Gebot an Israel war: „Du sollst keine anderen Götter vor mir haben!" (2. Mose 20,3). Er fordert von uns eine exklusive Loyalität. Ihm zu gehorchen, führt zu intensiven Konflikten und fordert die anderen Systeme, die wir ablehnen, zutiefst heraus.

Nach der Philosophie des militanten Islam – eines weiteren totalitären Regimes – muß das „Unkraut" aus dem Garten Allahs ausgerissen werden. Und natürlich werden diejenigen, die Moslems auffordern, die Autorität Mohammeds abzulehnen und sich stattdessen der Lehre Jesu zu unterwerfen, als Unkraut eingestuft. Sajjid Muhammad Qutb, ein prominenter ägyptischer Fundamentalistenführer, erklärt den Ansatz so:

> Die Welt ist ein schöner Garten, der von Allah für den Menschen geschaffen wurde. Der Schöpfer des Gartens hat uns seine Anweisungen für den rechten Umgang damit in Form der geoffenbarten Religion gegeben. Was ist die zentrale Botschaft dieser Anweisungen? Einfach das Unkraut auszureißen, das wild in diesem Garten wächst und das, wenn man zuläßt, daß es aufblüht und sich ausbreitet, ihn ersticken wird. Wer nun soll das Unkraut stoppen, es eliminieren? Die Antwort lautet: Jeder von uns. Denn jeder der Gläubigen muß diesen Krieg führen.[32]

Und es fällt nicht schwer, sich vorzustellen, was mit Moslems passiert, die den „geraden Weg" (eine Bezeichnung des Islam) verlassen, um zu hingegebenen Nachfolgern des Gottessohns zu werden. Wenn das „Töten eines Heuchlers, der sich weigert, sich zu ändern, mehr wert ist als tausend Gebete" – so der berüchtigte iranische Richter Ajatollah Muhammad Guilani[33] –, was ist dann der Lohn dafür, jemand umzubringen, der den Islam zugunsten des Christentums aufgegeben hat? Wie verdienstlich ist solch eine Handlung?[34]

Das Evangelium entreißt Menschen den Klauen des Teufels und bringt sie sicher in die Arme Gottes, des Vaters. Satan haßt das mit aller seiner Kraft. Wie bedrohlich muß es für ihn sein, wenn die Kirche in der Kraft Gottes aufsteht! Hier in Amerika fühlt Satan sich am Beginn des einundzwanzigsten Jahrhunderts durch das Evangelium bedroht. Sein Reich kommt unter Beschuß. Seine Festungen werden angegriffen. Und deshalb schlägt er mit aller Macht zurück.

Aber wie genau ist denn Satans Reich in Amerika bedroht? Welches dämonische Weltbild wird denn durch das Wort Gottes gestürzt? Offensichtlich kämpfen die Gläubigen in Amerika nicht gegen den Kommunismus oder den Islam. Es sind nicht diese Weltbilder, gegen die das Evangelium in den USA heute zu kämpfen hat. Aber es gibt ein *anderes* Weltbild in unserem Land, das weitaus subtiler ist als der Kommunismus oder der Islam – wenn auch genauso satanisch –, das sich unmittelbar vom Evangelium bedroht sieht; denn das Evangelium fordert die Loyalität gegenüber einem anderen (himmlischen) König und einem anderen (himmlischen) Reich ein. Und dieses System wird nicht ohne einen heftigen Kampf verschwinden.

Was ist nun dieses System, und wer würde uns heute für eine Bedrohung halten? Welches System würde uns mit solcher Heftigkeit bekämpfen? Warum würde irgend jemand *uns* umbringen wollen? Warum würde ein gestörter, schwerbewaffneter Teenager ein gleichaltriges, unbewaffnetes Mädchen fragen: „Glaubst du an Gott?", und als es mit ja antwortet, kaltblütig abknallen? Diese inzwischen berühmten Worte: „Ja, ich glaube!" – gesprochen während des Columbine-Massakers – kosteten wahrscheinlich zwei jungen Frauen das Leben. Warum kann der Glaube an Gott nur eine solche Bedrohung sein?[35]

Stück für Stück beginnt die Welt, uns so zu behandeln, wie sie Jesus, Paulus und Silas, Petrus und Stephanus behandelt hat und wie sie auch heute noch zahllose verfolgte Gläubige weltweit behandelt. Warum?

Wir sind berufen, die Götzen unserer Kultur und Gesellschaft zu zerschmettern und gottlose Einstellungen umzustürzen. Zwei Reiche liegen im Kampf, zwei Weltbilder befinden sich auf Kollisionskurs, und wir sind verwoben in den Zusammenprall der Zeitalter. Jesus rekrutiert Soldaten für seine heilige Revolution, und die Festungen dieser Welt werden bedroht.

Nun halten Sie erst einmal kurz inne und hauchen ein kurzes Gebet, bevor Sie umblättern. Denn was Sie dann lesen, wird vielleicht *Ihre* Welt bedrohen.

Wenn ein Prophet akzeptiert und vergöttert wird, dann ist seine Botschaft untergegangen. Der Prophet ist nur so lange von Nutzen, wie er als öffentliches Ärgernis gesteinigt wird, uns zur Umkehr aufruft, unsere bequeme Routine stört, unsere ehrenwerten Idole zerbricht und unsere geheiligten Konventionen zerschmettert. *A. G. Gardiner*

Unsere Erwartung des Reiches [Gottes] kann kein passives Warten sein, keine lieblich-beschauliche Beschäftigung mit uns selbst oder unseren Freunden. Nein: Wenn wir wahrhaftig Gottes Reich erwarten, werden wir von göttlicher Kraft erfüllt. Dann wird die soziale Gerechtigkeit der Zukunft – mit ihrer Herzensreinheit und göttlichen Gemeinschaft – hier und heute verwirklicht werden, wo immer Jesus selbst gegenwärtig ist. Unser Glaube an die Zukunft muß zu einer Veränderung der Gegenwart führen! *Eberhard Arnold, Gottes Revolution*

Der Prophet ist ein Bilderstürmer, der das scheinbar Heilige, Ehrwürdige und Erhabene in Frage stellt. Glaubensüberzeugungen, die als Gewißheiten gepflegt werden, und Institutionen, denen absolute Unantastbarkeit beigemessen wird, stellt er als skandalöse Anmaßungen bloß. *Abraham Joshua Heschel, The Prophets*

5. Der Zeitgeist am Pranger: Die Ideologie der Revolution

Kurz nachdem Richard Wurmbrand nach 14 Jahren brutalen Gefängnisaufenthalts um seines Glaubens willen aus Rumänien verbannt worden war, sprach er in einem Haustreffen in Amerika. Als die Veranstaltung zu Ende war, fragte einer der Anwesenden Pastor Wurmbrand: „Warum müssen wir uns hier in Amerika nicht mit dem Kommunismus auseinandersetzen?"

Das war eine wichtige Frage! Schließlich hatte Richard Wurmbrand unermeßliche Qualen durch die Hände der Kommunisten erlitten. Seine Frau Sabina hatte jahrelang als Zwangsarbeiterin in Arbeitslagern schuften müssen, getrennt von ihrem Mann und ihrem Sohn. Einige ihrer engsten Freunde und Kollegen waren wegen ihres Glaubens getötet worden, andere waren gefoltert worden und hatten unbeschreibliche Nöte durchlitten. Wieso war Amerika der Schrecken des Kommunismus erspart geblieben? Wieso war die Kirche hier der Raserei der atheistischen Verfolgung entgangen? Was war Richard Wurmbrands Antwort?

Vielleicht hatten wir erwartet, von ihm zu hören: „Aufgrund eures nationalen Erbes! Weil ihr keine kommunistische Regierung akzeptiert habt; da es zu viele Gläubige in eurem Land gibt, die so etwas nicht zulassen würden; weil die Kirche inständig zu Gott gebetet hat." Er hätte sehr wohl so reagieren können, und hätte damit sogar in vielem recht gehabt. Aber seine Antwort lautete anders. Er erwiderte: „Ihr habt hier keinen Kommunismus, ihr habt etwas viel Schlimmeres. Ihr habt den Materialismus!"

Was für beunruhigende Worte. Sie machen einen frösteln. Materialismus ist schlimmer als Kommunismus? Materialismus soll eine schlimmere Bedrohung für die Kirche sein als atheistische Verfolgung? Wie kann das sein? Einige radikale islamische Führer können uns das erklären.

Sehen Sie, die moslemischen Geistlichen betrachten heute nicht das Evangelium als die größte Bedrohung ihrer Religion; die Christen sind auch nicht die Hauptziele im islamischen Heiligen Krieg. Schließlich gibt es ja auch nur einen vollzeitlichen christlichen Missionar für eine Million Moslems, und der langsame, aber sichere Fortschritt, den unsere Bemühungen erzielen, erheischt nicht gerade die Aufmerksamkeit der moslemischen Welt. Was stellt für sie die größte Bedrohung des radikalen Islam dar? Der verweltlichte Westen!

Hören wir Ajatollah Fazl-Ali Mahalati:

> Der Islam wurde durch seine eigenen Herrscher besiegt, die das Göttliche Gesetz im Namen einer Säkularisierung nach westlichem Muster ignorierten. Der Westen hat die Vorstellung großer Teile unseres Volkes in Beschlag genommen. Und diese Eroberung war weitaus katastrophaler als irgendein Verlust von Herrschaftsgebieten. Nicht wegen des Verlusts von Andalusien [dem Teil Spaniens, der einst von Moslems beherrscht worden war] sollten wir jeden Abend weinen – obwohl das eine offene Wunde bleibt. Weitaus schlimmer ist der Verlust großer Teile unserer Jugend an die westliche Ideologie, Kleidung, Musik und Nahrungsmittel.[1]

Der westliche Lebensstil ist der eigentliche Feind! An den moralischen Maßstäben des Islam gemessen ist Amerika der große Satan, und Europa ist Amerikas engster Verbündeter beim Export der Gottlosigkeit. Ein Korrespondent der *USA Today* gab nach einem Abend bei islamischen Terroristen in Ägypten folgende Einsichten zu bedenken:

> Je länger der Abend dauert, um so wütender und lautstarker werden die Militanten. Sie richten ihre Aufmerksamkeit auf die Unmoral der Westler, die sie regelmäßig als „die Ungläubigen" bezeichnen. Sie zitieren die Scheidungsstatistiken aus den USA. Sie verweisen auf die Verbrechens- und Drogenraten. Sie reden von der Fixierung Amerikas auf Sex. „Wo der wahre Islam regiert, findet man niemals solche Dinge", argumentiert Siad Ali, 34. „Der Islam ist die einzige Antwort, nicht das Christentum, nicht das Judentum, nicht Buddha. Ohne den Islam wird Amerika zur Hölle fahren!" Er zeigt auf eine junge moslemische Frau vor dem Fenster, die von Kopf bis Fuß vollständig in Kleider gehüllt ist und außerdem noch Handschuhe trägt. Die islamischen Sitten unterscheiden sich von Land zu Land, aber die Norm ist,

> daß Frauen ihr Haar und ihren Körper bedecken sollten … „So muß sich eine Frau kleiden, nicht so, wie sie sich in Amerika oder England anziehen", meint Ali. „In Amerika kleiden sich eure Frauen wie Huren. Sie haben keine Würde. Wir wollen das hier in Ägypten ändern, damit unsere Frauen nicht als Huren in die Hölle kommen."[2]

Spüren Sie die Kraft dieser Worte? „In Amerika kleiden sich eure Frauen wie Huren" – und die moslemischen Extremisten halten Amerika für ein christliches Land!

„Aber Amerika ist doch gar kein christliches Land", sagen Sie jetzt vielleicht. „Die meisten Amerikaner sind doch keine wiedergeborenen Christen."

Stimmt! Aber Sie übersehen zwei wichtige Punkte. Zum ersten gibt es Abermillionen von bekennenden Gläubigen in unserem Land, aber ihr Einfluß auf die Moral ist verschwindend gering. Zweitens ist der Lebensstil der meisten, die wirklich an Gott glauben, ununterscheidbar vom Rest der Gesellschaft. Das können Sie mir glauben. Diese moslemischen Radikalen wären von den Maßstäben der amerikanischen Gemeinde nicht mehr beeindruckt als von den Maßstäben unserer Gesellschaft insgesamt. Was würden diese religiösen Moslems erst sagen, wenn sie hörten, daß wiedergeborene Christen sich mit höherer Wahrscheinlichkeit scheiden lassen als Nichtchristen, oder daß die Scheidungsrate bei Atheisten niedriger liegt als unter evangelikalen Christen?[3]

Natürlich finden wir amerikanischen Anhänger Jesu die mörderische Gewalt des fanatischen Islam abstoßend. Wir sind moralisch aufs Äußerste empört, wenn wir hören, wie ein moslemischer Terrorist sich in einem überfüllten Bus in die Luft sprengt und dabei Männer, Frauen und Kinder verstümmelt und tötet. Und wenn wir lesen, daß er dabei ruft: „Allahu akbar!" („Allah ist groß!"), bevor er die Bombe zündet, schütteln wir unseren Kopf und denken: *Was für eine Heuchelei!* Und wir haben recht! Wir haben allen Grund, empört und entsetzt zu sein angesichts solch eines verbrecherischen Verhaltens. Unsere Gefühle sind vollkommen gerechtfertigt. Aber merken wir, daß Moslems mit ähnlichen Gefühlen der moralischen Empörung auf das christliche Amerika blicken? Merken wir, daß viele ihrer Gefühle ebenfalls gerechtfertigt sind?

Das ist die traurige Anklage: Die moslemische Welt sieht das westliche Christentum nicht so sehr als heuchlerisch, sondern als Beweis dafür, daß unsere Religion seicht und wertlos ist. Wenn sie den Lebensstil eines durchschnittlichen, überzeugten amerikanischen Christen mit dem eines durchschnittlichen Moslems vergleichen, gewinnen sie die Überzeugung, daß ihr Glaube dem unseren überlegen ist. Um es deutlich zu sagen: Unter den gläubigen moslemischen Jugendlichen braucht es keine „Wait Until Marriage" („Warten bis zur Ehe") -Bewegung! Wenn Moslems uns anschauen, die wir uns zur Nachfolge Jesu bekennen – die Kleider, die wir tragen, die Filme, die wir sehen, den Standard, den wir setzen, die Gebete, die wir beten, die Entscheidungen, die wir treffen –, dann finden sie unseren verweltlichten Lebensstil abstoßend. (Das gleiche ließe sich von religiösen Juden und selbst Hindus sagen, die unsere Art des Glaubens sehen. Er erscheint ihnen absolut seicht!)

Deshalb sind Moslems, die Kompromisse eingehen, die ersten Ziele des moslemischen Heiligen Krieges, wie Amir Taheri erklärt:

> Die primären Opfer des islamischen Terrorismus sind die Moslems selbst, denn die wachsende fundamentalistische Bewegung in der islamischen Welt trachtet immer noch danach, zuerst die politische Kontrolle über ihre eigene Gesellschaft zu erringen, bevor sie die für einen globalen Heiligen Krieg notwendigen Kräfte gegen das „Haus des Krieges" [eine islamische Bezeichnung für die nicht-islamische Welt] mobilisieren kann. Die inneren Feinde des Islam müssen vernichtet oder entmachtet werden, bevor die Partisanen Allahs daran denken können, andere Länder zu erobern.[4]

Das ist auch der Grund, warum einige radikale Moslems in Ägypten gegen den Krieg ihres Landes mit Israel waren, obwohl Israel der Erzfeind ist. Und sie waren nicht überrascht, als Israel im Juni 1967 Ägypten in nur sechs Tagen niederwarf. Warum? Allah war nicht mit ihnen, weil Ägypten zu säkular, zu verweltlicht geworden war und sogar den fundamentalistischen Islam bekämpfte. Wie einer der Radikalen im Mai 1967 aus einem Militärgefängnis schrieb:

> Es wird viel vom Krieg geredet. Aber wer ist es denn, der kämpfen wird? Diejenigen, die sich vor Götzen niederwerfen, diejenigen, die andere Götter anbeten als Allah? … Wahrlich, Gott wird in der Schlacht nicht solchen helfen, die Ihn verlassen haben … Kann Er Menschen den Sieg verleihen, die gegen Ihn gekämpft haben, gegen Seine Religion und Seine wahren Gläubigen, die sie massakriert und gefoltert haben, und ihnen Gefängnis und Erniedrigung auferlegt haben?[5]

Ja, es sind verweltlichte Moslems, die mit den Götzenanbetern gemeint sind, es sind die verweltlichten Moslems, denen der Kampf gilt.

Nun, bevor mich jemand hier mißversteht. Ich will damit weder für eine moslemische Kleiderordnung eintreten, noch für die moslemische Behandlung von Frauen, eine moslemische Justiz, das moslemische Verbot von Musik, die moslemische Religionsgesetzgebung oder die islamische Philosophie des Dschihad (des gewalttätigen heiligen Krieges).[6] Dieser Glaube ist zerstörerisch und todbringend, unendlich weit entfernt vom Leben im Geist und der Freiheit Jesu; er ist auch ein armseliger Ersatz für die Gemeinschaft mit dem lebendigen Gott. Bei allem, worauf er stolz sein kann: er führt Menschen in die Knechtschaft statt in die Freiheit. Ich sage nicht, daß wir den Islam nachahmen sollten!

Was ich meine, ist folgendes: Wir sind viel stärker verweltlicht, als uns bewußt ist! Wir haben viel mehr Kompromisse geschlossen, als wir denken! Genaugenommen ist aus biblischer Sicht die typische moslemische Moral der Heiligen Schrift näher als die typische christliche Moral, so wie sie im Westen praktiziert wird; und die typische moslemische Sicht der Loyalität Gott gegenüber steht der Schrift ebenfalls näher, als die typische Sicht, die das Christentum im Westen praktiziert.[7] Deshalb hält der Islam die westliche Verweltlichung für seinen größten Feind. Wie eigenartig, daß wir als Christen im Westen diesen Feind mit offenen Armen aufnehmen.

Damit ist jetzt Schluß! Ein heiliges Erwachen durchzieht unser Land, und unsere Revolution beginnt genau hier an diesem Punkt, indem wir die Götter dieses Zeitalters zerschmettern, ihre Macht über die Kirche brechen und den subtilen Feind in unseren Reihen bloßstellen und hinauswerfen.

Erinnern Sie sich an eine der Strategien von Mao Tse-tungs Kulturrevolution? Die „altmodischen Wege“ mußten ausgerottet werden. Keine gesellschaftlichen Götzen mehr! Nur Maos Lehren sollten regieren, nur die Hingabe an Mao war erlaubt, den Großen Steuermann, die Sonne, den Stern. Buddhastatuen mußten zerschmettert werden, die Ahnenverehrung ausgerottet. Konkurrierende Ideologien wurden nicht toleriert, konkurrierende intellektuelle Trends wurden ausgelöscht – mit Gewalt, wenn nötig. Und ausgelöscht wurden sie, um den Preis von Abermillionen Menschenleben. Das ist die Frucht von Revolutionen, die von Menschen gemacht und von der Hölle inspiriert werden.[8]

Aber jede Revolution, ob friedlich oder gewalttätig, wird mit konkurrierenden Ideologien in Konflikt stehen. Jede Revolution wird im Kampf liegen mit den Göttern des jeweiligen Zeitalters. Keine Revolution wird die Intensität dieses Kampfes stärker zu spüren bekommen als die Revolution des Evangeliums. Wir lesen in der Apostelgeschichte, wie die Lehre des Paulus auf die von der Sünde beherrschten Reiche dieser Welt stieß. Seine Lehre in der Kraft des Namens Jesu mit Zeichen und Wundern kostete die Industrie, die von der Herstellung von Götzenbildern lebte, ihr Geschäft. Die „Große Göttin Artemis" verlor ihre Anhänger. Das führte zu einer solch großen „Unruhe" (Apostelgeschichte 19,23), daß eine Sondersitzung der Gewerkschaft der Götterbildhersteller anberaumt werden mußte:

> Dieser Demetrius rief alle, die in diesem Gewerbe tätig waren, zusammen und sagte: „Männer, ihr wißt: Unser ganzer Wohlstand hängt davon ab, daß wir diese Nachbildungen herstellen. Und ihr werdet erfahren haben, daß dieser Paulus den Leuten einredet: ‚Götter, die man mit Händen macht, sind gar keine Götter.' Er hat mit seinen Reden nicht nur hier in Ephesus Erfolg, sondern fast überall in der Provinz Asien. Es besteht aber nicht nur die Gefahr, daß er unseren Geschäftszweig in Verruf bringt, nein, auch die Achtung vor dem Tempel der großen Göttin Artemis wird schwinden! Es wird noch dahin kommen, daß die Göttin ihr Ansehen vollständig einbüßt – sie, die heute in der ganzen Provinz Asien und überall in der Welt verehrt wird!" Als die Männer das hörten, wurden sie wütend und riefen: „Groß ist die Artemis von Ephesus!" Die ganze Stadt geriet in Aufruhr.
>
> Apostelgeschichte 19,25-29, GN

Das Evangelium bedeutet den Umsturz des Götzendienstes! Es fordert eine absolute Loyalität. Alle anderen, höheren Loyalitäten müssen zerbrochen werden. Das ist revolutionär!

Das ist der Grund, warum Jesus sprach: „Wenn jemand zu mir kommt und nicht Vater und Mutter, Frau und Kinder, Brüder und Schwestern, ja sogar sein Leben gering achtet, dann kann er nicht mein Jünger sein" (Lukas 14,26).

Deshalb hat Er auch gesagt: „Wer Vater oder Mutter mehr liebt als mich, ist meiner nicht würdig, und wer Sohn oder Tochter mehr liebt als mich, ist meiner nicht würdig" (Matthäus 10,37).

Deshalb sagt Er zu dem Mann, der zuerst seinen Vater begraben wollte, um Ihm dann nachzufolgen: „Laß die Toten ihre Toten begraben; du aber geh und verkünde das Reich Gottes" (Lukas 9,60). Zu einem anderen potentiellen Jünger meint Er: „Keiner, der die Hand an den Pflug gelegt hat und nochmals zurückblickt, taugt für das Reich Gottes" (Lukas 9,62). Aber dieser Mann wollte eigentlich nur nach Hause gehen, um sich von seiner

Familie zu verabschieden, bevor er Jesus nachfolgte. Wie streng wies Jesus ihn zurecht, und wie streng weisen Seine Worte auch uns zurecht!

Klingen sie nicht etwas zu fanatisch für unsere kompromissgewöhnten westlichen Ohren? Kann Jesus das wirklich wörtlich so gemeint haben, wie Er es gesagt hat? Absolut! Er fordert eine radikale Loyalität und eine rücksichtslose Liebe. Sein Reich kollidiert mit den Reichen dieser Welt; Seine heilige Revolution führt Krieg gegen Götzendienst jeder Art.[9]

Deshalb kann Jakobus schreiben: „Wißt ihr nicht, daß Freundschaft mit der Welt Feindschaft mit Gott ist?“ (Jakobus 4,4), und Johannes: „Liebt nicht die Welt und was in der Welt ist! Wer die Welt liebt, hat die Liebe zum Vater nicht“ (1. Johannes 2,15).

Paulus ermahnt alle Nachfolger Christi:

> Beugt euch nicht mit Ungläubigen unter das gleiche Joch! Was haben denn Gerechtigkeit und Gesetzwidrigkeit miteinander zu tun? Was haben Licht und Finsternis gemeinsam? Was für ein Einklang herrscht zwischen Christus und Beliar? Was hat ein Gläubiger mit einem Ungläubigen gemeinsam? Wie verträgt sich der Tempel Gottes mit Götzenbildern? Wir sind doch der Tempel des lebendigen Gottes; denn Gott hat gesprochen: Ich will unter ihnen wohnen und mit ihnen gehen. Ich werde ihr Gott sein, und sie werden mein Volk sein. Zieht darum weg aus ihrer Mitte, und sondert euch ab, spricht der Herr, und faßt nichts Unreines an. Dann will ich euch aufnehmen.
>
> 2. Korinther 6,14-17

Es ist schlicht und ergreifend eine Frage von Entweder–Oder: entweder dem Herrn zu dienen oder jemand anderem. Deshalb hat Jesus so nachdrücklich gelehrt: „Niemand kann zwei Herren dienen; er wird entweder den einen hassen und den andern lieben, oder er wird zu dem einen halten und den andern verachten. Ihr könnt nicht beiden dienen, Gott und dem Mammon“ (Matthäus 6,24). Es ist unmöglich, zwei konkurrierenden Göttern zu dienen, und wir dienen dem, den wir verehren. Deshalb versklavt der Götzendienst. Wir beugen uns vor den Göttern, die wir errichten, wie Jesus so nachdrücklich betont hat: „Niemand kann zwei Herren dienen.“

Als Jahwe Israel die Zehn Gebote gab, leitet Er sie durch die Worte ein: „Ich bin Jahwe, dein Gott, der dich aus Ägypten geführt hat, aus dem Sklavenhaus. Du sollst neben mir keine anderen Götter haben“ (2. Mose 20,2-3). Götzendienst war Israels größte Gefahr; das sehen wir in seiner ganzen Geschichte. Diese Sünde war die Ursache für vieles Böse. Wenn Israel seinen geistlichen Kompaß verlor, verlor es auch seine Moral.

„Du sollst neben mir keine anderen Götter haben" – das bedeutet: „Götter, die mit Mir konkurrieren, die an Meiner Stelle stehen, die vor Mir stehen, die Mir zur Seite gestellt werden". „Du sollst dir kein Gottesbild machen und keine Darstellung von irgend etwas am Himmel droben, auf der Erde unten oder im Wasser unter der Erde. Du sollst dich nicht vor anderen Göttern niederwerfen und dich nicht verpflichten, ihnen zu dienen. Denn ich, der Herr, dein Gott, bin ein eifersüchtiger Gott" (2. Mose 20,4-5).[10] Dem Herrn allein gebührt die Anbetung und der Gehorsam. Er duldet keine Rivalen. Und wer Ihn verläßt, die Quelle des lebendigen Wassers, der öffnet der Zerstörung Tür und Tor: „So spricht der Herr: Was fanden eure Väter Unrechtes an mir, daß sie sich von mir entfernten, nichtigen Göttern nachliefen und so selber zunichte wurden?" (Jeremia 2,5).

Überlegen Sie sich das einmal! Der unsichtbare, ewige Gott befreit Sein Volk aus Ägypten, aber es betete lieber Bilder aus Gold und Silber an als Ihn. Und bald betete es diese nichtigen Götter nicht nur an, sondern diente ihnen auch. Falsche, von Menschen erschaffene Götter ersetzten den wahren Gott, der den Menschen erschaffen hatte. Die Israeliten wurden geknechtet durch das Werk ihrer eigenen Hände. Wie abartig! Und doch haben wir genaus das gleiche getan: Wir Christen, die wiedergeborenen Nachfolger Jesu, das blutgewaschene und erlöste Volk Gottes – wir sind zu Götzendienern geworden, versklavt von den Göttern, die wir selbst erschaffen haben.

„Wir sollen das getan haben?" rufen Sie vielleicht. „Wieso sollen wir uns des Götzendienstes schuldig gemacht haben? Ich weiß, daß es bei uns in Amerika jede Menge sexueller Sünde gibt, so wie in Israel damals. Bei uns geschieht auch jede Menge Unrecht, wie in Israel. Aber wenigstens haben wir keinen Götzendienst! Wenigstens werfen wir uns nicht vor goldenen und silbernen Statuen nieder, wie das die Israeliten in der Bibel getan haben und wie es die Hindus heute noch tun."

Wirklich? Hat sich die menschliche Natur verändert? Ist es möglich, daß wir das erste und größte Gebot treu einhalten – Gott von ganzem Herzen, mit ganzer Seele, mit alle unserer Kraft und allen unseren Gedanken zu lieben und sich zu weigern, sich vor Götzen jeder Art niederzufallen, und daß wir gleichzeitig alle anderen Gebote geradezu regelmäßig brechen – daß wir Ehebruch begehen, unsere Eltern nicht ehren, den Sabbat ignorieren, stehlen, morden, begehren, falsches Zeugnis reden und Gottes Namen mißbrauchen? Wie kann das sein? Es kann nicht sein!

Götzendienst und Fleischessünden gehen Hand in Hand, und so gibt es keine Möglichkeit, daß wir in dieser sexbesessenen, vergnügungssüchtigen Gesellschaft Sklaven der Fleischeslust sein und uns gleichzeitig vom Götzendienst fernhalten könnten. Eins führt zum andern!

Als sich Israel in Schittim aufhielt, begann das Volk mit den Moabiterinnen Unzucht zu treiben. Sie luden das Volk zu den Opferfesten ihrer Götter ein, das Volk aß mit ihnen und fiel vor ihren Göttern nieder. So ließ sich Israel mit Baal-Pegor ein. Da entbrannte der Zorn des Herrn gegen Israel (5. Mose 25,1-3).

Paulus listet folgendes als Handlungen der sündhaften menschlichen Natur auf: „Unzucht, Unsittlichkeit, ausschweifendes Leben, Götzendienst, Zauberei, Feindschaften, Streit, Eifersucht, Jähzorn, Eigennutz, Spaltungen, Parteiungen, Neid und Mißgunst, Trink- und Eßgelage und ähnliches mehr" (Galater 5,19-21). Wo das eine ist, findet sich auch das andere, ähnlich wie eine bestimmte Krankheit von mehreren unterschiedlichen Symptomen begleitet wird. Wer den Virus hat, bekommt auch die Symptome.

Sie werden keinen Mord begehen, wenn der Herr allein Herr in Ihrem Leben ist. Sie begehen keine Unzucht, wenn der Herr allein Herr in Ihrem Leben ist. Sie machen Ihre Familie nicht kaputt, wenn der Herr allein Herr in Ihrem Leben ist. Unser Problem ist, daß der Herr nicht allein der Herr in unserem Leben ist. Andere Götter sind unter uns! Wir Amerikaner sind eine Nation von Götzenanbetern, selbst wenn wir behaupten, der Herr sei unser Gott. Entweder hat uns die Fleischeslust von Seiner Herrschaft weggelockt, oder unsere Faszination durch andere Götter hat uns zur Fleischeslust verführt. So oder so haben wir Unmoral und Götzendienst unter uns. Das war der Grund, warum Gott den Israeliten befohlen hatte, den Götzendienst rücksichtslos auszurotten, als sie ins Verheißene Land kamen: Betet nicht die Götter der anderen Völker an!

So sollt ihr gegen sie vorgehen: Ihr sollt ihre Altäre niederreißen, ihre Steinmale zerschlagen, ihre Kultpfähle umhauen und ihre Götterbilder im Feuer verbrennen. Denn du bist ein Volk, das dem Herrn, deinem Gott, heilig ist. Dich hat der Herr, dein Gott, ausgewählt, damit du unter allen Völkern, die auf der Erde leben, das Volk wirst, das ihm persönlich gehört (5. Mose ,5-6; vgl. dazu 2. Mose 23,24; Josua 3,7).

Die Anweisung ist unmißverständlich: Die Götterbilder und ihre Altäre sollen zerstört werden. Niederreißen, zerschlagen, umhauen, verbrennen! So ist es keine Überraschung, daß bei jeder religiösen Reform in Israel, die das Volk wieder zu Gott zurückbrachte, das erste, was geschah, genau das war:

sie zerschlugen die Götterbilder in ihrer Mitte, manchmal zermahlten sie sie sogar zu Staub.[11] Wir müssen das gleiche tun! Aber wo fangen wir an? Welche Götzen sollen wir nach Gottes Willen aufgeben und zerstören?

Ein Götze ist alles, was Gottes Stelle in Ihrem Leben einnimmt, was Sie an Seiner Stelle anbeten. Ein Götze ist das, was Sie in Beschlag nimmt, was Sie beherrscht, was Ihr Herz und Ihre Emotionen in Besitz genommen hat, was Ihren Willen beeinflußt und Ihr Leben bestimmt. Ein Götze ist das, woran Sie sich ganz hingeben, was Ihre Energie verzehrt und Ihre Träume inspiriert; ein Götze ist der wahre Mittelpunkt Ihres Lebens, der Gegenstand Ihrer Verehrung und Bewunderung. Das ist Ihr Gott! Deshalb schrieb Paulus, daß Habsucht (oder Begierde) „Götzendienst" ist (Kolosser 3,5). Begierde ist eine Gottheit!

Die Schrift warnt uns durchgehend vor den Verlockungen des Materialismus (vgl. 5. Mose 8,10-20; Sprüche 23,4-5; Matthäus 6,19-26; 13,22; Lukas 12,13-21; 16,1-31; 1. Timotheus 6,6-19). Aber was tun wir, wenn wir in einer so stark vom Materialismus geprägten Umgebung aufgewachsen sind, daß wir seinen Einfluß gar nicht mehr spüren? Wer von uns ist schon ein bewußter, hingegebener und engagierter Materialist? Wenn man nach Indien geht und einen gebildeten Hindu fragt: „Warum verehrst du ein Stück Holz? Dieses Holz kann dich doch nicht retten!", dann wäre die Antwort: „Das verstehst du nicht richtig. Ich verehre nicht Holz oder Stein. Das ist nur eine irdische Repräsentation des himmlischen Gottes, dem ich diene und den ich anbete." Das gleiche gilt auch für jeden von uns. Wir merken nicht, daß auch wir Götzen anbeten.

Professor Tony Campolo erzählt eine erstaunliche Geschichte. Vor dem Zusammenbruch der Sowjetunion bekam er einen Anruf von einem Freund von der Christian College Coalition, der ihm berichtete, daß „eine Gruppe hochrangiger Erzieher aus der Sowjetunion die USA besuchen würde" und daß sie „Interesse daran hätten, zu sehen, was die religiösen Gruppen hier in den USA im Bereich der Sozialarbeit tun würden". Das war Wasser auf Tonys Mühlen, denn er ist nicht nur ein Erzieher, sondern auch Vorsitzender mehrerer Organisationen, die in sozialen Problemzonen von amerikanischen Innenstädten arbeiten. So rollte er gleich einen roten Teppich für die Gäste aus: „Mit großem Enthusiasmus habe ich sie zu einigen unserer Schlüsselprogramme geführt. Ich zeigte ihnen unsere Jugendclubs und erklärte, wie wir den Ghetto-Teenagern christliche Werte kommunizieren. Schließlich brachte ich sie zu einer besonderen christlichen Schule für behinderte Kinder."[12]

Die russischen Gäste – unter ihnen die Präsidenten zweier der angesehensten Universitäten sowie der Stellvertretende Erziehungsminister – packten die Gelegenheit beim Schopf: „Überall, wo sie hinkamen, interviewten die russischen Gäste die Anwesenden – Kinder, Teenager und Erwachsene. Sie hörten genauestens zu und machten sich zahlreiche Notizen." Was waren ihre Eindrücke? Campolo teilt etwas Überraschendes mit:

> „Diese Teenager sind so materialistisch!" war eine Reaktion. Ein anderer fügte hinzu: „Alles, worüber diese jungen Leute sprachen, war, Geld zu verdienen." Aber die am wenigsten erwartete Antwort kam vom Stellvertretenden Erziehungsminister, der widerwillig bemerkte: „Ich bin etwas enttäuscht von Ihren Kindern. Weil sie Christen sind, hatte ich erwartet, daß ihnen spirituelle Dinge wichtig wären. Aber sie sind viel materialistischer als die marxistische Jugend unseres Landes. Sie scheinen keine Ideale und Visionen zu haben."[13]

Nicht nur die Moslems sind also nicht beeindruckt von der Frucht unseres Glaubens. Die Marxisten sind auch nicht angetan davon.[14]

Paulus schrieb: „Ich baue nicht auf das Sichtbare, sondern auf das, was jetzt noch niemand sehen kann. Denn was wir jetzt sehen, besteht nur eine gewisse Zeit. Das Unsichtbare aber bleibt ewig bestehen" (2. Korinther 4,18 GN). Unsere Augen sind auf das Hier und Heute fixiert, auf das, was wir anfassen, schmecken und spüren können – also auf Dinge, die eines Tages vergangen sein werden. Die materielle Welt ist für uns viel realer als die geistliche. Wie viele von uns können sich mit der Einstellung von Mose identifizieren?

Aufgrund des Glaubens weigerte sich Mose, als er herangewachsen war, Sohn einer Tochter des Pharao genannt zu werden; lieber wollte er sich zusammen mit dem Volk Gottes mißhandeln lassen, als flüchtigen Genuß von der Sünde zu haben; er hielt die Schmach des Messias für einen größeren Reichtum als die Schätze Ägyptens; denn er dachte an den künftigen Lohn (Hebräer 12,24-26).

Wir aber haben unseren Lohn hier im Übermaß! Der Himmel wird uns nur in Zeiten großen Verlustes oder tragischer Vorfälle wichtig. Ansonsten ist diese Welt unser äußerst bequemes Zuhause. Wie mein Freund Jeff Bernstein vor ein paar Jahren schrieb, nachdem er mit seiner Frau und seinen kleinen Kindern nach Rußland und dann nach Kasachstan gezogen war, um dort unter Juden zu arbeiten:

> Nach weltlichen Maßstäben haben wir Amerikaner die größten Versuchungen zu bestehen. Wir sind in der Gefahr, uns von den wahren Reichtümern Gottes durch vergängliche Schätze weglocken zu lassen. Unser Kühlschränke sind prall gefüllt, wenn wir uns in unseren durch die Klimaanlage behaglich temperierten Häusern räkeln und mit der Fernbedienung den Farbfernseher und die Stereoanlage auf Trab halten. Wir gehen nur noch außer Haus, um in unserem klimatisierten Auto zum nächsten Videoverleih zu fahren. Danach machen wir es uns wieder auf unserer Couch bequem, um den neuesten Videofilm zu genießen. Und der Rest der Welt kämpft inzwischen darum, den nächsten Tag zu überleben.[15]

Wie sollen wir nun mit den irdischen Dingen umgehen? Wir können Überfluß haben, ohne daß er uns im Griff hat. Wir müssen fähig sein, mit den Dingen zu leben (in diesem Fall werden sie zur Ehre Gottes eingesetzt und als Segen genossen) oder ohne sie zu leben (in diesem Fall freuen uns wir genauso sehr am Herrn). Aber wir müssen uns ständig der vergänglichen Natur dessen bewußt bleiben, was wir in dieser Welt haben, und alles tun, damit es uns nie so beherrschen kann, daß dadurch unsere Ewigkeitsperspektive eingeschränkt oder zunichte gemacht wird.

Das kann ein ziemlicher Kampf sein! Unsere Kultur ist unglaublich materialistisch. Wir werden von Habsucht beherrscht und von Gier verzehrt. Wir haben nie genug! Und der sogenannte „amerikanische Traum" spielt dem voll und ganz in die Hände. Wo bleibt bei diesem Traum der Gedanke des „den Plan Gottes erfüllen"?

Am 13.Juni 1808 schrieb Benjamin Rush, einer der Unterzeichner der amerikanischen Unabhängigkeitserklärung, einen Brief an Joh Adams. Darin beklagte er die Verschlechterung des Zustands der amerikanischen Gesellschaft „seit der Revolution". Er zitierte die Worte eines 81jährigen Mannes, „der Amerika in den Tagen seiner Jugend und Unschuld" kannte, aber der jetzt empfand, daß „sie alle jetzt zu Götzendienern geworden sind; es stimmt, daß sie nur einen Gott anbeten, aber dieser Gott ist der Dollar". Mit Abscheu vermerkte Rush: „Paulus nennt Gier und Unreinheit ungeeignete Gesprächsthemen für Christen. Aber nicht nur unsere Straßen, sondern auch unsere Wohnzimmer sind erfüllt mit der Sprache des Börsenhändlers, und selbst bei unseren festlichen Abendessen sind ‚Dollars' ein Standardgericht, auf das sich alle schnell und gierig stürzen."[16] Was würde er heute erst sagen?

Es ist für mich eine meiner größten Freuden, mit jungen Ehepaaren zu sprechen, die vor der Ausreise auf das Missionsfeld stehen. Sie sind voller

Leben und möchten, daß ihr Leben für das Reich Gottes zählt. Ich frage sie dann: „Aber was ist mit dem amerikanischen Traum? Schließlich seid ihr ja erst ein paar Monate verheiratet!“ „Dr. Brown“, sagen sie unter Tränen, „wir müssen einfach gehen!“

Das sind die Christen des Missionsbefehls, nicht habsüchtige, fleischliche Christen. Sie haben den Götzen des Materialismus zerschmettert und seine Herrschaft über ihrem Leben abgeschüttelt. Sie lieben zwar Amerika, aber sie leben nach den Worten des Grafen Zinzendorf, der gesagt hat: „Das Land ist künftig meine Heimat, das am meisten das Evangelium braucht. Schließlich sind wir ja alle nur auf der Durchreise.“[17]

Menschen, die so etwas sagen, zeigen, daß sie auf der Suche sind nach einem eigenen Land. Hätten sie an das Land gedacht, das sie verlassen haben, dann hätten sie die Möglichkeit gehabt, zurückzukehren. Statt dessen sehnten sie sich nach einem besseren Land – dem himmlischen. Deshalb schämt sich Gott auch nicht, ihr Gott zu heißen, und hat eine Stadt für sie bereitet (vgl. Hebräer 11,14-16).

Man kann diese materielle Welt zur Ehre Gottes gebrauchen – und ihren überreichen Segen als wunderbares Geschenk Seiner Liebe genießen –, oder man kann in sie verstrickt und von ihr versklavt werden (vgl. 1.Korinther 7,31). Wir gehen so leicht in die Falle!

Erinnern Sie sich an Jesu Gleichnis vom vierfachen Ackerfeld? Er erzählte: „Wieder ein anderer Teil fiel in die Dornen, und die Dornen wuchsen und erstickten die Saat, und sie brachte keine Frucht“ (Markus 4,7). Das bedeutet Menschen, die das Wort Gottes hören, „aber die Sorgen der Welt, der trügerische Reichtum und die Gier nach all den anderen Dingen machen sich breit und ersticken es, und es bringt keine Frucht“ (Markus 4,19). Wie gut paßt das auf die Kirche in Amerika und der westlichen Welt!

In meinem Buch *How Saved Are We? (Wie errettet sind wir eigentlich?)* habe ich dazu geschrieben:

> Es gibt so viele Dornen um uns her: die Sorgen des Lebens, die Vergnügungen dieser Welt, der trügerische Reichtum und die Gier nach anderen Dingen. Wegen dieser Dornen sind wir Menschen, „deren Frucht also nicht reift“; das Wort bringt also keine Frucht in uns (Lukas 8,14; Markus 4,19). Überlegen wir doch nur einmal, wie unser Leben aussehen würde, wenn diese Dornen entfernt würden! Wir würden nicht länger von weltlichem Verlangen beherrscht, von dem unstillbaren Verlangen, jemand zu sein, etwas zu haben, irgendwohin zu gehen, unsere Zufriedenheit überall zu finden, nur nicht in Jesus.

Und doch passen wir das Evangelium unserer Fleischlichkeit an! Wir verhalten uns so, als ob das Reich Gottes eine Sache von Essen und Trinken wäre, von Wollen und Haben, von edlen Autos und schönen Häusern, von dicken Bankkonten und teuren Designer-Kleidern. Wir haben den Gegenstand unseres Glaubens aus den Augen verloren – Jesus, den Sohn Gottes.

O ja, Gott kann und will alle unsere Bedürfnisse stillen, und seine Versorgung hat nichts Schäbiges an sich. Er wird nicht durch Mangel und Armut verherrlicht. Er hat nichts davon, wenn wir aus den Schulden nicht mehr herauskommen. Er ist ein Gott des unendlichen Reichtums und kann es sich leisten, ihn mit uns zu teilen. Alles, was wir brauchen, finden wir in Ihm. Wenn wir zuerst nach Seinem Reich trachten, werden wir mit allem versorgt. Aber Gott „wird den Menschen nicht bei ihrem selbstsüchtigen Streben nach persönlichem Gewinn beistehen. Er wird den Menschen nicht helfen, Ziele zu erreichen, die, wenn sie einmal erreicht wurden, den Platz in ihrer Zuneigung und in ihren Interessen einnehmen, den Er von rechts wegen innehaben sollte.“[18] Materieller Wohlstand darf nie unser erstes Ziel sein.

Natürlich ist nichts verkehrt daran, Besitz zu haben. Aber es ist verkehrt, wenn der Besitz uns hat! Es ist nichts verkehrt daran, reich zu sein, solange das Reichsein nicht der Sinn und Zweck unseres Daseins ist! Viele von uns sitzen an diesem Punkt in der Falle. Wir haben unsere Augen von Jesus weggenommen und sie auf irdische Schätze gerichtet. Der „trügerische Reichtum“ hat uns wieder hereingelegt. Er hat uns die Ewigkeit aus unserem Herzen gestohlen! Einige von uns sind zu „Narren“ geworden – wir haben Dinge für uns selbst gehortet, sind aber nicht reich vor Gott (Lukas 12,20-21).

Vor zweitausend Jahren hat Jesus Alarm geschlagen: „Gebt acht, hütet euch vor jeder Art von Habgier. Denn der Sinn des Lebens besteht nicht darin, daß ein Mensch aufgrund seines großen Vermögens im Überfluß lebt“ (Lukas 12,15). Auch Paulus hat uns eine deutliche Warnung mitgegeben: „Wer aber reich werden will, gerät in Versuchungen und Schlingen, er verfällt vielen sinnlosen und schädlichen Begierden, die den Menschen ins Verderben und in den Untergang stürzen. Denn die Wurzel aller Übel ist die Habsucht. Nicht wenige, die ihr verfielen, sind vom Glauben abgeirrt und haben sich viele Qualen bereitet.“ (1.Timotheus 6,9-10). Lesen wir doch diese Verse nicht einfach so leichthin! Unsere Beziehung zu Gott könnte auf dem Spiel stehen. Paulus spricht von „Versuchungen und Schlingen“, von „Verderben“ und „Untergang“, von „allem Übel“ und vom „Abirren vom Glauben“.

Und deshalb hat Paulus den Timotheus in eindeutiger Weise ermahnt: „Du aber, ein Mann Gottes, flieh vor all dem. Strebe unermüdlich nach Gerechtigkeit, Frömmigkeit, Glauben, Liebe, Standhaftigkeit und Sanftmut" (1. Timotheus 6,11). Denn: „Die Frömmigkeit bringt in der Tat reichen Gewinn, wenn man nur genügsam ist. Denn wir haben nichts in die Welt mitgebracht, und wir können auch nichts aus ihr mitnehmen. Wenn wir Nahrung und Kleidung haben, soll uns das genügen" (1.Timotheus 6,6-8). Aber sind wir denn wirklich genügsam? Oder sind wir wie jene Pharisäer, die das Geld liebten und Jesus verlachten, als er über Habsucht sprach (vgl. Lukas 16,14)?

Im Buch der Sprüche heißt es: „Der Blutegel hat zwei Töchter: Gib! – Gib! Drei sind es, die nie satt werden, vier sagen nie: Genug: Die Unterwelt und der unfruchtbare Mutterschoß, die Erde, die nicht satt wird an Wasser, und das Feuer, das nie sagt: Genug!" (Sprüche 30,15-16). Und heute können wir ein Weiteres hinzufügen: die materialistische Kirche in Amerika! Wir sind wie die beiden Töchter des Blutegels, die rufen: „Gib! Gib!" Wir haben nie genug![19]

Erstaunlicherweise verbreitet sich eine noch extremere Form des fleischlichen Wohlstandsevangeliums heute immer weiter in unserem Land; es legt noch mehr Betonung auf weltlichen Wohlstand und das Streben nach persönlichem Reichtum. Millionen von Christen gehen dem mit Leib und Seele auf den Leim und fügen noch ein weiteres Mosaiksteinchen der geistlichen Verwirrung von heute hinzu. Es ist Zeit, diese Götzen zu zerschmettern!

Wir sind dabei, einige der größten Fallen und Versuchungen des Materialismus anzugreifen, einige der machtvollsten Götter unserer Gesellschaft. Schauen wir, wie revolutionär wir wirklich sind!

Ihr werdet jetzt bald aufbrechen, um euer Land in Besitz zu nehmen, und der Herr, euer Gott, wird es euch gelingen lassen. Er wird sieben Völker vor euch vertreiben, die größer und stärker sind als ihr: die Hetiter, Girgaschiter, Amoriter, Kanaaniter, Perisiter, Hiwiter und Jebusiter … Ihr dürft euch auf keinen Fall mit ihnen verschwägern. Eure Töchter dürft ihr keinem Mann aus diesen Völkern geben, und für eure Söhne dürft ihr keine Frau aus diesen Völkern nehmen. Sonst könnten sie von ihnen dazu verleitet werden, sich vom Herrn abzuwenden und andere Götter zu verehren. Dann würde der Herr über euch zornig werden und euch in kürzester Zeit vernichten. Es gibt für euch nur eins: Reißt ihre Altäre nieder, zerschlagt ihre Steinmale, haut ihre geweihten Pfähle um und verbrennt ihre Götzenbilder. Denn ihr seid ein Volk, das ausschließlich dem Herrn gehört. Der Herr, euer Gott, hat euch unter allen Völkern der Erde ausgewählt und zu seinem Eigentum gemacht. 5. Mose 7,1-6 GN

Die Römer erheben gegen uns [den Christen] Anklage in zwei Punkten: daß wir keine Opfer darbringen und daß wir nicht an dieselben Götter glauben wie der Staat.

Athenagoras, christlicher Schriftsteller des 2. Jahrhunderts

Man wirft uns öffentlich vor, wir seien Atheisten und Verbrecher, die des Hochverrats schuldig sind.

Justin der Märtyrer, geköpft im Jahre 165 n. Chr.

Das Reich Gottes ist eine neue Ordnung, die sich auf die Vaterliebe Gottes, auf Erlösung, Gerechtigkeit und Gemeinschaft gründet. Sie soll das ganze Leben durchdringen, alle Nationen, alle Regeln und Gesetze, bis die Reiche dieser Welt zum Reich des Herrn werden.

Eric Liddell, Goldmedaillengewinner bei Olympia und Missionar in China

6. Die Götzen stürzen: Der Herzschlag der Revolution

Weniger als zwei Monate nach den Morden an der Columbine Highschool in Littleton, Colorado, brachte das *Time Magazine* einen außergewöhnlichen Artikel über Erweckungen unter der Jugend in Amerika mit dem Titel: „Ist Jesus die Antwort?“[1] Darin wurden einige tiefe Einsichten gegeben in die Kämpfe, die Teenager durchzustehen haben, und wie sie diese Kämpfe durch eine totale Hingabe an Jesus gewinnen:

> Das ist der Schlüssel: dem Gruppendruck Gleichaltriger widerstehen und sich zu weigern, der Versuchung nachzugeben. So wird der Materialismus radikal widerlegt und anerkannt, daß es „etwas Größeres als sofortige Wunschbefriedigung“ gibt. Ja! Der Gehorsam gegenüber Gott ist größer. Gott zu lieben ist größer. Freude an Gott ist größer. Diese Offenbarung wird eine kulturelle Revolution herbeiführen und uns in die Lage versetzen, der Lust des Fleisches, der Lust der Augen und dem Stolz des Lebens abzusagen: Liebt nicht die Wege der Welt. Liebt nicht das Gute der Welt. Die Liebe zur Welt erdrückt die Liebe zum Vater. Praktisch alles, was in der Welt passiert – deinen Willen durchsetzen zu wollen, alles für dich selbst zu wollen, wichtig erscheinen zu wollen – hat nichts mit dem Vater zu schaffen. Es isoliert dich nur von ihm. Die Welt mit all ihrem Verlangen, Verlangen, Verlangen ist zum Untergang bestimmt – aber jeder, der tut, was Gott verlangt, ist für die Ewigkeit gerüstet.
>
> 1. Johannes 2,15-17 nach der freien englischen Wiedergabe von *The Message*

Sind Sie bereit, einige Götter zu stürzen? Nachdem wir im letzten Kapitel die Bollwerke des Materialismus bloßgestellt haben, ist es jetzt an der Zeit, sie eines nach dem anderen anzugehen und zu zerschmettern. Befriedigung ist nicht unser Gott! Geld ist nicht unser Meister! Das Fleisch ist nicht unser Mittelpunkt! Unser Gehorsam und unsere Loyalität gelten Einem Meister, Einem Herrn. Wir müssen uns darauf konzentrieren, Ihm zu gefallen – Ihm allein! Alle konkurrierenden Ideologien müssen zurückgewiesen und überwunden werden. Also holen Sie Ihren geistlichen Hammer hervor und lassen Sie uns beginnen. Ihr Götzen, seht euch vor!

Lassen Sie uns den Götzen der *Sucht nach Unterhaltung* zerschmettern.

Was wäre, wenn ein Stammesangehöriger aus einem abgelegenen Dorf in Afrika durch ein Wunder nach Amerika versetzt würde? Was, wenn er nie zuvor fließendes Wasser gesehen hätte, geschweige denn Telefone, Autos oder Fernseher? Und wie, wenn er ein Götzendiener oder sogar ein Zauberer wäre? Er würde im Handumdrehen wissen, was der Familienaltar bei uns zu Hause wäre – der Fernseher!

Er wäre beeindruckt von unserer Hingabe an diesen sprechenden, lebenden Gott. Nicht nur, daß wir Stunden davor verbringen, verzaubert von seiner Schönheit und gebannt von seiner Macht – es haben auch alle Familienmitglieder jeweils eigene Götzen in ihren Schlafzimmern, die dort auf ihren schönen Podesten thronen. Und wie überrascht wäre der Besucher von der umfassenden Verehrung dieses Gottes quer durch die ganze Gesellschaft. Ja, es bilden sich sogar lange Schlangen vor den Tempeln dieses Gottes, wo seine riesengroßen Bilder rauchen und donnern und schreien und lachen und Unzucht treiben und töten. Was für ein mächtiger Gott, und was für ein religiöses Volk! Und wie großzügig sie Zeit und Geld investieren – nebst Herz und Seele – für diesen Gott!

Ich frage Sie jetzt: Übertreibe ich? Sind wir nicht Götzendiener, wenn wir mehr Zeit mit Fernsehen und Videos verbringen als mit Bibellesen und Gebet? Sind wir nicht Götzendiener, wenn sich unser Leben um die neuesten Sitcoms, Dokumentarfilme, Unterhaltungsfilme, Talkshows und Nachrichten dreht? Sind wir nicht Götzendiener, wenn wir um der Unterhaltung willen Kompromisse schließen bei unseren Überzeugungen? Wer oder was beherrscht uns? Die Unterhaltungsindustrie hat heute einen alles durchdringenden Einfluß und erstickt die Kirche.

Das war nicht immer so. Vor hundert Jahren hatten wir weder Radio noch Fernsehen, aber unser Leben war trotzdem ausgefüllt. (Wie einer meiner Kollegen meint: Man wird keinen Grabstein aus dem 19. Jahrhundert finden, auf dem steht: Erkrankte und starb an Fernsehmangel!) Als das Radio erfunden wurde, genossen die Amerikaner ein erfülltes Leben, während sie nur ein paar Sender hörten. Und in den fünfziger und sechziger Jahren litten wir keinen Mangel, weil es nur ein paar Fernsehsender gab, unter denen wir auswählen konnten (die außerdem noch in Schwarzweiß sendeten). Aber bald war es nicht mehr genug. Wir brauchten Kabelfernsehen. Und dann reichte das auch nicht mehr, also mußte eine Satellitenschüssel her – als ob irgend jemand 150 Kanäle *bräuchte!* So groß ist die Macht der Verführung durch den Götzendienst. Zuerst machen wir etwas zu einem Gott, dann werfen wir uns nieder und beten es an, und dann dienen wir ihm mit Haut und Haaren. Jetzt leben wir unter seiner Knute!

Das Problem ist nicht nur unsere Sucht nach Unterhaltung – und dabei habe ich noch gar nicht von Videos, Internet, CDs usw. geredet.[3] Der Inhalt der Unterhaltung ist genauso erschreckend. Merken wir überhaupt, wieviel Macht dieses Medium inzwischen hat? Merken wir, wie tief wir durch graphische Hi-Tech-Bilder von Gewalt, Sex und Okkultem beeinflußt werden?[4] Die Graphiken sind so real, die Animationen so echt, die Spezialeffekte so intensiv, daß wir leicht den Bezug zur Realität verlieren und der Unterschied zwischen einem Videospiel und dem echten Leben, einem Filmcharakter und uns selbst sich verwischt. Und bald lebt dann ein Teenager diese Rolle aus und schießt seine Klassenkameraden nieder – genauso wie im Film! –, während ein verheirateter Mann im Internet virtuellen Sex hat.

Satan hat seine Angriffe verstärkt, aber wir verstärken unsere Wachsamkeit und Disziplin kein bißchen.[5] Aber je leichter die Sünde zugänglich wird, um so mehr an Selbstverleugnung brauchen wir. Wir müssen den Götzen der Unterhaltung um jeden Preis zurückstoßen!

Dürfen wir denn überhaupt nach Ruhe und Entspannung trachten? Wir dürfen nicht nur, es ist absolut notwendig. Wie steht es mit Radio, Fernsehen und Videos? Wenn das Material für den Geist Gottes nicht anstößig ist und wir Maß halten, ist natürlich nichts Verkehrtes daran. Der Inhalt kann uns bereichern und unseren Horizont erweitern; außerdem kann man diese Medien einsetzen, um das Evangelium zu verbreiten. Wie viele Millionen von Menschen haben zum Herrn gefunden, weil sie den weltberühmten Jesusfilm gesehen haben! Wie viele Millionen sind durch evangelistische Radiosendungen erreicht worden (und jetzt durch evangelistische Websites im Internet)!

Tragischerweise aber spielt die Unterhaltung bei den Gläubigen in Amerika primär die Rolle eines Götzen und überschwemmt sie mit Müll. Die meisten von uns wären ohne Fernseher zu Hause besser dran, als ihn so zu gebrauchen, wie wir es tun. Das gilt sowohl für die Zeit wie auch den Inhalt. Wenn Unterhaltung in Ihrem Leben ein Götze ist, dann stürzen Sie ihn!

Leben Sie ein paar Monate ohne ihn und verwenden Sie die Zeit statt dessen aufs Gebet, aufs Bibellesen, auf Evangelisation unter den Verlorenen, auf den Dienst an der Gemeinde, auf Krankenbesuche, auf die Entwicklung nützlicher Fähigkeiten, auf das Erlernen eines praktischen Berufs oder die Erweiterung Ihrer praktischen Fertigkeiten – alles, nur nicht diese endlose Verschwendung von Stunden in Verbindung mit seelischer und geistlicher Selbstvergiftung. Werden Sie diesen fremden Götzen los! Und wenn Sie die Unterhaltung auf das beschränken können, was konstruktiv ist und im Einklang mit der Moral steht, dann haben Sie sie zu einem Werkzeug gemacht statt zu einem Götzen. Benützen Sie sie zur Ehre Gottes!

Lassen Sie uns den Götzen der *Sportbesessenheit* stürzen!

Das ist einer der größten Götzen unserer Zeit. Wir sind fanatische Sportanhänger. Wir *leben* für ihn, sind tagelang niedergeschlagen, wenn unsere Lieblingsmannschaft verliert, und sind überglücklich, wenn sie gewinnt. Wie sehr sind unsere Emotionen und unser Verlangen mit Sport beschäftigt! Und wieviel Zeit kostet uns das – Spiel um Spiel zu sehen, sich die leidenschaftlichen Diskussionen in den Sportsendungen anzuhören, die ständige Suche nach den neuesten Statistiken und interessantesten Berichten. In Amerika müssen in vielen Städten die Gottesdienste pünktlich um 12 Uhr zu Ende sein, damit es keinen Konflikt mit den Footballspielen der NFL gibt, die um 13 Uhr beginnen.

„Aber das ist doch nur ein Spiel", sagen Sie. Nein, das stimmt nicht! Niemand bekommt 6 Millionen Dollar im Jahr bezahlt, um „nur ein Spiel" zu spielen. Niemand wird in der nationalen Presse geschmäht, wenn er „nur ein Spiel" verliert. Niemand plant Sonntagsgottesdienste um „nur ein Spiel" herum. Niemand erschießt einen Spieler, weil er „nur ein Spiel" verloren hat.[6] Sport ist zu einem Götzen, einer Besessenheit, einer nahezu unantastbaren Beschäftigung geworden, und die christliche Welt macht feste mit.[7]

Ja, ich glaube, daß Sport Spaß macht und oftmals erfrischend ist – das gilt für aktiven Sport genauso wie für das Zuschauen, und ich tue beides. Aber ich glaube noch mehr, daß das in unserer Gesellschaft vollkommen aus dem Ruder gelaufen ist. Es gibt mehr Ligen, als wir wissen, mehr Teams, als wir uns merken können, mehr Spiele, mehr Events, mehr Turniere, mehr Stars und mehr Aufregung und Nervenkitzel. Der Sport ist dermaßen verherrlicht worden, daß er fast schon göttlichen Status hat. Eine Zeitlupenwiederholung eines Traumtores erscheint schon fast übernatürlich. Wow! Man hat fast das Gefühl, daß die Engel des Himmels andächtig danebenstehen und voll Erstaunen und Ehrfurcht zusehen.

Wir haben sogar eine Theologie des Sports: Wir glauben, je mehr christliche Sportler ein Team hat, um so häufiger gewinnt es. Aber gewinnt denn „the Lord's team" immer? Tatsache ist doch, daß geistlich zu sein nicht immer den Erfolg garantiert. Gottes wichtigste Lektionen werden oft im Schmelzofen der Not gelernt, nicht im Scheinwerfer der Bewunderung. Vielleicht ist das *Verlieren* manchmal das Beste, was Gott Seinem Team gewähren kann. (Was für ein Gegensatz zu dem größten Teil unserer Theologie in Amerika!) Was ist für einen Christ wichtiger: Jesus ähnlich zu werden oder zu gewinnen? Trifft es zu, daß „der Sieg alles ist", oder ist das nur eine weitere bedeutungslose moralische Platitüde?

Natürlich freue ich mich, wenn ein christlicher Sportler eines siegreichen Teams Gott die Ehre für seine Leistungen gibt, ohne sich zu schämen. Das höre ich auf alle Fälle lieber, als wenn er die ganze Anerkennung selbst einsteckt (oder, schlimmer noch, einem anderen Gott zuschreibt). Aber die Proportionen stimmen einfach nicht mehr, wenn es uns fast wie eine geistliche Niederlage vorkommt, wenn der nigerianische Moslem Hakeem Olujawon sein Team zweimal hintereinander zur amerikanischen Basketballmeisterschaft geführt hat, oder wenn Michael Jordan, der nicht gerade als religiöser Mensch bekannt ist, sein Team zu sechs Titeln führt. Aber als ein Basketballspieler der NBA vor kurzem Allah für den überraschenden Sieg seines Teams in einem Playoff-Spiel pries, hat uns das wieder Boden unter den Füßen gegeben: Es erschien einfach lächerlich, Allah zuzuschreiben, er habe jemand geholfen, ein Basketballspiel zu gewinnen! Hat Allah das überhaupt interessiert? Und war ihm das eine Team lieber, weil dort ein (nomineller!) Moslem mitspielte, während Jesus zu schwach war, dem anderen Team (mit einer Reihe Christen) zu helfen, an jenem Abend zu gewinnen?[8]

Mir geht es einfach darum: Selbst gute, herausragende, hochmoralische Christen machen bei dem Götzendienst des Sports mit. Sollten wir Gott dankbar sein, daß es im Sport Männer und Frauen gibt, die als Vorbilder für unsere Kinder dienen können? Ja! Sollten wir dankbar sein, daß viele ihren hohen Bekanntheitsgrad benutzen, um das Evangelium von Jesus zu verbreiten? Natürlich! Sollten wir es ihnen mißgönnen, daß sie so viel Geld verdienen, wenn man es ihnen nachwirft? Sicher nicht!

Aber ist es falsch, wenn wir traurig sind, daß ein Spitzensportler, der *Mormone* ist – statt Christ –, seine Profikarriere zwei Jahre lang aufschiebt, um diese Zeit auf dem Missionsfeld zu verbringen? Und ist es falsch, zu fragen, wo denn die C.T.Studds von heute sind, die den sportlichen Ruhm ausschlagen, um die beste Zeit ihres Lebens dafür einzusetzen, Seelen zu gewinnen statt Spiele?[9]

Und ist es falsch, wenn wir erwarten, daß wenigstens ein bekannter christlicher Sportler sagen würde: „Schaut mal, es ist unmoralisch, daß ich fünf Millionen Dollar im Jahr verdiene, weil ich Spiele mache. Ich kann ganz gut von einer Million im Jahr leben, deshalb gebe ich den Rest in die Mission und in die Arbeit an sozialen Brennpunkten." Wie würde das den ganzen Götzenkult zurechtrücken! (Und vielleicht könnten sich dann einige christliche Eigentümer von Sportteams dem anschließen?)

Irgend jemand hat uns irgendwie glauben gemacht, das sei alles wirklich nicht so wichtig. Aber wenn christliche Sportler ihr Einkommen durch einen Hinweis auf die Bibel rechtfertigen, nach dem Motto: „Der Arbeiter ist seines Lohnes wert", dann muß man fragen: Welche Botschaft bringen sie eigentlich rüber?[10]

Ehrlich gesagt, mir fehlen hier die Worte. Wir haben keine Ahnung, wie sportbesessen wir sind. Große Städte in den USA sind bei Siegesfeiern verwüstet worden; riesige Konfettiparaden wurden von Millionen besucht; erwachsene Männer rennen mit angemalten Gesichtern durch die Straßen, in bizarre Kleider oder Uniformen gehüllt oder auch nicht (eben nackt!) – und das alles nur, weil jemand einen Ball in besonderer Weise getreten, geschlagen, geworfen oder geschossen hat, oder vielleicht ein Auto gefahren oder ein Pferd geritten hat. (Ehemänner, Eure Frauen haben mehr Recht mit ihrer Perspektive des Sports, als wir erkennen – außer sie sind auch Sportfanatiker!)

Unsere Kultur dreht sich buchstäblich um den Sport, obwohl der Sport eigentlich nichts dazu beiträgt, den Sinn unseres irdischen Lebens zu befördern. Er ist einfach eine Unterhaltung, eine Ablenkung, eine Möglichkeit, bestimmte Fähigkeiten zu entwickeln, ein Ventil für überschüssige Energie. Aber wir haben ihn zu einem Gott mit gigantischen Proportionen gemacht. Und je weiter eine bestimmte Form von Götzendienst in einer Gesellschaft um sich greift, um so ausgeklügelter und teurer wird es – so wie der Sport heute. Vergleichen wir doch nur den Football von heute mit seinen Legionen von Trainern, Spähern, und computerisierten Plänen mit der vergleichsweisen Einfachheit dieses Sports noch vor dreißig Jahren.

Halten Sie doch einmal inne und fragen Sie sich: *Wenn Jesus wirklich der Herr meines Lebens ist, wenn Himmel und Hölle real sind, warum nehmen mich diese lächerlichen Spiele derartig in Beschlag, ja beherrschen mich geradezu?* Der Grund ist, daß wir diese Spiele (die eine *gewisse* gesellschaftliche Berechtigung haben) zu Göttern gemacht, ihre Bedeutung aufgeblasen, ihren Status in den Himmel erhoben und sie mit Zeit und Geld überschüttet haben. Und weil wir sie zu Göttern gemacht haben, kommt das Unausweichliche: wir werfen uns nieder vor ihnen und dienen ihnen bis zu dem Punkt, daß viele von uns buchstäblich nicht mehr ohne sie leben können. Zerschmettern Sie auch diese Götter! Aber seien Sie gewarnt: es wird ein ziemlicher Kampf werden!

Lassen Sie uns den Götzen der *weltlichen Mode* stürzen.

Es ist das eine, sich wie Frauen in einer konservativen islamischen Gesellschaft zu kleiden; es ist etwas anderes, sich wie weltliche Frauen anzuziehen (allerdings steht die moslemische Kleidung den biblischen Gebräuchen näher als unsere moderne westliche Kleidung). Aber so wie viele Christen dem Götzen des Sports huldigen, so huldigen viele Christinnen dem Götzen der Mode. Und es ist ein mächtiger Götze! Woher kommt dieser enorme Druck, mit der Mode zu gehen? (Wer gibt denn überhaupt die Trends vor?) Warum liegt soviel am Make-up und am Aussehen? Könnte es sein, daß es auch hier zum Extrem gekommen ist? Könnten wir uns vorstellen, daß Jesus Modeschauen veranstaltet, so wie viele unserer Gemeinden, um die Frauen zu erreichen?

Nun meine ich damit nicht, daß christliche Frauen eintönige Kleider anziehen und ihr Haar im Knoten tragen müßten. Natürlich nicht! Und ich sage auch nicht, daß sie sich ihrer natürlichen Schönheit schämen oder möglichst unansehnlich aussehen müßten. Bloß nicht! Aber es besteht ein großer Unterschied zwischen einer christusgemäßen Weiblichkeit und weltlicher Sinnlichkeit, so wie es auch einen Unterschied zwischen ehelicher Intimität und Unzucht gibt. Das eine ist heilig; das andere verboten. Das eine ist ein Geschenk Gottes; das andere eine Versuchung des Fleisches. Und es gibt keine Entschuldigung, die beiden zu verwechseln! Unmittelbar nachdem Paulus die Männer auffordert, „überall beim Gebet ihre Hände in Reinheit [zu] erheben, frei von Zorn und Streit", ermahnt er die Frauen, sie sollten „sich anständig, bescheiden und zurückhaltend kleiden; nicht Haartracht, Gold, Perlen oder kostbare Kleider seien ihr Schmuck, sondern gute Werke; so gehört es sich für Frauen, die gottesfürchtig sein wollen" (1. Timotheus 2,8-10). Könnte es sein, daß Männer mehr als Frauen die Aufforderung zum Gebet nötig haben, während Frauen mehr als Männer die Erinnerung daran brauchen, sich angemessen zu kleiden? (Ich weiß natürlich auch, daß es jede Menge betender Männer und nicht betender Frauen gibt, ebenso wie viele eingebildete Männer und viele bescheidene Frauen. Ich folge hier nur den Aussagen des Paulus und setze sie mit zentralen Problemen in der Kirche in Beziehung.)

Auch Petrus schrieb den Frauen: „Putzt euch nicht äußerlich heraus mit aufwendigen Frisuren, kostbarem Schmuck oder prächtigen Kleidern. Eure Schönheit soll von innen kommen! Freundlichkeit und ein ausgeglichenes Wesen sind der unvergängliche Schmuck, der in Gottes Augen Wert hat" (1. Petrus 3,3-4 GN). Kommt Ihnen dieser Rat beleidigend oder chauvinistisch vor? Gibt es denn eine *größere* Schönheit, nach der gottesfürchtige Frauen streben könnten? Und ist es nicht symptomatisch für unser geteiltes Herz, daß wir Stunden vor dem Spiegel und Minuten auf den Knien im Gebet verbringen?

Wieviel Paar Schuhe brauchen Sie denn wirklich? Wie viele Kleider? Wie viele Farbkombinationen? Wieviel Geld haben Sie für Kleider ausgegeben, die jetzt in Ihrem Kleiderschrank hängen, nur ein- oder zweimal getragen (wenn überhaupt), aber aus Leidenschaft gekauft, weil Sie die einfach haben *mußten,* denn sie waren ja der letzte Schrei, jeder trug das damals – und jetzt sind sie veraltet!

Wir müssen auch daran denken, wie besessen unsere Kultur ist von schönen Körpern – von Kopf bis Fuß, unabhängig vom Alter, so scheint es –, und diese Besessenheit hat zu einer Seuche von Anorexie und Bulimie geführt („ich bin so dick!"). Das zeigt auch die blühende Schönheitschirurgie, die sich von Brustimplantaten bis zur Fettabsaugung nichts entgehen läßt. Das ist äußerst ungerecht den Frauen von heute gegenüber. Sie bekommen das Gefühl, sie müßten sich mit der Figur eines Covergirls oder eines Supermodels messen, denn alles andere reicht nicht und ist häßlich. Und der Druck auf Teenager ist hier besonders hoch.

Wie unbiblisch das alles ist! Und wie entehrend für die Herrschaft Jesu, wenn Frauen, die Ihn ihren Herrn nennen, das dann im Bereich ihrer Kleidung widerlegen, indem sie etwa knallenge Jeans, tiefausgeschnittene Blusen, Röcke, die fast alles zeigen, oder sinnliche Kleider tragen. Wo bleibt dabei die Zurückhaltung? Und warum wird im Gottesdienst den Brüdern zugemutet, aufzupasen, wo sie hinschauen dürfen, nur weil sich ihre christlichen Schwestern so kleiden? Gottes Haus sollte ein heiliger Ort sein!

Es ist das eine, Sünder unter uns willkommen zu heißen, egal, wie sie aussehen oder riechen, oder geduldig zu warten, bis junge Gläubige reif genug geworden sind. Es ist etwas anderes, wenn Frauen, die seit Jahren schon Christinnen sind, danach streben, sinnlich zu erscheinen, die Aufmerksamkeit auf ihren Körper zu lenken zur Ergötzung des anderen Geschlechts (und damit meine ich nicht ihre Ehemänner!). Wenn wir bei Kleidung schon übertreiben müssen, dann in Richtung Zurückhaltung.[11] Es ist besser, nicht der Mode zu folgen, als dem Willen Gottes. Unser Selbstwert bemißt sich nicht an unserem Aussehen oder dem Preis unserer Kleidung.

Richard Wurmbrand sagte einst: „In der freien Welt sage ich mir manchmal beim Besuch einer Gemeinde: Wenn der Jüngste Tag eine Modenschau wäre, dann würden viele hier errettet werden."[12] Wie wahr! Lassen Sie uns die Macht dieses Götzen brechen – des Götzen der Mode, der Überbetonung der äußeren Erscheinung, der Sinnlichkeit, der Anpassung an die Welt – und der Mißachtung des Volkes Gottes. Gottes Gnade schenkt eine ganz eigene Schönheit.

Lassen Sie uns auch den Götzen der *Selbstverwöhnung* stürzen.

Missionswissenschaftler haben den Nordamerikanern oftmals einige beunruhigende Statistiken vorgehalten. Obwohl wir nicht mehr als fünf Prozent der Weltbevölkerung ausmachen, verbrauchen wir mehr als 90 Prozent aller Ressourcen. Wir sind wirklich ein Kontinent der Konsumenten! Wohin geht all das Geld? Wofür geben wir unser ganzes Geld aus (oder mindestens das, „was übrigbleibt")? Und was machen wir mit einem Vers wie Jakobus 4,3: „Ihr bittet und empfangt doch nichts, weil ihr in böser Absicht bittet, um es in eurer Leidenschaft zu verschwenden"? Das beschreibt viele von uns!

Betrachten wir die folgenden alarmierenden Fakten:

- „1998 verbrauchte der durchschnittliche Amerikaner 99,5 Prozent seines Einkommens nach Steuern." Zum Vergleich: 1975 waren es 91 Prozent; das bedeutet, daß damals fast zehn Prozent des verfügbaren Einkommens fürs Sparen verwendet wurde, im Unterschied zu den heutigen 0,5 Prozent.[13] Wir verdienen mehr Geld und wir geben mehr Geld aus, mit dem einzigen Ergebnis ständig wachsender persönlicher Schulden.
- „Die Amerikaner geben mehr als neun Milliarden Dollar jährlich für Pornographie aus. Die Zahl der Ausleihen von pornographischen Hardcore-Videos wuchs von 75 Millionen im Jahr 1985 auf 490 Millionen im Jahr 1992 und auf 686 Millionen im Jahr 1998 an."[14] Wir werden zunehmend versklavt.
- „Die Amerikaner gaben 1997 638,6 Milliarden Dollar für legales Glücksspiel aus und verloren davon etwa 51 Milliarden (das übertrifft die Erträge der Musik-, Film-, Video- Kreuzfahrten-, Zuschauersport und Vergnügungsparkindustrien zusammengenommen). Etwa 2,5 Mil-

lionen erwachsener Amerikaner sind krankhafte Glücksspieler; weitere drei Millionen werden als Problemfälle eingestuft."[15]

- In einem Bericht aus dem Jahre 1999 spricht das *Journal for the American Medical Association* inzwischen von einer „Epidemie" von Fettsucht in Amerika. Die Autoren der Studie beobachteten, daß „das Auftreten der Fettsucht … von 12,0 % im Jahre 1991 auf 17,9 % im Jahre 1998 zunahm. In allen Bundesstaaten wurde eine stetige Zunahme beobachtet; das gilt für beide Geschlechter, alle Altersstufen, Rassen und Bildungsschichten; sie ist auch unabhängig davon, ob jemand Raucher ist oder nicht." Die Autoren weisen weiter darauf hin, daß das zunehmende Auftreten der Fettsucht ein großes Problem für die öffentliche Gesundheit darstellt, da sie mit mehreren chronischen Krankheiten einhergeht – einschließlich Herzerkrankungen und Diabetes. Es wird auch geschätzt, daß Todesfälle im Gefolge von Fettsucht für bis zu 6,8% der amerikanischen Gesundheitskosten verantwortlich sind.[16] Und als ob das noch nicht genug wäre, halten die Autoren dieser Studie ihre Zahlen für zu niedrig und gehen davon aus, daß die Fettsuchtrate tatsächlich noch *höher* liegt.[17] Unter dem Strich ist etwa jeder fünfte Amerikaner fettleibig (sind die Zahlen unter den Christen noch höher?), eine Rate, die in den neunziger Jahren dramatisch zugenommen hat. Das ist kein gutes Zeichen! Unser Bauch sollte nicht unser Gott sein.

Im Guerilla-Krieg sind umfangreiche Mittagsmahlzeiten unerwünscht, da „ein solche Essen den Guerillero lethargisch machen kann und so seine Aufmerksamkeit und Wachsamkeit schwächt. (Dem schläfrigen Guerillakämpfer, der gerade ein großes Mittagessen verzehrt hat, wird manchmal ein ‚Essenskoma' nachgesagt.)"[18] Kann es sein, daß einige von uns durch ein Übermaß an Essen ebenfalls in ein Essenskoma verfallen sind? Könnte es sein, daß die Völlerei unsere geistliche Aufmerksamkeit und Wachsamkeit geschwächt hat?

R. A. Torrey meint:

> Gottes Kraft wird verloren, wenn man sich selbst verwöhnt. Wer Gottes Kraft haben möchte, muß ein Leben der Selbstverleugnung führen … Ich glaube nicht, daß irgend jemand ein Leben im Luxus führen, seinen natürlichen Begierden frönen, Leckereien im Übermaß verzehren und dabei die Fülle der Kraft Gottes genießen kann. Die Befriedigung des Fleisches und die Fülle des Geistes passen nicht

> zusammen … Es gibt heute Teufel, die „nicht ausfahren außer durch Gebet und Fasten".[19]

Als Christen sind wir zur Selbstdisziplin berufen; wir sagen ja zum Geist und nein zum Fleisch. Lassen Sie uns die ersten sein, die von der Gebundenheit der Selbstverwöhnung frei werden. Lassen Sie uns diese Sucht, diesen Götzen unter unseren Füßen zertreten – zum Guten. Amen! Das fühlt sich jetzt schon besser an.

Lassen Sie uns den Götzen der *akademischen Ausbildung* stürzen.

Viele der bedeutendsten Universitäten und Colleges der Welt wurden von Gläubigen zur Ehre Gottes gegründet, beispielsweise Harvard, Yale und Princeton in Amerika oder Oxford und Cambridge in England. Viele Menschen auf der ganzen Welt haben durch die Bemühungen christlicher Missionare Lesen und Schreiben gelernt (und diese Missionare mußten manchmal erst eine Schrift für diese Sprache erfinden!).

Viele der wichtigsten Durchbrüche in Wissenschaft und Medizin gehen auf das Konto überzeugter Christen. Unwissenheit ist keine Tugend, und Bildung kein Laster. Wo wären wir ohne die Fähigkeit zu lesen, zu schreiben, zu kommunizieren und Neues zu entwickeln? Wer würde die Bedeutung des Lernens herabsetzen wollen? Ich sicherlich nicht! Ich habe einige der erfüllendsten Jahre meines Lebens an der Universität studiert und habe noch erfüllendere Jahre als Lehrer oder Direktor von Bibelschulen verbracht. Gott sei Dank für Bildung und das Streben nach Erkenntnis!

Aber eine akademische Ausbildung ist für viele heute in unserer Gesellschaft zum Götzen geworden. Auch dieser Götze muß gestürzt werden. Die meisten christlichen Teenager in Amerika besuchen ja doch säkulare Colleges, auch wenn die Atmosphäre dort oft unmoralisch ist und die Professoren einer antigöttlichen Weltanschauung huldigen. Aber unsere Teenager müssen unbedingt aufs College gehen! Warum? Um einen akademischen Abschluß zu haben![20] Warum? Weil jeder einen Abschluß braucht. Ohne einen solchen Abschluß bekommt man keinen guten Job, ohne Abschluß ist man gar kein richtiger Erwachsener! Aber oft bereiten uns die Erfahrungen am College nicht auf das Leben vor, stellen keine Bereicherung dar und weiten nicht unseren Horizont. Statt dessen quält man sich eben so durch und hat am Schluß einen Haufen Schulden.

Ich fand es aufschlußreich, Collegeabsolventen (die heute Christen sind) über ihre Erfahrungen in säkularen Colleges zu befragen. Hat ihnen das College geholfen, ihre göttliche Berufung zu erfüllen? Hat es ihr Leben unter dem Strich erfüllter und reicher gemacht? Nur eine kleine Minderheit antwortet hier mit ja.[21] Und trotzdem bestehen die meisten dieser Leute dann drauf, daß *ihre* Kinder auf ein säkulares College gehen. Warum? Weil jeder einen Abschluß braucht! Gott behüte, daß deine Kinder eine spezielle Berufsausbildung machen, die ihnen bei der Sozialarbeit in städtischen Problemzonen nützlich ist, oder daß sie eine Bibelschule besuchen wollen, die nicht zu den besten des Landes gezählt wird![22]

Wie völlig verweltlicht solche Ansichten doch sind! Wie sehr schmeckt das danach, sich vor dem System dieser Welt zu beugen, wie sehr werden hier menschliche Maßstäbe angelegt! Es ist besonders häßlich, wenn es eine Prestigefrage für die Eltern wird, als ob sie besser dastehen würden, wenn sie ihre Kinder auf eine berühmte – wenn auch gottlose – Schule schicken. Und es ist besonders schlimm, wenn eine Kultur *verlangt,* daß wir unsere Kinder auf solche Ausbildungsstätten schicken, egal, welche finanziellen Lasten das für uns bedeutet. Das ist Götzendienst!

Christliche Schulen können in dieselbe Falle gehen. Sie werfen sich vor dem gleichen Götzen nieder. Wenn sie nicht bestimmte Kurse anbieten und bestimmte Richtlinien erfüllen, verlieren sie ihre Akkreditierung. Wenn sie ihre Akkreditierung verlieren, dann verlieren sie potentielle Studenten, ihre Abschlüsse werden von anderen Universitäten nicht anerkannt, und dann steht die christliche Ausbildung schlecht da. Wieso denn? Weil das christliche College sich nicht an die Vorgaben des Staates gehalten hat. Aber warum muß denn der Staat (oder die Akkreditierungsagentur) die Maßstäbe setzen? Was, wenn die Schule eine besondere Aufgabe und Rolle hat? Was, wenn sie sich auf Bereiche konzentrieren muß, die dem Staat nicht wichtig sind, und das, was dem Staat als wichtig erscheint, für unwichtig hält? Warum muß sie sich anpassen? Um einen anerkannten Abschluß anzubieten, natürlich! Das ist ebenfalls Götzendienst!

Warum müssen wir beweisen, daß wir genauso intelligent, gebildet, scharfsinnig und akademisch herausragend sind wie die Welt? Wem wollen wir hier etwas beweisen – und was beweist es denn? Wird das langfristig wirklich so viel Frucht bringen für das Evangelium? Wo weist die Schrift auf solch eine Ausrichtung hin? (Und ist es nicht interessant, daß weder Harvard noch Yale eine Akkreditierung besitzen? Sie *setzen* den Maßstab, statt sich ihm zu unterwerfen.)

Selbst gottesfürchtige Ausbildungsstätten können sich hier verfangen und Hunderte von Stunden mit der Bekämpfung liberaler Irrlehren verbringen (obwohl die meisten Menschen, denen die Absolventen später dienen werden, noch nicht einmal wissen, daß es diese Irrlehren überhaupt gibt) oder sicherstellen, daß ihre Absolventen von höchstem akademischen Kaliber sind, ohne zugleich zu garantieren, daß sie auch in dem Erfahrungswissen in bezug auf Gott stark sind. Jesus hat mehr Interesse, Menschen zu gebrauchen, die Ihn kennen, als solche, die bloß über Ihn Bescheid wissen.[23]

Wenn Sie Student und Christ sind – besonders wenn Sie an einer liberalen Universität studieren –, darf ich Ihnen ein paar persönliche Fragen stellen? Möchten Sie gerne von den Menschen akzeptiert werden, die Jesus ablehnen würden, wenn er an Ihrer Uni auftauchen würde? Streben Sie nach herausragenden akademischen Leistungen, um die Vernünftigkeit Ihres Glaubens zu demonstrieren und so den Stachel des Kreuzes, seine Torheit, zu vermeiden? Soll Ihr Abschluß vielleicht einfach nur ein Beweis sein für Ihre Eltern, Ihre Familie oder auch Sie selbst, daß Sie es irgendwie „geschafft" haben? Was dann? Was hat das alles mit dem Plan Gottes für Ihr Leben zu tun?

Ich persönlich sehne mich nach dem Tag, an dem Gott eine Armee hochgebildeter, zutiefst intellektueller und äußerst scharfsinniger Radikaler aufstehen lassen wird – Männer und Frauen wie Pascal, deren Herz und Verstand brennt. Es wird großartig sein, wie sie die Sektenanhänger widerlegen und die Atheisten verwirren, wie sie uns eine revolutionäre Strategie liefern, wie wir diese Generation für Jesus gewinnen und diese Gesellschaft für den König erschüttern.

Mein eigenes Leben ist geprägt durch meine Erfahrungen mit akademischer Bildung, und ich könnte das meiste von dem, was ich jetzt in der Arbeit unter Juden (vor allem Apologetik) und biblischer Wissenschaft leiste, nicht tun ohne diese Ausbildung. Aber sie ist nur ein Werkzeug, kein Götze, und so kann ich gerne – und mit Freuden! – „zu ihm [Jesus] vor das Lager hinausgehen und die Schande mit ihm teilen. Denn auf der Erde gibt es keine Stadt, in der wir bleiben können. Wir sind unterwegs zu der Stadt, die kommen wird" (Hebräer 13,13-14 GN). Da haben wir es wieder: Wir sind nur auf der Durchreise![24]

Ihr Erzieher, zerstört die Götzen der weltlichen Akzeptanz und macht euren Glauben bekannt mit einer Kühnheit, in die sich Erbarmen und Gnade mischen. Weigert euch, Kompromisse zu schließen, wenn es um die Wahrheit geht! Ihr Studenten, laßt euch nicht durch den Rationalismus den Eifer rauben! Laßt euch nicht von der Suche nach Erkenntnis den Glauben erstikken! Tut, wozu Gott euch berufen hat, und benützt alle Werkzeuge, die Er euch dabei an die Hand gibt, aber macht die Gemeinschaft mit Ihm zur allerersten Priorität in eurem Leben!

Was macht es schon, wenn Nichtchristen Sie verspotten. Sie haben auch Paulus und Wesley verspottet, und beide waren brillante, gebildete Männer. Paulus und Wesley verlachten die Weisheit dieser Welt!

> Denn das Wort vom Kreuz ist denen, die verlorengehen, Torheit; uns aber, die gerettet werden, ist es Gottes Kraft. Es heißt nämlich in der Schrift: Ich lasse die Weisheit der Weisen vergehen und die Klugheit der Klugen verschwinden. Wo ist ein Weiser? Wo ein Schriftgelehrter? Wo ein Wortführer in dieser Welt? Hat Gott nicht die Weisheit der Welt als Torheit entlarvt? 1. Korinther 1,18-20

Der Herr hat es überdeutlich gesagt: „Was bei den Menschen Eindruck macht, das verabscheut Gott" (Lukas 16,15). Das kann sich auch auf akademische Bildung beziehen! Wir müssen hier weiterkommen. Die Kirche Jesu muß mithelfen zu definieren, worum es bei Bildung und Erziehung eigentlich geht.

An jenem großen Tag, an dem wir alle Rechenschaft ablegen, werden wir vor unserem Gott stehen – nicht vor unseren Professoren, dem Verwaltungsrat der Universität oder der Akkreditierungsagentur. Wir dürfen uns vor keinem Gott beugen außer vor Ihm, egal, was es kosten mag. So wird der Götzendienst besiegt.

Das also sind einige der Götzen in unserer Mitte. Entweder stürzen wir sie oder wir dienen ihnen.[25] Wie steht es mit Ihnen? Was werden Sie tun? Ich jedenfalls und mein Haus, wir werden dem Herrn dienen (vgl. Josua 24,15). Vorwärts mit der Revolution!

Sooft nun ein Geist Gottes Saul überfiel, nahm David die Zither und spielte darauf. Dann fühlte sich Saul erleichtert, es ging ihm wieder gut, und der böse Geist wich von ihm. 1. Samuel 16,23

Während das Harfenspiel erklang, kam der Geist des Herrn über Elischa. 2. Könige 3,15 (GN)

Als sie anfingen zu singen, stürzte der Herr die Feinde, die ihnen entgegenrückten, in Verwirrung, so daß sie sich gegenseitig vernichteten. 2. Chronik 20,22 (GN)

Weltliche Musik, so meint ihr, gehöre dem Teufel? Wirklich? Nun, wenn das so wäre, dann würde ich ihn ausplündern, denn er hat keinerlei Anrecht auf nur eine einzige Note von den sieben [der Tonleiter] … Heiligt also eure Stimme und eure Instrumente … weiht sie Gott, und gebraucht sie, um die Herzen aller Menschen um euch herum fröhlich vor dem Herrn zu machen.

William Booth, der Gründer der Heilsarmee

How can you be so dead when you've been so well fed?
Jesus rose from the grave, and you — you can't even get out of bed!
(Wie kannst du so tot sein, wenn du so wohlgenährt bist? Jesus stand aus dem Grab auf, und du schaffst es noch nicht einmal aus dem Bett!)

Keith Green in seinem Lied „Asleep in the Light“

7. Mitreißende Musik und leidenschaftliche Botschaft: Der Klang der Revolution

Musik hat eine unglaubliche Macht. Sie ist ein ungeheuer wirksames Werkzeug, im Guten wie im Bösen. In der Gegenkultur der sechziger Jahre war die Rockmusik der Hauptträger der Botschaft, wie Irwin und Debi Unger beschreiben:

> Rock'n Roll war die Themamusik der psychedelischen Bewegung. Eine Mischung von schwarzem Rhythm and Blues mit Jazz und Country. Es war der Klang der Jugendrevolte, die mit Chuck Berry und Elvis Presley begann. In der Gestalt des „Acid Rock" mit Stroboskopblitzen, LSD und Marihuana war sie der Begleiter der lässigen Jugendfestivals in San Franciscos Fillmore Auditorium und ihren Nachahmern in Ost und West. 1964 schrieb Bob Dylan, ein ehemaliger Folksänger, der für seinen nasalen Gesang bekannt war, die Hymne dieser Ära: The Times They Are A-Changin' („Die Zeiten ändern sich").[1]

Und wie sich die Zeiten änderten! Als Os Guinness sein Buch *The Dust of Death* (deutsch: „Asche des Abendlandes") schrieb, wählte er einen ausgesprochen treffenden Untertitel: *The Sixties Counterculture and How It Changed America Forever* („Die Gegenkultur der Sechziger und wie sie Amerika auf immer veränderte").[2]

Ja, die sechziger Jahre brachten Amerika eine radikale Veränderung, und die Musik war ein zentraler Faktor dabei. Als Herbert Schlossberg sein Vorwort für die Neuauflage von *The Dust of Death* im Jahre 1994 verfaßte, bemerkte er: „Wir können die neunziger Jahre nicht verstehen ohne zu wissen, was in den sechzigern passiert ist", und das bedeutet, daß wir sie nicht verstehen können, ohne uns den Einfluß der Rockmusik auf diese fatale Epoche unserer Geschichte bewußt zu machen.[3]

Ich kann das aus erster Hand bezeugen. Als Teenager hatte Rockmusik einen dramatischen Einfluß auf mein Leben. Ohne die Rockmusik hätte ich keine Drogen genommen; ohne Rockmusik wäre ich nicht ein antiautoritärer Rebell geworden; ohne Rockmusik hätte ich mich nicht für einen gottlosen Lebensstil entschieden. Und das war die Erfahrung, die viele in meiner Generation gemacht haben.

„Die Musik war der große Vereinheitlicher", meint Paul Krassner. „Als ich meine Radioshow hatte, bat ich die Leute, mich anzurufen und mir zu sagen, was in ihrem Leben zum Erwachen geführt hatte. Und mehr als nur ein paar meinten, das seien die Erfahrung des ‚Getting Stoned' [der Drogenrausch] und die Beatles gewesen. Das war das Erwachen einer ganzen Masse, und darum ging es auch. Es war wie eine Art Märchen, die Menschen wachten auf."[4]

Haben Sie es bemerkt: „Das war ein Erwachen einer ganzen Masse … wie eine Art Märchen, die Menschen wachten auf"? Genau das ist passiert! Wenn ich, der ich das selbst erlebt habe, jetzt nach 30 Jahren zurückblicke, dann kann ich sagen, es *war* ein Erwachen von geradezu märchenhaften Dimensionen. Aber es war ein Erwachen, bei dem die Hölle eine größere Rolle spielte als der Himmel. Satan füllte die innere Leere der suchenden Jugend, während ein Großteil der Kirche vor sich hinschlief.

Was waren die Elemente, aus denen sich dieses Erwachen speiste? Drogen und Rockmusik, oder, um es mit den Worten der Radiohörer von Krassner zu sagen, „Getting Stoned und die Beatles". Deshalb überrascht es auch nicht, daß das Symbol der Gegenkultur, der krönende Moment dieser Ära, ein drogenseliges, sexerfülltes Musikfestival namens Woodstock wurde. Das war wirklich ein „Happening", das die Philosophie des „Make Love Not War" unterstrich. Aber ohne Rockmusik hätte es kein Woodstock gegeben. Es war einfach ein riesiges Rockfestival mit 400 000 Besuchern.

Os Guinness beschreibt die Macht solcher Musikfestivals:

> Die Festivals und ihre Musik waren weit mehr als eine vorübergehende Modeerscheinung oder ein Musikstil; sie brachten auf einzigartige Weise die utopische Sehnsucht einer Generation zum Ausdruck. Ein Höhepunkt war Monterey im Juni 1967 mit Eric Burdon, Janis Joplin, The Who, Ravi Shankar, Otis Redding und Simon and Garfunkel.

> Nach drei Tagen trugen selbst die Polizisten Blumen, und wer nicht high war von Marihuana oder LSD, war es aufgrund seiner Ideale. Wenn das der Anfang war, dann war Woodstock im August 1969 der orgastische Höhepunkt von Liebe, Frieden und Musik. Gefeiert als wichtige Station auf dem Weg des Erwachens des kollektiven Unbewußten wurde es später überhöht zu einer mythisch-kosmischen Dimension durch den Film über Woodstock, der selbst alle Schranken niederriß und alle, die ihn sahen, zu wahren Beteiligten machte.[5]

Einer der jugendlichen Sucher dieser Ära änderte später seinen Namen zu Baba Ram Dass, um seine dauerhafte Identifikation mit der Religion der Gegenkultur zum Ausdruck zu bringen. In seinen Ausführungen zu einer Fotosammlung aus den sechziger Jahren, die 1987 veröffentlicht wurde, bemerkte er folgendes über diese turbulente Zeit:

> Diese Fotografien sind reine, pure Nostalgie: Erinnerungen einer Zeit des Göttlichen Funk. Sie sind aber zugleich auch Zeugen eines Augenblicks der Geschichte, als es zu einem explosionsartigen Auftreten des Bewußtseins kam und einer darauffolgenden Zunahme der Lebenskraft. Und durch diese Explosion brachen wir aus dem Gefängnis aus, das durch die Anbetung unseres Verstandes entstanden war. Als wir unseren Verstand aufbrachen, begegneten wir wieder unserer eigenen Unschuld. Wir wurden wieder eins mit dem Universum – einem Universum, das nicht länger von uns getrennt war durch die Kluft unseres dualistischen Denkens. Als wir uns von dem rationalen Verstand als dem letzten Richter der Wirklichkeit freimachten, wurden wir gleichzeitig frei von den Einschränkungen puritanischer Werte und des protestantischen Arbeitsethos. Wir hatten aufs neue die Wunderkiste der Möglichkeiten – politischer, sozialer, sexueller und geistlicher – geöffnet. Jeder konnte sich bedienen.[6]

Nun ist mir klar, daß das für einige wie philosophischer Quatsch klingen mag, aber hier ist eine Botschaft enthalten, die man nicht übersehen darf: Die sechziger Jahre waren eine Zeit des Experimentierens und des Erforschens neuer Möglichkeiten, des Flirtens mit dem Verbotenen, des Spiels mit den Tabus und des Überschreitens aller Grenzen. Die „Wunderkiste der Möglichkeiten – politischer, sozialer, sexueller und geistlicher“ – war weit offen, und „jeder konnte sich bedienen“.

Hören wir noch einmal die Ungers:

> Die sechziger Jahre nahmen allen Quellen von Autorität ihre Legitimation – Regierungen, Universitäten, Eltern, Kritikern, Experten, Arbeitgebern, Familien, der Polizei, dem Militär. Im Gefolge dieses Jahrzehnts wurden alle Strukturen biegsamer, alle Urteile, Bewertungen und jeglicher „Kanon" weniger endgültig und akzeptabel. Dieses Jahrzehnt wurde Zeuge der „Befreiung" ganzer Kategorien von Menschen, die früher wegen ihrer Rasse, ihres Alters, ihrer körperlichen Fitness, ihres Geschlechts oder ihrer sexuellen Vorlieben bestraft worden waren … Mitte 1967 wurde San Franciscos Haight-Ashbury District zum Schauplatz eines spontanen, experimentellen „Hippie"-Lebensstils, der von LSD geprägt war. Die neue Bewegung stilisierte sich selbst zur „Gegenkultur", einer befreiten Alternative zum Leben und den Institutionen eines „anständigen" Amerikas.[7]

Und die Rockmusik half, daß das meiste davon überhaupt erst geschehen konnte! Rockmusik war der Trendsetter, der Türöffner, der Pfadfinder. Rockmusik war eine eigene Kultur und ein Lebensstil, der lebendige Träger einer Botschaft, die sich gegen das Establishment richtete. Sie lieferte eine Atmosphäre, in der eine neue Weise des Denkens entstehen konnte, und bot den Hintergrund für die Entwicklung neuer Konzepte. Sie war das ideale Mittel zur Propagierung der neuen Botschaft. Nichts hämmert ein Thema besser in Herz und Verstand hinein als Musik! Nichts lernen wir besser auswendig, als wenn es mit Musik kombiniert ist.[8] Nichts prägt einen Menschen mehr, als was mit Musik einhergeht.

Denken Sie an die Worte von Liedern aus Ihrer Kindheit und vergleichen Sie das mit Gedichten, die Sie später mit soviel Aufwand auswendig gelernt haben. An was können Sie sich noch erinnern? An das, was wir mit Musik gelernt haben! Oder legen Sie einmal traurige Musik auf, wenn Sie zu Hause Ihren Verrichtungen nachgehen, und Sie werden merken, wie leicht man melancholisch oder schwermütig wird. Selbst ein Film mit einer pakkenden Handlung gewinnt noch massiv durch einen guten Soundtrack. Ohne die Musik wirkt der Film geradezu zahm. (Für Kinoliebhaber: Denken Sie an Rocky II ohne „Eye of the Tiger". Rockys frühe Morgenläufe scheinen dann weit weniger dramatisch, und sein Streben nach dem Schwergewichtstitel im Boxen verliert einiges an epischer Dimension. Aber mit Musik wirkt das gleich ganz anders!)

Musik kann unsere Stimmungen und Gefühlslagen ändern. Musik kann unsere Wahrnehmung und Sicht der Dinge verändern. Musik kann eine Gesellschaft verändern. Sie spiegelt nicht nur das Herz und die Ansichten einer Generation wider (wie der Swing der „Roaring Twenties“ oder die Rapmusik der neunziger Jahre), sondern sie gibt dieser Generation auch eine Richtung vor, formt ihre Sehnsüchte und inspiriert ihre Träume. Der Rhythmus hat enorme Kraft (ob es der hämmernde Beat des Techno ist oder der hypnotisierende Rhythmus des Walzers); die Texte haben eine enorme Kraft (ob sie ein simples Thema wiederholen oder eine lange Geschichte erzählen); die Melodie hat eine enorme Kraft (für viele Jahre wird sie Assoziationen an bestimmte Erinnerungen und Aussagen wecken); und auch das Spielen der Musik hat eine enorme Kraft (man kann von kraftvoll gespielter Musik aufgesogen und hingerissen werden).[9]

Musik hat die einzigartige Fähigkeit, den Hörer in Bann zu schlagen und uns an einen anderen Ort und in eine andere Zeit zu versetzen. Sie hat die Macht, uns in eine andere Dimension zu entführen; und wenn bewußtseinsverändernde Drogen dazukommen, hat sie sogar die Macht, uns zu verwandeln (im schlimmsten Sinn des Wortes). Sie hat auch mich verbogen und verwandelt!

Bevor ich den Herrn kannte, waren meine beiden Lieblingsbeschäftigungen im Leben, high zu werden und in meiner Band Schlagzeug zu spielen, oder high zu werden und mit Freunden auf ein Rockkonzert zu gehen. Was für ein Höhepunkt waren diese Konzerte jedesmal! Ich zählte die Tage zwischen den Konzerten, träumte im voraus von ihnen und erinnerte mich an alle Kleinigkeiten im Nachhinein. Was für Attacken auf die Sinne stellten diese Konzerte dar! Sie überwältigten Augen wie Ohren mit Bildern und Klängen. Die kreischende Leadgitarre, die treibenden Drums, die hämmernden Bässe, die jaulenden Stimmen, die pulsierende Lichtshow, die frenetischen Bewegungen der exaltierten Rocker – wie schlug einen all das in Bann! Ich wollte unbedingt wie einer dieser Rockstars sein! Und wie sehr *wurde* ich tatsächlich wie einer dieser Stars, mit meinen langen Haaren, dem Marihuanarauchen, dem LSD-Konsum, den Speedspritzen, den Gesetzesverstößen, der Verachtung von Autorität, der Lustbefriedigung als Lebensprinzip, der *Hingabe* an die Musik.

Obwohl ich völlig von der Musik absorbiert war und nur selten auf die Texte achtete (einige waren so bizarr, daß sie vollkommen sinnlos waren), war doch die Botschaft klar: Mach’ was du willst! Lebe um zu feiern! Nieder mit dem Establishment! In extremer Form hat das Jim Morrison ausgedrückt, einer der Rockkönige jener Zeit und mit 27 schon Opfer der Bewegung: „Ich bin an allem interessiert, was mit Revolte zu tun hat, mit Unordnung und Chaos – und ganz besonders mit Aktivitäten, die anscheinend keinen Sinn haben.“[10]

Irgendwie fand diese chaotische, schrille Botschaft Resonanz in unserer Generation. Irgendwie war das unser Thema. Irgendwie war die dunkle Seite für uns attraktiv, und niemand brachte das besser zum Ausdruck als Grateful Dead in einem meiner Lieblingslieder (Und diese Worte habe ich tatsächlich mitbekommen!): „Ein Freund des Teufels ist ein Freund von mir." Rockmusik bedeutete Veränderung, und Veränderung war der Gott der Stunde. Weg mit dem Alten! Her mit dem Neuen! Der Rock hat das wirklich prima zum Ausdruck gebracht.

Es ist einer der ironischen „Zufälle" jener Ära, daß drei der einflußreichsten führenden Musiker, drei der kulturellen Helden, drei der begabtesten Künstler, alle im gleichen Alter starben: Jimi Hendrix, der Meister der elektrischen Gitarre, am 18. September 1970, im Alter von 27 Jahren; Janis Joplin, die Ikone des Bluesrock, am 4. Oktober 1970, mit 27; Jim Morrison, der rebellische Poet und Leader der Doors am 3. Juli 1971, mit 27. Ihr Verlust ist für mich immer noch frisch im Gedächtnis. In uns allen starb etwas in dieser Zeit, weil es so aussah, als ob „das Neue" fehlschlug. Unsere Helden waren gefallen!

Natürlich hielten das einige von uns auch für cool. Das waren eben die unvermeidlichen Todesfälle einer Party-Lebensphilosophie! Aber Eric Clapton, eine der Rockikonen, die überlebte, hatte eine andere Sicht des Todes von Jimi Hendrix und Janis Joplin: „Ihr Tod waren fast unumgängliche Opfer ... Es wird lange dauern, bis ich wieder meine innere Ruhe finden kann. Ich wünschte nur, 1970 würde sich beeilen und verschwinden. Es war eine einzige Katatstrophe."[11] Die Euphorie verschwand schnell, wie Guinness deutlich macht:

> „Ein großes spirituelles Erwachen bricht an", sagte der Discjockey auf der Isle of Wight [bei dem Konzert von 1970], als die „Peace"-Symbole geschwenkt wurden und Hunderttausende sich die Hände gaben ... Drei Tage später, als die Gewalt ausbrach, fluchte der gleiche DJ vor sich hin. Drei Wochen später war ein Trio der ursprünglichen Stars von Monterey ums Leben gekommen, alle unter tragischen Umständen in Zusammenhang mit Drogen.[12]

Es war um diese Zeit, daß die weltweite „Jesus People"-Bewegung begann, die Tausende und Abertausende von Suchern, Radikalen, Hippies, Drogensüchtigen, Rockern und Aktivisten ins Reich Gottes spülte. Endlich entdeckten wir die *wahre* Realität, das *legitime* Höhere Bewußtsein, die *einzige* Absolute Wahrheit. Und was geschah mit unserer musikalischen Kreativität?

Einige Gemeinden (wie die Calvary Chapels an der Westküste) kultivierten sie und brachten ein völlig neues Genre von Gospelmusik hervor. Andere Gemeinden (wie die traditionelle Pfingstgemeinde, in der ich Christ wurde), integrierten sie, was zu einer interessanten Mischung führte (à la „Sunshine in My Soul" mit Schmiß, oder „Power in the Blood" mit Pfiff). Die meisten Gemeinden aber erstickten sie.

Einerseits war dieses Ersticken ja in Ordnung. Alles, was für uns mit der Rockmusik einherging, war sündhaft gewesen, und es gab keine alternative christliche Musik, die wir hätten hören können. So schmissen wir, ohne daß uns das jemand sagte, nach ein paar Monaten Christsein alle unsere Platten weg. Außerdem war Jesus unser alles; in Ihm hatten wir alles, was wir jemals brauchten.

Was für eine außerordentliche Freude war es für uns, diese einfachen „Chorusse" und kleinen „Liedchen" (wie wir sie später nannten) mit ihren allzu vorhersagbaren Texten zu singen. Wir waren so erfüllt und gesegnet, daß wir uns über Nacht von Drogen und Alkohol lossagten; der Abschied von unserer Musik war da nicht allzu schmerzhaft.

Andererseits war dieses Ersticken der musikalischen Kreativität – oder der schlichte Mangel an Verständnis für das Potential, das hier lag – ausgesprochen tragisch. Die Kreativität wurde nicht in neue Bahnen gelenkt und die enorme Macht der Musik kaum eingesetzt, um unsere Generation zu erreichen.

Wenn das tragisch war, dann ist in den Jahrzehnten seitdem etwas noch viel Tragischeres geschehen. Die christliche Rockmusik hat einen unglaublichen Zulauf erlebt, wird aber immer noch nur selten eingesetzt, um diese Generation zu erreichen. Sie ist professionell geworden, glatt, unterhaltsam, und sie verkauft sich gut – aber sie hat kaum etwas bewegt. Was für eine Schande! Man hätte soviel damit machen können! Was für ein Vorwurf an die moderne christliche Musikszene!

Mein eigenes Leben ist von Rockmusik geprägt worden – durch den Klang des Rock, durch die Stars des Rock, durch die Lieder des Rock. Der Teufel benutzte sie, um mich zu zerstören. Ich war auf dem besten Weg zur Hölle, wenn nicht Gottes Gnade eingegriffen hätte, Satan wußte sehr wohl, wie er die Musik bis zum Letzten ausschöpfen konnte. Was aber haben wir gemacht? Wir haben so wenig Sicht für die lebensverändernde Kraft der Musik gehabt; wir haben der herzensverändernden Kraft der Musik so wenig Aufmerksamkeit geschenkt; wir haben im großen und ganzen dabei versagt, sie als revolutionäres Werkzeug einzusetzen. Und doch hat sie das Potential, diese ganze Generation zu verändern! Ein geistliches Woodstock könnte vor unserer Tür stehen, wenn wir es nur dem Herrn erlauben würden, unsere Musik und unsere Botschaften zu formen.

Aber nein! Die moderne christliche Musik hat sich mit wenigen Ausnahmen dem verschrieben, was wirtschaftlich richtig ist, was der Markt an Botschaft verkraftet, und was sich als Star vermarkten läßt. Wo sind die prophetischen Stimmen in der modernen Musikszene? Wir brauchen mehr Gruppen, die wirklich durch dieses Medium *dienen,* die diese Generation herausfordern, alles zu verlassen und dem Meister zu folgen. Warum gibt es da nur so wenige? Und was ist das geistliche Ziel christlicher Balladen, die von glamourösen Sängerinnen sinnlich dargeboten werden (singen sie für Jesus oder einen Freund?), oder einem lächerlichen Rap, der zwar cool, dafür aber inhaltsleer ist? Ist das nicht in erster Linie fleischliche Unterhaltung, bei der es letztlich nur um Profit geht?

„Aber das ist unfair!" sagen Sie. „Die jungen Leute brauchen doch eine Alternative zum säkularen Rock – und die liefert die moderne christliche Musikszene."

Wohl kaum! Sie brauchen nicht etwas Leeres und Seichtes anstelle der Musik und der Botschaft der Welt. Sie brauchen etwas mit Substanz. Etwas vom Himmel!

Musik ist nicht nur eine Mischung aus Harmonie, Melodie und Rhythmus. Sie ist ein machtvolles Medium, das Gott uns gegeben hat. Wenn Satan eine *un*heilige musikalische Revolution inspirieren konnte, warum kann dann der Geist Gottes nicht eine *heilige* musikalische Revolution inspirieren? Warum kopiert denn die Gemeinde immerzu die Welt? Und warum nehmen wir denn einfach nur die Musik der Welt und unterlegen sie mit einigen glatten Texten, statt daß wir eine Botschaft für das „Jetzt" mit einer Musik für das „Jetzt" kombinieren, um eine verlorene Generation radikal zu beeinflussen? (Wenn wir dann weltliche Musik benützen, wie es William und Catherine Booth sowie zahllose andere getan haben, dann sollten wir um so mehr Wert auf die Botschaft legen.)

Wo sind die Musiker, die sich tatsächlich der Musik*industrie* verweigern – dieser geldgierigen, ruhmsüchtigen, fleischverherrlichenden modernen Musikindustrie – und einfach Jesus nachfolgen? Warum muß das alles so aufgebauscht, verpackt und vermarktet werden für die Massen in einer höchst verkaufsfördernden – und damit zahnlosen – Weise, statt in seiner reinsten, machtvollsten und prägnantesten Form? (Und denken wir daran: das, was wirklich prophetisch ist, verkauft sich nicht immer!)[13]

Wo sind die Keith Greens von heute, die ihr Herz und ihre Seele in ihre Musik legen, und die die Musik benutzen, um die Botschaft an den Mann zu bringen; die einen eigenen konsequenten Stil und einen eigenständigen Geist entwickeln, um einen radikalen Aufruf zu einer radikalen Nachfolge an diese junge Generation ergehen zu lassen? Für verlorene Musiker wie Jimi Hendrix war die Musik eine Erweiterung ihrer eigenen Seele. Wenn sie spielten, dann mit Körper, Seele und Geist – und die Instrumente dienten ihnen als Erweiterung ihrer Person. Für viele von ihnen war, ungeachtet ihrer Drogen, Unmoral und ihres Herumspielens mit östlichen Religionen, der Rock mehr als Unterhaltungsindustrie. Und darin waren sie hingegebener und idealistischer als viele heutig christliche Künstler. Wie kann so etwas sein?

Hier ist ein Wort an jeden christlichen Musiker oder Künstler, der dieses Buch liest: Vielleicht haben Sie im Geist begonnen und ihre Gaben und Talente zur Ehre Gottes eingesetzt. Aber sobald Sie „entdeckt" wurden, hat sich das verändert und Sie mußten neue Regeln lernen. Erfolgreiche Promotion wurde wichtiger als das persönliche Gebet, das Image wichtiger als die Intimität mit Gott, Marketing wichtiger als der Inhalt, der Schein wichtiger als das Sein, „Sales" wichtiger als Seelen. Aber Gott läßt sich nicht spotten, und was im Geist begonnen hat, wird nicht im Fleisch vollendet (vgl. Galater 3,3).

Sie haben Ihre Gabe prostituiert und für Geld verkauft! Sie hätten das Leben von Menschen verändern können! Sie hätten ein radikales Vorbild sein können, Sie hätten mithelfen können, eine Revolution zu zünden. Aber welche bleibende Frucht haben Sie jetzt? Was haben alle Ihre Bemühungen Zählbares gebracht, all Ihre endlosen Wochen unterwegs, all die endlosen Stunden im Studio? Und was ist aus Ihrer Beziehung zu Gott geworden? Ist sie dem Erfolg und dem Ruhm zum Opfer gefallen? Ich appelliere an Sie, zu Ihren Wurzeln zurückzukehren. Ich appelliere an Sie, Ihre Gaben zur Ehre Gottes einzusetzen. Lassen Sie sich nicht vom Geld motivieren. Lassen Sie sich von Ihrer Berufung motivieren. Von der Botschaft. Von Gott, nicht der Gier! Brechen Sie mit dem System. Werden Sie ein Vertreter der Gegenkultur, nicht ein Opfer der Musikszene.

Als Autor, Redner und Leiter einer Bibelschule kenne ich ebenfalls den Druck, „die Kohle beizuschaffen". Aber ich schreibe das aus persönlicher Erfahrung: Ich würde lieber hungern oder sterben, als Prinzipien zu kompromittieren. Und wenn es mir nicht reicht, daß Jesus Wohlgefallen an mir hat, dann bin ich auf dem falschen Dampfer. In unseren Büros darf niemals das Wort „Produkt" für unsere Materialien (Bücher, Kassetten, Videos) verwendet werden. Wir haben Materialien, die wir verkaufen und verteilen zur Auferbauung der Kirche und zur Ausbreitung des Reiches

Gottes, aber wir sind keine Firma mit einem „Produkt", das wir vermarkten müssen. Aber genau das ist die Mentalität eines Großteils der heutigen christlichen Musikindustrie.[14]

Christliche Musiker, Komponisten und Sänger sind aber nicht die einzigen, die schuld sind. Die Kirche insgesamt hat einen großen Teil an dieser Misere zu verantworten, insbesondere die leitenden Leute in ihr. Wir haben Musiker unter uns nicht gerade willkommen geheißen und sie meist in unkreative, enge Positionen abgeschoben, die unserem musikalischen Geschmack entsprechen oder einige Löcher in unserem Programm stopfen. Wo sind die „Chormeister" unter uns?[15] Warum schenken wir dem so wenig Beachtung, obwohl es in der Schrift so wichtig ist?

Die Schrift sagt uns in 2. Könige 3,1-19, daß Elisa ohne den Spielmann kein prophetisches Wort von Gott empfangen konnte, und in 1. Samuel 10,5 wird berichtet, daß die Gruppe reisender Propheten Musiker unter sich hatte. König David, dessen Harfenspiel in seiner Jugend die Bedrückung von König Saul vertrieb (siehe 1. Samuel 16,14-23), schätzte die Musik so hoch, daß er *viertausend* Leviten aufstellte, um den Herrn mit Musikinstrumenten zu preisen (vgl. 1. Chronik 23,5; Nehemia 12,36). Eine der bekanntesten und beliebtesten Teile der Bibel, die Psalmen, wurden geschrieben, um *gesungen* zu werden.[16] Das setzte sich bis in die Urgemeinde hinein fort, in der die Psalmen das wichtigste Liederbuch darstellten. (Bis heute werden beim traditionellen jüdischen Gebet Psalmen gesungen.) Salomo nahm sich ein Beispiel an seinem Vater und investierte viel Geld in Musikinstrumente für den Tempel (vgl. 1. Könige 10,12).

Das Neue Testament ermahnt uns: „Laßt in eurer Mitte Psalmen, Hymnen und Lieder erklingen, wie der Geist sie eingibt. Singt und jubelt aus vollem Herzen zum Lob des Herrn!" (Epheser 5,19). Und das steht in enger Verbindung mit der in 5,20 angesprochenen Dankbarkeit. Der Himmel selbst ist gekennzeichnet von den Klängen der Musik und des „neuen Liedes" (vgl. Offenbarung 5,9-13; 14,2-3; 15,1-4, da gibt es doch tatsächlich Harfen!). Die Abwesenheit von Musik war in der Schrift ein Zeichen des Gerichts (vgl. beispielsweise Klagelieder 5,14; Hesekiel 26,13; Offenbarung 18,22), während fröhliche Musik ein Kennzeichen der Zeit der Gnade und Wiederherstellung ist (vgl. Jeremia 31,4.13). Und es waren nicht nur natürliche Feiern von Musik begleitet (vgl. 1.Mose 31,27; Lukas 15,25), sondern auch geistliche (vgl. Nehemia 12,26-27). Im Lichte dessen wird Psalm 150 erst richtig verständlich:

> Halleluja! Lobt Gott in seinem Heiligtum, lobt ihn in seiner mächtigen Feste! Lobt ihn für seine großen Taten, lobt ihn in seiner gewaltigen Größe! Lobt ihn mit dem Schall der Hörner, lobt ihn mit Harfe und Zither! Lobt ihn mit Pauken und Tanz, lobt ihn mit Flöten und Saitenspiel! Lobt ihn mit hellen Zimbeln, lobt ihn mit klingenden Zimbeln! Alles, was atmet, lobe den Herrn! Halleluja!

Selbst Verse wie die folgenden ergeben jetzt plötzlich Sinn:

> Bei jedem Stockhieb, den der Herr als Strafe über Assyrien verhängt hat, werden die Pauken und Zithern erklingen. Der Herr selbst hebt seine Hand zum Kampf gegen Assyrien. Jesaja 30,32 GN

> Halleluja! Singt dem Herrn ein neues Lied! Sein Lob erschalle in der Gemeinde der Frommen. Israel soll sich über seinen Schöpfer freuen, die Kinder Zions über ihren König jauchzen. Seinen Namen sollen sie loben beim Reigentanz, ihm spielen auf Pauken und Harfen. Der Herr hat an seinem Volk Gefallen, die Gebeugten krönt er mit Sieg. In festlichem Glanz sollen die Frommen frohlocken, auf ihren Lagern jauchzen: Loblieder auf Gott in ihrem Mund, ein zweischneidiges Schwert in der Hand, um die Vergeltung zu vollziehn an den Völkern, an den Nationen das Strafgericht, um ihre Könige mit Fesseln zu binden, ihre Fürsten mit eisernen Ketten, um Gericht über sie zu halten, so wie geschrieben steht. Herrlich ist das für all seine Frommen. Halleluja! Psalm 149

Ja, selbst die Kriege Gottes werden zum Klang der Musik unter Lobpreis geführt!

> Nachdem er sich mit dem Volk abgesprochen hatte, stellte er die Tempelsänger in ihren geweihten Dienstgewändern an die Spitze des Heeres. Sie sollten den Herrn preisen mit dem Lied: „Dankt dem Herrn, denn seine Liebe hört niemals auf!" Als sie anfingen zu singen, stürzte der Herr die Feinde, die ihnen entgegenrückten, in Verwirrung, so daß sie sich gegenseitig vernichteten. 2. Chronik 20,21-22

Einige der wunderbarsten Begegnungen mit Gott, die wir als Christen haben können, geschehen in einer Atmosphäre gesalbter Musik, in Zeiten von dynamischem Lobpreis und herrlicher Anbetung. Da scheint es, als ob der

Himmel zu uns herabsteigt, als ob wir in eine andere Dimension versetzt werden – eine heilige, geweihte Dimension im Gegensatz zu der höllischen, sündhaften Dimension, in die wir durch Drogen und fleischlichen Rock geraten sind. Aber viele Pastoren sprechen von dem „Liedteil" als dem „Auftakt" des Gottesdienstes!

Der musikalische Teil des Gottesdienstes, der eigentlich eine besondere Zeit der Feier und der Anbetung darstellt, ist oft zu etwas geworden, das wir geduldig ertragen, bis wir zu den *wirklich* wichtigen Teilen kommen: dem Opfer und der Predigt! In vielen Gottesdiensten ist es nicht ungewöhnlich, daß auf Abkündigungen (und/oder dem Einsammeln eines Opfers) mehr Zeit verwendet wird als auf die Anbetung Gottes. Das ist nicht in Ordnung. Sind nicht *alle* diese Elemente – Anbetung, das Geben unseres hart verdienten Geldes, das Aufnehmen des Wortes – aus der Sicht Gottes wichtig, das eine, um Ihm zu begegnen, das andere, um unsere Ressourcen Seinem Werk zu weihen, und das dritte, um Seine Weisungen zu hören? Und stimmt es nicht, daß die Atmosphäre, die in der Anbetungszeit entsteht, zum größten Teil bestimmt, wie wir beim Opfer reagieren und wie wir das Wort aufnehmen? Und stimmt es nicht auch, daß das Ziel unserer Anbetung schlicht und ergreifend die Anbetung ist, die staunende Anbetung und Verherrlichung unseres Königs? Ist die Anbetung in diesem Sinn nicht ein Selbstzweck?

Und doch haben so viele Gemeinden den Dienst der Musik und die Wichtigkeit der Anbetung trivialisiert. Fragen Sie einmal einige Anbetungsleiter und christliche Profimusiker, wenn Sie eine deutliche Antwort möchten!

Ist es nicht für uns alle an der Zeit, gemeinsam jede Anstrengung zu unternehmen, um das Potential von gesalbter Musik und Gesang in den Gemeinden und Familien, den Kirchenbänken und Straßen, den Studios und Schulen wiederzuentdecken? Die Revolution der sechziger Jahre hatte nur mit Hilfe einer satanisch inspirierten Musik und bewußtseinsverändernden Drogen Erfolg. Könnte es sein, daß die Jesusrevolution von heute nur Erfolg haben kann mit Hilfe einer Musik, die vom Heiligen Geist inspiriert ist, und mit einer lebensverändernden Begegnung mit Gott? Was sonst kann die notwendigen Veränderungen in unserer Sichtweise bewirken?

Es ist natürlich offensichtlich, daß Drogen eine wichtige Rolle bei der Entwicklung der Rockrevolution spielten, indem sie unser Bewußtsein verdrehten – nicht erweiterten –, uns für fleischliche Experimente anfälliger machten, und uns der Realität entfremdeten.[17]

Drogen wurden auch sonst bei bestimmten religiösen Riten und revolutionären Bewegungen eingesetzt. So steht beispielsweise hinter dem englischen Wort für Attentäter, „assassin", eine faszinierende Tradition, die bis auf die Zeit Hassan al-Sabahs (gestorben 1124) zurückgeht. Al-Sabah war ein radikaler Moslem, den man auch schon als Vorbild aller Revolutionäre bezeichnet hat. Seine religiöse Bruderschaft hatte das Ziel, eine extreme Form des Islam zu propagieren; ihre Anhänger waren bereit, für diese Sache zu töten und getötet zu werden. (Diejenigen, die sich auf Terrorismus spezialisierten, hießen die *Fedajjin*.)

Den Tod zu verachten, war eine der höchsten Werte in dieser verschworenen Gemeinschaft; der Dichter Nasser Khosrow schrieb:

> Die Todesfurcht des Menschen ist eine Krankheit, deren einziges Heilmittel die Wissenschaft des Glaubens ist.
> Aber war die „Wissenschaft des Glaubens“ ausreichend, um die Fedajjin töten und sterben zu lassen, ohne mit der Wimper zu zucken? Ziemlich sicher nicht. Die *Fedajjin* waren langen Zeiten intensivster Propaganda unterworfen, bei denen sie eine Reihe von Initiationsriten absolvierten ... Die *Fedajjin* müssen dabei auch im Gebrauch von Narkotika eingeweiht worden sein [insbesondere Haschisch] ... Der Begriff *Haschaschin*, „Haschischraucher“, wurde bald nach der Ermordung von Nizam al-Mulk [ein prominenter Gegner] auf die Anhänger Hassans angewendet; dieser Begriff blieb hängen und ging später in die westlichen Sprachen als „Assassin(e)“ ein.[18]

Ein solcher Assassine war also ein Haschischraucher, dem Rauschmittel halfen, für den Glauben zu töten. Was für eine verderbenbringende Kombination! Im Kontext der sechziger Jahre hatten Rockmusik und Drogen eine andere Art von tödlicher Wirkung, aber tödlich war sie.

Natürlich hat es auch revolutionäre Bewegungen gegeben ohne den Einfluß von Musik oder Drogen. Wahrscheinlich ist das wichtigste revolutionäre Werkzeug die gedruckte Seite. Aber die heutige Generation wird, das ist meine feste Überzeugung, nicht ohne motivierende Musik und eine kämpferische Kommunikation erreicht werden, die vom Geist Gottes gesalbt und bevollmächtigt sind.[19]

Und während es absolut richtig ist, daß das Leben im Geist wenig oder gar keine Ähnlichkeit mit drogeninduzierten Rauschzuständen oder alkoholisierter Stumpfheit aufweist, ist es ebenso richtig, daß junge Leute heute keine leeren Worte oder religiösen Phrasen mehr wollen. Sie wollen *Realität*, und das Leben im Geist ist *real*. Es hat Substanz, es führt zu Veränderung, und es bringt Menschen in Kontakt mit dem lebendigen Gott. Einfach nur „in die Gemeinde zu gehen“ reicht nicht. Die MTV-Generation braucht mehr.

(Auch die meisten Erwachsenen brauchen mehr!) Und der Herr ist bereit, mehr zu geben.

Was für eine herrliche Aussicht: Unsere Treffen werden *erfüllt* mit der Gegenwart und Kraft Gottes, wenn sich heilige Musik und machtvolle Wahrheit verbinden und wie Weihrauch zum Thron Gottes emporsteigen. Prophetische Botschaften formen das Bewußtsein einer jungen, desillusionierten Generation; ihre Botschaft wird von einer Musik getragen, die man nie mehr vergessen wird. Das ist der Klang der kommenden Revolution. Wenn Sie die Ohren spitzen, hören Sie ihn vielleicht schon jetzt.

Ich achte darauf, untadelig zu leben. Wann wirst du zu mir kommen? Mit redlichem Herzen lebe ich unter denen, die mich umgeben. Ich befasse mich nicht mit Unheilsplänen. Gottes Gebote zu übertreten ist mir verhaßt, niemand soll mir das nachsagen können.

Psalm 101,2-3

Nehmt also Gott zum Vorbild! Ihr seid doch seine geliebten Kinder! Euer ganzes Leben soll von der Liebe bestimmt sein. Denkt daran, wie Christus uns geliebt und sein Leben für uns gegeben hat, als eine Opfergabe, an der Gott Gefallen hatte. Weil ihr Gottes heiliges Volk seid, schickt es sich nicht, daß bei euch von Unzucht, Ausschweifung und Habgier auch nur gesprochen wird. Es paßt auch nicht zu euch, gemeine, dumme oder schlüpfrige Reden zu führen. Benutzt eure Zunge lieber, um Gott zu danken! Ihr müßt wissen: Wer Unzucht treibt, ein ausschweifendes Leben führt oder von Habgier erfüllt ist – und Habgier ist eine Form von Götzendienst –, für den ist kein Platz in der neuen Welt, in der Christus zusammen mit Gott herrschen wird.

Epheser 5,1-5

Wir sind alle allergisch auf Sünde.

E. Stanley Jones, amerikanischer Missionar in Indien

Ein heiliges Leben ist eine Stimme; sie spricht, auch wenn die Zunge still ist. Entweder übt sie eine dauerhafte Anziehungskraft aus oder aber sie wirkt ständig abstoßend.

Erzbischof *Robert Leighton*, 17. Jahrhundert

Wie ahnungslos sind doch die Menschen, die denken, Heiligkeit sei öde. Wenn man der echten Heiligkeit begegnet … ist sie unwiderstehlich. Wenn auch nur zehn Prozent der Weltbevölkerung sie hätten, würde sich nicht dann die ganze Welt noch vor Jahresende bekehren und glücklich sein? *C. S. Lewis*

Der Heilige Krieg des Islam ist ein Kampf gegen Götzendienst, sexuelle Perversion, Ausplünderung, Unterdrückung und Grausamkeit.

Ajatollah Khomeini

8. Kompromißlose Heiligkeit: Der Maßstab der Revolution

Jede Revolution hat einen Schlachtruf, ein zentrales Thema, einen Aufruf. Jede Revolution hat eine Fahne. Das Banner, das sie entrollt, verkündet ihr Anliegen, schließt ihre Reihen, vereinheitlicht ihre Ziele.

Während der amerikanischen Revolution lautete der Schlachtruf: *Auflehnung gegen Tyrannen ist Gehorsam gegenüber Gott.*

Im Kommunismus war es: *Proletarier aller Länder, vereinigt euch!*

Im Islam heißt es: *Es gibt keinen Gott außer Allah, und Mohammed ist sein Prophet.*

Auch unsere Revolution hat einen Schlachtruf. Wir haben ein zentrales Thema, einen Aufruf zum Sammeln. Es ist die Fahne, die wir entrollen, das Banner, das wir aufrichten, damit alle Welt es sehen kann. Dieser Schlachtruf verkündet, wer wir sind und wohin wir gehen; er nennt unsere Absichten und unsere Ziele. Er enthält unsere Botschaft der Gegenkultur, der Konfrontation; er ist das unerschütterliche Fundament unserer radikalen Reformation. Er ist unser Gegengift gegen den Einfluß des Teufels, unsere Antwort auf die Verwirrung der Welt. Er ist unsere Stärke, unser Schwert und unser Schild, wenn wir die Mächte der Hölle angreifen.

Und wie lautet unser Schlachtruf? Wie sieht die Fahne aus, der wir folgen? *Heiligkeit für den Herrn!*

Dies ist unser Ruf zu den Waffen! Das ist die Anforderung an jeden Soldaten der Armee. Das ist die Fahne, unter der wir alle marschieren. Das ist das Herz der Revolution!

So lautet die Botschaft, die ganze Generationen verändert.
So lautet die Botschaft, die zerbrochenes Leben heilt.
So lautet die Botschaft, die Unrecht zerstört.
So lautet die Botschaft, die Familien wieder zusammenführt.
So lautet die Botschaft, die Gefangene befreit.
So lautet die Botschaft, die Würde und Selbstachtung wiederherstellt.
So lautet die Botschaft, die Gottes Nähe schenkt.
So lautet die Botschaft, die Sünde vertreibt.

Und sobald diese Botschaft laut wird, erfährt sie Widerstand!

Ist das der Grund, warum wir oft in der Versuchung stehen, die Botschaft zu verwässern? Ist das der Grund, warum wir so viel Druck erleben, unsere Maßstäbe zu senken? Ist das der Grund, warum wir uns manchmal schämen, mutig und deutlich zu erklären, was wir glauben? Aber unsere Botschaft ist doch eine Botschaft des Lebens! Unsere Botschaft ist die Botschaft der Befreiung! Wie können wir da auch nur bei einer einzigen Silbe unserer von Gott gegebenen, bevollmächtigten und gesegneten Botschaft Kompromisse eingehen?

Schauen wir uns die Maßstäbe des Kommunismus an. Mehr als 150 Jahre wurden sie hochgehalten, ohne daß man sich seiner geschämt hätte. Als Marx und Engels 1847 das *Kommunistische Manifest* verfaßten, riefen sie mit den inzwischen berühmt-berüchtigten Worten die Kommunisten dazu auf, aus der Verborgenheit herauszutreten: „Ein Gespenst geht um in Europa – das Gespenst des Kommunismus. Alle Mächte des alten Europa haben sich zu einer heiligen Hetzjagd gegen dieses Gespenst verbündet ...“. Ja, es war schon so weit gekommen: „Der Kommunismus wird bereits von allen europäischen Mächten als eine Macht anerkannt.“ Deshalb konnte man gar nicht anders als zu handeln: „Es ist hohe Zeit, daß die Kommunisten ihre Anschauungsweise, ihre Zwecke, ihre Tendenzen vor der ganzen Welt offen darlegen und dem Märchen vom Gespenst des Kommunismus ein Manifest der Partei selbst entgegenstellen.“[1]

Was für eine Zuversicht zum eigenen System! Was für ein Vertrauen in die Botschaft! Was für eine Hingabe an die eigene Sache! Das war ihr Missionsbefehl. Schauen wir uns nur die Begriffe an, die Marx und Engels verwendeten. Sie bezeugen die Dringlichkeit: „Es ist hohe Zeit.“ Man schämte sich nicht: die kommunistischen Überzeugungen müssen „vor der ganzen Welt offen“ verkündet werden. Es gab eine klare Vorgehensweise: „ihre Anschauungsweise, ihre Zwecke, ihre Tendenzen vor der ganzen Welt offen darlegen". (Und sie planten, dieses Werk unverzüglich in Englisch, Französisch, Deutsch, Italienisch, Flämisch und Dänisch zu veröffentlichen![2]) Ihr Ansatz war konfrontativ: sie wollten stolz und lautstark die Bühne besteigen „und dem Märchen vom Gespenst des Kommunismus ein Manifest der Partei selbst entgegenstellen."

Sie kämpften gegen Lügen und Märchen mit der Wahrheit – ihrer eigenen verdrehten Form von Wahrheit. Und weil sowieso jeder den Kommunisten für alles die Schuld gab und von ihnen nur das Schlimmste erwartete, konnten sie auch gleich die Ängste und den Argwohn bestätigen: „Wir sind überall, und wir sind so radikal, wie ihr glaubt." (Sollten wir davon etwas lernen?)

Die Schlußsätze dieses kleinen Buches, das die Welt veränderte, machen klar, daß es tatsächlich ein Manifest war, nicht nur ein philosophischer Ansatz oder eine theoretische Abhandlung. Es war ein Aufruf zum Kampf!

Die Kommunisten verschmähen es, ihre Ansichten und Absichten zu verheimlichen. Sie erklären es offen, daß ihre Zwecke nur erreicht werden können durch gewaltsamen Umsturz aller bisherigen Gesellschaftsordnung. Mögen die herrschenden Klassen vor einer kommunistischen Revolution zittern. Die Proletarier haben nichts in ihr zu verlieren als ihre Ketten. Sie haben eine Welt zu gewinnen.

Proletarier aller Länder, vereinigt euch![3]

Es ist kein Wunder, daß sich der Kommunismus im zwanzigsten Jahrhundert mit solcher Kraft und Energie ausgebreitet hat, bis fast die Hälfte der bekannten Welt unter seinem Einfluß stand. Seine Verfechter glaubten wirklich an ihre Botschaft. Das System der Welt mußte verändert werden, und die Kommunisten wußten, wie das geht. Revolution! Der gewaltsame Umsturz alles dessen, was sich ihm in den Weg stellte. Die Kommunisten waren so sehr davon überzeugt, im Recht zu sein, daß sie Ablehnung und Verachtung als Ehre ansahen: „Wir verschmähen es, unsere Ansichten und Ziele zu verheimlichen! Je mehr ihr uns ablehnt, um so stärker werden wir. Das zeigt nur, wie recht wir haben und wie blind die anderen sind. Vorwärts um jeden Preis!" Das war der Geist, der die Kommunisten beseelte und sie bis heute beseelt. In Indien unterschreiben die Kommunisten ihre Parteistatuten mit ihrem eigenen Blut. Das ist Hingabe!

In meiner Hand halte ich eines der einflußreichsten Bücher des zwanzigsten Jahrhunderts: „Zitate des Vorsitzenden Mao Tse-tung", auch bekannt als Maos „Kleines Rotes Buch".[4] Auf der Titelseite steht mit roten Lettern geschrieben: „Arbeiter aller Länder, vereinigt euch!" Wieder wird die Fahne des Kommunismus erhoben. Wieder ertönt der Ruf zu den Waffen. Mao drang in seine Anhänger, das Banner hoch zu erheben:

> Tausende und Abertausende von Märtyrern haben heroisch ihr Leben für das Volk hingegeben; laßt uns ihr Banner hoch erheben und vorwärts marschieren auf dem Pfad, der von ihrem Blut gerötet ist! … Seid entschlossen, scheut kein Opfer und überwindet jede Schwierigkeit, um den Sieg zu erringen.[5]

Vorwärts mit der Revolution! Mao rief, und fast eine Milliarde Chinesen gerieten in Knechtschaft. Aber so groß war der Mut des Kommunismus. Seine zuverlässigsten Anhänger waren und sind treue Gläubige , die „heroisch ihr Leben für das Volk hingegeben“ haben. Was sagt das über uns aus? Was sagt das über unsere Hingabe, unser Engagement, unser Vertrauen auf das Recht unserer Sache?

Wir müssen uns ehrlich und in Wahrheit fragen: Wie können wir uns nur unserer Botschaft so schämen, wie können wir nur so ängstlich sein mit unseren revolutionären Maßstäben? Warum müssen wir uns dafür entschuldigen, daß wir Heiligkeit predigen und leben, daß wir Gottes Weg als den einzig wahren verkünden? Warum ist uns unser Motto peinlich, warum lassen wir uns vom Widerstand der Welt einschüchtern, warum sind wir nicht bereit, die Botschaft so zu verkünden, daß alle sie sehen?

Gott ist derjenige, der uns erschaffen hat, und Sein Handbuch für Menschen verlangt Heiligkeit, damit sie richtig funktionieren können. Heiligkeit ist Gesundheit. Heiligkeit ist Heilsein. Heiligkeit bedeutet Wohlergehen. Warum nur verbergen wir diese Wahrheit?

Der Kommunismus kannte keine Schamgefühle! Der Kommunismus war voller Eifer und Leidenschaft, er brannte in einem eigenen missionarischen Geist. Und der Kommunismus hat sein Reich auf Ozeanen von Blut errichtet![6] Aber wir schämen uns so oft.

Ohne Gott auf ihrer Seite zu haben, haben diese Marxisten innerhalb weniger Jahrzehnte mehr Menschen zu Kommunisten gemacht als die Kirche in Jahrhunderten zu Christen. Ohne eine Hoffnung auf den Himmel zu haben, waren sie bereit, ihr Leben für ihre Sache hinzulegen. Ohne eine Botschaft der Befreiung von Schuld ausrufen zu können, schämten sie sich nicht, ihre Überzeugungen der ganzen Welt zu verkünden. Ohne die Erfahrung der Vergebung oder der Liebe Gottes gemacht zu haben, erachteten sie kein Opfer im Namen des Kommunismus für zu groß. Wie es der Vorsitzende Mao formuliert hatte: „Seid entschlossen, scheut kein Opfer und überwindet jede Schwierigkeit, um den Sieg zu erringen." Das taten sie! Und was sagt das über uns aus?

„Die Kommunisten verschmähen es, ihre Ansichten und Absichten zu verheimlichen" schrieben Marx und Engels. Wir aber verheimlichen so oft die unsrigen und versuchen, weltlich gesinnte Menschen davon zu überzeugen, daß unsere Ansichten nicht wirklich extrem sind, daß unser Glaube vollkommen vernünftig sei und unsere Ziele eigentlich gar nicht so radikal. Unsinn! Als Christen glauben wir, daß jeder, der unsere Botschaft ablehnt, der ewigen Strafe Gottes anheimfällt. Das ist extrem! Wir glauben, daß jeder, der Gott nicht kennt, ein Kind Satans ist. Das ist extrem! Wir glauben, daß es keinen anderen Weg zum Vater gibt als durch den Sohn. Das ist extrem! Wir glauben, daß es unser Lebensauftrag ist, die ganze Welt mit dem Evangelium Jesu Christi zu erreichen und alle Menschen zum Glauben an Ihn aufzurufen. Das ist extrem! Und wir glauben, daß Gottes Wort der Maßstab ist, nach dem jeder gerichtet werden wird; das bedeutet, daß alle, die nicht wiedergeboren sind, gottlose Sünder sind. Das ist extrem![7]

Heißt das, daß wir ohne Weisheit und Einfühlungsvermögen vorgehen, wenn wir unseren Glauben weitergeben? Natürlich nicht! Bedeutet das, daß wir nicht unser Bestes geben, um zu erklären, warum wir glauben, was wir tun? Natürlich nicht! Heißt das, daß wir nicht um Gnade und Gunst beten, wenn wir mit der Welt zu tun haben? Natürlich nicht! Wir brauchen alles an Gnade und alle Gunst, was wir nur bekommen können. Wir werden aber mehr, als wir uns eingestehen möchten, erleben, wie Menschen uns um so stärker ablehnen und verspotten, je deutlicher sie unsere Botschaft verstehen.

Die Kommunisten betrachteten Spott als Auszeichnung. Mao meinte: „Die kommunistische Partei fürchtet keine Kritik, denn wir sind Marxisten, die Wahrheit ist auf unserer Seite und auch die Massen, die Arbeiter und Bauern, sind auf unserer Seite."[8] Wenn wir aber wegen unseres Glaubens Kritik ertragen müssen, dann ist uns das eine Schande. Etwas stimmt hier nicht!

Die Marxisten bekannten sich mutig und in aller Öffentlichkeit zum Kommunismus. So viele von uns aber bekennen sich in der Öffentlichkeit nur ängstlich zu ihrem Christsein, während wir das im Privaten (in unseren Gottesdiensten) sehr mutig tun, weil da kein Risiko besteht. Sie hielten ihre Fahne hoch und gaben ihr Blut freimütig für den „Pfad, der von ihrem [der vorangegangenen Märtyrer] Blut gerötet ist". So viele von uns senken die Fahne aus Angst, als Fanatiker dazustehen, und kommen noch nicht einmal auf den Gedanken, unser Blut für den millionenfach blutgeröteten Pfad der

Märtyrer zu geben, ganz zu schweigen von dem Blut unseres Erlösers. Was sagt das über uns aus? Was sagt das über die Stärke unseres Glaubens und die Tiefe unserer Überzeugungen aus?

Die Tatsache, daß der Kommunismus am Ende des zwanzigsten Jahrhunderts zerfallen ist, hat nichts mit einem Mangel an Hingabe, Engagement oder Strategie zu tun, sondern, wie Professor Robert Coleman beobachtet hat: „Der Zusammenbruch des Kommunismus ... ist nicht das Ergebnis seiner Strategie, sondern seines moralischen und spirituellen Bankrotts. Menschen können nicht auf Dauer eine Lebensweise akzeptieren, die ihr Personsein, ihre Gottesebenbildlichkeit verunglimpft."[9]

Wir aber haben doch eine Botschaft mit einem unglaublichem moralischen und spirituellen Reichtum! Wir haben eine Botschaft, die zur Freiheit führt und gefallenen Menschen wieder ihre Gottesebenbildlichkeit schenkt! Wir haben eine Botschaft, die Menschen befreit! Warum halten wir das zurück? *Heiligkeit für den Herrn* muß verkündet, verlautbart und veröffentlicht werden. *Heiligkeit für den Herrn* muß proklamiert werden! Heiligkeit ist die Antwort Gottes für eine Welt, die im Sterben liegt. Heiligkeit ist der Ausweg, der Weg zurück. Heiligkeit ist unsere einzige Hoffnung! Heiligkeit ist unsere Waffe gegen Sünde und Satan, gegen jede unreine Macht und Gewalt, jede Lüge und Lust, jeden bösen Gedanken und Weg.

Es gibt keine Botschaft, die radikaler, revolutionärer, prophetischer, dynamischer und gefährlicher für die Hölle wäre als diese: *Heiligkeit für den Herrn*. Es ist eine Botschaft, die einer sündengetränkten Generation ins Angesicht widersteht. *Es ist die ultimative Botschaft der Gegenkultur* – und deshalb überrascht es auch nicht, daß sie so gehaßt und angegriffen wird.[10] Wie Joseph Parker, ein Zeitgenosse von Spurgeon, es so kraftvoll formuliert hatte:

> Der Mann, dessen unscheinbare Predigt lautet: „Kehrt um!", stellt sich gegen seine Zeit und wird einstweilen gnadenlos von seiner Zeit zerschlagen werden, weil er ihr moralisches Klima herausgefordert hat. Es gibt für einen solchen Menschen nur ein Ende: „Kopf ab!" Man predigt besser erst dann die Umkehr, wenn man seinen Kopf dem Himmel überschrieben hat.[11]

Die Botschaft der Heiligkeit, der Abkehr von der eigenen Sünde, des In-Ordnung-Kommens mit Gott ist *keine* Botschaft für die Feigen oder Kompromißbereiten. Sie ist aber eine Botschaft für die Ernsthaften, die völlig Engagierten, eine Botschaft, die wiederherstellt und verwandelt. Es ist eine

Botschaft, die von jedem, der sich Gottes Revolution anschließt, verkörpert werden muß – eine Botschaft, die in jeder Generation hochgehalten worden ist, in der der Geist Gottes am Wirken war.

Jeder Prophet war ein Prediger der Heiligkeit. Jeder Apostel war ein Prediger der Heiligkeit. Jeder echte Erweckungsprediger war ein Prediger der Heiligkeit. (Zu Recht wird gesagt, daß jede Erweckung eine Erweckung der Heiligkeit ist.) Jeder wahre Reformator war ein Prediger der Heiligkeit. (Per Definition muß eine Reformation eine lehrmäßige, moralische, geistliche und soziale Reform bewirken.) Jeder wahre Revolutionär – ich meine jeder christliche Revolutionär – war ein Prediger der Heiligkeit. Auf diese Weise stürzen wir die Gesellschaft um!

„Die Gesellschaft umstürzen?“ fragen Sie. „Was soll das heißen?“

Ich meine damit *nicht* den gewaltsamen Sturz der Regierung; ich befürworte auch keineswegs einen Zustand der Anarchie, des Chaos oder des gesellschaftlichen Zusammenbruchs. Ich meine *nicht* die Abschaffung von Recht und Gesetz oder das Ende der Demokratie. Eine christliche Revolution hat genaugenommen eine hohe Achtung für gottgegebene Autorität und trachtet nach Stabilität in der Gesellschaft, nicht nach Instabilität.

Was ich aber meine mit dem Umsturz der Gesellschaft, ist das Niederreißen widergöttlicher Bollwerke durch die mutige, von leidenschaftlichem Mitleid geprägte, unerschütterliche Predigt der Botschaft der Heiligkeit in Wort und Tat, die sich dessen nicht schämt und die eine gottlose Generation zur Umkehr, Reformation, Wiederherstellung und Erneuerung aufruft. Heiligkeit allein kann unsere Gesellschaft heil machen!

Was ist nun eigentlich Heiligkeit? Heiligkeit ist die menschgewordene Liebe Gottes, die Reinheit und Gerechtigkeit Gottes, die im Menschen ihren Ausdruck findet. Sie ist der Charakter Gottes, der in Fleisch und Blut gelebt wird. Heiligkeit ist Gesundheit in jeder Hinsicht – mental und emotional, geistlich und moralisch. Heiligkeit ist Leben – und damit meine ich das *echte* Leben. Heiligkeit ist Wahrheit – rein und unverwässert, ungetrübt, kristallklar. Sünde ist Verfall und Zerfall, Heiligkeit ist Heil und Wohlergehen. Wo die Sünde verschmutzt und vergiftet, da erfrischt und kräftigt die Heiligkeit. Heiligkeit ist die Schönheit Jesu, die in uns und durch uns offenbar wird. Ein heiliger Mensch ist ein gesegneter Mensch. Eine heilige Familie ist eine gesegnete Familie. Eine heilige Gesellschaft ist eine gesegnete Gesellschaft. Eine heilige Generation ist eine gesegnete Generation.

Die Sünde ist unser Feind. Das Fleisch ist unser Feind. Der Teufel ist unser Feind. Er widersteht allem, was gut ist, gerecht, liebenswert – allem, was das Ebenbild Gottes widerspiegelt. Der Teufel verdreht, lügt und zerstört;

die Sünde ist das Werkzeug, mit dem er seine Arbeit tut. Das System dieser Welt marschiert zu seinem Trommelschlag – pulsierend vor Lust und unreiner Begierde, Habsucht, Unrecht, Gewalt, Götzendienst, Hexerei, Trunkenheit, Mord, Grausamkeit … die Liste ist schier unendlich. Die Gesellschaft befindet sich im Chaos – aufgrund der Sünde!

Warum gehen Familien kaputt? Wegen der Sünde. Warum gibt es Drogenabhängige und Alkoholiker? Wegen der Sünde. Warum gibt es Gefängnisse? Wegen der Sünde. Warum Mord und Selbstmord? Wegen der Sünde. Warum ungewollte Schwangerschaft und Abtreibung? Wegen der Sünde. Warum Gewalt gegen Frauen und Kinder? Wegen der Sünde. Warum Diebstahl und Vergewaltigung? Wegen der Sünde. Warum Ehebrecher, Unzüchtige, Homosexuelle und Lesben? Wegen der Sünde. Warum falsche Religionen und Sekten? Wegen der Sünde. Warum kam Jesus in die Welt? Um uns von der Sünde zu erlösen, um unsere Sünde wegzunehmen, um die Macht der Sünde zu zerstören, um uns aus den Klauen der Sünde zu erretten. So steht es in der Schrift!

> Sie wird einen Sohn gebären; ihm sollst du den Namen Jesus geben; denn er wird sein Volk von seinen Sünden erlösen. Matthäus 1,21

> Am Tag darauf sah er Jesus auf sich zukommen und sagte: Seht, das Lamm Gottes, das die Sünde der Welt hinwegnimmt.
> Johannes 1,29

> Jetzt aber ist er am Ende der Zeiten ein einziges Mal erschienen, um durch sein Opfer die Sünde zu tilgen … so wurde auch Christus ein einziges Mal geopfert, um die Sünden vieler hinwegzunehmen.
> Hebräer 9,26.28

> Wir wissen doch: Unser alter Mensch wurde mitgekreuzigt, damit der von der Sünde beherrschte Leib vernichtet werde und wir nicht Sklaven der Sünde bleiben. Römer 6,6

> Jeder, der die Sünde tut, handelt gesetzwidrig; denn Sünde ist Gesetzwidrigkeit. Ihr wißt, daß er erschienen ist, um die Sünde wegzunehmen, und er selbst ist ohne Sünde …. Wer die Sünde tut, stammt vom Teufel; denn der Teufel sündigt von Anfang an. Der Sohn Gottes aber ist erschienen, um die Werke des Teufels zu zerstören.
> 1. Johannes 3,4.5.8

> Er hat sich für uns hingegeben, um uns von aller Schuld zu erlösen und sich ein reines Volk zu schaffen, das ihm als sein besonderes Eigentum gehört und voll Eifer danach strebt, das Gute zu tun. Titus 2,14

Das sind die Absichten Gottes! „Er hat unsere Sünden mit seinem Leib auf das Holz des Kreuzes getragen, damit wir tot seien für die Sünden und für die Gerechtigkeit leben. Durch seine Wunden seid ihr geheilt" (1. Petrus 2,24). Ja, „ihr wurdet aus der Macht der Sünde befreit und seid zu Sklaven der Gerechtigkeit geworden" (Römer 6,18). Das ist Gottes ewiger Plan: „Denn in ihm hat er uns erwählt vor der Erschaffung der Welt, damit wir heilig und untadelig leben vor Gott" (Epheser 1,4). Begreifen Sie die Stoßrichtung dieser Worte? Der Grund dafür, daß Gott uns in Seinem Sohn erwählt hat, war, daß wir heilig und untadelig leben vor Ihm. Sonst haben wir keinen Wert für Ihn.

Unser Gott ist absolut heilig. Er ist das vollkommene Bild dessen, was gut und richtig ist. Er ist auf ewig frei von Sünde in jeder Form. Seine Engel sind heilig, der Himmel ist heilig, und das Neue Jerusalem ist heilig (vgl. Offenbarung 3,7; 4,8; 6,10; 14,10; 15,4; 21,2.10; 22,11). Nur Heilige kommen dorthin!

> Selig, wer sein Gewand wäscht: Er hat Anteil am Baum des Lebens, und er wird durch die Tore in die Stadt eintreten können. Draußen bleiben die „Hunde" und die Zauberer, die Unzüchtigen und die Mörder, die Götzendiener und jeder, der die Lüge liebt und tut.
> Offenbarung 22,14-15

> Eine Straße wird es dort geben; man nennt sie den Heiligen Weg. Kein Unreiner darf ihn betreten. Er gehört dem, der auf ihm geht. Unerfahrene gehen nicht mehr in die Irre. Es wird keinen Löwen dort geben, kein Raubtier betritt diesen Weg, keines von ihnen ist hier zu finden. Dort gehen nur die Erlösten. Die vom Herrn Befreiten kehren zurück und kommen voll Jubel nach Zion. Ewige Freude ruht auf ihren Häuptern. Wonne und Freude stellen sich ein, Kummer und Seufzen entfliehen. Jesaja 35,8-10

Nur die „Seligen und Heiligen" nehmen an der ersten Auferstehung teil, der Auferstehung der Erlösten (vgl. Offenbarung 20,6). Die Unheiligen sind verloren; sie werden den Segen des Himmels nicht genießen. Sie werden in der kommenden Welt nie das Lächeln auf dem Angesicht Gottes erblicken, nur seinen Zorn. Was für eine Schande!

Wenn es im Himmel Sünde geben könnte – selbst in der winzigsten Form –, dann wäre es nicht länger der Himmel. Was den Himmel so wunderbar macht, ist die Heiligkeit: es ist ein Ort ohne Sünde. Deshalb gibt es auch keine Gefängnisse im Himmel, keine Polizei, die mit Pistolen herumfuchtelt, keine Begräbnisse, keine Krankenhäuser – weil es dort eben keine Sünde gibt. Es ist ein heiliger Ort voller Frieden, Schönheit, Ruhe, Freude, Liebe, Vision, Erfüllung und unendlicher Anbetung. Genau dazu sind wir erschaffen worden!

Hier auf Erden gibt es einen unerbittlichen Kampf zwischen Fleisch und Geist, dem System dieser Welt und dem Reich Gottes, zwischen dieser Weltzeit und der kommenden Weltzeit. Wir leben zwischen den Welten – nicht nur zwischen zwei Ideologien … und wir bringen eine Botschaft, die nicht einfach nur die Botschaft einer Gegenkultur ist, sondern eher die einer Gegenwelt. Von Jesus heißt es: „… der sich für unsere Sünden hingegeben hat, um uns aus der gegenwärtigen bösen Welt zu befreien, nach dem Willen unseres Gottes und Vaters" (Galater 1,4). Wie revolutionär! Die Mächte der kommenden Welt sind in diese Welt eingebrochen, und so stehen diese beiden Welten im Konflikt. Es kommt zu einem Zusammenprall der Werte, der Maßstäbe, der Ethik, der Ideale. Werden wir unsere Knie allein vor Gott beugen und uns weigern, Kompromisse einzugehen, oder werden wir unsere Knie vor dieser Welt beugen und unsere Überzeugungen wegen unserer Freunde abschwächen?

Kompromisse funktionieren bei einer Revolution nicht. Wir müssen unsere Maßstäbe den Seinen anpassen: „Wie er, der euch berufen hat, heilig ist, so soll auch euer ganzes Leben heilig werden. Denn es heißt in der Schrift: Seid heilig, denn ich bin heilig" (1. Petrus 1,15-16). Kompromiß ist Parteinahme für den Feind. Kompromiß bedeutet Verwirrung und Zwietracht. Kompromiß bedeutet, gegen die eigene Seite und das eigene Selbst zu kämpfen. Kompromißlose Heiligkeit ist der Schlüssel. Gott haßt fremde Beimischungen. Deshalb gilt: „Reinigen wir uns also von aller Unreinheit des Leibes und des Geistes, und streben wir in Gottesfurcht nach vollkommener Heiligung" (2. Korinther 7,1). Was für ein radikales Ziel!

Wie weit würde es der Kommunismus bringen, wenn seine Führer und Anhänger insgeheim Kapitalisten wären? Wie weit würde es der Islam bringen, wenn seine Führer und Anhänger insgeheim Hindus wären? Wie weit wird es unsere Revolution der Heiligkeit bringen, wenn wir – ihre Führer und Anhänger – insgeheim Sünder wären, vielleicht sogar mit Absicht?

Wir können nur dann Gefangene befreien, wenn wir selbst frei sind. Wir können nur dann im Geist kämpfen, wenn wir das Fleisch besiegen. So müssen wir leben. So müssen wir kämpfen. Paulus forderte Timotheus auf: „Leide mit mir als guter Soldat Christi Jesu“ und argumentierte: „Keiner, der in den Krieg zieht, läßt sich in Alltagsgeschäfte verwickeln, denn er will, daß sein Heerführer mit ihm zufrieden ist“ (2. Timotheus 2,3-4).

Selbst die Soldaten der kommunistischen Armee Mao Tse-tungs (die sogenannte chinesische Volksbefreiungsarmee) erhielten 1947 den Befehl, sich streng an bestimmte ethische Prinzipien zu halten und eine Verwicklung in zivile Angelegenheiten zu vermeiden:

Die „Drei Hauptregeln“ lauten:

1. In allem, was man tut, den Befehlen zu gehorchen.
2. Den Volksmassen auch nicht eine einzige Nadel oder einen einzigen Faden wegzunehmen.
3. Alles, was gefangen wurde, abzugeben.

Die „Acht Punkte der Aufmerksamkeit“ lauten:

1. Sprich höflich.
2. Bezahle einen gerechten Preis für das, was du kaufst.
3. Gib alles zurück, was du ausgeliehen hast.
4. Bezahle für alles, was du beschädigt hast.
5. Beschimpfe und schlage niemand.
6. Beschädige nicht die Ernten.
7. Nimm dir Frauen gegenüber nichts heraus.
8. Behandle Gefangene nicht schlecht.[12]

Nun weiß natürlich nur Gott, in welchem Maß sich die Soldaten an diese Dinge hielten, aber wer es tat, bewies damit ein höheres Maß an Integrität als viele Christen heute – ganz zu schweigen von vielen Pastoren und Menschen im geistlichen Dienst. (Man schaue sich nur die Punkte 1 und 7 an!) Wir aber sind als Soldaten in die Armee des Herrn berufen (vgl. Philipper 2,25; Philemon 2) und sollen Jesus gefallen – nicht Mao, Lenin oder Khomeini –, unserem Oberbefehlshaber. Deshalb *können* wir uns auf sündhafte Dinge einfach nicht einlassen. Sie lenken uns ab, sie sprechen unseren Anstrengungen Hohn, sie untergraben unser Werk.

Wir schauen uns keine schmutzigen Filme an, wir lügen und betrügen nicht, wir stehlen und unterdrücken nicht, wir treiben nicht Unzucht und nehmen keine Drogen, wir praktizieren keine Sünde, denn all das kommt vom Feind und der Welt – also eben jenem System, gegen das wir angehen. Das ist ein Teil der Kultur, von der wir uns lossagen, Teil der Welt, die wir transzendieren, Teil der Denkstrukturen, die wir ablehnen. Wir sind nicht von dieser Welt! Wir sind von neuem geboren, wir sind von oben geboren, und wir sind jetzt mit Jesus in himmlische Bereiche versetzt, sind dem Alten abgestorben, leben für das Neue. Wir sind jetzt mit dem Messias in Gott verborgen (vgl. Kolosser 3,1-4). Wie revolutionär!

Wir sind nicht einfach nur Menschen, die eine andere gesellschaftliche Agenda haben oder eine andere Glaubensüberzeugung;. Wir sind eine andere Art von Menschen: Menschen, in denen Gott selbst wohnt, Menschen, die schon mit einem Fuß im Himmel stehen. Als solche leben wir in der Welt: als ein himmlisches Volk, das eine revolutionäre Botschaft der Vergebung und Verwandlung durch die Kraft des Blutes Jesu verbreitet.[13]

Paulus schrieb weiter: „Und wer an einem Wettkampf teilnimmt, erhält den Siegeskranz nur, wenn er nach den Regeln kämpft“ (2. Timotheus 2,5). Die Regeln unseres Wettkampfes können mit einem Wort zusammengefaßt werden: „Heiligkeit“! Heiligkeit ist die Trennung *von der Sünde* und Absonderung *für Gott*. Ohne Heiligkeit können wir den Lauf nicht gewinnen. Ohne Heiligkeit werden wir niemals den Siegeskranz bekommen. Deshalb leben wir so. Sünde ist für den Christen das, was eine Verletzung für den Sportler ist. Sie behindert, sie blockiert, sie tut weh. Sünde ist für den Christen, was ein Verräter für eine Armee ist. Sie führt zu Untergang und Tod. Mitkämpfer, seid auf der Hut! Mitspieler, bleibt in Form! So müssen wir leben.

Unsere Revolution ist eine Revolution der Absonderung, denn Sünder werden von ihren Sünden frei und empfangen die Berufung, zum Dienst für den Herrn. Unsere Revolution ist eine Revolution der Gnade, denn die Menschen bekommen ein neues Leben und einen neuen Anfang geschenkt, eine tabula rasa, ein unbeschriebenes Blatt. Es gibt keine Strafe mehr, denn jemand anderes (Jesus!) hat sie für sie getragen.

Es wird erbitterten Widerstand gegen unsere Botschaft geben und eine reale Verfolgung aufgrund unseres Lebensstils. Wir passen einfach nicht in diese Welt! Wir machen es anderen unbequem. Wir stören die Parties, auf denen man von Schuld nichts wissen will. Wir lassen das Licht in die dunklen Ecken fallen, in denen die anderen ihre Sünden verstecken. Das schätzen sie nicht so besonders! Und das Licht leuchtet auch in unser eigenes Leben, wo wir täglich vor Entscheidungen stehen, wo wir uns weigern müssen, dem Feind moralisch Boden zu überlassen, und sei es nur einen Zoll, wo wir dem Ansturm der Sünde nicht nachgeben und uns weigern, Heiligkeit nach dem Wörterbuch der Welt zu buchstabieren.

Aber hier versagen wir elendiglich! Dies ist unsere Achillesferse, die Schwachstelle unserer Revolution. Wir sind ja selbst nicht heilig! Wir selbst sehen der Welt doch so ähnlich und leben so sehr wie sie, daß man uns kaum von ihr unterscheiden kann. Wie können wir dann die Welt verändern?

„Aber wir sind doch wie die Welt geworden, um sie gewinnen zu können", antworten Sie.

Niemals! Wenn wir wie die Welt werden, um die Menschen der Welt zu gewinnen, wofür gewinnen wir sie dann? Kulturelle Sensibilität ist eine Sache, Kompromiß eine andere. Und doch rechtfertigen viele Christen die moralischen Kompromisse in ihrem Leben. So viele versuchen zu erklären, wieso ihre Sicht der Sünde nicht mit der Gottes übereinstimmt. Und die Entschuldigungen sind so gefühlsbetont angesichts der Tatsache, daß Jesus gestorben ist, um uns von unseren Sünden zu erretten. *Alles,* was absichtliche Sünde in unserem Leben rechtfertigt, ist ein Feind des Kreuzes und eine Beleidigung des Blutes Jesu. Das müssen wir uns klarmachen![14]

Natürlich sagen wir, daß wir nicht „religiös" sein wollen, aber wir definieren nie, was „religiös" eigentlich bedeutet. Und wir weisen schnell darauf hin, daß wir nicht gesetzlich sein wollen, aber wir erklären nicht, wie das aussehen soll.[15] Die schlichte Wahrheit ist, daß es aus Gottes Sicht für niemanden von uns einen guten Grund gibt, eine Entschuldigung für Sünde zu suchen oder die christliche Freiheit mit der Freiheit zur Sünde gleichzusetzen, gewohnheitsmäßige Sünde zu rechtfertigen oder die Häßlichkeit von Sünde herunterzuspielen. Sie ist das einzige, das unsere Revolution stoppen kann. Sünde ist das einzige, was uns am Erreichen unseres Ziels hindern kann. Verweigerung und Widerstand sind unsere Antwort auf Sünde. Wir müssen sie unter unsere Füße treten.

Haben wir immer noch mit der Sünde zu kämpfen? Ja! Fühlen wir uns manchmal von Versuchungen gebeutelt? Zweifelsohne! Verfehlen wir manchmal unser Ziel? Selbstverständlich! Und vergibt uns unser Vater im Himmel schnell, wenn wir uns in Umkehr und Glauben Ihm zuwenden? Ja! Aber das alles bedeutet nicht, daß wir Sünde tolerieren, rechtfertigen oder entschuldigen. Sünde ist unser Feind! Lieber lasse ich mich gesetzlich nennen (obwohl ich ebensowenig gesetzlich bin wie Ballettänzerin) oder religiös (obwohl ich ebensowenig religiös bin wie drei Meter groß mit lila Haaren), als mir einen Kompromiß nachsagen zu lassen. Niemals!

1999 sandte ein Freund mir ein christliches Magazin aus Europa, das sich mit Erneuerung und Erweckung beschäftigte. Jede Ausgabe war voll von begeisternden Zeugnissen über das, was der Geist Gottes in diesem Land tat. Es gab darin auferbauende Lehre von nationalen Leitern und oft auch inspirierende Geschichten aus der Vergangenheit. Nirgendwo fanden sich Übertreibungen oder Starkult. Und doch enthielt jede Ausgabe eine tödliche Portion Gift.

Gift? In einem Erweckungsmagazin?

Ja! Es gab ein destruktives Miteinander von Reinem und Unreinem, eine hochgefährliche Verbindung von Heiligem und Profanem, eine betrübliche Vermischung des Werkes des Geistes und des Werkes des Teufels. In Europa gibt es sehr wenige bekannte christliche Radiosender, die moderne christliche Musik bringen (wenn es überhaupt welche gibt!). Deshalb treten christliche Künstler und Musiker im säkularen Rundfunk auf. Das kann natürlich von Gott sein, da dann die christliche Botschaft dorthin gelangt, wo sie gebraucht wird (vorausgesetzt, es gibt eine Botschaft). Aber das kann auch eine Falle sein, da viele Christen in Europa bei ihren Hörgewohnheiten keine Unterschiede machen und genauso gern säkulare Musik mit sündhaften Botschaften hören wie christliche Musik mit einer erlösenden Botschaft. Traurigerweise ging dieses Erneuerungsmagazin aus Europa in eben diese Falle – oder, um ehrlich zu sein, hat selbst diese Falle gestellt –, indem darin auf mehreren Seiten die neueste säkulare Musik besprochen wurde.

Aber was soll daran verkehrt sein? fragen Sie sich vielleicht. *Müssen wir denn in völliger Unwissenheit leben im Blick auf das, was die Welt hört und sieht, singt und schreibt?*

Natürlich nicht! Aber das war nicht das Problem hier. Das Magazin versuchte nicht, die nichtchristlichen Künstler aus christlicher Sicht zu kritisieren, ins Gespräch mit den Liedern zu kommen und die Notwendigkeit eines Erretters daran deutlich zu machen. Im Gegenteil, die Rezensenten überschlugen sich manchmal geradezu vor Lob über die Musik einiger der weltlichsten, gottlosesten und sinnlichsten Stars von heute. Wie kann das sein?

Welcher Gläubige, der in enger Gemeinschaft mit Gott lebt, würde sich Musik von Madonna ins Haus holen? Oder noch einen Schritt weitergehen und eines ihrer Plattenprojekte preisen? (Denken Sie daran: das ist die gleiche Frau, die ein ganzes Buch mit pornographischen Fotos von sich veröffentlicht hat und die dafür berühmt wurde, ihre liederlichen, manchmal ausgesprochen antichristlichen Lieder mit einem Kreuz um den Hals zu singen.) Und doch preist dieses Erneuerungsmagazin, diese ansonsten gute Publikation, die von der Ausgießung des Heiligen Geistes (genau: des *Heiligen* Geistes!) inspiriert ist, die Lieder von Madonna auf seinen Seiten, ohne auch nur eine Spur von Unbehagen oder Verlegenheit. Schlimmer noch, es lobt auch noch Künstler, die noch schamloser sind als Madonna (für die wir Mitleid haben und beten sollten).

So gab es dort beispielsweise in der Herbstausgabe 1999 eine Besprechung der neuesten Veröffentlichung von Alanis Morissette, deren brutal sexuelle Texte sogar die *säkulare* Musikindustrie schockierten. Ihre Formulierungen kann man hier gar nicht wiedergeben, ohne eindeutige biblische Anweisungen zu mißachten (wie etwa Epheser 5,1-12). Diese Frau braucht sicherlich den Herrn. Im Blick auf ihre CD *Supposed Former Infatuation Junkie* meint eine Besprechung:

Wer sich in der Stimmung fühlt für Melodien, die sich ohne Vorwarnung wenden und drehen, oder für Texte, die eine derartige Offenheit zeigen, daß es einem unwohl werden kann, dann ist Alanis die Richtige für Sie [Ja, das steht hier!]. Supposed Former Infatuation Junkie kann man nicht als Hintergrundmusik einstufen. Aber es hat sicher Stücke, die Sie bis in den Kern hinein beeinflussen werden, wenn Sie es wagen, sich darauf einzulassen ... Sie hat eine unglaubliche Begabung, ihre verqueren Emotionen in eine verbale und musikalische Aussage zu bringen, die vielleicht für Ihr Leben viel zu sagen haben könnte [Kann man das glauben!] Powerful Stuff. Schwer, fragil, schön, angstbesetzt – und ganz sicher nichts für Leute mit einem schwachen Herzen. Aber ich liebe es![16]

Diese Besprechung findet sich auf derselben Seite wie einige herausfordernde, kenntnisreiche Zeilen über Maßstäbe setzende christliche Musik. Kein Wunder, daß wir den Kampf der Kulturen verloren haben. In unseren Reihen gibt es Kompromisse. Unser Leib ist krank. Es gibt konterrevolutionäre Haltungen unter uns. Wie muß das den Herrn betrüben! Er ist gestorben, damit dieser Mist aus unserem Leben verschwindet. Er weiß, wie destruktiv sündhafte Musik sein kann (denken Sie nur an das letzte Kapitel!). Und doch trinken wir, Seine teuer erkaufte Herde, Seine mit Blut erkauften Geschwister, eben jenes Gift in tiefen Zügen, das ihm Sein Leben gekostet hat. Möge es nicht soweit kommen![17]

Im Januar 2000 leitete ein Student unserer Schule eine E-Mail an mich weiter und kommentierte ihren Inhalt mit den Worten: „Eine traurige und doch (ironischerweise) hysterische [Botschaft] von einem ‚Christen', der vor den Schrecklichkeiten von *Dogma*, einem Film für Erwachsene, warnte. Dieser Film ist bekannt für seine üble Sprache, Perversitäten und Gotteslästerungen."

Was die ursprüngliche E-Mail so schockierend machte, oder, um es mit den Worten des Studenten zu sagen, „traurige und doch (ironischerweise) hysterische Botschaft", war die Tatsache, daß sie von einem besorgten christlichen Ehepaar stammte, das die Leser vor dem Film warnen wollte: man solle den Film *keineswegs* anschauen – und das, *nachdem sie ihn selbst gesehen hatten*! (Der Film war so schlecht, daß sie herausgehen mußten – aber erst nach 45 Minuten!)

Erstens: Warum gingen sie überhaupt in einen nur für Erwachsene freigegebenen Film? Wenn ein Film nicht geeignet ist, ihn in der Öffentlichkeit, sagen wir einer Gemeinde, mit anderen Christen zusammen anzuschauen, dann sollte man ihn überhaupt nicht sehen. Das umfaßt alle nur für Erwachsene freigegebenen Filme und die allermeisten Filme, die Jugendliche nur in Begleitung Erwachsener sehen dürfen.

Zweitens: Warum taten sie sich 45 Minuten von Gotteslästerung, Nacktszenen, Gewalt und anzüglichen Witzen an? Im folgenden gebe ich ihre Beschreibung von dem wieder, was sie gesehen hatten (einige der namentlich genannten Schauspieler spielten Engel):

> In den 45 Minuten, in denen wir den Film sahen, zog ein Engel sich die Hosen herunter, um zu zeigen, daß er anatomisch anders war, und darauf spielte er dann immer wieder an; Matt Damon (einer der Engel) erschoß sieben Menschen (er erschoß sie, weil er ein Schlupfloch fand, wie er Menschen erschießen und doch in den Himmel kommen konnte); Chris Rock fiel splitternackt vom Himmel; jeder Satz enthielt mindestens vier oder fünf vulgäre Worte; ein Kruzifix wurde abgeschafft und Jesus porträtiert als einer, der vom Kreuz winkte und die Daumen hochhielt. Außerdem wurden herabsetzende Worte für Jesus verwendet.

Und doch schaute sich das Ehepaar diesen Schrott fast eine Stunde lang an, bevor sie gingen und Gott um Verzeihung baten. Wie gefühllos sind wir geworden!

Schlimmer noch, es werden in christlichen Magazinen, selbst führenden wie *Christianity Today*, oftmals obszöne, gewalttätige und sexuell freizügige Filme besprochen, ohne daß darauf hingewiesen würde: „Wir als Gläubige haben mit solchem Müll nichts zu schaffen!" Statt dessen werden diese Filme als Kunstwerke behandelt, und man versucht, verschiedene moralische Lektionen daraus zu lernen oder den moralischen Bankrott des Films darzulegen; dabei werden sogar noch die Favoriten des Jahres genannt, in der Annahme, daß die Leser sich einige dieser Filme selbst ansehen werden.[18]

Wo also müssen wir die Grenze ziehen? Warum rezensieren wir nicht auch drastische Pornographie, außer wenn sie künstlerische Meriten und Inhalt vermissen lassen sollte (vergeben Sie mir den Sarkasmus). Und was meint die Schrift, wenn sie uns auffordert: „Zieht darum weg aus ihrer Mitte, und sondert euch ab, spricht der Herr, und faßt nichts Unreines an. Dann will ich euch aufnehmen“ (2. Korinther 6,17).

Judas gibt uns einen klaren Rat: „Erbarmt euch derer, die zweifeln; rettet sie, entreißt sie dem Feuer! Der anderen aber erbarmt euch voll Furcht; verabscheut sogar das Gewand eines Menschen, der der Sünde verfallen ist“ (Judas 22.23). Ja, verabscheuen, nicht loben; hassen, nicht lieben. Und wenn wir aufgefordert werden, „sogar das Gewand eines Menschen, der der Sünde verfallen ist“ zu verabscheuen, wie sollten wir da im Hinblick auf Filme empfinden, die getränkt sind von Obszönitäten, Videos, die von Nacktheit strotzen, und Sportarten, die von überflüssiger Gewalt triefen? Edwin A. Blum hat diese Verse im Judasbrief so kommentiert: „Vielleicht ist das Bild hier das, daß ihre Verdorbenheit sie ansteckend gemacht hat. Christen sollen Erbarmen zeigen, wie im ersten Teil beschrieben, aber sich auch hüten, damit sie nicht von der Infektion angesteckt werden.“[19]

Die Sünde verbreitet sich wie eine ansteckende Krankheit! Wir aber rechtfertigen es, solchen Schmutz anzuschauen, anzuhören, ihn zu verdauen, wir lesen ihn sogar und sagen, so schlimm sei es nun auch wieder nicht, oder, noch schlimmer, es helfe uns, die Welt besser zu verstehen. Was für ein Unsinn! Das wäre so, als ob man christliche Männer ermutigen würde, Sex mit anderen Männern zu haben, um Homosexuelle besser zu verstehen, oder unsere Töchter zu ermutigen, sich in der Öffentlichkeit auszuziehen, um Stripperinnen besser zu verstehen. Man könnte genausogut Pastoren ermutigen, Rauschgift zu nehmen, um Drogenabhängige besser zu verstehen, oder Gefängnispfarrer dazu, jemanden umzubringen, um Mörder besser zu verstehen.

„Aber“, so sagen Sie jetzt vielleicht, „es gibt doch Menschen, die haben sich bekehrt, nachdem wir mit ihnen zusammen solche Filme besucht haben – ohne sie zu richten oder ihre Maßstäbe zu kritisieren –, und andere sind zum Herrn gekommen, nachdem wir mit ihnen in der Bar ein Bierchen getrunken haben – natürlich ohne uns selbst zu betrinken. Das Wichtigste ist doch, daß Menschen sich bekehren.“

Wer sagt das? Wenn der Zweck die Mittel heiligt, dann sollten wir vielleicht mit einem Dienst beginnen, der sich „Prostituierte für Jesus“ nennt (oder Call Girls for Christ, oder noch besser, Zuhälter für den Herrn). Schließlich gehen ja nur die Verlorenen zu Prostituierten, also würden die Damen ja die Verlorenen erreichen. Und diese Schwestern im Herrn würden Männern in der Stunde ihre tiefsten Bedürfnisse begegnen und sich auf ausgesprochen selbstlose Weise „hingeben“. Und wenn es dann vorbei ist, und die Männer sich schuldig fühlen, dann könnten sie ihnen ein Bekehrungsgebet vorsprechen. (Jetzt habe ich noch einen besseren Namen für diesen Dienst: „Hookers for Him“, „Köder für Christus“!)

Tut mir leid, aber der Zweck heiligt nun einmal nicht die Mittel, und ich stelle die Tiefe einer Erlösung in Frage, die den Sünder nicht zur Abwendung von der Sünde aufruft. Und wie können wir Sünder aus ihrer Sünde herausrufen, wenn wir uns ihnen in ihrer Sünde anschließen? So etwas hat noch nie funktioniert, und das wird auch in Zukunft so bleiben. Satan ist der Urheber dieser Strategie, „Seelen auf jede Weise zu gewinnen“. Das müssen wir total ablehnen!

Ich sage es noch einmal: Wir brauchen eine Revolution der Heiligkeit. Wir müssen zur Heiligkeit zurückkehren. Wir brauchen eine Wiederentdekkung von Heiligkeit. Ohne Heiligkeit gibt es kein wirkliches Glück. Wie John Wesley richtig bemerkt hat: „Diejenigen, die die größte Heiligkeit in den Himmel mitbringen, werden dort auch das tiefste Glück finden.“[20] Ohne Heiligkeit gibt es keine echte Erfüllung. (Wer hungert und dürstet nach Gerechtigkeit, erlebt Erfüllung.) Ohne Heiligkeit gibt es keine echte Freiheit. (Nur wer frei von Sünde ist, weiß wirklich, was Freiheit ist.) Wir müssen deshalb mutig verkünden: *Heiligkeit für den Herrn.*

Erinnern Sie sich an die Spitzenaussagen des Kommunistischen Manifests? Da hieß es:

> Die Kommunisten verschmähen es, ihre Ansichten und Absichten zu verheimlichen. Sie erklären es offen, daß ihre Zwecke nur erreicht werden können durch gewaltsamen Umsturz aller bisherigen Gesellschaftsordnung. Mögen die herrschenden Klassen vor einer kommunistischen Revolution zittern. Die Proletarier haben nichts in ihr zu verlieren als ihre Ketten. Sie haben eine Welt zu gewinnen. *Proletarier aller Länder, vereinigt euch!*[21]

Was für eine krasse satanische Fälschung von Gottes Aufruf. Der echte Ruf zu den Waffen klingt etwa so:

> Die Christen verschmähen es, ihre Ansichten und Absichten zu verheimlichen. Sie erklären es offen, daß ihre Zwecke nur erreicht werden können durch geistlichen Umsturz aller teuflisch geprägten Ordnungen. Mögen die herrschenden Dämonen vor einer christlichen Revolution zittern. Die Gefangenen der Sünde haben nichts zu verlieren als ihre Ketten, sie haben ein ewiges Leben zu gewinnen. *Anbeter aller Länder, vereinigt euch!*

Und um welche Fahne sammeln wir uns? *Heiligkeit für den Herrn.* Das ist unser Schlachtruf! Der wahre Heilige Krieg ist ein Kampf *für* Heiligkeit und ein Kampf *der* Heiligkeit; Gottes Schlachten werden auf „heiligem Boden" gewonnen (vgl. Josua 5,13-15). Der Herr kämpft nur für jemand, „der reine Hände hat und ein lauteres Herz, der nicht betrügt und keinen Meineid schwört" (Psalm 24,4). Für ihn gilt dann: „Er wird Segen empfangen vom Herrn und Heil von Gott, seinem Helfer. Das sind die Menschen, die nach ihm fragen, die dein Antlitz suchen" (Psalm 24,5-6). Gott ist bereit, Seinen heiligen Truppen zu Hilfe zu kommen. Er ist bereit, in unserer Mitte zu marschieren. Er ist bereit, uns diese Generation zu geben. Sind Sie bereit? Sind Sie heilig?

1983 hat Winkie Pratney eine zugespitzte Herausforderung gegeben, die heute noch prägnanter wirkt. Wir müssen nur noch das Wort „Revolution" einfügen, um es ganz in unseren Zusammenhang zu stellen:

> Wenn man fragt: *Was verhindert Erweckung [und Revolution]?,* dann lautet eine der einfachen Antworten darauf: *Wir haben keine Leute, die bereit sind, den gleichen Preis zu bezahlen, die gleiche Botschaft zu predigen und in der gleichen Vollmacht aufzutreten wie jene Erweckungsprediger [und Revolutionäre!] der Vergangenheit.* Ohne solche Menschen mit ihrem starken Glauben kann unsere Gesellschaft nie verändert werden. Unser Anliegen ist der Ausgleich, unser Gehorsam optional, unser Mangel theologisch und kulturell gerechtfertigt. *Oder einfacher gesagt: Es kostet uns zuviel!*

Wir sagen, wir wollen Erweckung [und Revolution!]. Aber wer ist denn heute schon bereit, im absoluten Gehorsams gegenüber dem Heiligen Geist zu leben, Sünde in der Gemeinde genauso wie in der Gesellschaft anzugreifen, und eine Botschaft der Herzensvollkommenheit und Heiligkeit des Lebenswandels zu predigen – eine Botschaft, die von frommen wie weltlichen Sündern gleichermaßen gefürchtet und gehaßt wird. Sind wir bereit?[22]

Sind wir es? Wenn ja, dann helfen Sie mir, die Fahne zu erheben, die Maßstäbe hochzuhalten und die Revolution vorwärtszutreiben!

Seien wir ehrlich: Der Grund, warum man einen Guerillakrieg kämpft, ist, daß man entweder eine existierende Regierung, ob kommunistisch, sozialistisch, faschistisch oder was auch immer, stürzen und eine demokratische Regierung errichten will, die in Wahrheit vom und für das Volk ist: Oder das eigene Land ist von einer fremden Armee besetzt, die man um jeden Preis vernichten will.

Kanonier Sergeant *Bob Newman*, Marinekorps der USA

Die Menschen geben ihre Freiheiten nur auf, wenn sie im Banne irgendeiner Täuschung stehen. *Edmund Burke*, britischer Politiker des 18. Jahrhunderts

Entschlossen, daß die Frauen dieser Nation im Jahre 1876 einen größeren Anlaß für Unzufriedenheit, Rebellion und Revolution haben als die Männer von 1776 [dem Zeitpunkt der amerikanischen Revolution]. *Susan B.Anthony*, Frauenrechtskämpferin im 19. Jahrhundert

In the beauty of the lilies Christ was born across the sea,
With a glory in his bosom that transfigures you and me,
As he died to make men holy, let us die to make men free,
While God is marching on.

Julia Ward Howe, the „Battle Hymn of the Republic“

[etwa: In der Schönheit der Lilien wurde Christus
jenseits des Meeres geboren
mit einer Herrlichkeit in Seinem Innern, die dich und mich verwandelt.
Wie er starb, um die Menschen heilig zu machen,
so laßt uns sterben, um die Menschen frei zu machen,
während Gott vorwärts marschiert.

Julia Ward Howe, Schlachtlied der Republik]

9. „Freiheit oder Tod!“: Die Triebkraft der Revolution

Was bringt Menschen dazu, sich aufzulehnen? Welchen Funken braucht es, um einen Volksaufstand herbeizuführen? Was schlägt die Vorstellung der Massen in Bann und macht sie aus friedlichen Bürgern zu gewaltsamen Revolutionären? Es ist der Ruf nach Freiheit und Gerechtigkeit, der Ruf nach politischer Freiheit und Gleichberechtigung. Und dieser Ruf findet auf der ganzen Welt Widerhall.

Freiheit! So viele versprechen sie, aber nur wenige halten dieses Versprechen. Nur wenige wissen überhaupt, was das wirklich ist. Aber wer Freiheit versprechen kann, findet Anhänger. Darin lag die Anziehungskraft vieler Revolutionen. Es war die Verlockung des Kommunismus, der Köder, den der Marxismus verwandte, um die Massen zu gewinnen: Angehörige der Arbeiterklasse, vereinigt euch! Werft eure Ketten ab! Befreit euch von den Fesseln! Entscheidet selbst über eure Zukunft! Erringt die Freiheit für euch und eure Kinder!

Das kommt klar in den Schlußworten des Kommunistischen Manifests zum Ausdruck: „Die Proletarier haben nichts zu verlieren als ihre Ketten.“[1] Jeder will seine Ketten verlieren! Aber hat der Kommunismus gehalten, was er versprochen hat?

Friedrich Engels, einer der Autoren des Kommunistischen Manifests, war von der befreienden Kraft seiner Botschaft so überzeugt, daß er 40 Jahre nach dem Druck der Erstausgabe prophezeite, daß die wirtschaftliche Emanzipation eine Emanzipation „der Gesellschaft insgesamt von aller Ausbeutung, Unterdrückung, Klassenunterschieden und Klassenkämpfen“ herbeiführen würde.[2] Nicht nur, daß die Arbeiterklasse befreit würde, sondern *alle* Klassen, alle Unterdrückten. Wie falsch lag Engels da! Der Kommunismus hat die Massen nicht befreit, er hat sie zu millionenfach versklavt.[3]

Ein Jahrhundert vorher waren die Leidenschaften der Französischen Revolution durch die Veröffentlichung eines anderen Rufs nach Freiheit entzündet worden, der knapp dreiseitigen „Deklaration der Menschen- und Bürgerrechte“: „Gleichheit für alle! Freiheit für alle!“[4] Aber auch diese Deklaration brachte keine Freiheit. Sie *konnte* es gar nicht. Etwas Grundlegendes fehlte. Die Wurzel des Problems kam gar nicht in den Blick. Der Schlüssel wurde nicht gesehen. Was versklavt eigentlich wirklich? Was befreit wirklich? Was ist der Schlüssel zur Freiheit?

Es war der Ruf nach Freiheit, der zur Amerikanischen Revolution führte. Das erkannte auch Malcolm X: „Schaut euch die amerikanische Revolution von 1776 an. Wofür war sie, diese Revolution? Für Land. Warum wollten sie Land? Wegen der Unabhängigkeit.“[5] Unsere Vorväter wollten Freiheit von Unterdrückung und Tyrannei. Unabhängigkeit war das Ziel! Und wie formulierten sie es? Die nationalen Führer entwarfen eine Unabhängigkeitserklärung, welche in einigen Teilen von einer der größten Reden der amerikanischen Geschichte inspiriert war. Patrick Henry hatte diese Rede 1775 gehalten. Sein Schlußwort hatte ein betroffenes Schweigen bei den Hörern erzeugt, auf das ein stürmischer Jubel folgte. Diese Worte wurden zum Fundament der USA!

Ist das Leben oder der Frieden denn so angenehm, daß man sie um den Preis von Ketten und Sklaverei erkaufen muß? Der Allmächtige behüte! Ich weiß nicht, welche Richtung andere einschlagen werden, aber was mich anbelangt: Gebt mir Freiheit oder gebt mir den Tod!

Das sagt alles. Wir müssen die Freiheit haben – selbst auf Kosten des Lebens. Ohne Freiheit ist das Leben nicht länger wert, so genannt zu werden. Das ist der Grund, warum viele prägende Führer ihre Bereitschaft verkündet haben, den letzten Preis für die Freiheit zu bezahlen.[6] Achten wir auf die Worte zweier schwarzer Führer, Nelson Mandela und Malcolm X. In seinem Prozeß wegen Sabotage in Pretoria schloß Nelson Mandela seine Aussage mit folgenden Worten:

> Während meines ganzen Lebens habe ich mich diesem Kampf des afrikanischen Volkes verschrieben. Ich habe gegen die Vorherrschaft der Weißen gekämpft und gegen die Vorherrschaft der Schwarzen. Ich habe das Ideal einer demokratischen und freien Gesellschaft hochgehalten, in der alle Menschen in Harmonie und mit gleichen Chancen zusammenleben. Es ist ein Ideal, und ich hoffe, dafür zu leben und es auch zu erreichen. Aber wenn es nötig sein sollte, dann ist es auch ein Ideal, für das ich zu sterben bereit bin.[7]

Malcolm X, der Führer der *Black Panther*-Bewegung in den USA, formulierte es so: „Wenn du nicht bereit bist, dafür zu sterben, dann mußt du das Wort ‚Freiheit‘ aus deinem Wortschatz streichen“; „der Preis der Freiheit ist der Tod.“[8]

Freiheit! So viele haben dafür gekämpft. So viele sind dafür gestorben. Selbst in den letzten Tagen des zwanzigsten Jahrhunderts starben Menschen für ihre Freiheit. Schauen wir uns nur Tschetschenien an: Rußland bot seine ganze Macht auf gegen diese nach Unabhängigkeit strebende Republik, und trotzdem kämpften die Tschetschenen weiter. General Maschadow, ein Moslem, wunderte sich über die Hartnäckigkeit seiner Truppen: „Ich kann nur staunen über die Kraft, mit der meine Männer kämpfen ... Alles, was wir tun können, ist, weiterzukämpfen und zu zeigen, daß wir unsere Unabhängigkeit nicht nur wollen, sondern daß wir auch bereit sind, dafür zu sterben.“[9]

Menschen sterben für die Freiheit. Wenn sie einen bestimmten Punkt erreicht haben, dann sagen sie: „Jetzt reicht es. Ich kann nicht länger unter solchen Bedingungen leben. Ich *werde* nicht länger unter solchen Bedingungen leben. Gib mir Freiheit oder gib mir den Tod. Ein Leben ohne Freiheit lohnt sich nicht.“

So begann auch vor fast 2200 Jahren der Aufstand der Makkabäer. Es reichte! Das jüdische Volk hatte jahrelang unter Antiochus IV Epiphanes gelitten. Ihre Lebensweise unterlag schweren Einschränkungen, ihr Glaube wurde öffentlich verspottet. Trotzdem fügten sie sich. Schließlich waren sie hoffnungslos in der Minderheit, was Zahl und Bewaffnung anbelangte. Es war noch nicht zum Bruch gekommen. Aber dann kam der Tropfen, der das Faß zum überlaufen brachte. Antiochus hatte die Frechheit, auf dem Altar des Tempels von Jerusalem ein Schwein opfern zu lassen. Das war mehr, als die Leute zu ertragen bereit waren.

Die gleiche Wahrheit, die in den Worten Patrick Henrys zum Ausdruck kam, hallten auch 2000 Jahre früher in den Herzen der makkabäischen Freiheitskämpfer wider: „Ist das Leben oder der Frieden denn so angenehm, daß man sie um den Preis von Ketten und Sklaverei erkaufen muß? Der Allmächtige behüte! Wir wissen nicht, welche Richtung andere einschlagen werden, aber was uns anbelangt: Gebt uns Freiheit oder gebt uns den Tod!“[10]

Der Aufstand hatte begonnen! Nach einem zähen Ringen über viele Monate hinweg war der Sieg errungen, und der Tempel konnte gereinigt werden. (Das wird bis heute im jüdischen Chanukkah-Fest gefeiert.) Aber was wäre passiert, wenn Antiochus das jüdische Volk nicht so unverschämt provoziert hätte? Was, wenn er nicht so weit gegangen wäre? Es ist möglich, daß es dann keine Freiheit gegeben hätte. Die Menschen kämpften erst, als das Faß übergelaufen war. Der entscheidende Punkt kam, als sie sagten: „Jetzt reicht es!" Ab einem bestimmten Punkt sind Menschen bereit, für die Freiheit zu sterben.

Ich fand ein besonders grausam-tragisches Beispiel für solch einen Punkt in einem Buch, in dem beschrieben wurde, wie in den neunziger Jahren ein kanadisches Ehepaar eine Reihe junger Frauen sexuell mißbraucht und dann zu Tode gefoltert hatte. Die Verbrechen, die sie begingen und auf Video aufnahmen, waren unbeschreiblich pervers und abstoßend. Als sie eines der Mädchen vergewaltigt und mißhandelt hatten, befahlen sie ihr noch erniedrigendere sexuelle Handlungen. Sie weigerte sich mitzumachen. Da erinnerten sie sie an die Folgen: sie müßte einen ebenso qualvollen Tod sterben wie die anderen Mädchen, deren Tod sie auf den Videos gesehen hatte. „Es gibt Dinge, für die lohnt es sich zu sterben!" schrie das Mädchen, bevor es ausgelöscht wurde.

Unter solchen Bedingungen zu leben, das eigene Leben auf Kosten der Ehre zu retten, Erniedrigung und Sklaverei zu akzeptieren – dieser Preis war zu hoch. Manchmal ist die einzige Wahl für einen einzelnen oder eine ganze Gruppe Freiheit oder Tod. Ja, es gibt einige Dinge, die es wert sind, dafür zu sterben, während ein andermal selbst das Leben – in Erniedrigung und Sklaverei – kaum noch lebenswert ist. Nur die Freiheit stellt zufrieden.

Es war das Verlangen nach Freiheit, das zur Französischen Revolution führte. Es war das Verlangen nach Freiheit, das zur Amerikanischen Revolution führte. Es war das Verlangen nach Freiheit, das zu den zahllosen kommunistischen Revolutionen führte. Aber immer noch haben wir keine dauerhafte Freiheit erreicht. Was fehlt denn noch? Bei aller Leidenschaft der Französischen Revolution, bei allen hehren Zielen der Amerikanischen Revolution, bei all den Verheißungen des Kommunismus bleiben die Menschen doch gebunden und versklavt. Warum?

Betrachten wir die Geschichte der Vereinigten Staaten von Amerika. Mehr als 75 Jahre nach der Unterzeichnung der Unabhängigkeitserklärung blühte immer noch der Sklavenhandel in unserem Land. Es war immer noch nicht das „Land der Freien und Heimat der Tapferen". Hunderttausende waren gefangen.[11] Aber es erhoben sich Stimmen des Protestes: Es muß Freiheit für alle geben!

Eine der militantesten – manchmal extremistischen – Stimmen war die von William Lloyd Garrison, einem „schlecht gebildeten, gescheiterten Journalisten und Verleger", der „seine Berufung in der Bewegung zur Abschaffung der Sklaverei fand" und 1831 „begann, eine radikale Antisklaverei-Zeitschrift" unter dem Titel *The Liberator* herauszubringen.[12] (Das erinnert an dic radikalc Frauenrechtszeitschrift *The Revolution* von Susan B.Anthony und Elizabeth Cady Stanton.[13]) Obwohl die Auflage von *The Liberator* nie mehr als 3000 Exemplare betrug, wurde diese Zeitschrift zur treibenden Kraft für die Abschaffung der Institution der Leibeigenschaft.[14] Ein kurzes Gedicht von Garrison brachte die Einstellung der Neuengländer auf den Punkt und half, den Weg für die Sklavenbefreiung zu bahnen:

They tell me, Liberty! that in thy name
I may not plead for all the human race;
That some are born to bondage and disgrace,
Some to a heritage of woe and shame,
And some to power supreme, and glorious fame:
With my whole soul I spurn the doctrine base,
And, as an equal brotherhood, embrace
All people, and for all fair freedom claim!
Know this, O man! whate'er thy earthly fate,
God never made a tyrant nor a slave:
Woe, then, to those who dare to desecrate
His glorious image! – for to all He gave
Eternal rights, which none may violate;
And, by a mighty hand, the oppressed He yet shall save.[15]

(Man sagt mir, Freiheit!, daß in deinem Namen
ich nicht für die ganze Menschheit sprechen dürfe;
einige seien nun einmal zu Knechtschaft und Schande geboren,
zu einem Erbe von Leid und Scham,
und andere zu höchster Macht und herrlichem Ruhm:
Von ganzer Seele verachte ich diese niederträchtige Lehre!
Ich umarme alle Menschen als gleichwertige Brüder
und fordere Gerechtigkeit und Freiheit für alle!
Wisse dies, o Mensch!, was immer dein irdisches Los sei,
Gott erschuf nie einen Tyrannen, noch einen Sklaven:
Wehe darum denen, die zu entweihen wagen
Sein herrliches Ebenbild! – denn allen gab Er
ewige Rechte, die niemand verletzen darf;
Und mit Seinem mächtigem Arm wird Er
die Unterdrückten doch erretten.)

Wie wahr! Alle Menschen sind zum Ebenbild Gottes erschaffen. Deshalb ist kein Mensch als Tyrann erschaffen – als ob irgend jemand das Recht hätte, andere Menschen zu unterdrücken, während ein anderer dann zum Sklaven erschaffen wäre, als ob er irgendwie weniger Mensch wäre! Nein! Solche entwürdigenden Konzepte können die Struktur einer ganzen Nation zerstören, wie Abraham Lincoln erkannte, der in diesem Zusammenhang an die Worte Jesu erinnerte: „Wenn eine Familie in sich gespalten ist, kann sie keinen Bestand haben" (Markus 3,25). Lincoln fügte hinzu: „Ich glaube, diese Regierung kann nicht dauerhaft sein, halb versklavt und halb frei."[16] Nein! Vielmehr gilt das, was er in seiner jährlichen Ansprache vor dem Kongreß am 1. Dezember 1862 zum Ausdruck brachte: „Indem wir dem Sklaven die Freiheit geben, sichern wir ebenso auch die Freiheit für den Freien und Ehrbaren, in dem, was wir geben, und in dem, was wir bewahren."[17] Freiheit für die Unterdrückten bedeutete Freiheit für alle.

Aber selbst die Sklavenbefreiung, die durch die Unterzeichnung der Proklamation der Emanzipation begann, brachte nicht Harmonie und Frieden. Sie verhinderte den ungeheuer kostspieligen Bürgerkrieg nicht, in dessen Gefolge unsere Nation für Jahrzehnte an schweren Wunden zu leiden hatte. Als das zwanzigste Jahrhundert anbrach, war unsere Nation immer noch von einer massiven gesellschaftlichen Ungerechtigkeit gegenüber Schwarzen, Frauen und anderen Gruppen entstellt. Wo konnte die Freiheit gefunden werden?

Einer der eloquentesten Sprecher für die Gleichheit der Schwarzen war W. E. DuBois, der für die Freiheit wenn nötig auch unter Einsatz von Gewalt eintrat.[18] Für ihn war ein Weißer wie John Brown ein Freiheitsheld, dessen Tod nicht vergeblich gewesen war. (Brown war einer der Führer der Antisklavereibewegung und überzeugt davon, von Gott einen Auftrag zur Befreiung der Gefangenen bekommen zu haben. Dabei schreckte er auch vor Mord nicht zurück.)

Hören wir auf den leidenschaftlichen Appell von DuBois:

> Wir glauben nicht an die Gewalt, weder die von allen verachtete Gewalt von Überfällen, noch an die allgemein gelobte Gewalt des Soldaten, noch an die barbarische Gewalt des Mobs. Aber wir glauben an John Brown, in dem sich der Geist der Gerechtigkeit verkörpert hat, des Hasses gegen die Lüge und der Bereitschaft, Geld, Ruf und selbst das Leben auf dem Altar des Rechts zu opfern. Und hier, am Schauplatz des Martyriums von John Brown, weihen wir uns, unsere Ehre,

> unser Eigentum ncu der endgültigen Befreiung dieser Rasse, für deren Freiheit John Brown gestorben ist.[19]

Ja, John Brown hatte das letztmögliche Opfer gebracht (und dabei auch andere getötet), so wie viele Amerikaner dieses letzte Opfer im Revolutionskrieg unseres Landes gebracht hatten (und dabei auch andere im Kampf getötet hatten). Und DuBois und seine Mitstreiter fochten mit großem Einsatz für die Freiheit aller, jene „endgültige Befreiung". Und doch trat sie nicht ein! Jeder will diese Befreiung. Jeder will Freiheit. Jede Revolution verspricht sie. Aber keine kann dieses Versprechen wirklich voll erfüllen.

Fast 60 Jahre nach der Rede von DuBois hielt ein noch berühmterer Führer der Schwarzen eine noch berühmtere Rede. Es handelt sich um Dr.Martin Luther King Jr., der 1963 vor mehr als 200 000 Menschen am Lincoln Memorial in Washington predigte. (Ist es ein Zufall, daß ich diese Zeilen am 16. Januar 2000, dem Martin-Luther-King-Tag, schreibe?) Wer hätte diese Worte nicht gehört?

> Wenn wir die Freiheit erklingen lassen, wenn wir sie in jedem Dorf und Weiler erklingen lassen, jedem Staat und jeder Stadt, dann können wir jenen Tag beschleunigen, an dem alle Kinder Gottes, Schwarze und Weiße, Juden und Heiden, Protestanten und Katholiken, in der Lage sein werden, sich die Hände zu reichen und die Worte jenes alten Negro Spirituals zu singen: „Endlich frei! Endlich frei! Dank sei dem Allmächtigen, wir sind endlich frei!"

Der Ruf ertönte aufs neue! „Laßt die Freiheit erklingen! … Endlich frei!" Sechzig Jahre früher hatte DuBois ausgerufen: „Wir weihen uns, unsere Ehre, unser Eigentum neu der endgültigen Befreiung dieser Rasse". Zwanzig Jahre zuvor hatte Engels die Befreiung „der Gesellschaft insgesamt von aller Ausbeutung, Unterdrückung, Klassenunterschieden und Klassenkämpfen" prophezeit. Noch einmal einhundert Jahre früher hatte Patrick Henry gerufen: „Gebt mir Freiheit oder gebt mir den Tod!" Und doch waren die wahre Befreiung, die totale Emanzipation, die dauerhafte Freiheit nicht eingetreten. Warum?

Vor der Amerikanischen Revolution hatten die Christen das Wort Gottes zur Unterstützung für ihre politischen Ansichten herangezogen. Verse wie 2. Korinther 3,17 („Der Herr aber ist der Geist, und wo der Geist des Herrn wirkt, da ist Freiheit") und Johannes 8,32 („Dann werdet ihr die Wahrheit erkennen, und die Wahrheit wird euch befreien") wurden von den Kanzeln landauf, landab gepredigt. Charles Turner von Duxbury formulierte es damals so: „Die Schrift kann gar nicht richtig ausgelegt werden, wenn man das nicht auf eine Weise tut, die der Sache der Freiheit freundlich gesonnen ist.“[20] Aber hatte Paulus mit seinen Worten eine politische Freiheit gemeint? Hatte Jesus von einer gesellschaftlichen Freiheit gesprochen? Wohl kaum.[21] Aber doch waren unsere Vorväter auf dem richtigen Weg, wenn sie sich an die Schrift wandten. Die Bibel ist das einzig maßgebliche Buch der Befreiung, Gottes handgeschriebenes Manifest der Freiheit.

Freiheit! Das ist eines der großen Themen der Schrift, der Eckstein des Alten und der Grundstein des Neuen Testaments. Freiheit! Die Schrift allein versteht wirklich, was es mit der menschlichen Sklaverei auf sich hat, und die Schrift allein kennt ein Mittel dagegen. Nur in der Schrift finden wir eine echte Unabhängigkeitserklärung, nur in der Schrift finden wir die endgültige Proklamation der Emanzipation. Natürlich hat die Unabhängigkeitserklärung unserer Nation den Lauf der Weltgeschichte verändert und unser glückliches Land erst hervorgebracht. Die Proklamation der Emanzipation durch Abraham Lincoln hat zur Abschaffung einer entsetzlichen, destruktiven Praxis geführt. Diese beiden Dokumente hatten eine echte befreiende Wirkung. Aber die befreiende Kraft des Wortes Gottes ist unendlich größer. Jesus kam, um alle Gefangenen freizusetzen – wahrhaft frei!

Wir sehnen uns alle nach Freiheit. Keiner würde freiwillig für sich oder seine Angehörigen die Sklaverei wählen. Alle sehnen wir uns nach der uneingeschränkten Freiheit. Die ganze Schöpfung seufzt nach ihr! Sklaverei ist erniedrigend, entwürdigend, zerstörerisch. Sie beraubt den Menschen seiner Würde und seines Selbstwerts. Sie unterwirft den Menschen der Laune und Willkür eines Tyrannen. Sie macht ihn zum Knecht herzloser Meister, die sein Leben mit Grausamkeit und Bosheit regieren. Sie verwandelt sein tägliches Leben in einen Alptraum von Elend und Verzweiflung. Sklaverei ist eine Frucht der Sünde.

In einer vollkommenen Welt gäbe es keine Sklaverei. Im Himmel gibt es mit Sicherheit keine Sklaverei, keine Gefangenen in Ketten, keine Gebundenen. Aber hier, auf diesem von Sünde beherrschten, gefallenen Planeten, hat Satan sich auf die Sklaverei spezialisiert. Er ist der letztendliche Sklavenmeister, der Urheber aller Gebundenheiten. Er ist die Quelle der Inspiration jedes wahnsinnigen Diktators, die treibende Kraft hinter jedem dämonischen Despoten. Er liebt die Erniedrigung und Zerstörung. Er liebt es, Menschen gefangenzunehmen und sie seinen schmutzigen Praktiken zu unterwerfen (vgl. Römer 6,16; 2. Timotheus 2,26). Aber Jesus setzt die Gefangenen frei! Er kam in diese Welt, um die Sklaven zu befreien – die Sklaven Satans, der Sünde, der Angst, des Todes. Das war das Ziel Seines Dienstes.

Da sagte er zu den Juden, die an ihn glaubten: Wenn ihr in meinem Wort bleibt, seid ihr wirklich meine Jünger. Dann werdet ihr die Wahrheit erkennen, und die Wahrheit wird euch befreien. Sie erwiderten ihm: Wir sind Nachkommen Abrahams und sind noch nie Sklaven gewesen. Wie kannst du sagen: Ihr werdet frei werden? Jesus antwortete ihnen: Amen, amen, das sage ich euch: Wer die Sünde tut, ist Sklave der Sünde. Der Sklave aber bleibt nicht für immer im Haus; nur der Sohn bleibt für immer im Haus. Wenn euch also der Sohn befreit, dann seid ihr wirklich frei. Johannes 8,31-36

Zur Freiheit hat uns Christus befreit. Bleibt daher fest und laßt euch nicht von neuem das Joch der Knechtschaft auflegen! Galater 5,1

Freiheit! Das war auch das große Thema der hebräischen Bibel. Es begann mit dem Auszug aus Ägypten, bei dem Gott eine ganze Nation von Sklaven befreite und zu sich rief. Freiheit! Das war die große Hoffnung der Propheten, als sie Ausschau hielten nach jenem Tag, an dem Gott die ganze Welt vom Fluch der Sünde und der Schuld befreien würde. Freiheit! Dieses Thema ist für Gott von äußerster Wichtigkeit. Denken wir nur, wie weit Er gegangen ist und wieviel Er gegeben hat, um Sein Volk zu befreien.

Die Israeliten waren in Ägypten einem harten Frondienst unterworfen; sie lebten und starben dort ohne Zukunft, ohne Hoffnung, ohne Vision. Endlos gingen die Tage und Monate dahin, verflossen die Jahre und Jahrzehnte, aber keine Hilfe war in Sicht. „Die Israeliten stöhnten noch unter der Sklavenarbeit; sie klagten, und ihr Hilferuf stieg aus ihrem Sklavendasein zu Gott empor. Gott hörte ihr Stöhnen, und Gott gedachte seines Bundes mit Abraham, Isaak und Jakob. Gott blickte auf die Söhne Israels und gab sich ihnen zu erkennen" (2. Mose 2,23-25). Ihre Sklaverei ließ Ihn aufmerken. Ihre Gebundenheit rührte Sein Herz. Bald würden sie frei sein!

Das Volk Gottes war nicht dazu erschaffen, den Ägyptern zu dienen, den Willen eines fremden Volks zu tun, und in einem Land mit fremden Göttern zu verschmachten. Das Volk Gottes war nicht dazu erschaffen, ohne Daseinszweck zu leben und zu sterben, neue Generationen zu zeugen, nur um sie in Hoffnungslosigkeit und Verzweiflung leben und sterben zu sehen. Sein Volk war für Ihn erschaffen! „Ist Israel denn ein Knecht oder ein im Haus geborener Sklave? Warum wurde es zur Beute?" (Jeremia 2,14). Das durfte nicht sein! Das Volk Israel war Gottes erstgeborener Sohn (vgl. 2.Mose 4,22), berufen, Ihm und Ihm allein zu dienen. Und der Herr wachte eifersüchtig darüber, wieder neu die Hingabe Seines Sohnes zu erwerben. Und so befreite Er in einer Demonstration Seiner souveränen Macht Seinen Erstgeborenen, wie es Psalm 77,15-21 beschreibt:

> Du allein bist der Gott, der Wunder tut, du hast deine Macht den Völkern kundgetan. Du hast mit starkem Arm dein Volk erlöst, die Kinder Jakobs und Josefs. (Sela) Die Wasser sahen dich, Gott, die Wasser sahen dich und bebten. Die Tiefen des Meeres tobten. Die Wolken gossen ihr Wasser aus, das Gewölk ließ die Stimme dröhnen, auch deine Pfeile flogen dahin. Dröhnend rollte dein Donner, Blitze erhellten den Erdkreis, die Erde bebte und wankte. Durch das Meer ging dein Weg, dein Pfad durch gewaltige Wasser, doch niemand sah deine Spuren. Du führtest dein Volk wie eine Herde durch die Hand von Mose und Aaron.

Was für ein gewaltiger Gott! Er hatte Ägypten mit zehn außergewöhnlichen Plagen heimgesucht. Er hatte eine ganze Nation erschüttert. Er hatte das Meer geteilt und Sein Volk trockenen Fußes hindurchgeführt; er hatte die Ägypter bei dem Versuch, sie dabei zu verfolgen, getötet. Warum? Weil Er *der Befreier* ist; weil Er sich weigert, Sein Volk in Gefangenschaft bleiben zu lassen, wenn es um Hilfe schreit; weil Er der große Emanzipator ist. Wie die Schrift sagt: „Weil der Herr euch liebt und weil er auf den Schwur achtet, den er euren Vätern geleistet hat, deshalb hat der Herr euch mit starker Hand herausgeführt und euch aus dem Sklavenhaus freigekauft, aus der Hand des Pharao, des Königs von Ägypten" (5. Mose 7,8). Das war etwas, was Israel nie vergessen durfte.

> Ich bin Jahwe, dein Gott, der dich aus Ägypten geführt hat, aus dem Sklavenhaus. 2. Mose 20,2

> Denk daran: Als du in Ägypten Sklave warst, hat dich der Herr, dein Gott, mit starker Hand und hoch erhobenem Arm dort herausgeführt. Darum hat es dir der Herr, dein Gott, zur Pflicht gemacht, den Sabbat zu halten. 5. Mose 5,15[22]

Das Volk Israel sollte Jahwe dienen, nicht seinen Feinden und nicht den Göttern seiner Feinde. Sich vom Herrn abzuwenden bedeutete die Rückkehr in die Sklaverei. Das war ihr Verhaltensmuster zur Zeit des Mose: „Sie weigerten sich zu gehorchen und dachten nicht mehr an die Wunder, die du an ihnen getan hattest. Hartnäckig setzten sie sich in den Kopf, *als Sklaven nach Ägypten zurückzukehren* “ (Nehemia 9,17).

Das war das gleiche Verhalten wie nahezu eintausend Jahre später: „Weh, wie einsam sitzt da die einst so volkreiche Stadt. Einer Witwe wurde gleich die Große unter den Völkern. Die Fürstin über die Länder *ist zur Fron erniedrigt* “ (Klagelieder 1,1). Was für ein furchtbarer Fehler, was für ein tragischer Irrtum! Fürstinnen sind nicht dazu da, Sklavinnen zu sein. Das Volk Jahwes ist nicht dazu da, in Gefangenschaft zu leben.

Aber Gottes Plan für Israel bestand nicht einfach nur in der Erlösung aus der Sklaverei. Er bestand in der Erlösung für Ihn. Es war eine Erlösung zu Würde und Ehre, zu einer Berufung und Bestimmung, zu einem Priestertum und zum heiligen Dienst. Schauen wir uns die beiden folgenden Texte sorgfältig an. Sie fassen die Absicht des befreienden Handelns Gottes zusammen:

> Ich bin der Herr, euer Gott, der euch aus dem Land der Ägypter herausgeführt hat, so daß ihr nicht mehr ihre Sklaven zu sein braucht. Ich habe eure Jochstangen zerbrochen und euch wieder aufrecht gehen lassen. 3. Mose 26,13

> Ihr habt gesehen, was ich den Ägyptern angetan habe, wie ich euch auf Adlerflügeln getragen und hierher zu mir gebracht habe. Jetzt aber, wenn ihr auf meine Stimme hört und meinen Bund haltet, werdet ihr unter allen Völkern mein besonderes Eigentum sein. Mir gehört die ganze Erde, ihr aber sollt mir als ein Reich von Priestern und als ein heiliges Volk gehören. Das sind die Worte, die du den Israeliten mitteilen sollst. 2. Mose 19,4-6[23]

Ihr seid nicht länger mehr unter ein Joch der Knechtschaft gebeugt. Steht aufrecht und wandelt erhobenen Hauptes. Ihr seid nicht länger eine Nation von Sklaven. Ihr seid Mein. Mein kostbarer Besitz, ein Königreich von Priestern, ein heiliges Volk. Was für eine Verwandlung! Aber das entspricht dem Wesen Gottes. Das ist das Wesen Seiner befreienden Kraft. Das ist der tiefste Ausdruck der befreienden Liebe Seines Herzens, die in Seinem Sohn Mensch geworden ist.

Diesmal geschah es nicht allein für Israel, sondern für die ganze Welt. „Er hat uns der Macht der Finsternis entrissen und aufgenommen in das Reich seines geliebten Sohnes. Durch ihn haben wir die Erlösung, die Vergebung der Sünden“ (Kolosser 1,13-14). Gott hat Seinen Sohn gegeben, um uns aus der Sklaverei zu erretten und uns der Macht der Finsternis zu entreißen. Sein Sohn hat sich für uns gegeben. Freiheit!

Denken wir noch einmal an den menschlichen Sklavenhandel. Stellen wir uns vor, wie ein junger Vater von seiner Frau und seinen Kindern wie ein Tier weggerissen, in Ketten gelegt und unter unmenschlichsten Bedingungen über den Ozean verfrachtet wird: Dann wird er lebenslang zu schwerster Arbeit gezwungen, ohne Hoffnung und Zukunft. Wie hassenswert das alles ist! Aber die Sklaverei der Sünde ist schlimmer. Sie verspricht nämlich Befriedigung und Erfüllung, führt aber zu Leid und Elend. Sünde befriedigt nie. Statt dessen führt sie nur zu noch mehr Sünde; zu schlimmerer Sünde; zu Demütigung und Erniedrigung, Gebundenheit und Sklaverei. Sünde zerstört. Sünde tötet.[24] Und Jesus befreit uns von der Sünde!

Schauen wir Jesus an, unseren Retter, unseren Befreier, unseren Erlöser. Er war die Befreiung in Person, Freiheit in Aktion; das Thema der Befreiung der Gefangenen bildete geradezu die Grundlage seines Dienstes. Deshalb benützte Er als Text für Seine Antrittsrede einen klassischen Befreiungstext aus der hebräischen Bibel und verkündete Sein Programm fast wie ein Politiker, der seine Kandidatur erklärt und sein Programm veröffentlicht. Lukas hat diesen unglaublichen Moment festgehalten:

> So kam er auch nach Nazaret, wo er aufgewachsen war, und ging, wie gewohnt, am Sabbat in die Synagoge. Als er aufstand, um aus der Schrift vorzulesen, reichte man ihm das Buch des Propheten Jesaja. Er schlug das Buch auf und fand die Stelle, wo es heißt: Der Geist des Herrn ruht auf mir; denn der Herr hat mich gesalbt. Er hat mich gesandt, damit ich den Armen eine gute Nachricht bringe; damit ich den Gefangenen die Entlassung verkünde und den Blinden das Augenlicht; damit ich die Zerschlagenen in Freiheit setze und ein Gnadenjahr des Herrn ausrufe. Dann schloß er das Buch, gab es dem Synagogendiener und setzte sich. Die Augen aller in der Synagoge waren auf ihn gerichtet. Da begann er, ihnen darzulegen: Heute hat sich das Schriftwort, das ihr eben gehört habt, erfüllt. Lukas 4,16-21

„Heute" markiert den Beginn einer völlig neuen Ära. Heute – nicht morgen, nicht im nächsten Jahrhundert, nicht irgendwann in einer zukünftigen Generation – sondern heute geht diese herrliche Schriftstelle in Erfüllung. Das ist die Stunde, in der die Gute Nachricht den Armen gepredigt wird. Das ist die Stunde, in der die Freiheit den Gefangenen verkündet wird. Das ist die Stunde, für die Jesus mit dem Heiligen Geist gesalbt worden ist. Das ist die

Stunde, für die der Messias gesandt worden ist. Das war Sein Auftrag, der seine letzte Erfüllung am Kreuz fand. Dort vergoß Jesus Sein Blut, um uns von der Sünde zu befreien, damit wir Ihm in Ewigkeit dienen können.

Jesus hatte ein Programm, ein Ziel, eine Absicht: Freiheit! Für unsere Freiheit hat Er Sein Blut vergossen. Deshalb wählte Er diesen einen Text aus Jesaja aus, als Er in der Synagoge aufstand, um aus der Schrift vorzulesen.[25] Kein anderer Text konnte eine bessere Beschreibung des Werkes des Messias liefern – und jetzt endlich war Seine Zeit gekommen. Er verkündete den Beginn jener großartigen messianischen Ära, die Zeit des prophetischen Erlaßjahres, den Tag, an dem die Sündenschuld erlassen und die Fesseln der Sünde gesprengt werden sollten.[26] Die Zeit der Freiheit war gekommen!

Jahrhunderte zuvor hatte Gott in 3. Mose 25 angeordnet, daß die Israeliten alle 50 Jahre am Großen Versöhnungstag das Erlaßjahr („Jubeljahr") verkünden sollten: „Erklärt dieses fünfzigste Jahr für heilig, und ruft Freiheit für alle Bewohner des Landes aus! Es gelte euch als Jubeljahr. Jeder von euch soll zu seinem Grundbesitz zurückkehren, jeder soll zu seiner Sippe heimkehren" (3. Mose 25,10). Alle Schulden sollten erlassen werden, alle Sklaven freigelassen, alles Eigentum an seine ursprünglichen Besitzer zurückgegeben. Es war das Jubeljahr, das Erlaßjahr. Was für eine wunderbare Einrichtung! Und genau diese Worte – „Ruft Freiheit im ganzen Land aus" – wurden auf der amerikanischen Freiheitsglocke eingraviert. Jesus sprach diese Worte und verkündete damit, daß *jetzt* die Zeit der Erfüllung gekommen war.

Was für eine Gnade zeigte sich in Seinen Worten! Er spricht von der Guten Nachricht, von Freiheit, von der Wiedererlangung des Augenlichts, von Freilassung, von der Gunst Gottes. Noch wunderbarer: Er verkündet, daß die Adressaten der Gunst Gottes die Armen sind, die Gefangenen, die Unterdrückten, die Blinden – mit anderen Worten; die Ausgestoßenen, Abgelehnten, die Außenseiter. Zu solchen Menschen war Jesus gekommen. Unter solchen Menschen entsteht eine Revolution.

Das ergibt Sinn. Wer sonst sehnt sich nach radikalen Veränderungen? Wer sonst verlangt nach einem Bruch mit dem System und will den Status quo abschütteln? Sicherlich nicht diejenigen, die (selbst-)zufrieden sind. Warum sollten sie ihr gegenwärtiges Los ändern wollen? Warum sollten sie eine Revolution herbeiführen? Es sind nicht die Freien, die sich auflehnen, sondern die Sklaven.

Revolution appelliert an die Enttäuschten, die Unzufriedenen, die alle Illusionen verloren haben, die Ausgestoßenen, Gebrandmarkten, Übersehenen. Sie trägt ihr Anliegen den Enttäuschten, Unzufriedenen und Verbitterten vor, den Mißverstandenen, Mißhandelten und Mißbrauchten. Sie findet ein

Zuhause in den Herzen der Enteigneten, der Entmutigten und Benachteiligten. Solche Menschen sehnen sich nach Revolution – nach Freiheit, Veränderung, nach dem Recht auf Selbstbestimmung. Das sind die Ursachen für Revolten in einer Gesellschaft. Gefangene werden unruhig. Sklaven verlieren ihre Gleichgültigkeit. Die Unterdrückten verlangen ihre Rechte. Gefangene bestehen auf der Freiheit. Und wenn Revolten sich von einem Ort zum nächsten ausbreiten, wenn Menschen den Geschmack der Freiheit verspüren, wenn ungerechte Gesetze in Frage gestellt werden, dann bahnt sich eine Revolution an.[27]

Historiker berichten, daß Ludwig XIV, als er von dem Sturm auf die Bastille hörte (dem Funken, der die Französische Revolution entzündete), bemerkte: „Das ist eine große Revolte!“, worauf ein Freund des Königs entgegnete: „Nein, Sir, eine große Revolution!“[28] Das ist ein gewaltiger Unterschied! Eine Revolution ist eine Revolte, die um sich greift, ein Protest, der sich ausbreitet, ein kontinuierlicher Aufstand, ein Aufruhr mit Vision und Zielen. Und für all das gibt es ein geistliches Gegenstück!

Wir sind gewohnt, in der Kirche Revolten zu sehen (in einem geistlichen Sinn). Wir sagen: „Es reicht!“ Wir werden unruhig, wir bekommen immer mehr Hunger und Durst nach einem frischen Eingreifen Gottes, wir haben die Routine im Haus Gottes satt. Wir fangen an, unseren bisherigen Lebensstil zu verachten, wir verabscheuen die fleischlichen Süchte und Fallen, wir haben unseren Mangel an Wirksamkeit satt, wenn es um die Verlorenen und ihre Befreiung geht. Und für eine kurze Zeit erleben wir einen Durchbruch. Wir schütteln das Joch der Sünde ab durch die Kraft des Blutes Jesu und fangen an, für Ihn Frucht zu bringen. Selbst einige Verlorene werden errettet.

Aber dann ist Schluß. Warum? Weil es eine Revolte war, ein momentaner Ausdruck der Unzufriedenheit, nicht ein Ausdruck unerbittlicher Entschlossenheit. Es fehlten eine langfristige Vision und eine Strategie, die sagt: „Was auch immer es braucht, was immer es kosten mag, was immer die Folgen sein werden, wir werden darauf hinarbeiten, daß die Absichten Gottes in und durch unser Leben in Erfüllung gehen. Wir werden dem Plan des Meisters folgen und Nationen zu Jüngern machen, Freiheit für die Gefangenen verkünden und das Augenlicht für die Blinden. Wir werden diese gefangene Generation befreien!“

Das sind Sätze, die eine Revolution hervorbringen. So lauten Sätze, die zum Handeln führen. Und wer schließt sich einem derartigen „Heiligen Krieg“ an? Wer sind die ersten, die sich in die Schlacht stürzen? Die Armen, die Gefangenen, die Unterdrückten, die Blinden! Alle, die ihre Not erkennen, sind Kandidaten für eine Befreiung. Der Schlüssel ist die Unzufriedenheit.

Denken wir an das Amerika der sechziger Jahre zurück. Was führte zu der Revolution der Gegenkultur? Was löste diese enorme Unzufriedenheit aus, diese Enttäuschung? Warum lehnten Kinder aus der Mittel- und Oberschicht plötzlich die Werte ihrer Eltern ab? Manchmal ist es schwierig, den genauen Auslöser zu benennen, aber der Weg dorthin geschieht immer Schritt für Schritt, in einem fast unmerklichen Tempo. Und dann, ohne Warnung, macht es plötzlich – *klick.*

Ich saß einmal in Tuni, Indien, auf einer Bühne und wartete darauf, meine Ansprache zu halten. Neben mir saßen noch zwei Kollegen aus Amerika sowie unser indischer Übersetzer. Plötzlich macht es klick, und die Bühne senkte sich, sogar zweimal. Wir hatten keine Ahnung, daß sie so wenig stabil war! Wir hatten sie am Abend zuvor inspiziert und waren an diesem Abend auch schon einige Zeit auf unseren Stühlen auf der Bühne gesessen. Aber wir konnten eben nicht unter die Oberfläche blicken Etwas zuviel Gewicht am falschen Ort, und schon war es passiert!

So läuft es auch in der Gesellschaft. Die Dinge schwelen unter der Oberfläche und wir merken es nicht. Warnzeichen tauchen auf, aber wir beachten sie nicht. Dann bricht plötzlich eine Revolution aus. Was ist passiert? Das Faß ist übergelaufen.

Denken wir an das Amerika der sechziger Jahre. Einerseits gab es großen Wohlstand, als sich in den fünfziger Jahren unser Land von den Kriegsjahren erholte und die Wirtschaft boomte. Aber Wohlstand kann selbst zur Falle werden. Wenn junge Leute zuviel haben, wenn die Familien materialistisch werden, wenn Herausforderungen und Visionen Mangelware sind, dann kann sich eine Ruhelosigkeit entwickeln. Das war ein Teil des fragilen Unterbaus anfangs der sechziger Jahre.

Dann kam 1963 der große Schock: Präsident John F. Kennedy wurde ermordet, und die Sicherheit einer ganzen Nation war erschüttert. Die Unsicherheit wuchs, besonders in den Universitäten, in denen der Vietnamkrieg heftig kritisiert wurde. Wir waren nicht länger mehr stolz darauf, einen Krieg zu führen. Wir wollten nicht länger mehr die amerikanischen Verlustzahlen in den Abendnachrichten hören. Wir kamen sogar an den Punkt, wo wir den Zahlen im Fernsehen keinen Glauben mehr schenkten. Die Amerikaner glaubten, sie würden eingeseift! Kennedys Nachfolger, Lyndon B.Johnson, wurde von jugendlichen Protestierern angegriffen, die sangen „Hey, hey LBJ / How many kids did you kill today?" („Hey, hey

LBJ, wie viele Kinder hast du heut' in den Tod geschickt?"). Bald darauf war LBJ nicht mehr Präsident.[29]

1968 wurde Amerika erschüttert von der Ermordung Martin Luther Kings Jr. und Robert F. Kennedys und den Unruhen während des Parteitags der Demokraten in Chicago: die Fundamente waren bereits wackelig geworden. Die Revolution hatte begonnen. Wie bereits zitiert: „Dieses Jahrzehnt [die sechziger Jahre] wurde auch Zeuge der ‚Befreiung' [man beachte die Wortwahl!] ganzer Kategorien von Menschen, die früher wegen ihrer Rasse, ihres Alters, ihrer körperlichen Fitness, ihres Geschlechts oder ihrer sexuellen Vorlieben bestraft worden waren."[30]

Aber nicht alles an dieser Befreiung war gut oder gesund. Einiges war einfach nur ein Abwerfen von Maßstäben oder einfach pure Rebellion. Einiges speiste sich aus einer höllischen Inspiration. Wie tragisch war das Ganze – ich muß es noch einmal sagen –, daß die Anhänger Satans, nicht Jesu, die Revolutionäre waren, die die „Befreiung" für die Gefangenen verkündeten. Es war überhaupt keine Befreiung! Aber wir erkannten nicht, wie nahe wir in dieser revolutionären Generation dem Wendepunkt gekommen waren.

Unter den Kriegern Davids waren auch Männer aus Issachar, „200 Anführer mit allen ihren Männern; sie erkannten das Gebot der Stunde und wußten, was Israel zu tun hatte" (1. Chronik 12,33, GN). Wir brauchen solche Männer und Frauen auch heute. Verstehen wir denn wirklich das Gebot der Stunde? Wissen wir, was wir tun sollen? Erkennen wir, wie nahe wir wieder an einem Wendepunkt stehen? Merken wir, wie sehr unsere Gesellschaft nach wahrer Freiheit schreit?

Das 21. Jahrhundert beginnt in Amerika mit einer Erwartung und einer Unsicherheit. Es gibt eine gewisse Zuversicht, da unser Land als einzige Supermacht auf dieser Welt übriggeblieben ist. Der Aktienmarkt hatte zwischenzeitlich ein Allzeithoch nach dem andern erlebt, die Arbeitslosenraten sind bei uns im Keller. Aber hinter diesem Gefühl der Begeisterung steht ein Realismus, die Erwartung, daß etwas bald klick machen wird. Es gibt eine große Ungewißheit in unserem Land!

Im Jahre 1999 belog uns der Führer unseres Landes wiederholt knallhart im Fernsehen und wurde angeklagt; er zog uns alle mit sich hinab. Solch eine Gewißheit erzeugt Ungewißheit! Das Massaker an der Columbine Highschool war nur eines von mehreren solcher schockierenden Dinge – auch wenn es das furchtbarste von allen war –, die bei Eltern, Lehrern und Schülern zu einer permanenten unterschwelligen Angst und Unsicherheit führten.

Die tragischen Tode John F. Kennedys III und des Golfers Payne Stewart, die Bedrohung durch den Terrorismus in unserem eigenen Land, der seltsame Absturz des Egypt-Air-Fluges Nummer 990 und die Unruhen im Zusammenhang mit dem Weltwirtschaftsforum in Seattle trugen alle zu dem Gefühl bei, daß die Dinge nicht zum besten stehen. Selbst die übertriebenen Ängste zum Jahrtausendwechsel unter dem Stichwort „Y2K" trugen zu dieser latenten Spannung und Unsicherheit bei.

Nehmen wir noch den Zustand der Familie in Amerika dazu: Kliniken bieten DNA-Tests an, um herauszufinden, wer der wirkliche Vater eines Kindes ist; Millionen von Kindern kennen beide Eltern nicht; Millionen anderer leben mehr in Horten als zu Hause; andere kommen Tag für Tag aus der Schule in eine leere Wohnung und bleiben sich selbst überlassen. Das ist die Ungewißheit! Wenn die Familie zerfällt, löst sich das Gewebe der Gesellschaft von innen her auf.

Thomas Jefferson hat es auf den Punkt gebracht: „Jeder, der sich im Wald auskennt, kann dir sagen, daß man in einem beschädigten und zerstörten Nest kaum ein paar heile Eier erwarten darf. Das gleiche gilt auch für die Familie."[31] Oder, wie Patrick Henry es formulierte: „Im Guten wie im Bösen wird der Zustand der Familie mit Sicherheit den Zustand des Restes der Kultur vorherbestimmen."[32] Das ist der Grund, warum es mitten in unserem Überfluß Unzufriedenheit und Enttäuschung gibt. Unsere Fundamente sind nicht mehr stabil!

Die Gesellschaft, in der wir leben, ist erfüllt von Gebundenheit und Unterdrückung. Menschen sind die Gefangenen ihrer Lüste und Süchte, gebunden durch Befürchtungen und Depressionen, gequält von Schuldgefühlen und Leid, heimgesucht von Schmerzen und Krankheit, geplagt von Angst und Furcht. In der Botschaft des Kreuzes haben wir, was sie brauchen. In der Botschaft des Evangeliums haben wir den Schlüssel zu ihrer Freiheit. Wir können eine Revolution anzetteln. Aber wenn wir es nicht tun – ich sage es nochmals –, dann wird es der Feind tun.

Es war der Traum eines Wahnsinnigen, Eric Harrers, des Killers von Columbine, daß er und Dylan Klebold einen mörderischen Aufstand anzetteln würden: „Wir kickstarten eine Revolution!" sagte er, eine Revolution der Enteigneten.[33] Die Familie von Rachel Scott, einem der Opfer von Harris und Klebold, sieht die Dinge anders. Sie glauben, daß „Rachels Tod ein christliches Martyrium war – ein Handeln Gottes, das eine geistliche Revolution unter jungen Leuten auslösen sollte."[34] Eine Revolution *ist* bereits im Anmarsch – welcher Art wird sie sein? Eine Revolution der Enteigneten mit Leid und Tod im Gefolge, oder eine Revolution der Gerechtigkeit, deren Flutwelle die Gefangenen befreit?

Die Menschen rufen nach Freiheit. Sie sind verletzt und verwirrt, wissen nicht, wohin sie sich wenden sollen, wissen nicht, wer ihnen den Ausweg zeigt. Was werden wir tun? Werden wir ihnen die wahre Freiheit anbieten, oder wird Satan wieder einmal schneller sein und seine zerstörerische Fälschung anbieten? Ich sage: Lassen Sie uns diese Revolution in die Straßen tragen und den Gefangenen im Namen Jesu die Freiheit verkünden. Freiheit ist das Wort der Stunde! Damit hat auch der Sohn Gottes sein irdisches Leben verbracht; Petrus sprach in seiner Predigt davon, „wie Gott Jesus von Nazaret gesalbt hat mit dem Heiligen Geist und mit Kraft, wie dieser umherzog, Gutes tat und alle heilte, die in der Gewalt des Teufels waren; denn Gott war mit ihm“ (Apostelgeschichte 10,38). Wie klar das ist! Es befreite die Gefangenen, weil Gott mit Ihm war und der Geist Gottes auf Ihm. Was sonst hätte Er tun können? Und was sonst können wir tun?‘

Wir sind zum Dienst der Befreiung berufen, einem wahren Befreiungsdienst. Wir sind für eine ewige, herrliche Freiheit bestimmt. Die ganze Schöpfung erwartet die völlige Freiheit, die wir einst genießen werden: „Die Schöpfung ist der Vergänglichkeit unterworfen, nicht aus eigenem Willen, sondern durch den, der sie unterworfen hat; aber zugleich gab er ihr Hoffnung: Auch die Schöpfung soll von der Sklaverei und Verlorenheit befreit werden zur Freiheit und Herrlichkeit der Kinder Gottes“ (Römer 8,20-21). Die ganze Schöpfung sehnt sich nach Freiheit! Jakobus schrieb von einem, der „sich aber in das vollkommene Gesetz der Freiheit vertieft“. Paulus lehrte: „Denn das Gesetz des Geistes und des Lebens in Christus Jesus hat dich frei gemacht vom Gesetz der Sünde und des Todes“ (Römer 8,2), Freiheit! Petrus ermahnt seine Leser: „Handelt als Freie, aber nicht als solche, die die Freiheit als Deckmantel für das Böse nehmen, sondern wie Knechte Gottes“ (1. Petrus 2,16). Er warnte auch, wir sollten uns vor falschen Lehrern in acht nehmen, denn: „Freiheit versprechen sie ihnen und sind doch selbst Sklaven des Verderbens; denn von wem jemand überwältigt worden ist, dessen Sklave ist er“ (2. Petrus 2,19). Wahre Freiheit findet sich nur in Jesus: „Er liebt uns und hat uns von unseren Sünden erlöst durch sein Blut“ (Offenbarung 1,5). Wahre Freiheit findet sich nur im Heiligen Geist. Ja, „wo der Geist des Herrn wirkt, da ist Freiheit“ (2. Korinther 3,17).

Nur die lebensverändernde Kraft des Evangeliums wird letztlich eine Gesellschaft zum Guten verändern. Nur ein neues Herz bringt das neue Leben hervor, nach dem sich die Unterdrückten so sehr sehnen. Nur der

Geist Gottes wird Gefangene wirklich befreien! Aber wenn wir nicht aufstehen und handeln, wird Satan es tun. Die Unzufriedenheit wächst. Sie ist mit Händen zu greifen. Die Revolution ist nahe, entweder von oben oder von unten – und wir allein haben die Wahrheit, die die Sklaven befreit. Wie Rutherford L. Decker es formuliert hat:

> Glaube nährt Freiheit. Ohne Glauben kann es keine Freiheit geben. Verlieren Männer ihren Glauben, dann verlieren sie ihre Freiheit. Wenn Glauben neu belebt wird, folgt die Freiheit.[35]

Unser Herr und Meister hat uns berufen, Sein Werk fortzusetzen. Deshalb lassen Sie uns hingehen und den Gefangenen die Freiheit verkünden durch das Blut des Kreuzes und die Kraft der Auferstehung. Lassen Sie uns die revolutionäre Kraft des Evangeliums wieder entdecken. Lassen Sie sie uns mutig auf den Straßen und Plätzen unserer Städte verkündigen. Freiheit soll erklingen! Der Preis ist bezahlt. Die Ketten sind zerrissen. Die Gefängnistore stehen weit offen. Gefangene, kommt heraus! Der Sohn Gottes ist gekommen, euch frei zu machen – wahrhaft frei, endlich frei! Vorwärts mit der Revolution!

Ein Christ, der … zu einem Revolutionär wird, wird als Katalysator einer Revolution in der Kirche wirken; und durch die Multiplikation revolutionierter Christen wird die Kirche selbst zu einem Katalysator der Revolution in der Gesellschaft werden. Wenn eine Gesellschaft ausreichend revolutioniert ist, dann braucht man dort eine gewaltsame Revolution genausowenig wie eine Windmühle in einer Welt voller Atomenergie. *Vernon C. Grounds*, Kanzler des Denver Seminary

[Jesus–] ein Mann, der vollkommen unschuldig war, bot sich selbst als Opfer zum Besten der anderen dar, einschließlich seiner Feinde, und wurde zum Lösegeld für die Welt. Es war ein vollkommener Schritt.
Mahatma Gandhi

Jeder einzelne Fort-Schritt, den die Welt gemacht hat, hat von Galgen zu Galgen, von Scheiterhaufen zu Scheiterhaufen geführt.
Wendell Phillips, amerikanischer Gegner der Sklaverei im 19. Jahrhundert

Der Tyrann stirbt, und seine Herrschaft ist zu Ende; der Märtyrer stirbt, und seine Herrschaft beginnt.
Søren Kierkegaard, dänischer Theologe und Philosoph im 19. Jahrhundert

Nimm das Kreuz, predige das Evangelium, und Friede wird dich erfüllen. Jesus führt mich auf der Himmelsstraße, das ist Freude ohne Ende. Auch wenn wir Verfolgung und Trübsal erdulden, das Kreuz ist meine Ehre und meine Krone.
Ein Lied von Christen in China, gedichtet und gesungen, als man sie gefoltert und durch die Straßen getrieben hatte.

10. Nimm dein Kreuz auf dich und wirf dein Schwert weg: Die Jesus-Revolution

„Revolution.“ Das Wort atmet Gewalt. Es wird oft mit Blut in Verbindung gebracht. Man könnte fast sagen, daß es ohne Blutvergießen keine Revolution geben kann. Es kommt immer jemand um!

Dies wurde besonders in den feurigen Reden von Malcolm X betont, der den gewaltlosen Ansatz von Martin Luther King Jr. verachtete.[1] Laut Malcolm X kann es gar keine gewaltlose Revolution geben:

> Schaut euch die amerikanische Revolution von 1776 an. Wofür war sie, diese Revolution? Für Land. Warum wollten sie Land? Wegen der Unabhängigkeit. Wie wurde sie durchgeführt? Mit Blutvergießen. Erstens, sie beruhte auf Land als Grundlage der Unabhängigkeit. Und der einzige Weg, es zu bekommen, war Blutvergießen. Die Französische Revolution – worauf beruhte sie? Die Landlosen gegen die Landbesitzer. Wofür war sie? Für Land. Wie bekamen sie es? Durch Blutvergießen – nicht Liebe, Kompromiß, Verhandlungen. Ich sage euch, ihr wißt gar nicht, was eine Revolution ist. Denn wenn ihr herausfindet, was sie ist, geht ihr wieder zurück, dann macht ihr euch aus dem Staub. Die Russische Revolution – worauf beruhte sie? Land; die Landlosen gegen die Landbesitzer. Wie schafften sie es? Blutvergießen. Du kannst einfach keine Revolution haben ohne Blutvergießen. Und ihr habt Angst, zu bluten. Ich sage: ihr habt Angst, zu bluten. Ich nenne diese verschiedenen Revolutionen, liebe Brüder und Schwestern, um euch zu zeigen, daß man keine friedliche Revolution haben kann. Es gibt keine Revolution, wo man die andere Wange hinhält. So etwas wie

> eine gewaltlose Revolution gibt es nicht … Ihr wißt nicht, was eine Revolution ist. Wenn ihr es wüßtet, dann würdet ihr dieses Wort nicht verwenden. Revolution ist voll Blut, voll Feindseligkeit, sie kennt keinen Kompromiß, Revolution stürzt alles um, was ihr in den Weg kommt, und vernichtet es … Da singst du nicht, da schlägst du zu. Sie beruht auf Land. Ein Revolutionär will Land, damit er seine eigene Nation aufbauen kann, eine unabhängige Nation.[2]

Auch moslemische Extremisten haben betont, daß es keine Revolution – in ihrem Fall: keine islamische Revolution – geben kann ohne Blutvergießen. Für sie ist Blutvergießen ein Muß! Das formuliert Ajatollah Fasl-Allah Mahalati ganz klar:

> Aber wer zum Gewehr greift, zum Dolch, zum Küchenmesser oder selbst zum Kieselstein, um den Feinden des Glaubens Schaden zuzufügen und sie zu töten, hat einen sicheren Platz im Himmel … Ein islamischer Staat ist ein Staat des Krieges, bis die ganze Welt das Licht des Wahren Glaubens sieht und annimmt.[3]

Die ersten Worte des Manifests der Hamas sind genauso klar:

> Die zehn fundamentalen Glaubensprinzipien der Hamas lauten:
>
> 1. Hamas schwört, einen heiligen Krieg für Palästina gegen die Juden zu führen, bis Allahs Sieg errungen ist.
> 2. Das Land muß gereinigt werden von dem Schmutz und dem Bösen der tyrannischen Eroberer …
> Und wie werden diese Ziele erreicht?
> Blut muß fließen. Es muß Witwen geben, es muß Waisen geben. Hände und Gliedmaßen müssen abgeschnitten werden, und die Glieder und das Blut müssen überall hingetragen werden, damit Allahs Religion endlich aufsteht.[4]

Das ist von brutaler Klarheit!

Keiner hat diese Philosophie entschiedener zum Ausdruck gebracht als Ajatollah Khomeini, der die Revolution zum Umsturz des Schahs von Iran anführte und zum ersten Führer der ultrafundamentalistischen Regierung dieses Landes wurde. Für iranische Moslems war er der Imam, der verborgene Führer, der in der Endzeit offenbar wurde, um Allahs Reich zu errichten. Imam Khomeini repräsentierte eine militante Version des Islam, die den gewaltlosen Ansatz der meisten Moslems völlig verwarf. Seine Ziele waren klar: „Der Heilige Krieg des Islam ist ein Kampf gegen Götzendienst, sexuelle Perversion, Ausplünderung, Unterdrückung und Grausamkeit.“ Er war zuversichtlich, daß „diejenigen, die den Heiligen Krieg studieren, verstehen, warum der Islam die ganze Welt erobern will. Alle Länder, die vom Islam erobert sind oder es noch werden, sind für das ewige Heil bestimmt.“ Seine Methoden sind ebenso klar:

> Wer nichts vom Islam versteht, tut so, als ob der Islam vom Krieg abrät. Solche Menschen haben keinen Verstand. Der Islam sagt: Tötet alle Ungläubigen, so wie sie euch alle töten würden! Heißt das, daß Moslems abwarten sollten, bis sie verschlungen werden [von den Ungläubigen]? Der Islam sagt: Tötet sie [die Nichtmoslems], liefert sie dem Schwert aus und zerstreut [ihre Armeen]. Heißt das, abzuwarten, bis uns [die Nichtmoslems] überwinden? Der Islam sagt: Tötet im Dienste Allahs diejenigen, die euch töten wollen. Heißt das, daß wir kapitulieren sollten [vor dem Feind]? Der Islam sagt: Alles, was gut ist, ist dem Schwert zu verdanken und lebt im Schatten des Schwertes! Menschen können nicht zum Gehorsam gebracht werden außer durch das Schwert! Das Schwert ist der Schlüssel zum Paradies, das sich nur seinen Heiligen Kriegern öffnet! Es gibt Hunderte von Psalmen [aus dem Koran] und Hadiths [Aussprüche Mohammeds], die die Moslems auffordern, den Krieg hoch zu schätzen und zu kämpfen. Bedeutet alles das, daß der Islam eine Religion ist, die die Menschen abhalten will, Krieg zu führen? Ich spucke auf diese Narren, die solch eine Behauptung aufstellen.[5]

Dies ist die Sprache des Krieges. Es wurde gesagt: „Der Krieg ist der höchste revolutionäre Akt. Keine Veränderung ist schneller oder umfassender als die Veränderung im Mechanismus des normalen Lebens, die der Krieg herbeiführt.“[6] Und Krieg bedeutet Blutvergießen und Tod! John Wesley stand zwar den Forderungen der Amerikaner mit Sympathie gegenüber, riet ihnen aber dennoch vom Krieg gegen Großbritannien ab. Einerseits warnte er die Engländer davor, die Amerikaner zu weit zu treiben:

> Trotz meiner tiefverwurzelten Vorurteile kann ich den Gedanken nicht vermeiden, wenn ich einmal nachdenke, daß ein *unterdrücktes* Volk

> lediglich seine *gesetzlichen* Rechte fordert, und dies auf die bescheidenste und unanstößigste Art, die die Natur der Sache zuläßt. Aber wenn man einmal alle Überlegungen hinsichtlich richtig und falsch beiseite schiebt, dann frage ich, ob es denn ein Zeichen des gesunden Menschenverstandes ist, gegen die Amerikaner Gewalt einzusetzen? Diese Männer lassen sich nicht einschüchtern; und es sieht so aus, daß sie auch nicht so leicht überwunden werden, wie man anfangs gedacht hat – sie werden wahrscheinlich um jede Handbreit Boden kämpfen; und wenn sie sterben, dann mit dem Schwert in der Hand.[7]

Auf der anderen Seite wußte Wesley um die brutalen Konsequenzen des Krieges und zeichnete ein eindrückliches Bild von der Situation, wenn zwei Armeen aufeinandertreffen; deshalb riet er den Amerikanern, nicht in den Krieg zu ziehen:

> Aber was werden sie [die gegnerischen Armeen] tun? Sie werden sich gegenseitig durch den Kopf oder das Herz schießen, sich erstechen und abschlachten … Und warum? Welches Leid hatten sie einander zugefügt? Eigentlich keines! Die meisten sind sich völlig fremd. Aber man streitet um eine Frage, die mit der Art der Besteuerung zu tun hat. Also sollen Landsleute, Kinder der gleichen Eltern, einander in größtmöglicher Eile ermorden – um zu beweisen, wer recht hat. Was für ein Argument ist das! Was für eine Beweisführung! Was für eine erstaunliche Weise, umstrittene Fragen zu entscheiden![8]

Das war der Preis der Amerikanischen Revolution: Tausende wurden durch Kopf und Herz geschossen, erstochen und abgeschlachtet, getötet, niedergemacht, ermordet. Revolutionen kommen teuer zu stehen! Hören wir noch einmal auf diese anderen, militanten Stimmen: „Du kannst einfach keine Revolution haben ohne Blutvergießen … Blut muß fließen … Menschen können nicht zum Gehorsam gebracht werden außer durch das Schwert!"

Selbst Mark Twain schrieb: „Kein Volk in der Welt hat je seine Freiheit durch freundliches Gerede und moralische Überzeugungskraft bekommen: es ist ein unabänderliches Gesetz, daß alle Revolutionen, die Erfolg haben, in Blut beginnen müssen, was immer man nachher auch antworten mag."[9] In den augenzwinkernden Worten von Jerry Rubin, einem der berühmten „Chicago Seven", die wegen Unruhestiftung auf dem Parteitag der Demokraten 1968 verhaftet wurden: „Am Ende hatte jeder ein Etikett – Schwein, Liberaler, Radikaler, Revolutionär ... Wenn du alles hattest, nur keine Knarre, warst du ein Radikaler, aber kein Revolutionär."[10]

Revolutionäre müssen bewaffnet sein! Es klingt töricht, aber es stimmt – zumindest was die Welt anbelangt. Ohne Blut gibt es keine Revolution.[11]

Auch das Wort Gottes kennt dieses Prinzip – aber in völlig anderer Weise. Gott stellt es auf den Kopf! Ja, eine kulturelle Revolution findet kaum je ohne Blutvergießen statt. Aber wenn Gott eine Revolution herbeiführt, dann ist das Blut, das vergossen wird, das Blut des Kreuzes. Es ist das Blut Jesu, das Blut der Märtyrer, das Blut der Gläubigen. Unser Blut! Das ist die radikale Umwertung, das Fundament der christlichen Revolution, der Weg Jesu zur Weltveränderung.

Unser Erlöser hat das völlig klar gemacht; er hat zwei Prinzipien für den Kampf festgelegt. Das erste Prinzip lautet: *Nimm dein Kreuz auf dich.* Die zweite Grundlage lautet: *Wirf dein Schwert weg.* Wir neigen dazu, es genau umgekehrt zu machen! Wir greifen zum Schwert und verlassen uns auf menschliche Methoden, um die Welt zu verändern. Und wir werfen unser Kreuz weg und verachten damit Gottes Methode zur Weltveränderung. Gottes Methoden laufen denen des Fleisches zuwider. Gottes Methoden erscheinen schwach und töricht. Gottes Methoden sind denen der gängigen Weisheit diametral entgegengesetzt. Gottes Methoden scheinen zum Scheitern und zum Untergang verurteilt, und doch sind sie der einzige Weg zum Erfolg und zum Sieg. Gottes Methode ist das Kreuz!

Das Kreuz? Wie kann das denn sein? Das ist doch der absolute Skandal, eine unmögliche Geschichte mit einem völlig absurden Höhepunkt. Es trotzt allen menschlichen Erwartungen. Der Sohn Gottes stirbt an einem Stück Holz? Der Messias erleidet den Tod eines Schwerverbrechers? Der König der Könige wird entblößt, verspottet, geschlagen und zu Tode gefoltert? Für das antike Denken – das jüdische, das griechische und das römische – war das eine völlige Unmöglichkeit, ein absoluter Selbstwiderspruch.

> Denn das Wort vom Kreuz ist denen, die verlorengehen, Torheit; uns aber, die gerettet werden, ist es Gottes Kraft. Die Juden fordern Zeichen, die Griechen suchen Weisheit. Wir dagegen verkündigen Christus als den Gekreuzigten: für Juden ein empörendes Ärgernis, für Heiden eine Torheit ... Zwar wurde er in seiner Schwachheit gekreuzigt, aber er lebt aus Gottes Kraft.
>
> 1. Korinther 1,18. 22-23; 2. Korinther 13,4

Ein empörendes Ärgernis, eine Torheit, Schwachheit und Entehrung, und doch ist das die Kraft, die Weisheit, die Ehre und Herrlichkeit Gottes. Wie kann so etwas sein? Gottes Wege sind nicht die der Menschen. Gottes Kraft offenbart sich in der Schwachheit. Seine Weisheit offenbart sich in der Torheit. Sein Reich breitet sich aus durch Demut und Dienst, nicht durch Angst und Einschüchterung. Das Kreuz ist der schlimmste Skandal! Das Fleisch schreit auf: „Jesus, verwünsche Deine Feinde! Jesus, wehre Dich doch! Jesus, laß Deine Jünger doch zum Schwert greifen! Laß doch Feuer vom Himmel fallen!" Statt dessen aber *liefert Er sich aus*, um sich töten zu lassen:

> Da sagte Jesus zu ihm: Steck dein Schwert in die Scheide; denn alle, die zum Schwert greifen, werden durch das Schwert umkommen. Oder glaubst du nicht, mein Vater würde mir sogleich mehr als zwölf Legionen Engel schicken, wenn ich ihn darum bitte? Wie würde dann aber die Schrift erfüllt, nach der es so geschehen muß?
> Matthäus 25,52-54

> Da sagte Jesus zu Petrus: Steck das Schwert in die Scheide! Der Kelch, den mir der Vater gegeben hat – soll ich ihn nicht trinken?
> Johannes 18,11

> Als seine Begleiter merkten, was ihm drohte, fragten sie: Herr, sollen wir mit dem Schwert dreinschlagen? Und einer von ihnen schlug auf den Diener des Hohenpriesters ein und hieb ihm das rechte Ohr ab. Jesus aber sagte: Hört auf damit! Und er berührte das Ohr und heilte den Mann. Lukas 22,49-51

> Pilatus ging wieder in das Prätorium hinein, ließ Jesus rufen und fragte ihn: Bist du der König der Juden? Jesus antwortete: Mein Königtum ist nicht von dieser Welt. Wenn es von dieser Welt wäre, würden meine Leute kämpfen, damit ich den Juden nicht ausgeliefert würde. Aber mein Königtum ist nicht von hier. Johannes 18,33.36

Er ging freiwillig ans Kreuz! Er selbst legte Sein Leben nieder; keiner nahm es Ihm weg (vgl. Johannes 10,11-18). Er *wählte* Hohn und Spott, Verachtung und Demütigung. Jeder dachte, er sei besiegt. Aber das war der Weg, auf dem der Vater die Macht Satans brach. Es war Sein Weg, um die Gefangenen zu befreien. Das war Sein Weg, der rebellischen Menschheit Verzeihung zu gewähren. Das Kreuz!

Aus menschlicher Sicht war das nicht der Weg, um die Welt zu erretten. Das jüdische Volk erwartete keinen Messias, der sich kreuzigen ließ. So etwas hatte keinen Platz in seiner Theologie. Es hätte einen kriegerischen König geachtet, selbst wenn er im Kampf gefallen wäre. Es hätte einen siegreichen Herrscher mit offenen Armen empfangen, selbst wenn er es nicht geschafft hätte, alle Feinde Gottes zu unterwerfen. Es wäre einem verehrten Lehrer gefolgt, selbst wenn er keine irdischen Streitkräfte hätte aufbieten können. Aber ein gekreuzigter König? Das ging zu weit!

Auch für Griechen und Römer war das alles undenkbar. Wie Justin der Märtyrer sagte: „Sie behaupten, unser Wahnsinn bestehe in der Tatsache, daß wir einem gekreuzigten Mann den zweiten Platz hinter dem unveränderlichen und ewigen Gott, dem Schöpfer der Welt, einräumen.“[12] Ja, in den Augen der Menschen war das völliger Irrsinn. Wie Professor Martin Hengel erklärt:

> Zu glauben, daß der einzige präexistente Sohn des einzigen wahren Gottes, der Schöpfungsmittler und Welterlöser, vor kurzem in dem abgelegenen Galiläa erschienen sei als Angehöriger dieses obskuren Volks der Juden, und, schlimmer noch, daß er einen gewöhnlichen Verbrechertod am Kreuz gestorben sei, konnte nur als ein Zeichen von Irrsinn betrachtet werden.[13]

Die meisten von uns merken nicht, wie unendlich weit hergeholt, wie radikal, wie wahrhaft revolutionär diese ganze Idee eigentlich ist. Es wäre etwa so bizarr wie die Vorstellung, Jesus würde bei Seiner Wiederkunft in Herrlichkeit von einem gewalttätigen Mob von Seinem weißen Pferd gezogen, man würde Ihm Seine Königsgewänder herunterreißen und Ihn dann bis zur Unkenntlichkeit zusammenschlagen. „Völlig unmöglich!“ denken Sie vielleicht. „Das kann einfach nicht sein. Das wäre im völligen Widerspruch zur Schrift, das wäre die vollkommene Niederlage, ein unmögliches Ende der Geschichte.“ Damit haben Sie so ungefähr das Bild!

Genauso hatte Petrus empfunden, als Jesus den Jüngern erklärte, „er müsse nach Jerusalem gehen und von den Ältesten, den Hohenpriestern und den Schriftgelehrten vieles erleiden; er werde getötet werden, aber am dritten Tag werde er auferstehen“ (Matthäus 16,21). Petrus machte Ihm auch heftige Vorwürfe: „Das soll Gott verhüten, Herr! Das darf nicht mit dir geschehen! Jesus aber wandte sich um und sagte zu Petrus: Weg mit dir,

Satan, geh mir aus den Augen! Du willst mich zu Fall bringen; denn du hast nicht das im Sinn, was Gott will, sondern was die Menschen wollen“ (Matthäus 16,22-23). Das war die Stimme Satans, nicht die des Petrus. Das war die Stimme des Fleisches, die Stimme der Welt. Es war die Stimme der geistlichen und moralischen Verblendung, die Stimme, die dem Kreuz im Weg steht. Es war eine Stimme aus der Hölle!

Ohne Blutvergießen konnte es keine Erlösung geben. Ohne Blutvergießen blieben die Tore des Himmels verschlossen. Was für einen Preis bezahlte Jesus, um diese Tore zu öffnen! Es war der Preis seiner eigenen Kreuzigung!

Und die Kreuzigung war nicht nur einfach eine schmerzhafte Form der Hinrichtung – es war die barbarischste, erniedrigendste, grausamste und entsetzlichste Form der Exekution, die man in der antiken Welt kannte. Sie war Sklaven vorbehalten, Aufrührern, Verrätern und den schlimmsten Kriminellen. Das Schicksal eines Gekreuzigten sah so aus: „Bestraft mit ausgestreckten Gliedern sehen sie den Pfahl als ihr Schicksal; sie werden an dem Pfahl festgemacht und festgenagelt unter den schlimmsten Qualen, zur Speise für üble Raubvögel und grimmige Hunde.“[14] Was für ein gräßlicher Tod!

Zuerst wurde das Opfer brutal ausgepeitscht und dann gezwungen, sein Kreuz (genauer gesagt: den Querbalken des Kreuzes) zum Ort der Hinrichtung zu tragen. Dort wurden ihm die Kleider vom Leib gerissen; dann hängte man ihn ans Kreuz, um ihn einen äußerst langsamen, qualvollen Tod sterben zu lassen. Manchmal wurde der Verurteilte ans Kreuz genagelt, manchmal wurde er mit Stricken daran festgebunden, aber die Annagelung war nicht der schlimmste Teil der Strafe, so schockierend das auch klingen mag. Der schlimmste Teil war das allmähliche Ersticken des Opfers, wobei sich jeder Körperteil immer wieder unter Qualen ausstreckte, um noch einen Atemzug zu tun, während sich die Muskeln immer schlimmer verkrampften. Und dabei hing das Opfer völlig wehrlos und nackt am Kreuz und konnte sich noch nicht einmal vor einer Fliege schützen.[15]

Bei manchen Hinrichtungen diente ein scharfkantiges Holzstück als Sitz, der die Qualen des Opfers aber noch steigerte: nach jedem Ausstrecken des Körpers nach Luft sank er wieder zusammen und fiel auf dieses grausame Folterwerkzeug. So groß waren die Qualen, daß es ein Akt der Barmherzigkeit war, wenn man dem Opfer die Beine brach. Danach war es nicht mehr in der Lage sich aufzurichten, um nach Luft zu schnappen, und erstickte deshalb in wenigen Minuten. Was für eine grausame, wahnwitzige

Form der Hinrichtung! Der Neutestamentler Johannes Schneider schreibt dazu: „Die physischen und [sic!] seelischen Leiden des langsam am Kreuze Hinsterbenden sind unvorstellbar.“[16]

Viele antike Autoren – die Augenzeugen von mehr Kreuzigungen waren, als sie sich erinnern wollten – haben uns lebhafte Beschreibungen der damit verbundenen Schrecklichkeiten überliefert. Es war die „schlimmste Strafe“ (Tacitus), „der schlimmste aller Tode“ (Apollo), „die elendeste aller Todesarten“ (Josephus).[17] Das Wort „Kreuz“ (lateinisch: crux) war sogar „eine vulgäre Stichelei bei den Unterklassen … auf den Lippen von Sklaven und Prostituierten … ein Äquivalent wäre in etwa ‚Galgenvogel‘.“[18] Und auf diese Weise starb unser Retter, so sah die Welt den Erlöser. Das hat der Herr der Herrlichkeit um unseretwillen erlitten!

Der antike Autor Seneca beschreibt folgende brutale Szenen:

> Ich sehe Kreuze dort, nicht nur von einer Art, sondern auf höchst unterschiedliche Weise. An einigen hängen die Opfer mit dem Kopf zum Boden, andere durchspießen ihre Geschlechtsteile, andere stekken ihre Arme am Galgen aus.[19]

Läßt sich jemand finden, der es vorziehen würde, unter Schmerzen zu vergehen, Glied für Glied dahinzusterben, oder sein Leben Tropfen für Tropfen zu verlieren, statt es ein für allemal auszuhauchen? Findet sich ein Mensch, der bereit wäre, sich an dem verfluchten Holz festbinden zu lassen, schon längst krank, entstellt, mit häßlichen Schwellungen auf Schultern und Brust, und nach Lebensatem ringend in einer nichtendenwollenden Qual? Er hätte viele Gründe zu sterben, noch bevor er ans Kreuz selbst gehängt würde.[20]

Jesus hat sich freiwillig ans Kreuz hängen lassen, aus eigener Entscheidung, denn nur durch Seinen gewaltsamen, blutigen Tod konnte ewiges Leben für die Menschheit, die Ihn umbrachte, entstehen. Ihre Mordtat würde sich als Gottes Erbarmenstat erweisen! Wie unglaublich ist das alles. Aber dies ist der Punkt, auf den alles zuläuft; und das ist auch der Punkt, an dem wir davonlaufen wollen. Denn Jesus ruft *jeden einzelnen von uns* dazu, sein Kreuz zu tragen. Sonst können wir nicht Seine Jünger sein. Auch für uns gibt es eine Kreuzigung. Jesus ist nicht der einzige, dem es bestimmt ist zu sterben!

Nachdem Er Petrus (Satan!) zurechtgewiesen hatte, sagte Jesus zu Seinen Jüngern: „Wer mein Jünger sein will, der verleugne sich selbst, nehme sein Kreuz auf sich und folge mir nach. Denn wer sein Leben retten will, wird es verlieren; wer aber sein Leben um meinetwillen verliert, wird es gewinnen“ (Matthäus 16,24-25). Ja, „ein Jünger steht nicht über seinem Meister und ein Sklave nicht über seinem Herrn. Der Jünger muß sich damit begnügen, daß es ihm geht wie seinem Meister, und der Sklave, daß es ihm geht wie seinem Herrn. Wenn man schon den Herrn des Hauses Beelzebul nennt, dann erst recht seine Hausgenossen“ (Matthäus 10,24-25). Er sagte: „dann erst recht“! Was heißt das für uns?

Schauen wir uns an, was es für die Menschen bedeutete, die Ihn an jenem Tag gehört hatten. Die zwölf Apostel waren: „an erster Stelle Simon, genannt Petrus, und sein Bruder Andreas, dann Jakobus, der Sohn des Zebedäus, und sein Bruder Johannes, Philippus und Bartholomäus, Thomas und Matthäus, der Zöllner, Jakobus, der Sohn des Alphäus, und Thaddäus, Simon Kananäus und Judas Iskariot, der ihn später verraten hat“ (Matthäus 10,2-4). Was war ihr Schicksal gewesen? Es scheint, als ob höchstens zwei von ihnen eines natürlichen Todes gestorben wären (Johannes und wahrscheinlich auch Matthäus). Der Rest ist, nach der (späteren) Tradition, auf folgende Weise den Märtyrertod gestorben:

> Petrus wurde verkehrt herum gekreuzigt.
> Andreas, sein Bruder, wurde an einem Kreuz in X-Form hingerichtet.
> Jakobus, der Sohn des Zebedäus, wurde geköpft.
> Philippus wurde verkehrt herum gekreuzigt.
> Bartholomäus wurde in einem Sack ertränkt.
> Thomas wurde von Speeren oder Pfeilen durchbohrt.
> Jakobus, der Sohn des Alphäus, wurde zu Tode gesteinigt (oder gekreuzigt).
> Thaddäus wurde mit Pfeilen erschossen.
> Simon Kananäus wurde gekreuzigt.[21]

Und vergessen wir nicht, daß Johannes der Täufer, der Vorläufer Jesu, geköpft wurde, genauso wie Paulus, der größte der Apostel, während Stephanus, einer der ersten Diakone, gesteinigt wurde. Was für ein Stammbaum! Und das sind die Pioniere der Revolution des Evangeliums; es sind die Gründungsväter unseres Glaubens. Und bis heute noch sagt Jesus: „Folge mir nach!“

> Dazu seid ihr berufen worden; denn auch Christus hat für euch gelitten und euch ein Beispiel gegeben, damit ihr seinen Spuren folgt.
>
> 1. Petrus 2 ,21

> Amen, amen, ich sage euch: Wenn das Weizenkorn nicht in die Erde fällt und stirbt, bleibt es allein; wenn es aber stirbt, bringt es reiche Frucht. Wer an seinem Leben hängt, verliert es; wer aber sein Leben in dieser Welt gering achtet, wird es bewahren bis ins ewige Leben. Wenn einer mir dienen will, folge er mir nach; und wo ich bin, dort wird auch mein Diener sein. Wenn einer mir dient, wird der Vater ihn ehren. Johannes 12,24-26

Wir sind berufen zu sterben, berufen, Jesus durch Leben oder Tod zu verherrlichen, berufen zu leiden, bevor wir herrschen dürfen. Als Paulus schrieb: „Denn für mich ist Christus das Leben, und Sterben Gewinn" (Philipper 1,21), da brachte er damit nur den Gedankengang des vorherigen Verses zum Abschluß: „Darauf warte und hoffe ich, daß ich in keiner Hinsicht beschämt werde, daß vielmehr Christus in aller Öffentlichkeit – wie immer, so auch jetzt – durch meinen Leib verherrlicht wird, ob ich lebe oder sterbe" (Philipper 1,20).

Ob ich lebe oder sterbe! Das Leben bestand im Erkennen Jesu; das Sterben darin, zu Ihm zu kommen. Beides war gut. Deshalb konnte Jesus dem Petrus *verkünden*, durch welchen Tod er Jesus verherrlichen würde, statt ihn darum zu *bitten,* Jesus durch seinen Tod zu verherrlichen. Petrus hatte sich als Jünger bereits darauf verpflichtet, seinen Meister mit allen Mitteln zu verherrlichen. Deshalb sagte Jesus zu ihm:

> Amen, amen, das sage ich dir: Als du noch jung warst, hast du dich selbst gegürtet und konntest gehen, wohin du wolltest. Wenn du aber alt geworden bist, wirst du deine Hände ausstrecken, und ein anderer wird dich gürten und dich führen, wohin du nicht willst. Das sagte Jesus, um anzudeuten, durch welchen Tod er Gott verherrlichen würde. Nach diesen Worten sagte er zu ihm: Folge mir nach! Johannes 21,18-19

Deshalb konnte Johannes aus der Verbannung auf der Insel Patmos schreiben: „Ich, euer Bruder Johannes, der wie ihr *bedrängt* ist, der mit euch an der Königsherrschaft teilhat und mit euch in Jesus *standhaft ausharrt*, ich war auf der Insel Patmos um des Wortes Gottes willen und des Zeugnisses für Jesus" (Offenbarung 1,9). Das ist unser Schicksal! Johannes platziert die „Königsherrschaft" zwischen „Bedrängnis" und „standhaftes Ausharren".[22] Als Johannes die Vision des Löwen aus dem Stamm Juda schaut, des Siegers, des Überwinders, des Herrschers in Majestät, des Sprosses aus der Wurzel Davids, des Triumphators, da sieht er „ein Lamm; es sah aus wie geschlachtet“ (Offenbarung 5,5-6). Der Löwe ist ein geschlachtetes Lamm! Der Sieger ist ein Opfer! Und das ist der Schlüssel zu unserem Sieg. Das ist die Art und Weise, wie wir die Welt verändern.

H. S. Vigeveno schreibt in seinem Buch *Jesus the Revolutionary*:

> Unsere Welt ist Zeuge vieler Revolutionen geworden, aber keine von ihnen war so effektiv wie diejenige, die die Geschichte in ein „v. Chr.“ und ein „n. Chr.“ eingeteilt hat. Jede Revolution beinhaltet Blutvergießen. Auch diese. Nicht allzuviel Blut, vielleicht, aber die Qualität dieses Einen übertrifft die Quantität aller anderen. Revolutionär ist diese Mission tatsächlich, die mit einem Kreuz beginnt und durch leidende Liebe die ganze Welt erobert. Revolutionär ist es, eine Kirche auf das Opfer zu bauen, das dem Menschen die Vergebung und Sühne gegenüber Gott anbietet.[23]

Wirklich revolutionär! Es liegt dem ein tiefes geistliches Prinzip zugrunde. Es handelt sich um das radikale Prinzip der Gegenkultur, das Prinzip des Gegen-den-Strich-Bürstens, des Überwindens von Widerständen. Es ist ein extrem teures Prinzip – für Jesus und für uns. Unser Retter wurde verworfen und an ein Holz genagelt, und Er spricht zu uns: „Folgt meinem Beispiel!“ Unser Herr wurde ans Kreuz gehängt, um unter Qualen zu sterben, und Er sagt zu uns: „Nehmt euer Kreuz auf euch!“ Unser Meister wurde verhöhnt, ausgepeitscht und durchbohrt, und Er sagt zu uns: „Erwartet eine ähnliche Behandlung!“ Jesus hat das ganz deutlich gemacht. Die Welt wird uns so behandeln, wie sie Ihn behandelt hat:

> Wenn die Welt euch haßt, dann wißt, daß sie mich schon vor euch gehaßt hat. Wenn ihr von der Welt stammen würdet, würde die Welt euch als ihr Eigentum lieben. Aber weil ihr nicht von der Welt stammt, sondern weil ich euch aus der Welt erwählt habe, darum haßt euch die Welt. Denkt an das Wort, das ich euch gesagt habe: Der Sklave ist nicht größer als sein Herr. Wenn sie mich verfolgt haben, werden sie auch euch verfolgen; wenn sie an meinem Wort festgehalten haben, werden sie auch an eurem Wort festhalten. Johannes 15,18-20

Das ist die Art und Weise, wie wir eine ganze Generation prägen. So verändern wir die Gesellschaft. So gewinnen wir Gottes Krieg: durch den Tod. Malcolm X hatte recht – auf völlig verkehrte Weise –, als er sagte: „Du kannst einfach keine Revolution haben ohne Blutvergießen.“ Ja, aber es wird unser eigenes Blut sein! Blut muß fließen. Blut wird fließen. Blut ist geflossen. Das ist der Schlüssel zum Sieg und zum Überwinden. Wir retten unser Leben, indem wir es verlieren. Wir bewahren unser Leben, indem wir es weggeben. Wir siegen, indem wir unterliegen. Wir leben, indem wir sterben. Das ist die Jesus-Methode der Revolution. Sie läßt sich nicht stoppen.

Unsere Bibelschulklasse, die am 17. Dezember 1999 ihre Abschlußfeier hatte, überreichte mir dabei eine Plakette mit folgender Inschrift:

> „Denn wenn ihr auch zehntausend Erzieher hättet in Christus, so habt ihr doch nicht viele Väter." Mit Liebe und Dankbarkeit nehmen wir unseren Platz ein in der Ernte und treffen mit Gottes Gnade die Entscheidung zu dienen – im Leben oder im Tod.

Welche Waffe gibt es gegen eine solche Entschlossenheit?

Dr. Robert Coleman hat bemerkt: „Das Kreuz war nur der krönende Höhepunkt der Hingabe Jesu an den Willen Gottes. Es hat für immer deutlich gemacht, daß Gehorsam keine Kompromisse duldet – es ging immer schon um eine Hingabe an den Tod."[24] Das muß auch unsere Hingabe sein. So lautet das Wort des Herrn:

> Selig seid ihr, wenn ihr um meinetwillen beschimpft und verfolgt und auf alle mögliche Weise verleumdet werdet. Freut euch und jubelt: Euer Lohn im Himmel wird groß sein. Denn so wurden schon vor euch die Propheten verfolgt. Matthäus 5,11-12

> Fürchtet euch nicht vor denen, die den Leib töten, die Seele aber nicht töten können, sondern fürchtet euch vor dem, der Seele und Leib ins Verderben der Hölle stürzen kann. Matthäus 10,28

> Sie riefen die Apostel herein und ließen sie auspeitschen; dann verboten sie ihnen, im Namen Jesu zu predigen, und ließen sie frei. Sie aber gingen weg vom Hohen Rat und freuten sich, daß sie gewürdigt worden waren, für seinen Namen Schmach zu erleiden.
> Apostelgeschichte 5,40-41

> Sind wir aber Kinder, dann auch Erben; wir sind Erben Gottes und sind Miterben Christi, wenn wir mit ihm leiden, um mit ihm auch verherrlicht zu werden. Römer 8,17

> Sie sind Diener Christi – jetzt rede ich ganz unvernünftig –, ich noch mehr: Ich ertrug mehr Mühsal, war häufiger im Gefängnis, wurde mehr geschlagen, war oft in Todesgefahr. Fünfmal erhielt ich von Juden die neununddreißig Hiebe; dreimal wurde ich ausgepeitscht, einmal gesteinigt ... was mich selbst angeht, will ich mich nicht rühmen, höchstens meiner Schwachheit. 2. Korinther 11,23-25; 12,5

> In Zukunft soll mir niemand mehr solche Schwierigkeiten bereiten. Denn ich trage die Zeichen Jesu an meinem Leib. Galater 6,17

> Denn euch wurde die Gnade zuteil, für Christus dazusein, also nicht nur an ihn zu glauben, sondern auch seinetwegen zu leiden.
> Philipper 1,29

> Jetzt freue ich mich in den Leiden, die ich für euch ertrage. Für den Leib Christi, die Kirche, ergänze ich in meinem irdischen Leben das, was an den Leiden Christi noch fehlt. Kolosser 1,24

> Und ihr seid unserem Beispiel gefolgt und dem des Herrn; ihr habt das Wort trotz großer Bedrängnis mit der Freude aufgenommen, die der Heilige Geist gibt. So wurdet ihr ein Vorbild für alle Gläubigen in Mazedonien und in Achaia. 1. Thessalonicher 1,6-7

> Du aber bist mir gefolgt in der Lehre, im Leben und Streben, im Glauben, in der Langmut, der Liebe und der Ausdauer, in den Verfolgungen und Leiden, denen ich in Antiochia, Ikonion und Lystra ausgesetzt war. Welche Verfolgungen habe ich erduldet! Und aus allen hat der Herr mich errettet. So werden alle, die in der Gemeinschaft mit Christus Jesus ein frommes Leben führen wollen, verfolgt werden.
> 2. Timotheus 3,10-12

Der letzte Vers sagt alles: „So werden alle, die in der Gemeinschaft mit Christus Jesus ein frommes Leben führen wollen, verfolgt werden." Alle! Deshalb hatte Jesus zu der Gemeinde von Smyrna gesagt, einer der beiden Gemeinden, die Er nicht zurechtgewiesen hatte: „Du hast ausgeharrt und um meines Namens willen Schweres ertragen und bist nicht müde geworden. Fürchte dich nicht vor dem, was du noch erleiden mußt. Der Teufel wird einige von euch ins Gefängnis werfen, um euch auf die Probe zu stellen, und ihr werdet in Bedrängnis sein, zehn Tage lang. Sei treu bis in den Tod; dann werde ich dir den Kranz des Lebens geben" (Offenbarung 2,3.10). Deshalb konnte Petrus schreiben: „Der Gott aller Gnade aber, der euch in (der Gemeinschaft mit) Christus zu seiner ewigen Herrlichkeit berufen hat, wird euch, die ihr kurze Zeit leiden müßt, wieder aufrichten, stärken, kräftigen und auf festen Grund stellen" (1. Petrus 5,10). Das war genaugenommen ein Grund zum Jubeln! „Liebe Brüder, laßt euch durch die Feuersglut, die zu eurer Prüfung über euch gekommen ist, nicht verwirren, als ob euch etwas Ungewöhnliches zustoße. Statt dessen freut euch, daß ihr Anteil an den Leiden Christi habt; denn so könnt ihr auch bei der Offenbarung seiner Herrlichkeit voll Freude jubeln" (1. Petrus 4,12-13).

Es ist unser Vorrecht, unsere Ehre, unsere höchste Berufung und unsere Freude, an den Leiden unseres Erlösers teilzuhaben. Das ist der Weg, auf dem wir die Welt verändern! Sehen Sie, der Kampf um die Seele dieser Generation, oder irgendeiner Generation, wir nicht durch brutale Gewalt entschieden werden. Wahre Bekehrung erfolgt nicht durch das Schwert, sondern durch das Kreuz, nicht indem man anderen das Leben nimmt, sondern indem man sein eigenes niederlegt. Das ist der Weg Jesu zur Gesellschaftsveränderung. Das ist die Jesus-Methode der Revolution. Nichts kann sie aufhalten; nichts sie überwinden; sie ist unschlagbar.

> Er wurde gestürzt, der große Drache, die alte Schlange, die Teufel oder Satan heißt und die ganze Welt verführt; der Drache wurde auf die Erde gestürzt, und mit ihm wurden seine Engel hinabgeworfen. Da hörte ich eine laute Stimme im Himmel rufen: Jetzt ist er da, der rettende Sieg, die Macht und die Herrschaft unseres Gottes und die Vollmacht seines Gesalbten; denn gestürzt wurde der Ankläger unserer Brüder, der sie bei Tag und bei Nacht vor unserem Gott verklagte. Sie haben ihn besiegt durch das Blut des Lammes und durch ihr Wort und Zeugnis; sie hielten ihr Leben nicht fest, bis hinein in den Tod.
>
> Offenbarung 12,9-11[25]

Was für ein revolutionäres Konzept! Alle anderen Konzepte, die den Anspruch erheben, „revolutionär" zu sein – einschließlich des Kommunismus, Sozialismus, Faschismus, des fanatischen Islam, um nur einige zu nennen –, sind gewöhnlich, zahm, ja sogar „traditionell" im Vergleich dazu. Sie sind primitiv und überholt. Sie verlassen sich auf blanke Gewalt und auf Zahlen, Gewehre, Messer und Bomben, auf terroristische Angriffe und Guerillakrieg, auf Haß, Zorn und Rache. Wie barbarisch! Wie fleischlich! Wie unfähig!

Das ist nicht der Weg Jesu. Wir leben, indem wir sterben; wir empfangen, indem wir geben; wir überwinden das Böse mit Gutem, den Haß durch die Liebe. So gestalten wir die Gesellschaft um. So triumphieren wir über die Welt. Wir haben den Tod schon besiegt; wir haben die Angst schon überwunden; wir haben Satan schon überwältigt. Er hat nichts mehr in seinem Arsenal, das stark genug wäre, uns zu besiegen. Für uns ist Christus das Leben, und Sterben Gewinn. Der Tod hat seinen Stachel verloren!

Eine übernatürliche Kraft wird freigesetzt, wenn wir mit der Anziehungskraft dieser Welt brechen und völlig frei werden, zu leben oder zu sterben; so sind wir in der Lage, uns einem Prinzip zu weihen, egal, was es kostet oder welche Konsequenzen es mit sich bringt. Das ist der Punkt, an dem die Kirche immer wächst. Das Blut der Märtyrer ist immer noch der Same der Kirche![26] Eberhard Arnold, ein radikaler deutscher Christ (1883–1935) hilft uns, das aus der richtigen Perspektive zu betrachten:

> So mußten denn die Christen als geistesrevolutionäre Abgesandte des Endgerichts und der kommenden Umgestaltung jeden Augenblick zum Martyrium bereit sein. Ihrem Lebenszeugnis war das Todesurteil des Staates und der Gesellschaft gewiß. „Märtyrer" ist jeder todesbereite „Zeuge" seines Glaubens, der dieses Zeugnis in der Standhaftigkeit eines Gottessoldaten vor Thronen und Gerichten vertritt. So ist er ein „Märtyrer", auch wenn er, auf alles gefaßt, durch sein Zeugnis nicht zu Tode gekommen ist. Die objektive Wahrheit seines Zeugnisses vertritt er als Augenzeuge des Herrn und seiner Auferstehung. Er sieht Christus und wird sein prophetischer Geistträger. Wie der Vorkämpfer aller Märtyrer, ihr vom frommsten Volk der Juden und vom besten Staat der Römer zu Tode gebrachter Christus, durch sein Kreuz die dämonische Finsternis mit Riemen gebunden und entwaffnet hatte, so wird jeder neue Märtyrertod zur Siegesfeier über diese Gewalten.[27]

Einige der größten Führer der Alten Kirche waren Männer wie Ignatius von Antiochien, der in Rom den wilden Tieren vorgeworfen wurde; Polykarp von Smyrna, den man auf dem Scheiterhaufen verbrannte; und Justin der Märtyrer, der geköpft wurde. Einige der größten Reformer des Spätmittelalters starben ebenfalls für ihren Glauben: Männer wie Johannes Hus, der auf dem Scheiterhaufen verbrannte; Girolamo Savonarola, den man folterte, erdrosselte und auf dem Scheiterhaufen verbrannte; William Tyndale, der ebenfalls erdrosselt und auf dem Scheiterhaufen verbrannt wurde (letzterer unter anderem dafür, daß er für eine Bibelübersetzung in die Landessprache eintrat). In jüngerer Zeit wären beispielsweise Namen zu nennen wie die Missionare Jim Elliot, Nate Saint, Roger Youderian, Ed McCully und Peter Fleming (sie starben 1956 den Märtyrertod), oder zwanzig Jahre früher John und Betty Stam; sie alle hinterließen in ein paar kurzen Momenten des Todeskampfes ein Erbe für die Ewigkeit. Hören wir auf ihre Geschichten, dann verstehen wir das.

John und Betty Stam waren Absolventen des Moody Bible Institute. Sie gingen in einer Zeit nach China, als es dort schwierig für Missionare war. Sie heirateten genaugenommen erst in China; Betty war nämlich schon ein Jahr früher als John in die Mission gegangen. Sie wußten um das Risiko, das sie eingingen: Die China Inlandsmission warb konkret um Mitarbeiter, die in den gefährlichen, von Kommunisten infiltrierten Gebieten arbeiten sollten. Beide waren durch ein Gedicht inspiriert worden, das nach dem Märtyrertod des presbyterianischen Missionars Jack Vinson im Jahre 1931 geschrieben worden war. Vinson hatte keine Todesfurcht gezeigt und seinen chinesischen Häschern gesagt: „Tötet mich, wenn ihr wollt. Ich gehe direkt zu Gott." Die Ruhe, die er an den Tag legte, inspirierte seinen Kollegen E. H. Hamilton zu folgendem Gedicht:

Afraid? Of What?
To feel the spirit's glad release?
To pass from pain to perfect peace,
The strife and strain of life to cease?
Afraid – of that?

Afraid? Of What?
Afraid to see the Saviour's face,
To hear His welcome, and to trace
The glory gleam from wounds of grace?
Afraid – of that?

Afraid? Of What?
A flash, a crash, a pierced heart;
Darkness, light, O Heaven's art!
A wound of His a counterpart!
Afraid – of that?

Afraid? Of What?
To do by death what life could not –

Baptize with blood a stony plot,
Till souls shall blossom from the spot?
Afraid – of that?

Angst? Wovor?
Die frohe Befreiung des Geistes zu fühlen?
Aus dem Schmerz in den vollkommenen Frieden einzugehen?
Daß die Mühen und Anstrengungen des Lebens enden?
Angst – davor?

Angst? Wovor?
Angst, das Antlitz des Erlösers zu sehen?
Sein „Willkommen“ zu hören, die Spuren der Herrlichkeit
aus den Wunden der Gnade leuchten zu sehen?
Angst – davor?

Angst? Wovor?
Ein Blitz, ein Krach, das Herz durchbohrt;
Dunkelheit, Licht, o Kunst des Himmels!
Eine Seiner Wunden als Gegenstück!
Angst – davor?

Angst? Wovor?
Durch Tod zu tun, was das Leben nicht vermochte –
mit Blut den steinigen Grund zu taufen
bis Seelen dort erblühen werden?
Angst – davor?

Mit Mut und Glauben hatte John 1932 die Abschlußklasse von Moody herausgefordert:

> Sollen wir den Rückzug antreten und uns von unserer hohen Berufung in Christus Jesus abwenden? Oder wagen wir es, auf Gottes Befehl hin im Angesicht des Unmöglichen vorzurücken? Laßt uns selbst uns daran erinnern, daß der Missionsbefehl nie von Vorbedingungen abhängig war, etwa daß wir nur dann vorrücken sollten, wenn die Finanzen dafür vorhanden wären und keine Härten oder Selbstverleugnung erforderlich wären. Im Gegenteil, es wird uns gesagt, daß wir Drangsal

> und sogar Verfolgung zu erwarten haben, aber das zugleich mit dem Sieg Christi.[28]

Der Tag der Abrechnung kam für John und Betty Stam. (Ein kürzlich erschienenes Buch greift offenbar diese Worte Johns auf und spricht von dem „Siegestag für die Stams". Was für ein Gedanke!)[29] Sie wurden von den Kommunisten gefangengenommen (wobei ihr kleines Baby, Priscilla, durch ein Wunder verschont blieb), dann schmerzhaft gefesselt, bis auf die Unterwäsche ausgezogen und die Nacht über bewacht. Am nächsten Morgen wurden sie unter Hohn und Spott durch die Straßen getrieben und anschließend geköpft – sie tauften einen steinigen Grund mit Blut, bis Seelen dort erblühten. Sie hatten keine Angst davor!

Als die Kunde von ihrem Martyrium sich verbreitete, waren die Auswirkungen dramatisch. Viele neue Mitarbeiter meldeten sich für die Mission, es gab neue Gebetsgruppen von Studenten und große Geldspenden für die Arbeit in China. Ein Missionar der China Inlandsmission schrieb an Bettys Eltern: „Ein Mensch mit der längsten Lebensspanne hätte wahrscheinlich nicht den hundertsten Teil des Werks für Christus vollbracht, das sie an einem Tag bewirkten."[30] Das ist die Macht des Martyriums! Jesus sagte: „Amen, amen, ich sage euch: Wenn das Weizenkorn nicht in die Erde fällt und stirbt, bleibt es allein; wenn es aber stirbt, bringt es reiche Frucht" (Johannes 12,24). Ein kurzer Akt des Gehorsams bis in den Tod brachte vielen anderen ewiges Leben!

Schauen wir uns auch die Frucht der fünf Märtyrer des Jahres 1956 in Ekuador an. Steve Saint, der Sohn des Piloten und Märtyrers Nate Saint, erfuhr die Einzelheiten ihres Martyriums viele Jahre später. Steve hatte immer wieder unter den Menschen gearbeitet, die seinen Vater getötet hatten, weil alle durch die Witwen und Verwandten der Märtyrer Christen geworden waren. (Ja, die Witwen der Märtyrer führten die Mörder ihrer Ehemänner zu Jesus!) Er wußte, daß sein Vater und die andere Missionare Gewehre hatten, aber sie hatten einen Bund geschlossen, diese Gewehre nie zur Selbstverteidigung gegen einen Angriff von Menschen einzusetzen. Was also war an jenem schicksalsträchtigen Tag des Jahres 1956 passiert?

Es stellte sich heraus, daß die Mörder – die meisten von ihnen waren Teenager und keine erfahrenen Krieger – einen Streit mit ihrem eigenen Stamm gehabt hatten und die Schuld dafür den Missionaren zuschieben wollten; sie ließen ihre Wut an ihnen aus. Aber die Missionare verteidigten sich nicht und versuchten auch nicht zu fliehen, was die Eingeborenen sehr beeindruckte und bei der späteren Bekehrung eine Rolle spielte. Nachdem sie ihre Opfer getötet hatten, sahen und hörten die Indianer eigenartige Dinge und Geräusche. Sie sahen Menschen, die den soeben getöteten Fremden (die sie *cowodi* nannten) aufs Haar glichen, über den Bäumen stehen und hörten sie Lieder singen, die sie später als Chorlieder wiedererkannten (die sie natürlich nie zuvor gehört hatten). Andere sahen den Himmel von Lichtern erfüllt, die sich bewegten und hell strahlten. Es scheint so, als ob Engel – oder himmlische Zeugen – sangen! Was für ein heiliger Moment für Gott.

Fünf junge Männer starben an jenem Tag bei der Erfüllung ihrer Pflicht; sie ließen Frauen und Kinder zurück. Diese Männer wurden von den gewalttätigsten der Huaroni-Indianer mit Speeren niedergemacht (die Auca genannt wurden, was soviel wie „Wilde" in ihrer Sprache heißt). War es das wert gewesen? Steve Saint, der ohne seinen Vater aufwachsen mußte, schrieb vierzig Jahre später im Rückblick:

> Gott nahm fünf gewöhnliche junge Männer mit einer außergewöhnlichen Hingabe und gebrauchte sie zu seiner Ehre. Sie hatten nie das Vorrecht, das sie so enthusiastisch begehrten, nämlich den Huaroni von dem Gott zu erzählen, den sie so liebten und dem sie dienten. Aber auf jeden einzelnen Huaroni, der heute auch aufgrund ihrer Anstrengungen Gott nachfolgt, kommen Tausend *cowodi* [Fremde], die Gottes wegen dieses Vorbilds noch entschlossener nachfolgen. Der Erfolg, der ihnen im Leben vorenthalten blieb, wurde und wird immer noch von Gott vervielfältigt, als Denkmal ihres Gehorsams und seiner Treue.[51]

Das ist Jesu Weise, die Welt zu gewinnen, das Prinzip der Multiplikation durch Martyrium. Es ist das vergessene Geheimnis von Kirchen- und Gemeindewachstum, die unaufhaltsame Waffe unserer Revolution. Es ist der Funke, der eine ganze Generation entzünden wird, so wie ein kurzer Satz – „Ja, ich glaube" –, gesprochen von zwei Teenagern im Angesicht des Todes, mithalf, eine Jugenderweckung am Ende des zwanzigsten Jahrhunderts zu beginnen. Das ist die Art und Weise, wie wir überwinden; auf diese Weise verändern wir die Gesellschaft; auf diese Weise machen wir Menschen zu Jüngern; auf diese Weise wächst das Reich Gottes. Wie sterben und vermehren uns!

Fragen Sie Cassie und Rachel. Fragen Sie Jim Elliot und Nate Saint. Fragen Sie John und Betty Stam. Fragen Sie Tyndale, Savonarola und Hus. Fragen Sie Ignatius, Polykarp und Justin den Märtyrer. Fragen Sie Paulus, Stephanus und Jakobus. Fragen Sie Petrus, Andreas, Jakobus, Philippus, Bartholomäus, Thomas, den anderen Jakobus, Thaddäus und Simon. Fragen

Sie Jesus, unseren Herrn, unseren Erlöser, unser Vorbild. Was sagen sie uns? „Folge mir!“ Mit einhelliger Stimme rufen sie alle: „Nimm dein Kreuz auf dich und wirf dein Schwert weg: Die Zeit für die Schlacht ist gekommen!“

Dies ist unser Tag, unser Augenblick der Wahrheit. Dies ist unsere heilige Stunde, unsere Zeit, uns dem heiligen Dienst zu weihen. Sind Sie immer noch mit dabei? Werden Sie dem Herrn im Leben und im Tod dienen? Dann vorwärts mit der Revolution!

Tot sein für alle natürlich-irdischen Pläne und Hoffnungen, tot für alle Stimmen, wie kostbar sie auch immer seien, die unser Ohr taub machen würden für Seine Stimme.

Amy Carmichael als Antwort auf die Frage, was es bedeute, sich selbst abzusterben und für Gott zu leben

Jetzt habe ich alles andere aufgegeben. Ich habe gefunden, daß das der einzige Weg ist. Christus wirklich zu kennen und die mächtige Kraft zu erfahren, die Ihn wieder zurückbrachte ins Leben; und herauszufinden, was es bedeutet, zu leiden und mit Ihm zu sterben. Was auch immer es kostet, ich werde jemand sein, der in der frischen Neuheit des Lebens derer lebt, die aus den Toten lebendig wurden.

Cassie Bernall, Märtyrerin an der Columbine Highschool

Ich habe keine persönlichen Freunde mehr an der Schule. Aber weißt du was? Ich entschuldige mich nicht dafür, daß ich den Namen Jesu ausspreche. Ich werde meinen Glauben nicht vor ihnen rechtfertigen, und ich werde auch das Licht, das Gott in mich hineingelegt hat, nicht verbergen. Wenn ich alles opfern muß, dann werde ich es tun. Ich werde es akzeptieren. Wenn meine Freunde Feinde werden müssen, damit ich bei meinem besten Freund sein kann, Jesus, dann akzeptiere ich das.

Rachel Scott, Märtyrerin an der Columbine Highschool

Vater, nimm mein Leben, ja, mein Blut, wenn Du es so willst, und verzehre es mit Deinem alles erfassenden Feuer. Ich will es nicht retten, denn es ist nicht meines, so daß ich es retten könnte. Nimm es, Herr, nimm es ganz. Gieße mein Leben als ein Opfer für die Welt aus. Blut hat nur Wert, wenn es vor Deinem Altar fließt.

Jim Elliot, geschrieben im Alter von 21 Jahren

11. Das Leben zu retten heißt, es zu verlieren: Die Kraft der Revolution

Ich liebe das Leben. Ich lebe ausgelassen und mit Begeisterung. Jede Nacht, wenn ich ins Bett gehe, freue ich mich auf einen ganz neuen Tag. Ich kann es gar nicht erwarten, wieder aufzustehen und neu zu beginnen. Das Leben ist erfüllend, lohnend, voller Herausforderungen – alles andere als langweilig.

Ob es ein Abend ist, an dem ich mit meiner Frau ausgehe, oder ein geistlicher Dienst in Übersee; ob es ein Tag ist, den ich mit Studien und Gebet verbringe oder mit Spielen mit der ganzen Familie; ob es darum geht, den neuesten Computer zu kaufen oder einige neue Bücher; ob es die Teilnahme an einem Gottesdienst mit Studenten ist oder ein langer Flug mit einem Kollegen – ich genieße alles, was ich tue. Ungeachtet aller Schmerzen und Schwierigkeiten, die wir alle in dieser Welt erleben, trotz der Zeiten furchtbaren Leidens und tiefer Verluste, liebe ich das Leben durch und durch. Es ist normal – und schriftgemäß – das zu tun:

> Wollt ihr von eurem Leben etwas haben und möglichst lange glücklich sein? Dann nehmt eure Zunge gut in acht, damit ihr nicht lügt und niemand verleumdet! Kehrt euch vom Bösen ab und tut das Gute! Müht euch mit ganzer Kraft darum, daß ihr mit allen Menschen in Frieden lebt! (Psalm 34,13-15 GN; vgl. auch 1. Petrus 3,10-12)

> Weil er an mir hängt, will ich ihn retten; ich will ihn schützen, denn er kennt meinen Namen. Wenn er mich anruft, dann will ich ihn erhören.

> Ich bin bei ihm in der Not, befreie ihn und bringe ihn zu Ehren. Ich sättige ihn mit langem Leben und lasse ihn schauen mein Heil.
>
> Psalm 91,14-16

Ein langes, genießenswertes Leben ist ein Geschenk Gottes! Er ist derjenige, „von dem alles Leben kommt“ und „der uns alles reichlich gibt, was wir brauchen“ (1. Timotheus 6,13.17). Von Ihm schreibt der Psalmist: „Gott, wie köstlich ist deine Huld! Die Menschen bergen sich im Schatten deiner Flügel, sie laben sich am Reichtum deines Hauses; du tränkst sie mit dem Strom deiner Wonnen. Denn bei dir ist die Quelle des Lebens, in deinem Licht schauen wir das Licht“ (Psalm 36,8-10). Ja, in Ihm ist das Leben, und dieses Leben ist das Licht der Menschen (vgl. Johannes 1,4).

Das ist der Grund, warum wir, die wir dem Herrn dienen, mit „unsagbarer, von himmlischer Herrlichkeit verklärter Freude“ erfüllt werden (1. Petrus 1,8). Deshalb konnte Jesus sagen: „... wer aber von dem Wasser trinkt, das ich ihm geben werde, wird niemals mehr Durst haben; vielmehr wird das Wasser, das ich ihm gebe, in ihm zur sprudelnden Quelle werden, deren Wasser ewiges Leben schenkt“ (Johannes 4,14). Und deshalb konnte er auch verheißen: „Wer Durst hat, komme zu mir, und es trinke, wer an mich glaubt. Wie die Schrift sagt: Aus seinem Inneren werden Ströme von lebendigem Wasser fließen“ (Johannes 7,37-38). Ja, Jesus ist gekommen, damit wir „das Leben haben und es in Fülle haben“ (Johannes 10,10).

Das ist der Grund, warum ich das Leben in vollen Zügen genieße. Deshalb koste ich es bis zur Neige aus. Deshalb *liebe ich das Leben.* Aber ich liebe nicht *mein eigenes Leben.* Das ist ein gewaltiger Unterschied! Hören wir Jesus: „Wer an seinem Leben hängt, verliert es; wer aber sein Leben in dieser Welt gering achtet, wird es bewahren bis ins ewige Leben“ (Johannes 12,25). Man verliert sein Leben, wenn man es liebt; man bewahrt es, wenn man sich davon lossagt – indem man seine eigenen Ansprüche und Rechte aufgibt.

Es läuft letztlich darauf hinaus: Wir gehören Gott, und zwar Gott allein. Wir leben, um Seinen Willen zu tun, Punkt. Wenn Sein Wille am völligsten durch unser Leben erreicht werden kann, so sei es. Wenn Sein Wille am völligsten durch unser Sterben erfüllt werden kann, so sei es. Das sollte der normale Ausdruck unseres Glaubens sein.

Paulus schrieb an Timotheus: „Kämpfe den guten Kampf des Glaubens, ergreife das ewige Leben, zu dem du berufen worden bist und für das du vor vielen Zeugen das gute Bekenntnis abgelegt hast“ (1. Timotheus 6,12). Das ist der Schlüssel dafür, unser Leben auf die rechte Weise im Hier und

Jetzt zu führen. C. S. Lewis bemerkte dazu: „Seitdem die Christen aufgehört haben, sich über das Jenseits Gedanken zu machen, sind sie im Diesseits so wirkungslos geworden.“ Ohne eine Ewigkeitsperspektive sind wir kurzsichtig, ja blind. Unser Sehfeld ist eingeschränkt! Im Licht der Ewigkeit sehen wir klar. In jenem Licht können wir vernünftige Entscheidungen treffen, die wir nie bedauern müssen – selbst wenn wir eine Million Jahre alt werden würden. (Und wir werden in sehr realer Weise eine Million, ja viele Millionen Jahre alt werden!)

Wir haben ja schon das ewige Leben bekommen (vgl. Johannes 5,24; 1. Johannes 5,11-12) und wir haben schon zusammen mit dem Messias einen Platz im Himmel (vgl. Epheser 2,1-7 und Kolosser 3,1-3). Wir leben mit einem Fuß in dieser Welt und mit einem in der kommenden. Was auf uns wartet, ist ein Leben, das wirklich Leben ist (vgl. 1. Timotheus 6,17). Wir leben den ersten, schwächlichen und schattenhaften Teil unseres Lebens schon hier in dieser Welt. Den Rest werden wir in Fülle und unverhüllter Herrlichkeit in der kommenden Welt verbringen. Aber es ist ein und dasselbe Leben! Der größere, vollere, wunderbarere Ausdruck unseres Lebens kommt erst noch. Die einzige Frage ist: Wieviel Zeit verbringen wir hier an diesem Ort des Dienstes und des Opfers? Wie viele Jahre sind uns hier gegeben, um für den Herrn zu arbeiten, bevor wir unseren Lohn bekommen?

Das alltägliche Leben in dieser Welt *ist* wichtig. Deshalb kommen uns bei einer Hochzeit Tränen der Rührung, freuen wir uns über die Geburt eines gesunden Kindes, weinen vor Trauer bei einer Beerdigung, klatschen Beifall bei einer Abschlußfeier und jubeln bei Sportereignissen. Aber das Leben hier ist nur bruchstückhaft, entstellt von Sünde, Krankheit, Leid und Tod. Es ist nicht das volle Leben, das Gott uns zugedacht hat. Nein! Nur das Leben des Himmels – wie wunderbar – ist wahrhaft Leben. Es allein ist vollkommenes Leben, makellos, unzerstörbar, Leben ohne Ende! Nur ein Leben ohne Tod ist Leben im Vollsinn.

Und natürlich ist diese Welt hier, dieses irdische Leben, der Ort, an dem wir Jesus unsere Dankbarkeit zeigen können. Hier in diesem Leben können wir ungezählte verlorene und sterbende Menschen erreichen. Hier in diesem Leben werden wir auf die Probe gestellt und geläutert, wenn wir im Glauben leben. Hier in diesem Leben können wir die Schlachten des Herrn schlagen. Die Realität ist, daß dieses Leben alles ist, was wir kennen. Wenn wir hier 60, 70 oder 80 Jahre leben sollen, dann brauchen wir einen Ort zum Leben, eine Möglichkeit, unseren Lebensunterhalt zu verdienen, und ein bestimmtes Maß an Ausbildung und Fähigkeiten. Aber alle diese Dinge sind nur Äußerlichkeiten und Randerscheinungen. Was wirklich zählt, ist unsere Beziehung zu Gott.

In dieser Welt sind wir wie Menschen, die unter der Erde leben und die Wurzeln einer Pflanze sorgfältig hegen und pflegen. Im Glauben wissen wir, daß auf der anderen Seite etwas Schönes heranwächst, auch wenn das für uns gegenwärtig nicht sichbar ist. Eines Tages aber werden wir auf jener anderen Seite leben und die volle Schönheit jener Pflanze genießen. Für jetzt ist unsere Perspektive sehr beschränkt, während wir uns unter der Erde abmühen. Aber unsere Bemühen ist real! Es führt zu einer Frucht, die bleibt.

In dieser Welt gleichen wir Babys im Mutterleib – sie leben und wachsen, aber sind in ihrem Bewußtsein begrenzt und völlig eingeschlossen in ihrem vorläufigen Zuhause. Eines Tages werden wir aus dem Schoß hervorkommen! Aber das Leben im Schoß ist real und wichtig; ohne es gibt es kein Leben in der Welt draußen.

Das ist die Perspektive, die wir uns zulegen müssen:

> Darum werden wir nicht müde; wenn auch unser äußerer Mensch aufgerieben wird, der innere wird Tag für Tag erneuert. – Denn die kleine Last unserer gegenwärtigen Not schafft uns in maßlosem Übermaß ein ewiges Gewicht an Herrlichkeit – uns, die wir nicht auf das Sichtbare starren, sondern nach dem Unsichtbaren ausblicken; denn das Sichtbare ist vergänglich, das Unsichtbare ist ewig.
>
> 2. Korinther 4,16-18

> Ich bin überzeugt, daß die Leiden der gegenwärtigen Zeit nichts bedeuten im Vergleich zu der Herrlichkeit, die an uns offenbar werden soll. Römer 8,18

Das, was noch kommen wird, ist weitaus großartiger und besser als das, was wir in unserer gegenwärtigen Welt je erleben können. *Diese* Perspektive ist die Realität. *Diese* Perspektive ist die Wahrheit. Wenn wir versuchen, unser Leben in dieser Welt zu retten, dann verlieren wir den wahren Sinn des Lebens. Wenn wir unser Leben für das Evangelium verlieren, dann leben wir wirklich. Selbst Menschen ohne eine Ewigkeitsperspektive haben sich dieses Prinzip zu eigen gemacht. Sie haben erkannt, daß das Leben nicht einfach eine Frage des Daseins, des Habens, Tuns und Existierens ist. Es gibt eine Absicht, einen Zweck, ein Ziel für unser Leben.

Deshalb sind atheistische Kommunisten bereit, für ihre Sache zu sterben. Selbst nichtreligiöse Soldaten sind bereit, für ihr Land zu sterben. Sie sehen den Zweck ihres Lebens in weitaus mehr als Selbsterhaltung oder Selbstverbesserung. Sie erkennen, daß die Erfüllung ihrer Ideale es vielleicht erforderlich macht, das eigene Leben niederzulegen – ob diese Ideale nun in einer besseren Gesellschaft, nationaler Unabhängigkeit oder sicheren Grenzen bestehen. Sie tun das aus Einsicht in die Notwendigkeit. Sie tun es um ihrer Kinder willen, um ihrer Kollegen willen, um der Gegenwart willen, um der Zukunft willen. Sie tun es, weil sie das höhere Gut wählen.

Dov Gruner war ein jüdischer Freiheitskämpfer, der 1947 von den Engländern gefangegenommen und zum Tod durch den Strang verurteilt worden war. Kurz vor seiner Hinrichtung schrieb er die folgenden Zeilen:

> Natürlich will ich leben. Wer will das nicht? Aber wenn es mir leid tut, daß es mit mir zu Ende geht, dann hauptsächlich deswegen, weil ich nicht genug geschafft habe. Ich hätte auch die Zukunft sich selbst überlassen können, ich hätte die Arbeit annehmen können, die mir angeboten wurde, oder ich hätte das Land verlassen und sicher in Amerika leben können. Aber das hätte mir als Juden, und ganz bestimmt als Zionisten, nicht gereicht ... aufzustehen für das, was unser ist, und zum Kampf bereit zu sein, selbst wenn das in manchen Fällen zum Galgen führen mag ... Ich schreibe diese Zeilen achtundvierzig Stunden vor dem von unseren Unterdrückern festgesetzten Zeitpunkt für die Durchführung ihres Mordes, und in einem solchen Augenblick lügt man nicht. Ich schwöre, daß ich, wenn ich die Wahl hätte, noch einmal anzufangen, den gleichen Weg wählen würde, ungeachtet der möglichen Folgen für mich.[1]

Ja, „wenn es mir leid tut, daß es mit mir zu Ende geht, dann hauptsächlich deswegen, weil ich nicht genug geschafft habe“; oder, um es mit den berühmten Worten von Nathan Hale zu sagen, bevor er im September 1776 hingerichtet wurde: „Ich bedaure nur, daß ich nur ein einziges Leben habe, das ich für mein Land verlieren kann.“ Das Leben ist mehr als nur leben! Das Leben hat Sinn und Ziel. Das Leben schreitet von einer Generation zur nächsten weiter, von dieser Welt zur kommenden. Das Leben sollte etwas Bleibendes hervorbringen. Was ist die Frucht unseres Lebens? Was ist unsere Hinterlassenschaft? Was können wir vorweisen für all die Jahre, die wir hier auf Erden gelebt haben? Welchen Weg wählen wir? Den Weg des geringsten

Widerstandes (d.h. den Weg, unser Leben zu retten), oder den Weg der Revolution (d.h. den Weg, unser Leben zu verlieren)?

Während der Schrecklichkeiten des Zweiten Weltkriegs wurden die Juden Osteuropas in Ghettos eingeschlossen, bevor sie in Konzentrationslager verfrachtet wurden, um dort ausgelöscht zu werden. Die Lebensbedingungen in diesen Ghettos waren unvorstellbar: überall Hungersnöte, Krankheiten, Schmutz, überwältigende Hoffnungslosigkeit. Emanuel Ringelblum war der Historiker des jüdischen Ghettos in Warschau. Seine Chronik wurde Jahre nach seinem tragischen Tod im Schutt des Ghettos entdeckt. Lesen wir sorgfältig, was er geschrieben hat:

> Die ältere Generation, die schon ihr halbes Leben hinter sich hatte, sprach, dachte und trachtete nur danach, den Krieg zu überleben; sie träumte vom Leben. Die Jugend – das Beste, das Edelste, was das jüdische Volk besaß – sprach und dachte nur an einen ehrenvollen Tod. Die machten sich keine Gedanken, den Krieg zu überleben. Sie fälschten keine Ariernachweise [um entkommen zu können]. Sie hatten keine Behausungen auf der anderen Seite, ihr einziges Anliegen war es, den würdevollsten und ehrenhaftesten Tod zu entdecken, der eines altehrwürdigen Volkes würdig war, dessen Geschichte sich über mehrere tausend Jahre erstreckte.[2]

Viele von uns gleichen dieser älteren Generation! Unser Ziel ist es, zu überleben und ein nettes Leben zu führen. Echte Revolutionäre sehen die Dinge anders: Ihr Ziel ist es, in Ehren zu leben und zu sterben, etwas in dieser Welt zu bewirken, dauerhafte Veränderungen herbeizuführen. Der Preis spielt keine Rolle. Die Sache allein zählt. (Es war der Kirchenvater Augustin, der gesagt hatte – und Napoleon war ihm darin gefolgt –: „Es ist die Sache, nicht der Tod, der jemanden zum Märtyrer macht.")[3]

Weniger als ein Jahr nachdem sie eine Guerilla-Armee in Bolivien gebildet hatten, hatten Che Guevaras Truppen schon einen hohen Preis bezahlt:

> Im August war Che erschöpft und krank; das galt auch für viele seiner zwei Dutzend Männer, die noch bei ihm waren. Am 7. August [1967], auf den Tag genau neun Monate nach der Geburt der Guerilla-Armee, schrieb er: „Von den [ursprünglichen] sechs Männern sind zwei tot, einer ist verschwunden, zwei sind verwundet, und ich leide an Asthmaanfällen, die ich nicht unter Kontrolle bekomme."[4]

Das ist der Preis einer Revolution in der Welt! Und Revolutionäre in der Welt bezahlen diesen Preis gerne, ohne jede Hoffnung auf ein Leben in der kommenden Welt Gottes. Sie sind allein von ihren diesseitigen Zielen her motiviert. Um wieviel eher geben *religiöse* Revolutionäre ihr Leben für ihre Sache?

Betrachten wir die folgenden Zeugnisse aus der Welt des fundamentalistischen Islam. Hier die Worte der Mutter eines Hamas-Terroristen, der sich selbst am letzten Sonntag im Dezember 1994 in die Luft sprengte und dabei 13 Menschen verletzte. „Ich bis sehr glücklich, daß mein Sohn ins Paradies gekommen ist", sagte sie. „Er hat uns sehr stolz gemacht und der ganzen Familie Ehre gebracht. Ich empfinde keinen Schmerz und weine auch nicht. Das ist wie eine Hochzeit."[5] Eine Hochzeit!

Aus Ägypten kommen die folgenden glaubensvoll-fanatischen Worte: „Sein Leben für den Islam zu geben, ist die höchste Berufung. Wir müssen die Welt von der Bedrohung der Zionisten und der Amerikaner befreien. Sie sind die Quelle alles Bösen."[6] Eine Nachrichtenmeldung aus Kairo läßt es einem kalt über den Rücken laufen:

> Zwei Brüder, die für ihren Angriff auf deutsche Touristen, bei dem zehn Zivilisten getötet worden waren, zum Tode verurteilt wurden, werden die Regierung nicht um Gnade bitten. Laut eines Zeitungsberichts vom 1. November [1997] bereuten die beiden Männer nichts und waren bereit, als Märtyrer für die Sache des Islam zu sterben. „Ein Todesurteil wäre wie ein Festtag", sagt Saber Abu el-Ulla nach Zeugenaussagen, bevor der Urteilsspruch verkündet wurde.[7]

So wäre also ein Todesurteil wie ein Festtag, während der Tod eines Sohns bei einem terroristischen Selbstmordanschlag wie eine Hochzeit ist. Was sagt das aus über die Mentalität des extremistischen Islam? Was sagt das aus über die Mentalität religiöser Revolutionäre? Und was haben diese Extremisten mit allen religiösen Märtyrern gemein? Drei Merkmale sind wesentlich: Erstens eine starke Hoffnung auf ein Weiterleben nach dem Tod; zweitens ein Gefühl der Enttäuschung angesichts des gegenwärtigen Zustands der Welt; und drittens, eine absolute Hingabe an die eigene Sache. Das sind die unterscheidenden Merkmale des religiösen Martyriums, aber sie finden sich nur bei ganz wenigen von uns!

Wir reden viel von der kommenden Welt, aber wir leben so, als ob diese Welt alles wäre. Unsere Enttäuschung angesichts des irdischen Lebens ist eher flüchtig und macht leicht dem jeweiligen Geschmack, dem gerade aktuellen Vergnügen oder der neuesten Modeerscheinung Platz. Und unsere Hingabe an die Sache ist auch eher fraglich. Oftmals sind wir lieber feige und schließen Kompromisse, als daß wir engagiert und zur Konfrontation bereit wären. Unsere Hingabe ist zweifelhaft! Weltliche Revolutionäre und religiöse Revolutionäre stellen gleichermaßen unseren äußerst oberflächlichen Glauben bloß.

Mahatma Gandhi, der die Unabhängigkeit Indiens durch eine gewaltlose Revolution erkämpft hatte, sagte einmal: „Ein Reformer darf nicht mit dem Strom schwimmen. Sehr oft muß er dagegen angehen, auch wenn es ihn das Leben kostet."[8] So sei es! Solche Überzeugungen kosteten Gandhi schließlich sein Leben. Und solche Überzeugungen kosteten auch Martin Luther King Jr. das Leben – obwohl er durch Gewaltlosigkeit mehr für die Bürgerrechte erreicht hatte als irgendeiner seiner Zeitgenossen durch Gewalt. Beide Männer wurden ermordet. Beide wußten, daß ihnen möglicherweise ein gewaltsamer Tod drohte. Aber beide gingen trotzdem diesen Weg!

Christliche Märtyrer kann man als Menschen sehen, die um der Gerechtigkeit willen ermordet werden. Aber wir sind alle aufgefordert, nach Gerechtigkeit zu hungern und zu dürsten, ernsthaft nach Gottes Reich zu streben und nach Seiner Gerechtigkeit (vgl. Matthäus 5,6; 6,33). Werden wir uns entschließen, einen geraden Kurs ohne Abweichungen zu steuern? Sind uns Prinzipien wichtiger als das Vergnügen? Schätzen wir die Gunst Gottes höher als die der Menschen? Treten wir ein für die Gerechtigkeit?

Schauen wir uns an, wie weit Gandhis Prinzipien der Gewaltlosigkeit eigentlich reichten (für ihn waren das Prinzipien der Gerechtigkeit). Seine Regeln für die Disziplin unter Freiwilligen aus dem Jahre 1930 enthielten folgende Aussagen:

1. Hege keinen Ärger, sondern erdulde den Ärger deines Gegners. Weigere dich, seine Angriffe mit gleicher Münze zu vergelten.
2. Befolge keine Anweisung, die im Zorn gegeben wurde, auch wenn auf Ungehorsam eine strenge Strafe steht.
3. Verzichte ganz auf Beleidigungen und Schimpfworte.
4. Schütze die Gegner [tatsächlich: die Gegner!] vor Beleidigungen oder Angriffen, selbst wenn du dein Leben dabei riskierst.
5. Widerstehe nicht deiner Verhaftung oder der Beschlagnahme von Besitz, außer wenn du Treuhänder dieses Besitzes bist.
6. Weigere dich, Eigentum, das du treuhänderisch verwaltest, selbst unter Lebensgefahr herauszugeben.
7. Wenn du gefangengenommen wirst, verhalte dich vorbildlich.[9]

Warum tun so viele Menschen solche Dinge? Warum erleiden sie freiwillig Schmerzen, Leid und selbst den Tod? Warum weigern sie sich, gewaltsam zu handeln, selbst auf Kosten ihres eigenen Lebens? Der Grund ist, daß sie gegen die Gewalt kämpfen und dieser Kampf nur durch Gewaltlosigkeit gewonnen werden kann. An dem Prinzip der Gewaltlosigkeit festzuhalten – selbst um den Preis des eigenen Lebens – bedeutet, das Leben und den Krieg zu gewinnen. Es hat funktioniert!

Erkennen Sie, welche Macht darin liegt, für ein Prinzip zu leben und zu sterben? Erkennen Sie, wie Sie Ihr Leben retten können, wenn Sie es verlieren – insbesondere im Einsatz für das Evangelium und das ewige Leben? Erkennen Sie, wie die Liebe zum eigenen Leben – das Festklammern daran, die Weigerung, es loszulassen – Ihre geistliche Effektivität behindern kann? Betrachten Sie das Beispiel des Stephanus, des ersten Märtyrers der Kirche. Warum steckte er nicht zurück, als er merkte, daß der Sanhedrin, das leitende religiöse Gremium, wütend auf ihn wurde? Warum versuchte er nicht, ihn zu beruhigen? Schließlich war er doch wahrscheinlich ein junger Mann mit Frau und Kindern. Seine ganze Zukunft lag noch vor ihm. Seine Familie war von ihm abhängig. Vielleicht wartete zu Hause ein kleines Kind darauf, ihm in die Arme zu laufen, wenn er nach Hause kam? Aber er kam nie mehr nach Hause!

Und dann war da noch sein geistlicher Dienst. Er war ein gewaltiger Prediger; er hatte die geistliche Salbung, Kranke zu heilen und Wunder zu tun. Wie viele Menschen hätte er erreichen können! Wieviel Gutes hätte er für das Reich Gottes noch tun können! Warum bestritt Stephanus nicht einfach die falschen Vorwürfe? „Männer und Brüder, diese Anklagen entsprechen nicht der Wahrheit!" Warum beantwortete er nicht höflich ihre Fragen und beruhigte ihren Zorn? Warum erhob er weiterhin seine Stimme und provozierte sie? Die Antwort ist eine Herausforderung für uns alle: *Er trachtete nicht danach, sein eigenes Leben zu retten; er trachtete danach, ein Zeuge Jesu zu sein.* „Denn wer sein Leben retten will, wird es verlieren; wer aber sein Leben um meinetwillen verliert, wird es gewinnen" (Matthäus 16,25).

Das ist die Geschichte der wahren Kirche in jeder Nation und jedem Zeitalter: „Und doch hältst du an meinem Namen fest und hast den Glauben an mich nicht verleugnet, auch nicht in den Tagen, als Antipas, *mein treuer Zeuge*, bei euch getötet wurde, dort, wo der Satan wohnt" (Offenbarung 2,13).[10] Das ist das Evangelium des Martyriums, das Evangelium Jesu. Es ist das Evangelium, das Paulus predigte und lebte: „Aber ich will mit keinem Wort mein Leben wichtig nehmen, wenn ich nur meinen Lauf vollende und den Dienst erfülle, der mir von Jesus, dem Herrn, übertragen wurde: das Evangelium von der Gnade Gottes zu bezeugen“ (Apostelgeschichte 20,24). Leonhard Ravenhill hat beobachtet, daß es Paulus egal war, ob der Preis für seinen Gehorsam das Gefängnis war. Denn es wäre besser, *für ein paar Jahre* der ‚Gefangene des Herrn‘ zu sein, als daß seine Mitmenschen *auf ewig* die Gefangenen des Teufels in der Hölle sein sollten.“[11] Das ist eine biblische Perspektive!

1984 gab ein Christ namens Samuel seine gutbezahlte Arbeit in Südindien auf, nachdem er eine herausfordernde Predigt von K. P. Yohannan von Gospel for Asia gehört hatte, und zog mit seiner Familie in den Bundesstaat Karnataka. Dort begann er unter Hindus zu predigen, die für ihre Feindseligkeit gegenüber dem Evangelium bekannt waren. Der Herr segnete sein Werk, und so kam selbst ein Hindupriester zum Glauben.

Das war mehr, als die radikalen Hindus ertragen konnten. So platzten sie an einem Sonntag in eine Veranstaltung, schlugen Samuel mit Eisenstäben und brachen ihm eine Hand, einen Arm und das Schlüsselbein. Als sein siebenjähriger Sohn zu ihnen rannte und rief: „Bitte bringt Papa nicht um!“, schlugen sie ihn auf den Rücken und brachen ihm die Wirbelsäule. Dann verschwanden sie, nicht ohne Samuel zu warnen, daß sie ihn umbringen würden, sollte er wieder predigen. Die Verletzungen waren so schwer, daß Samuel und sein Sohn mehrere Monate im Krankenhaus verbrachten.

Nach seiner Entlassung besuchte Samuel ein Mitarbeitertreffen mit K. P. Yohannan. Am ersten Abend wurde in der Gebetszeit sein Arm von der Lähmung, die von den Schlägen zurückgeblieben war, übernatürlich geheilt. Am nächsten Abend gab er Zeugnis von dem, was er vor kurzem für den Herrn durchgemacht hatte.

K. P. fragte Samuel: „Was wirst du jetzt tun?“ Mit ruhiger Entschlossenheit erwiderte der junge Mann: „Ich gehe zurück. Selbst wenn ich getötet werde, wird mein Blut das Fundament für viele weitere Gemeinden werden.“ Und er kehrte zurück! Er predigte weiterhin, er taufte weiterhin die Bekehrten, und sein Sohn ging wieder in die Schule. Er ist auch wieder zusammengeschlagen worden. Vielleicht *wird* sein Blut das Fundament vieler weiterer Gemeinden werden.

Natürlich ist es für uns leicht, diesen Mann aus sicherer Entfernung zu bewundern, aber was, wenn wir in seiner Lage wären? Wären wir zurückgegangen, um weiter zu predigen? K. P. Yohannan war ehrlich genug zuzugeben, daß er selbst vielleicht anders reagiert hätte. Zum einen wären ihm jede Menge guter Bibelverse eingefallen, die das gerechtfertigt hätten. Zum aneren hätte er noch ein weiteres gutes Argument gehabt:

> Ich bin erst etwas über vierzig Jahre alt! Gott will meine intellektuellen Fähigkeiten für Sein Reich gebrauchen. Bei all dem, was Er in mein Leben investiert hat, seitdem ich 16 bin, wäre es da recht, wenn ich mich von einigen Fanatikern nächste Woche umbringen lassen würde? So dumm darf man doch nicht sein! Ich ziehe weg von hier, dann habe ich weitere vierzig Jahre meines Lebens, die ich in das Reich Gottes investieren kann.[12]

Samuel dachte anders. Er war nicht darauf aus, sein Leben zu retten – er war darauf aus, Sünder zu retten. Wie kann er bei einer solchen Entschlossenheit überwunden werden? Er erkannte, daß sein Leben gar nicht ihm gehört. In vergangenen Jahrhunderten segelten Missionare im gleichen Geist zu weit entfernten Ländern; ihren Besitz packten sie in *Särge*. Es war eine Reise ohne Wiederkehr![13]

Gegen Ende der achtziger Jahre ging ein junger Evangelist in einen Teil Asiens, der für seinen gewalttätigen Widerstand gegen das Evangelium berüchtigt war. Sofort kamen radikale religiöse Widersacher zu seiner Wohnung und machten ihre Absicht sehr klar: „Wir bringen dich um, wenn du hier bleibst und predigst!" Der Evangelist lächelte. „Ich bin gekommen, um zu sterben", war seine Antwort. Zehn Jahre später hatte seine Gemeinde 200 Mitglieder. Das ist die Kraft eines Evangeliums des Martyriums. Das ist wahrer Erfolg. Das ist der Weg, unser Leben zu retten – indem wir es für den Herrn verlieren.

Wir können von dem tragischen und doch inspirierenden Bericht aus dem Konzentrationslager von Treblinka lernen, das von den dort inhaftierten Juden in einem todesmutigen Aufstand niedergebrannt und zerstört wurde. Die Geschichte entwickelte sich allmählich. Über viele Monate hinweg kamen Zugladungen von jüdischen Gefangenen in das Lager. Dort erwartete sie eine überraschend friedliche Szenerie. Der Bahnhof war schön hell gestrichen, um den Terror zu kaschieren, der auf die unglücklichen Opfer wartete. Eines allerdings hätte die ankommenden Juden stutzig machen sollen: die große Bahnhofsuhr an der Wand zeigte immer die gleiche Zeit. Sie war nur gemalt! Aber der Trick funktionierte, und die meisten der Ankommenden merkten nicht, wie nahe der Tod war.

Natürlich hatten viele von ihnen bestimmte Vorstellungen von den Gefahren, die sie erwarteten, aber sie waren trotzdem nicht in der Lage, zu kämpfen oder Widerstand zu leisten. Warum? Weil sie dachten, Widerstand bedeute den sofortigen Tod, während sie vielleicht irgendwie ihr Leben retten könnten, wenn sie sich fügten.

Sie irrten sich! Sich zu fügen bedeutete den sicheren Tod – denn die Gaskammern warteten auf sie –, während Widerstand der einzig mögliche Weg war, ihm zu entgehen. Wenn alle Juden gemeinsam den Aufstand versuchten, würden die meisten von ihnen dabei sterben. Aber einige würden überleben. Es war ihre einzige Hoffnung. Und doch gingen Hunderttausende Juden ohne jeden Widerstand in den Tod, gelähmt von dem „Rette-dein-Leben!"-Gedanken.

Diese Mentalität war besonders stark im sogenannten Sonderkommando, einer Spezialeinheit von Juden, die den entsetzlichen Auftrag hatten, die Leichen ihrer Mitjuden aus den Gaskammern in die Verbrennungsöfen zu bringen. Weil sie für ihre grauenhafte Arbeit stark sein mußten, bekamen sie mehr als die anderen Gefangenen zu essen. Außerdem hatten sie besondere Privilegien, weil ihre Arbeit so seelisch belastend war. So durften sie etwa in ihrer Freizeit Fußball spielen.

Und hier kommt die Ironie des Ganzen: Von allen Juden in Treblinka wußten diese Männer am besten, welches Schicksal auf ihre Volksgenossen wartete. Und doch weigerten sie sich, die offensichtliche Frage zu beantworten: „Was ist mit den Männern des vorherigen Sonderkommandos passiert?" „Vielleicht", so überlegten sie, „wenn wir unsere Arbeit gut machen, werden wir irgendwie überleben. Vielleicht wird dieser Alptraum irgendwann, wenn wir am Leben bleiben, doch zu Ende gehen und wir werden befreit. Vielleicht ..." Das war genau das, was die Nazis wollten. Solche Gedanken lähmten die gefangenen Juden und beraubten sie ihrer Fähigkeit, sich zu wehren.

Und so lief das System, bis eines Tages eine neue Gruppe von Arbeitern des Sonderkommandos die Leichen der vorherigen Gruppe zu den Verbrennungsöfen brachte – derjenigen, die ihr Leben verloren hatten, weil sie es zu retten trachteten. Und dann geschah etwas. Einer der Gefangenen entkam auf einem Zug in eine andere Stadt. Aber sobald man ihn im Verdacht hatte, Jude zu sein, mußte er erneut fliehen. Auf seiner Flucht von einem Ort zum nächsten kam er zu einer fürchterlichen Schlußfolgerung: Sein Volk war zum Untergang verurteilt! Wo immer er hinkam, wurden Juden wie Vieh in Waggons getrieben und in den Tod geschickt, unter Beteiligung der örtlichen Bevölkerung. Es gab keine Hoffnung!

So ließ sich dieser mutige Jude erneut gefangennehmen und nach Treblinka zurückbringen – in den sicheren Tod. Er brachte eine Botschaft mit: „Jemand muß überleben und Zeuge dieser Dinge sein. Unser Volk wird vernichtet und wir werden alle sterben. Aber die Welt muß davon erfahren! Wenn wir sterben, dann laßt uns in Würde sterben. Wenn wir uns wehren, dann haben wir wenigstens ein Chance, der Welt unsere Geschichte zu erzählen."

Und so begann der Plan des Aufstands. Aber ein Aufstand war nahezu unmöglich: Wie konnten die Juden von Baracke zu Baracke und zwischen den einzelnen Lagerteilen ihre Anstrengungen koordinieren? Woher sollten sie die nötigen Waffen nehmen, wenn selbst ein Stecken kaum aufzutreiben war? Und wie konnte man bei der extrem kurzen Lebensdauer in einem Konzentrationslager (die meisten wurden innerhalb von Wochen oder höchstens Monaten umgebracht) über längere Zeit hinweg einen erfolgreichen Plan entwickeln und umsetzen? Alle diese Faktoren ließen den Plan unmöglich erscheinen, bis schließlich ein Tropfen das Faß zum Überlaufen brachte. Diese erschütternde Geschichte verdient es, ausführlich erzählt zu werden.

Es gab einen Juden namens Langner, dessen Vater ein Schuhgeschäft in der polnischen Stadt Tschenstochau besaß. Wie Hunderttausende anderer Juden hatte er Gerüchte von einer Massenvernichtung seines Volkes gehört, aber er hatte gegen alle Hoffnung gehofft, daß sie nicht wahr wären. Trotzdem hatte er genügend Angst vor der Gefahr durch die Nazis, daß er sich versteckte, wenn es eine Razzia in seiner Gegend gab.

Und dann war er eines Tages, wie Milionen anderer Juden, aus seinem Versteck getrieben worden. Im Zug, der ihn nach Treblinka brachte, hatte er es vorgezogen, den Versprechungen der Deutschen zu glauben, statt endlich die Wahrheit zu akzeptieren. Es waren einhundert Menschen in diesem Wagen zusammengepfercht, einhundert, die beteten, weinten und endlos den Zweck dieser Reise diskutierten. Als einer von ihnen aufstand und sagte: „Wehren wir uns!", hatten die anderen ihm die ewige Antwort gegeben: „Wenn wir uns wehren, werden wir alle auf der Stelle umgebracht, während wir, wenn wir warten, zwar vielleicht auch umkommen, aber vielleicht auch nicht, und vielleicht nicht sofort." Und dann waren die Diskussionen weitergegangen. Als es kein Wasser mehr im Wagen gab, begannen die Kinder, ihren Müttern den Schweiß vom Gesicht zu lecken, und die Erwachsenen sanken in sich zusammen. Der Mann, der gesagt hatte „Wehren wir uns!", verkündete dann: „Ich geh hier raus. Wer will mitkommen?" Als er diese Frage gestellt hatte, fiel sein Blick auf Langner, der ohne nachzudenken antwortete: „Ich!"[14]

Diese zwei schafften es, die Vergitterung des Fensters zu entfernen, obwohl die anderen sie stoppen wollten, und Langner beobachtete, wie der andere, der als erster ausgelost war, aus dem Fenster sprang, sich abrollte, aufstand und im Zickzack auf eine Baumgruppe zulief.

In diesem Moment ertönten Schüsse. Langner hatte jedes Verlangen zu springen verloren. Er war weinend unter dem Fenster zusammengebrochen. Mehrere Male hatte er versucht, wieder aufzustehen, um zu springen, aber seine zitternden Beine verweigerten ihm den Dienst. Furcht war über ihn gekommen, allmächtig, lähmend.

Als er in Treblinka angekommen war, war er von einem alten Freund aus Tschenstochau, der ihn erkannte, gerettet worden. Die Furcht hatte ihn nie verlassen, aber ein anderes Gefühl kam jetzt dazu: das Gefühl, wie ein Feigling gehandelt zu haben, weil er nicht gesprungen war. Er erinnerte sich an das Gesicht des Mannes, der geflohen war, und sah ihn wieder, wie er plötzlich unter den Sterbenden aufstand und sagte: „Wehren wir uns!" Er hatte das so einfach gesagt, als ob es etwas ganz Natürliches wäre. Er hatte gesagt: „Wehren wir uns!" wie andere gesagt hätten: „Laßt uns beten, Brüder!" Zu dieser Zeit war der Gedanke einer Revolte Langner absurd vorgekommen. Was konnte man schon mit bloßen Händen gegen Panzer ausrichten; was konnten Frauen und alte Männer gegen diese jungen, starken, gutbewaffneten und durchtrainierten Soldaten ausrichten? Es war Irrsinn. Aber nun lebte Langner in einer Welt des Irrsinns [Treblinka!], und die Stimme des anderen hallte in seinem Herzen wider. Er wußte immer noch nicht, wie man sich wehren konnte, aber dieser Gedanke wurde jeden Tag stärker in ihm, und Stück für Stück vergaß er sowohl seine Furcht wie seine Feigheit.[15]

Unglücklicherweise wurde er von einem Wachtposten erwischt, als er versuchte, etwas Geld zu stehlen. Die Nazis freuten sich, einen Schuldigen zu haben, und beschlossen, ein Exempel zu statuieren. Nachdem sie ihn am Morgen schwer ausgepeitscht hatten, hingen sie ihn an seinen Füßen an einem Galgen auf, der in der Mitte des Hofes errichtet war, und schlugen immer weiter auf ihn ein, während er hilflos hin und her schwankte. Eine Kolonne von Juden zog an ihm vorbei auf ihrem langen Marsch in die Gaskammern. (Das gehörte zur täglichen Routine.) Am Nachmittag, als die letzten Juden auf ihrer „Straße zum Himmel", wie man das nannte, vorbeigekommen waren, mußten die anderen jüdischen Gefangenen in Reih und Glied auf dem Hof antreten. Langner stöhnte und schrie unterdessen; er bettelte die Wachen an, ihn zu töten.

Der Lagerleiter (ein Nazi namens Lalka) erklärte dann den Gefangenen, daß Langner bald sterben würde, aber erst, nachdem er noch einige Stunden der Qual durchlitten hätte. Seine entsetzliche Behandlung sollte allen eine Lehre sein, die versuchen würden zu fliehen! Lalka zwang dann die

Gefangenen, einer nach dem anderen an Langner vorbeizuziehen und dabei das Treblinkalied zu singen; danach schickte er sie an die Arbeit zurück.

Der Nachmittag dauerte eine Ewigkeit. Keiner sagte ein Wort. Die Stille war so tief, daß Langners Stöhnen in jeder Ecke des riesigen Platzes zu hören war. Wenn er nach seiner Mutter schrie, dachte jeder an seine eigene. Wenn er darum bettelte, umgebracht zu werden, wollte jeder sterben. Langners Agonie war die Agonie aller, seine Schreie waren ihre Schreie, seine Schmerzen ihre Schmerzen. Sie hätten weglaufen wollen, sich die Ohren zustopfen, taub werden wollen, um das nicht länger hören zu müssen. Wenn sie nur aufhören könnten, den zerfetzten Körper ihres Bruders zu sehen, der immer noch unter jedem Peitschenhieb zuckte! Trotzdem schauten sie heimlich zu ihm hin, wo er hing, blutüberströmt, verstümmelt, formlos. Sie sahen das Blut langsam aus seinen Haaren tropfen, wie von einem geschundenen Tier, sie sahen seine Haut in großen Fetzen herabhängen; das blanke Fleisch darunter leuchtete hellrot. Plötzlich stieß er einen lauten Schrei aus, der die Gefangenen und die Wächter kalt durchzuckte, und alle dachten, er würde endlich sterben. Aber sofort hörten ihn die Gefangenen in Jiddisch rufen:

> „*Jiden! Jiden!* Juden, Juden meine Brüder!" (Ein Schweigen, und wieder schien die Stimme aus dem Nichts zu kommen.) „Erhebt euch! Wehrt euch! Hört nicht auf ihre Versprechungen. Ihr werdet alle getötet. Sie können euch hier nicht weggehen lassen, nach all dem, was ihr gesehen habt. Selbst wenn sie euch verschonen wollten, wären sie gezwungen, euch zu töten, denn die Welt wird ihnen nie vergeben, was sie getan haben, und sie wissen es. Erhebt euch! Rächt eure Väter und eure Brüder, rächt euch selbst! Rettet die Ehre Israels! Wenn ihr schon sterbt, sterbt kämpfend! Lang lebe Israel! Lang lebe das jüdische Volk!"[16]

Obwohl die Wächter zuerst nicht verstanden, was Langner rief, bekamen sie doch mit, wie er „Lang lebe Israel!" schrie. Da rannte Lalka zu Langner – der jetzt wild hin und her zuckte – und zerschmetterte seinen Kopf mit dem Lauf seines Gewehrs. Aber es war zu spät. Es war, als ob plötzlich ein Licht angegangen wäre. Die Wahrheit war endlich öffentlich ausgerufen. Der Bann war gebrochen.

Die Juden erkannten schließlich das Unvermeidliche: Wenn sie versuchten, ihr Leben zu retten, würden sie es verlieren. Wenn sie ihr Leben für ihr Volk und ihre Sache verlören, würden sie es retten – zumindest in dem Sinn, daß sie ihre Würde und Selbstachtung retten würden. Im besten Fall würden sie sogar ihr irdisches Leben und das ihrer Kinder retten. Ihr unglaublich heldenhafter Aufstand gegen jede Wahrscheinlichkeit führte dazu, daß 40 Wärter starben und das Konzentrationslager niedergebrannt wurde. Es ging nie wieder in Betrieb; kein einziger Jude wurde darin mehr vergast oder verbrannt. 70 Juden konnten entkommen und gaben ihre Geschichte als Zeugnis an alle kommenden Generationen weiter.[17]

Nun, was hat uns das alles zu sagen? Warum erzähle ich diese Geschichte so ausführlich? Ich glaube, wir können hier einige Lektionen lernen – ja, wir müssen sie lernen! Treblinkas nett angestrichener Bahnhof ist mit der Welt vergleichbar. Sie sieht so gut aus, so einladend, so gemütlich. Aber dieser Eindruck ist falsch! Trotzdem lassen wir uns so leicht täuschen. Wie A. W. Tozer vor vielen Jahren schrieb: „Daß diese Welt ein Spielplatz statt ein Kampfplatz sei, hat inzwischen die überwiegende Mehrheit der fundamentalistischen Christen akzeptiert."[18] Wir befinden uns im Krieg – einem geistlichen Krieg, einem kulturellen Krieg, einem moralischen Krieg –, aber wir verlieren es oft aus dem Blick. Wir entscheiden uns lieber für das Spielen; wir wollen lieber unser Leben leben als kämpfen. Das Leben in dieser Welt wirft seinen Bann über uns, und so leben und sterben wir genauso wie die Menschen der Welt. Unsere Werte als Christen unterscheiden sich kaum von den ihren!

Wie die Juden von Treblinka werden wir gelähmt von der Rette-dein-Leben-Mentalität. Wir wagen nicht – um des Evangeliums willen! –, unser Leben, unseren Ruf, unsere Karriere, unsere Bildung, unsere Träume, unsere Finanzen, unsere Familien, uns selbst aufs Spiel zu setzen. Schließlich, so argumentieren wir, wenn wir einfach einen ordentlichen Platz in der Gesellschaft einnehmen, Vorwürfe vermeiden, den Respekt der Nichtchristen gewinnen und uns gut einfügen, ohne das Boot zum Kentern zu bringen, dann können wir lange genug leben, um etwas für Jesus zu tun.

Aber das ist die Garantie des Scheiterns! Das ist die Garantie, daß wir unser Leben *verlieren* – daß wir verlieren, was wirklich wichtig ist, daß wir unsere Gelegenheit verlieren, diese Welt zu verändern, daß wir den Sinn dessen, wozu wir eigentlich errettet worden sind, verlieren, daß wir unsere wahre Würde und unseren tiefsten Wert verlieren. Wie William Ralph Inge, ein englischer Theologe und Dekan an der St. Paul's Cathedral in London, bemerkte: „Wir verlieren unser Christentum, weil das Christentum ein Glaubensbekenntnis für Helden ist, während wir in der Hauptsache harmlose, gutmütige Menschen sind, die allen eine gute Zeit wünschen."[19] Wie wahr – aber es reicht jetzt!

Jetzt ist es Zeit – *unsere* Zeit –, die Straße Jesu zu beschreiten, die Straße des Wachstums durch Martyrium, die Straße des Gewinnens durch Verlieren, des Lebens durch Sterben, der Erhöhung durch Erniedrigung. Jetzt ist unsere Zeit gekommen, für das aufzustehen, von dem wir wissen, daß es richtig ist, statt sich den Maßstäben der Welt anzupassen. Jetzt ist unsere Zeit gekommen, gegen den Strom zu schwimmen, die Welt gegen den Strich zu bürsten, und so Gottes Plan für uns in Erfüllung gehen zu lassen.[20]

So werden wir wirklich leben: indem wir die Macht des Todes über unserem Leben brechen – denn das ist die tiefste Angst (vgl. Hebräer 2,14). So werden wir wirklich Erfolg haben: indem wir wie Schafe unter die Wölfe gehen, indem wir klug sind wie die Schlangen und zugleich unschuldig wie die Tauben (vgl. Matthäus 10,16). Nur Gott müssen wir fürchten! Menschen brauchen wir nicht zu fürchten, noch das, was sie uns antun können (vgl. Matthäus 10,28; 1.Petrus 3,13-15). Die Macht dieser Welt ist gebrochen!

Wenn wir einmal erkennen, daß unser Leben weder im Überfluß unserer Besitztümer besteht noch in einem ausgezeichneten Ruf, sondern in unserer Identität in Gott, dann sind wir frei. Was haben wir noch zu fürchten? Was haben wir zu verlieren? Welche Drohung greift uns gegenüber noch? Dadurch, daß wir „unser Leben verlieren", gewinnen wir die Freiheit und die Fähigkeit zum wahren und echten Leben, frei von Angst und den Einschüchterungen Satans.

Die traurige Tatsache aber ist, daß wir allzulange nach den Regeln des Teufels gespielt und deswegen das Spiel verloren haben. Während er einen Frontalangriff auf diese Generation gestartet hat, haben wir uns einfach angepaßt – weil wir unsere Interessen nicht gefährden wollten, weil wir unsere Erfolgschancen in der Welt nicht aufs Spiel setzen wollten, weil uns unsere Bequemlichkeit zu wichtig war: weil wir unser Leben nicht riskieren wollten. Aber alles, wofür wir in dieser Welt gearbeitet haben, wird eines Tages in Rauch aufgehen, wenn es nicht zur Ehre Gottes und zum Besten Seines Reiches war – am Tag des Gerichts. Dann werden wir, genauso wie die Juden von Treblinka, zu spät merken, daß der einzige Weg, den Flammen zu entgehen, *nicht* darin liegt, den Weg des geringsten Widerstands zu wählen, sondern den Weg des Gehorsams. Was können wir sonst machen?

Es ist das eine, weise zu sein und vor einer Verfolgung zu fliehen, solange das möglich ist; sich von einer Gefahr fern zu halten, wenn wir gewarnt worden sind; sich um die eigene Gesundheit zu kümmern und an

Heilung zu glauben, sowie alles zu tun, was in unserer Macht steht, einen vorzeitigen Tod zu vermeiden (vgl. z.B. Matthäus 10,23; Apostelgeschichte 9,23-25; 20,3; 23,12-24). Aber all das hat einen tieferen Grund: Wir wollen den vorzeitgen Tod vermeiden, um unser Leben für den Herrn einzusetzen. Wir wollen am Leben bleiben, weil es noch nicht Zeit für uns ist, zu gehen. Unsere Mentalität ist die eines Soldaten: Wir rücken vor in der Schlacht, entschlossen, nicht für uns selbst zu leben, sondern für andere, für das Reich, für den Herrn, für diese heilige Sache, für diesen heiligen Krieg.

Wir müssen zu dem Entschluß kommen, daß ohne Jesus ein Leben in dieser von Sünde beherrschten, leidenden, unter dem Fluch stehenden Welt nicht wert ist, gelebt zu werden, und daß das Leben nur mit Ihm einen Sinn hat. Wie David Brainerd vor mehr als 250 Jahren sagte: „Solange ich sehe, daß irgend etwas für den Herrn getan wird, ist dieses Leben wert, gelebt zu werden; aber wie eitel und würdelos ist es, für irgendeinen niedrigeren Zweck zu leben!“[21] Im Licht des Kreuzes, im Licht der Ewigkeit ist das einzige, was Sinn macht, daß wir unser Leben für die Sache Gottes geben – die Sache des Evangeliums. Wir helfen der jetzigen Generation und geben der kommenden Hoffnung. Wenn wir den höheren Zweck unseres Lebens sehen – nicht was wir nehmen können, sondern was wir geben können, nicht wie wir unsere Lebensqualität verbessern können, sondern wie wir das Leben anderer verbessern können – dann können wir uns auch die Worte Jesu zu eigen machen: „Denn wer sein Leben retten will, wird es verlieren; wer aber sein Leben um meinetwillen verliert, der wird es retten“ (Lukas 9,24).

Das ist eine Entscheidung, die wir jeden Tag neu treffen! „Wer mein Jünger sein will“, sprach Jesus, „der verleugne sich selbst, nehme *täglich* sein Kreuz auf sich und folge mir nach“ (Lukas 9,23). Paulus verstand das: Die kommende Auferstehung gibt dem allen seinen Sinn!

> Warum setzen dann auch wir uns stündlich der Gefahr aus? *Täglich sehe ich dem Tod ins Auge*, so wahr ihr, Brüder, mein Ruhm seid, den ich in Christus Jesus, unserem Herrn, empfangen habe. Was habe ich dann davon, daß ich in Ephesus, wie man so sagt, mit wilden Tieren gekämpft habe? Wenn Tote nicht auferweckt werden, dann laßt uns essen und trinken; denn morgen sind wir tot. 1. Korinther 15,30-32

Aber die Toten *werden* auferweckt. Und deshalb essen und trinken wir nicht nur und lassen es uns gutgehen. Nein! Wir marschieren weiter, drängen vorwärts mit der Botschaft des Lebens, und weigern uns, zurückzuweichen.

Kurz vor seinem Tod bekam C. T. Studd, einer der großen Pioniere der Mission, die folgenden Worte von einem Kollegen:

Let the victors when they come,
When the forts of folly fall,
Find thy body near the wall.

(Laßt die Sieger, wenn sie kommen,
wenn die Festungen der Torheit fallen,
den Leichnam neben der Mauer finden)

So sei es! Da wir uns im Krieg befinden, lassen Sie uns kämpfen. Da wir uns in einem Wettlauf befinden, lassen Sie uns laufen. Da wir Jesus nachfolgen, lassen Sie es uns mit ganzer Kraft tun. Was gewinnen wir dadurch, daß wir uns zurückhalten, daß wir versuchen, unser Leben zu retten? Wie James B. Taylor gesagt hat (mit Worten, die ich oft gebrauche, um unsere Studenten zum Handeln aufzurufen): „Mag die Welt auch die Stirn runzeln – mag Satan auch toben – geht vorwärts! Lebt für Gott. Möge ich auf dem Schlachtfeld sterben." Ja, geht vorwärts!

Wir haben nur dieses eine Leben, und der Tod kommt nur einmal. Deshalb können wir auch gleich das meiste daraus machen! Wie ein Bruder aus Indien 1999 auf einer Leiterkonferenz in Andhra Pradesh sagte (einige seiner Kollegen waren getötet worden, und er selbst hatte täglich Todesdrohungen von militanten Hindus erhalten): „Warum einen natürlichen Tod sterben, wenn ich doch einen Märtyrertod sterben kann? Christus ist mein Leben und Sterben ist mein Gewinn!" Und er sagt das mit erhobenem Haupt und einem großen Lächeln auf seinen Lippen. Ein Jahr später lächelte er immer noch, predigte er immer noch, starb er immer noch täglich, und war immer noch durch und durch lebendig. Eines Tages stirbt er vielleicht den Märtyrertod. Jetzt aber lebt er schon das Leben eines Märtyrers – tot für die Welt, tot für Angst und Furcht, tot für die Sünde, lebendig nur für Gott. Seine Frau und seine Kinder stehen hinter ihm.

Also: Vorwärts mit der Revolution! Nichts kann uns jetzt mehr aufhalten.

Mein Verbrechen ist das altvertraute: das Denken der Jugend zu verderben. Diese Anklage trifft zu. *Timothy Leary*

Jesus hat zwar niemals zu einer politisch-revolutionären Veränderung der jüdischen Gesellschaft aufgerufen. Aber die Umkehr, die er als Konsequenz seiner Reich-Gottes-Botschaft verlangt, will im Gottesvolk eine Bewegung in Gang setzen, dergegenüber Revolutionen der üblichen Art Harmlosigkeiten sind.
Gerhard Lohfink, Wie hat Jesus Gemeinde gewollt?

Unsere Zukunftserwartung muß die Gewißheit bedeuten, daß der göttliche Wille den dämonischen überwindet, daß Liebe den Haß besiegt, daß der allumfassende Wille den vereinzelten überwindet. Und Gewißheit erträgt keine Einschränkung. Gott umfaßt alles. Wenn wir ihm in bezug auf die Zukunft vertrauen, vertrauen wir ihm in bezug auf die Gegenwart. Wenn wir den innerlichen Glauben an ihn haben, wird dieser Glaube sich für alle Bereiche des Lebens als wertvoll erweisen.
Eberhard Arnold, Die Revolution Gottes

12. Umdrehen, Vorwärtsdrängen, Heraustreten: Themen einer Evangeliums-Revolution

Nachdem C. T. Studd sein Leben Jesus übergeben hatte, stieß er auf ein Traktat, das von einem Atheisten verfaßt war; es beeinflußte sein Leben nachhaltig. In dem Traktat steht:

> Würde ich fest daran glauben, wie Millionen es von sich sagen, daß das Wissen und die Praxis der Religion in diesem Leben das Schicksal in einem anderen Leben beeinflußt, dann wäre die Religion für mich alles. Ich würde irdische Genüsse als Spreu verwerfen, irdische Sorgen als Torheit, irdische Gedanken und Gefühle als Eitelkeiten. Religion wäre mein erster Gedanke, wenn ich erwache, und mein letzter, bevor der Schlaf mein Bewußtsein übermannt. Für ihre Sache allein würde ich mich abmühen. Ich würde nur den Gedanken an das Morgen der Ewigkeit bewegen. Ich würde eine Seele, die für den Himmel gewonnen würde, ein Leben im Leid für wert halten. Irdische Konsequenzen würden mir nie die Hände binden oder die Lippen versiegeln. Die Erde mit ihren Freuden und Schmerzen würde keinen Moment lang meine Gedanken beschäftigen. Ich würde darum ringen, allein die Ewigkeit zu betrachten und die unsterblichen Seelen um mich herum, die bald auf ewig selig oder im Elend wären. Ich würde in die Welt hingehen, um ihr zur Zeit und zur Unzeit zu predigen, und mein Text wäre: *Was hülfe es dem Menschen, wenn er die ganze Welt gewönne und nähme doch Schaden an seiner Seele?*[1]

Studd war überzeugt davon, daß dieser Atheist tatsächlich „das wirklich konsequente Leben" beschrieb, aber wenn er sich sein eigenes Leben ansah, dann merkte er, „wie inkonsequent es gewesen war". Und so beschloß er, daß „von dieser Zeit an mein Leben konsequent sein sollte, und ich wollte erkennen, was Gottes Wille für mich sei".[2] Wie einfach! Und doch ist diese Konsequenz ein Zug, den wir so oft nicht haben, obwohl doch Gottes Wille vollkommen konsequent ist: konsequent im Hinblick auf ewige Werte, konsequent im Hinblick auf die absolute Wahrheit, konsequent im Hinblick auf die höchste Realität. Wenn wir Gottes Willen folgen, dann leben wir ein konsequentes Leben, das im Licht der Ewigkeit Sinn macht. Was wäre logischer?

Aber wir sind so inkonsequent, so schwankend, so unentschlossen. Und Satan nützt das voll aus! Wie Amy Carmichael früh in ihrer missionarischen Karriere bemerkt hatte: „Satan ist ernsthafter in dem, was er tut, als wir – er nützt die Gelegenheit, während wir uns noch fragen, was sie wohl kostet."[3] Sie hat nicht übertrieben! Schauen Sie sich doch nur den Zustand der sündigen Welt an, betrachten Sie den Zustand der Kirche im Westen, und sagen Sie mir dann, ob Sie anderer Meinung sind als Amy Carmichael.

Aber Amy entschloß sich, daß es in ihrem eigenen Leben anders sein sollte. Sie wollte ernsthafter als der Teufel und sein Gefolge sein. Sie wollte dem Beispiel ihres Erlösers folgen, der in Seiner Liebe – millionenmal! – ernsthafter war als Satan in seinem Haß. Das folgende Zitat von Francis Coillard, der jahrelang unter den Sambesi Missionar gewesen war, stellte eine Quelle der Inspiration für sie dar: „Die Evangelisation der Welt ist ein verzweifelter Kampf mit dem Fürsten der Finsternis und mit allem, was sein Wüten hervorbringen kann in Gestalt von Hindernissen, Ärgernissen, Widerständen und Haß, ob durch die Umstände oder die Hände von Menschen."[4] Es gibt keine andere Wahl!

Nur eine durch und durch geheiligte und hingegebene Armee wird in der Lage sein, die Flut der Sünde in unserer Gesellschaft zu stoppen. Nur eine voll gerüstete Schar von Soldaten wird den Feind zurückschlagen können. Zurücktreiben aber müssen wir ihn, und zurücktreiben werden wir ihn! Keinesfalls können wir ihn noch mehr an Boden gewinnen und noch mehr Leben zerstören lassen, keinesfalls können wir noch länger stillsitzen, während er Unheil anrichtet, vergewaltigt und tötet. Es ist Zeit, daß Gottes heilige Armee aufsteht! Wenn wir das tun, wird Satan fliehen. William Gurnall, der berühmte puritanische Schriftsteller, kannte dieses Prinzip gut: „Der Teufel soll ruhig wählen; Gott ist ihm in jeder Waffe gewachsen. Der Teufel und sein ganzes Heer sind für Gott nur Narren; ja, ihre Weisheit ist Torheit."[5] Wer kann dem Herrn widerstehen?

Natürlich gibt es gegenwärtig viel Ungewißheit: Wird diese Generation zu Gott zurückfinden? Was wird mit unserer Gesellschaft geschehen? Wird der Missionsbefehl zu unseren Lebzeiten erfüllt werden? Aber diese Fragen haben mehr mit unserem mangelnden Gehorsam zu tun als mit Gottes mangelnder Bereitschaft. Er möchte etwas tun! Werden wir Sein Angesicht suchen, Seinen Plan erkennen, die Mächte der Finsternis angreifen und sie überwinden, oder werden wir ein Haufen lautstarker, selbstgerechter Windbeutel sein, die ihr Mißfallen an der moralischen Verderbtheit der Welt zum Ausdruck bringen, aber nichts dagegen tun? Was werden wir machen?

Jesus hat einen ganz klaren Handlungsplan entworfen: „Solange ein bewaffneter starker Mann seinen Hof bewacht, ist sein Besitz sicher; wenn ihn aber ein Stärkerer angreift und besiegt, dann nimmt ihm der Stärkere all seine Waffen weg, auf die er sich verlassen hat, und verteilt die Beute" (Lukas 11,21-22). Das sind kriegerische Worte! Hier gibt es keine Gleichgültigkeit, keinen Mangel an Vorwärtsdrängen, keinen Rückzug, kein passives Dasitzen und Abwarten. Nein! Jesus hat klar gesagt: Wir müssen stärker sein als der Feind, und wir müssen ihn angreifen und überwinden.[6] Dann ist uns der Sieg gewiß. Menschen werden errettet, Bollwerke werden geschliffen, Gefangene befreit, und Gottes Reich wird sich ausbreiten. Aber wir brauchen eine Strategie. Kein Krieg wird ohne Strategie gewonnen. Die Strategie ist entscheidend!

Satan hat sicherlich seine Strategie, und sie hat viele Facetten; ihr Ziel ist die Multiplikation. Ein Leben, das von Satan beeinflußt worden ist, beeinflußt sofort das nächste![7] Denken wir nur an die vielen Möglichkeiten, wie er die Menschheit angreift (und damit den Herrn): Er inspiriert falsche Religionen und Sekten, um Massen von Menschen in die Irre zu führen. Wo Menschen die Wahrheit kennen, kommt er mit Gesetzlichkeit und Gesetzlosigkeit, Entmutigung und Zweifel. Dem einen flüstert er ein, es gebe keinen Gott, dem anderen, daß es viele Götter gibt. Den einen treibt er in die totale Askese, den anderen in die totale Lustbefriedigung. Er verstrickt Menschen in sündhafte Begierden, um sie dann mit Schuldgefühlen zu quälen. An sich neutrale Dinge verwandelt er in Obsessionen, schlechte Dinge in Süchte. Einigen hilft er, durch Ausbeutung der Armen reich zu werden; dann drängt er die Armen, gegen die Reichen zu kämpfen. Er drängt eine Frau, sich einem Fremden hinzugeben, und wenn sie dann herausfindet, daß sie schwanger ist, provoziert er sie zu einer Abtreibung; danach nennt er sie eine Mörderin. Den einen treibt er in die Homosexualität, den anderen in einen blinden Haß auf Homosexuelle.

Er inspiriert jede Form sündhafter Gefühle und Verlangens – Haß, Lüge, Gewalt, Begierde, Habsucht, Wut, Neid. Er entwickelt neue Formen sündiger Begierde – noch stärkere Drogen, neue Formen von Ekstase und Pornographie durch das Internet. Er spaltet Familien und Nationen, Städte und Gemeinden. Er setzt Musik und Sex ein, Essen und Sport, Geld und Kunst, Kino und Medien, Krieg und Philosophie, Bildung und Technologie, Bücher und Kassetten – alles, um seine teuflischen Absichten zu erreichen. Man muß sich nur anschauen, was er alles auf die Menschheit losläßt!

Und was machen wir? Wir halten einmal die Woche eine spärlich besuchte Gebetsveranstaltung ab. Wir unterstützen sporadisch ein Programm für die Armenspeisung. Ab und zu führen wir einen evangelistischen Einsatz durch. Wir entwerfen ein oberflächliches Programm, um die Gemeindejugend zufriedenzustellen. Und dann fügen wir noch ein gelegentliches Fasten und eine Konferenz hie und da dazu und halten uns für geistliche Riesen, oder zumindest Krieger. Von wegen! Wir gleichen Kindern, die mit Zinnsoldaten spielen und Legohäuschen erobern statt Städte. Das muß anders werden, wenn wir eine erfolgreiche Revolution anzetteln wollen. Wir brauchen einen Ruf zu den Waffen![8]

Eines der Geheimnisse psychologischer Kriegführung („Psywar", Psychokrieg, in der Sprache des amerikanischen Militärs) ist der Versuch, die feindlichen Truppen davon zu überzeugen, daß eine Kapitulation gut ist, daß sie besser ist als die Fortsetzung des Kampfes, weil die Niederlage unvermeidlich ist. Kurz nach dem Ende des Ersten Weltkriegs beklagte sich Feldmarschall Paul von Hindenburg, der Oberbefehlshaber der kaiserlichdeutschen Armee:

> Es war ein Regen von Flugblättern, die feindliche Piloten auf uns herabregnen ließen; darin schrieb der Feind, daß er uns für nicht so schlecht halte; daß wir nur vernünftig sein müßten und hie und da vielleicht etwas aufgeben, was wir erobert hatten. Dann würde bald alles wieder in Ordnung sein und wir könnten wieder in Frieden leben, in einem dauerhaften internationalen Frieden. Und was den Frieden innerhalb unserer eigenen Grenzen anbelange, da würden neue Männer und neue Regierungen sich darum kümmern. Was für ein Segen wäre der Frieden nach all den Kämpfen. Es mache deshalb keinen Sinn, weiterzukämpfen.[9]

Und was waren die Resultate dieser Strategie? Der Militärhistoriker Stanley Sandler schreibt: „Als die Disziplin der deutschen Armee ins Wanken geriet oder zerbrach, waren diese Flugblätter für Desertionen im großen Stil verantwortlich. Kein Wunder, daß Adolf Hitler den alliierten Psychokrieg für ‚psychologisch effizient' hielt."[10]

Satan weiß das auch! Er sagt uns, daß die Dinge doch gar nicht so schlecht stehen, daß wir uns über die Sünde und das Fleisch nicht so aufregen sollten, daß Kompromiß besser sei als Konflikt. „Hör doch nicht auf diese fanatischen Bibelschwinger", sagt er. „Bleib vernünftig. Bleib ausgewogen. Bleib normal. Warum regst du dich so auf über die menschliche Natur? Was ist so schlimm, wenn zwei Erwachsene freiwillig miteinander Sex haben, wenn sie einander wirklich lieben, selbst wenn sie nicht verheiratet sind? Was ist so schlimm daran, wenn du deine Nerven mal mit einem Drink beruhigst? Was ist so falsch daran, wenn ein Mann mit einem anderen intim wird (schließlich war er so seit Geburt!), oder eine Frau mit einer anderen Frau (sie hat ja nun wirklich kein Interesse an Männern!)?

„Was ist das Problem damit, daß Menschen einfach Menschen sind? Warum kann man das Leben denn nicht einfach genießen? Warum nicht realistisch sein? Kids bleiben Kids; Teenager bleiben Teenager; Erwachsene bleiben Erwachsene. So ist es doch immer schon gewesen, und so wird es auch bleiben. Sei doch nicht so extrem. Halte dich einfach fern von den wirklich unschönen Dingen wie Mord, Vergewaltigung, Diebstahl, und lerne es, tolerant zu sein – außer natürlich, wenn du denkst, du bist der einzige, der recht hat, und daß alle Menschen außerhalb deiner kleinen Gruppe zur Hölle verurteilt sind. Werde endlich erwachsen! In allen Religionen findet sich Gutes und Schönes, nicht nur in deiner, und es gibt jede Menge zutiefst geistlicher Menschen, die nicht so glauben wie du. Beruhige dich! Die Zeit des religiösen Extremismus ist vorbei. Es ist Zeit für Frieden und Verständigung. Entspanne dich, lebe in Harmonie, bleib ruhig."

Und bald sind wir eingeschlafen!

Eine weniger radikale Version der psychologischen Kriegsführung Satans – eine Version, die für Gläubige annehmbarer ist – lautet so: „Natürlich sind deine Glaubensüberzeugungen richtig. Jesus ist tatsächlich der einzige Erlöser! Aber du möchtest doch auch nicht so fanatisch sein wie diese Verrückten, die Abtreibungsärzte umbringen, oder diese Endzeitfreaks, die sich in den Bergen verstecken und auf das Ende der Welt warten. Lies doch die Kirchengeschichte! Solche Verrückten hat es immer gegeben – wie David Koresh und die Branch Davidians –, die hinter jedem Busch einen

Dämon sehen und die glauben, jeder sei hinter ihnen her. Dreh bloß nicht durch! Führe einfach ein moralisch gutes Leben und kümmere dich um deine Familie. Das ist sowieso die wichtigste Berufung! Demonstriere dein Christsein durch die Tat, ohne viel darüber zu reden, und gib deinen Zehnten in deine Gemeinde. Was immer du tust, laß nicht zu, daß diese gesetzlichen Spielverderber dir einreden, es sei nicht in Ordnung, wenn du deine Abende damit verbringst, dir Sportveranstaltungen im Fernsehen anzuschauen, oder wenn du am Tag eine gute Seifenoper anschaust, oder einen aufregenden Film mit etwas ‚Würze' siehst.[11] Und reg dich nicht gleich wegen jeder kleinen Sünde auf. Gott versteht, wie du bist. Entspann dich in Ihm. Beruhige dich … komm einfach zur Ruhe."

Und bald schlafen wir tief und fest!

Ja, Satans psychologische Kriegführung war auf die eine oder andere Weise erfolgreich. Das müssen wir abschütteln! Die Zeit *drängt.* Der Kampf ist intensiv; es steht viel auf dem Spiel; wir leben in der Auseinandersetzung der beiden Welten. Wachen Sie auf! Seien Sie stark! Lassen Sie den Feind nicht Ihre Gedanken durcheinanderbringen! Jetzt ist kaum die Zeit für Kompromisse. Jetzt ist kaum die Zeit für den Leerlauf. Es ist Zeit, Gas zu geben!

Ich finde es interessant, daß Gandhis gewaltloser Ansatz zur Veränderung zugleich kompromißlos war. Seine Methode – er nannte sie Satyagraha – beinhaltete die folgenden Grundregeln: „*Die Weigerung, bei Verhandlungen Wesentliches preiszugeben.* Satyagraha schließt somit alle Kompromisse bei grundlegenden Prinzipien oder wesentlichen Teilen wertvoller Dinge aus. Man muß sorgfältig darauf achten, sich nicht aufs Feilschen oder den Tauschhandel zu verlegen. *Bestehen auf voller Übereinstimmung* in Grundsatzfragen, bevor man eine Abmachung akzeptiert."[12] Wenn man für eine Sache kämpft, gibt man nicht auf, bis das Ziel erreicht ist. Sonst war der Kampf umsonst – wenigstens teilweise. Sonst bleibt die Tür offen für den Feind – und das kann tödlich sein.

Aber einige von uns nehmen den Kampf nicht auf, weil sie wenig Hoffnung habe, daß es wirklich zu einer Veränderung kommen kann; sie glauben nicht, daß wirklich eine geistliche und moralische Revolution in unserer Gesellschaft stattfinden kann. Kein Wunder, daß wir Niederlage um Niederlage erleben! Wie D. L. Moody einst sagte: „Was für ein Unterschied ist es, ob Männer in die Schlacht ziehen, um zu siegen, *falls möglich*, oder ob sie in die Schlacht ziehen, um zu siegen." Oder wie es C. H. Mackintosh ausgedrückt hat: „Ein feiges Herz taugt nichts für den Tag der Schlacht; ein zweifelnder Geist wird im Kampf nicht bestehen."[13] Wie können wir den Krieg, oder auch nur eine Schlacht, mit einer solchen Haltung gewinnen?

Che Guevara war der Meinung, daß die kubanische Revolution, die das Batista Regime stürzte, „die defätistische Haltung von Revolutionären oder Pseudorevolutionären, die tatenlos bleiben und zu dem Vorwand Zuflucht nehmen, daß man gegen eine Berufsarmee nichts ausrichten könne, die herumsitzen und warten, bis auf irgendeine mechanische Weise alle nötigen objektiven und subjektiven Bedingungen gegeben sind, statt darauf hinzuarbeiten, ihren Eintritt zu beschleunigen“[14], sich als Lüge erwiesen hat.

Viele Christen haben eine ähnliche Haltung, denn sie hoffen, daß sich die Dinge irgendwie zum Besseren wenden, oder noch schlimmer, daß sie ziellos auf die Wiederkunft des Herrn warten, in der Annahme, daß die Lage sowieso nur immer noch schlimmer werden wird.[15] Wir sind zum Handeln aufgerufen! Wir sind berufen, hinzugehen und zu predigen, Menschen zu Jüngern zu machen, die Gefangenen zu befreien und etwas in dieser Welt zu bewegen. Worauf warten wir denn? Die Finsternis ist schon finster genug, die Nöte sind groß genug, und Satan ist aktiv genug. Was den Herrn anbelangt, gibt es keinen Mangel an Macht und Weisheit. Was hält uns nur zurück? Warum sind wir so schwächlich, wenn es darum geht, einen klaren, definitiven Handlungsplan zu entwerfen?[16]

Wir setzen unser Vertrauen auf ein politisches System, wir glauben es jedesmal aufs neue, daß ein Politiker, der sagt, er sei ein praktizierender Christ, es auch wirklich ist, glauben, daß diese plötzlich religiöse Persönlichkeit, wenn sie erst einmal gewählt ist, wirklich die Dinge in Bewegung bringt, glauben, daß es diesmal anders sein wird als beim letzten Mal. Kaum! Wir täuschen uns nur selbst – solange dieser Politiker nicht eine reine Weste hat, was Kompromisse anbelangt, solange ihm Überzeugungen nicht wichtiger sind als ein Amt, solange das, was in der Öffentlichkeit verkündet wird, nicht auch im Privaten gelebt wird. Sonst halten wir uns nur selbst zum Narren. (Aber warum soll ich uns den Boden unter den Füßen wegziehen? Unwissenheit ist schließlich ein Segen, oder?)[17]

Diejenigen von uns, die der Regierung nicht trauen, setzen ihr Vertrauen oft auf die Kirche in der Meinung, daß die neueste Modeerscheinung oder Technik zur Erweckung führt, daß eine der heißen neuen Offenbarungen (eines dieser vorher nie enthüllten geistlichen Geheimnisse) der Schlüssel ist, um die Welt zu verändern, daß der jüngst gekrönte christliche Superstar irgendwie alles retten wird. Wann lernen wir endlich daraus? Erst wenn wir uns selbstlos an die Aufgabe hingeben, wenn wir erkennen, daß der Kampf nur durch einen ausdauernden und heiligen Glauben gewonnen werden kann, wenn wir aus unserer Bequemlichkeit ausbrechen und unsere Rette-dein-Leben-Mentalität aufgeben, wenn wir uns entscheiden, unser Christsein vom

Missionsbefehl prägen zu lassen, *dann* werden wir Ergebnisse sehen. *Dann* könnten wir selbst erleben, wie eine Nation verändert wird!

Halten Sie einmal inne und denken Sie nach: Wenn Satan eine Generation verändern kann, kann Jesus eine Generation verändern. Wenn das Fleisch die Gesellschaft erniedrigen kann, kann der Geist sie erhöhen. Wenn Lügen Menschen gefangennehmen können, kann die Wahrheit sie freisetzen. Warum nicht? Amerika lebte auch früher schon im Chaos, und ist durch Erweckung verändert worden. Warum nicht noch einmal?[18]

In den sechziger Jahren sang John Lennon: „Du sagst, du möchtest eine Revolution, nun, weißt du, wir wollen alle die Welt verändern“, und es kam eine Kulturrevolution und die Welt änderte sich. Wir spüren immer noch die Auswirkungen davon!

Timothy Leary, der LSD-Guru, der Harvard verließ, um seinen psychedelischen Experimenten nachzugehen, riet den jungen Leuten: „Turn on, tune in, drop out!“ [„Einschalten, einstimmen, aussteigen!“] Und zahllose junge Erwachsene folgten diesem Rat.[19] Aber John Lennon ist seit 1980 tot (er wurde Opfer der Kugel eines wahnsinnigen Fans), und Timothy Leary ist 1996 an Krebs gestorben. (Seine letzten Worte waren: „Warum nicht.“)[20] Ist es nicht an der Zeit für eine neue Revolution? Ist es nicht an der Zeit, daß die jungen Leute neue Marschbefehle bekommen? Die alten sind schon längst überholt!

Wir haben keinen Vietnamkrieg, gegen den wir protestieren könnten. Wir haben keine Bürgerrechtsbewegung, bei der wir mitmachen könnten. Drogen, Hardrock und freien Sex gibt es schon recht lang. Was also bringt diese jetzige Generation in Bewegung? Wie steht es mit dem Abscheu vor dem Zustand unserer Gesellschaft? Wie steht es mit dem Schmerz und der Trauer über den Zustand der Familie? Wie mit ewigen Werten und Zielen? Wie mit einem heiligen Zorn, der sagt: Genug ist genug!

Vielleicht können wir mit ein paar neuen Revolutionsgedichten beginnen wie den folgenden, die einer unserer Studenten Anfang 2000 geschrieben hat:

In diesen Mauern schreien Stimmen,
sie rufen nach etwas, das mehr ist.
In unseren Herzen brennt ein Feuer.

Du hast Dein Feuer gesandt, Du hast Deinen Regen gesandt,
aber unser Hunger bleibt.
Laß Deine Herrlichkeit diesen Ort erfüllen.

> Laßt die Berge erzittern, laßt unsere Herzen sich ändern,
> laßt uns die Macht in Jesu Namen beanspruchen
> Laßt die Toten aufstehen, die Blinden sehen
> die Lahmen gehen, setzt die Gefangenen frei ...
> Eine Revolution![21]

Oder wie steht es mit diesen „Genug-ist genug"- Worten des Gospel-Rap-Künstlers Kirk Franklin von 1998:

> Willst du eine Revolution? Willst du eine Revolution? Hast du es satt, daß meine Brüder sich gegenseitig umbringen? Hast du es satt, daß Papas ihre Babys und deren Mütter jedem Mann überlassen, der herumschlafen und herumspielen will? Höre, Partner, du solltest Manns genug sein, um zu bleiben. Hab' es satt, daß die Kirche Religion quatscht. Aber sie sprechen doch übereinander, treffen Entscheidungen. Nie mehr Rassismus. Zweigesichterei. Keine Verschmutzung. Die Lösung: Eine Revolution. Willst du eine Revolution? Willst du eine Revolution?[22]

Und vielleicht können wir die Worte Timothy Learys so abändern, daß sie etwas Sinnvolles ergeben: „*Turn on* to Jesus, *tune in* to the Spirit, *drop out* of the rat race and get into God's race!" [etwa: „Bei Jesus *einschalten*, auf den Geist *einstimmen*, aus dem Konkurrenzkampf *aus-* und in Gottes Rennen *einsteigen*!"] Um Learys letzte Worte zu wiederholen: „Warum nicht?" Oder vielleicht sollten wir diese Generation drängen: „Umdrehen, vorwärtsdrängen, heraustreten" – ja, *umdrehen* zum Wort Gottes, *vorwärtsdrängen* zu Gott, *heraustreten* aus den Sicherheiten!

Ich weiß, das klingt abgedroschen, aber die heutige Generation sucht nicht nach einem hochfliegenden philosophischen Ansatz. Ein gutes Schlagwort reicht schon. Wie wäre es mit: „Revolution jetzt!" Warum nicht? Und wenn wir einmal in Gottes Armee rekrutiert sind, dann können wir übergehen zu: „Vorwärts, nieder mit der Sünde, brich aus." [„Move on, crush sin, break out."] Sich einfach entschließen, entschlossen zu sein, ist schon der halbe Kampf. Einfach zu beschließen, aufzustehen und zu gehen, ist das halbe Rennen.

Wie steht's mit Ihnen? Sind Sie entschlossen, sind Sie in der Schlacht, laufen Sie Ihr Rennen? Der Geist ruft: *Jetzt!* Wenn wir wirklich hassen, was die Sünde mit unserer Gesellschaft getan hat, wenn wir wirklich die zerstörerischen Werke des Teufels verachten, dann werden wir handeln. Der Experte für Guerillakrieg, Bob Newman, schrieb:

> Eine der stärksten und ursächlichsten Emotionen – ein tiefsitzender, eiternder Haß auf jeden, den der zukünftige Guerilla als Invasoren oder als unwürdiges, abstoßendes politisches Gemeinwesen sieht – ist oftmals die Hauptursache dafür, daß er ein Guerilla wird und bereit ist, den Kampf so lange fortzusetzen, wie es braucht, um den Sieg über seinen Unterdrücker zu erringen.[23]

Auch wir können uns von einem heiligen Haß leiten lassen – allerdings nicht auf Menschen. Nein![24] Wir brauchen einen Haß auf das Böse und die Bosheit. Die Weisheit sagt: „Gottesfurcht verlangt, Böses zu hassen. Hochmut und Hoffart, schlechte Taten und einen verlogenen Mund hasse ich" (Sprüche 8,13). Paulus schrieb: „Eure Liebe sei ohne Heuchelei. Haßt das Böse, haltet fest am Guten!" (Römer 12,9). Lassen Sie uns von ganzem Herzen rein, gerecht, hingegeben sein. Wenn wir uns bedingungslos der Sünde hingeben konnten, bevor wir den Herrn kannten, um wieviel mehr sollten wir uns Ihm bedingungslos hingeben? „Wie ihr eure Glieder in den Dienst der Unreinheit und der Gesetzlosigkeit gestellt habt, so daß ihr gesetzlos wurdet, so stellt jetzt eure Glieder in den Dienst der Gerechtigkeit, so daß ihr heilig werdet" (Römer 6,19). Wir alle müssen sagen: „Hier bin ich, Herr. Sende mich! Gebrauche mich!" Und das wird er tun!

Die Welt hat genügend fleischliche Revolutionen erlebt. Bereits vor mehr als 60 Jahren hat Roger Lloyd das in seinem Buch *Revolutionary Religion: Christianity, Fascism and Communism* deutlich gemacht:

> Der Faschismus kommt immer mit Gewalt, und die Gewalt mischt sich im allgemeinen mit Betrug. Aus Gewalt wird er geboren, mit Gewalt kommt er zur Macht, und durch immer neue Wellen von Gewalt hält er sich an der Macht. Er muß deshalb zwangsläufig vom Verbrechen zur Greueltat, von der Greueltat zum Krieg fortschreiten … Krieg ist im wesentlichen ein revolutionärer Akt, und weil der Faschismus nach seinem eigenen Wesensgesetz zum Krieg führt, ist er seinem Wesen nach eine zutiefst revolutionäre Kraft. Der Kommunismus ist nicht weniger revolutionär … Er tendiert eher zu Bürgerkriegen innerhalb der Grenzen einzelner Nationen als zu internationalen Kriegen. Aus diesem Grund ist er tödlich und in seinen Auswirkungen

> erschreckend. Krieg zwischen Nationen ist schlimm genug, aber der Bürgerkrieg innerhalb einer Nation kommt der Hölle auf Erden am nächsten, wie die Geschichte zeigt. So können sich die beiden großen revolutionären Ideen nur unter überwältigendem menschlichen Jammer und Elend ausleben. Ihr Triumph beinhaltet entsetzliches Blutvergießen und vergebliche Tränen.[25]

Anders aber beim Evangelium! Hören wir wieder auf Lloyd:

> Es bleibt die dritte Form der Revolution, die christliche Religion. Von allen Ideen, die von der Vorstellungskraft der Menschheit Besitz ergriffen haben, enthält sie das größte explosive Potential. Das war immer schon so gewesen, von den Tagen an, als Jesus gekreuzigt wurde und den Tod überwand. Der Strom von Männern und Frauen der besten Sorte, in denen das göttliche Feuer zu zutiefst revolutionärer Aktion geführt hat, ist nicht abgerissen und hat auch nicht nachgelassen … Der ganze Sinn des Christenlebens ist die Hervorbringung eben jener tiefgreifenden Unterbrechung im Leben, die das Herzstück der revolutionären Idee darstellt. Das Wichtigste, was die christliche Religion immer und überall versucht, ist die Bekehrung von Menschen, das heißt, ihr Innerstes nach außen zu kehren, sie herumzudrehen, so daß ihr Wille eine andere Richtung anstrebt als das, was bisher für ihn normal war. Das Christentum trachtet danach, die Werte, die man dem Leben beilegt, völlig zu verändern und sie in Kontakt zu bringen mit der Majestät des Universums, dem Inhaber aller nur denkbaren Macht, so daß der Christ, nachdem er durch die Feuer der tiefgreifendsten aller Revolutionen gegangen ist, selbst zu einem mit der explosiven Energie Gottes gefüllten Arsenal wird.[26]

Was für revolutionäre Konzepte! Was für eine revolutionäre Sprache! Was für eine revolutionäre Inspiration! Was für eine revolutionäre Religion, angetrieben von der „explosiven Energie Gottes". Deshalb sage ich: „Revolution jetzt!"

Im Kapitel 6 des Epheserbriefs ermahnt Paulus die Epheser: „Werdet stark durch die Kraft und Macht des Herrn!" Er drängte sie: „Zieht die Rüstung Gottes an, damit ihr den listigen Anschlägen des Teufels widerstehen könnt. Denn wir haben nicht gegen Menschen aus Fleisch und Blut zu kämpfen, sondern gegen die Fürsten und Gewalten, gegen die Beherrscher dieser finsteren Welt, gegen die bösen Geister des himmlischen Bereichs"

(Epheser 6,10-12). Es ist deutlich, daß Satan es ernst meint und gut organisiert ist. Und wir?

Unser Kampf richtet sich nicht gegen Menschen. Unser Kampf ist mit dem Teufel selbst, mit seinem geschickten dämonischen Heer, mit seinen Anschlägen, Listen, Strategien und Schlachtplänen. Und dieser Kampf wird ausgefochten mit Gebet, selbstloser Hingabe, Opfer, Dienst, Glauben, Einsatz – in der Kraft Gottes. Er wird in den Korridoren unserer Gedanken ausgefochten, in den Zimmern unserer Wohnungen, auf den Schlachtfeldern unserer Schulen, in den Kampfgebieten unserer Arbeitsstellen. Er tobt in den Städten und Vorstädten, in den Straßen und Kirchen, in den Parlamenten und Medienzentralen.

Er ist oftmals ein Handgemenge – Auge in Auge, Leben um Leben, Entscheidung um Entscheidung, Gebet um Gebet, Gehorsamsakt um Gehorsamsakt, Sterben um Sterben. Aber wenn wir uns weigern, aufzugeben,wenn wir uns weigern, uns zu beugen, wenn wir uns weigern, nachzugeben, zurückzuweichen und zu kapitulieren, dann werden wir den Triumph des Herrn sehen. Natürlich werden wir nicht erleben, daß jeder Mensch errettet, jede Stadt verwandelt, die ganze Nation reformiert wird. Aber wir können sicher sein, daß genauso, wie uns die höllisch inspirierte Gegenkultur herabgezogen hat, uns die mit himmlischem Feuer gespeiste Revolution des Evangeliums emporführen wird. Und Millionen *werden* errettet werden, viele Städte *werden* verwandelt werden, ein großer Teil der Nation *wird* reformiert werden. Ich habe einen Traum! Ich habe eine Vision! Und Sie?

Das schlimmste, was wir tun könnten, wäre, unseren Frust und Aggression an Menschen auszulassen. Es gibt natürlich einen Platz für geisterfüllte Prophetie, die zurechtweist, für liebevolle Konfrontation, für das Zur-Rechenschaft-Ziehen von Verantwortlichen, sowohl privat wie öffentlich. Und hier haben wir versagt, hier waren wir zu weich, zu feige, zu nett. Aber der Grund, warum Amerika heute in einem solchen Zustand ist, liegt nicht so sehr in korrupten Politikern und sündigen Filmstars. Nein. Das Hauptproblem ist eine abgefallene, kompromißbereite Kirche. Der Grund dafür, daß es soviel Finsternis gibt, ist, daß das Licht im Land – das Haus Gottes – so finster gewesen ist. Das ist nur einer der Gründe, warum wir das Ansinnen kategorisch ablehnen müssen, das von manchen Ecken der christlichen Szene erhoben wird, nämlich zu überlegen, ob Christen nicht gegen eine solche Regierung zu den Waffen greifen müßten. Wie ich 1995 in mein Tagebuch schrieb, als ich in Finnland war:

> Das ganze Problem bei dem „christlichen“ Aufruf zu den Waffen ist, daß wir, wenn wir ehrlich wären, zugeben müßten, daß „wir den Feind gesehen haben, und der Feind sind wir“. Amerika treibt Babys ab und exportiert Dreck in die ganze Welt, weil „das Licht in uns Finsternis ist“. Wenn man konsequent sein wollte, müßte ein Aufruf zu den Waffen etwa so lauten: „Bringt die Pastoren um, weil sie Kompromisse schließen! Schlachtet die Heiligen, die schlafen! Atombomben auf die Bequemen! Bombardiert die bankrotten Gläubigen! Löscht die verweltlichten ‚Wächter‘ aus!“ Möchten Sie diesen Angriff leiten? Wer unter uns kann denn den ersten Stein werfen – oder die erste Kugel abfeuern?[27]

Die Konsequenz ist klar: Es ist nicht die Zeit, zu irgendwelchen Waffen zu greifen; es ist Zeit, die Waffenrüstung Gottes anzulegen. Sie allein ist der Schlüssel zum Erfolg. Mit ihr gewinnen wir. Der Krieg beginnt bei uns, dem Volk Gottes. Und wenn wir verändert werden, dann können wir auch die Welt verändern. Keine andere Methode, kein anderes System, kein anderer Plan kann eine dauerhafte Veränderung herbeiführen. Nur die Botschaft des Evangeliums, gepredigt in der Kraft des Geistes Gottes, kann eine Nation zu Gott führen und eine echte Moral hervorbringen.

Natürlich müssen wir die wichtige Rolle sehen, die gottesfürchtige Politiker, Richter, Professoren oder Geschäftsleute spielen können. Und wir müssen alles tun, um jeden Bereich unserer Gesellschaft zu prägen, indem wir sie auf allen nur möglichen Ebenen infiltrieren und beeinflussen. Aber wir dürfen nie vergessen, daß unsere Revolution keine Revolution mit Kugeln und Kanonen ist, und auch keine mit Parteipolitik und mit den Wirtschaftsprinzipien der Börse. Es ist eine Revolution des Feuers des Heiligen Geistes, eine übernatürliche Revolution. Und das ist die einzige Revolution, die ihren Namen verdient.

1971 veröffentlichte Professor Vernon C. Grounds ein meisterhaftes Buch mit dem Titel *Revolution and the Christian Faith*. Darin analysiert er kenntnisreich den Anspruch einiger moderner Theologen, daß die Botschaft Jesu gewaltsame Revolutionen rechtfertige.[28] Grounds kam zu zwei wichtigen Schlußfolgerungen: Erstens: Es gibt im Neuen Testament keine Rechtfertigung für gewaltsame Revolutionsbewegungen (in Vergangenheit oder Gegenwart). Zweitens: Die tiefste und endgültige revolutionäre Bewegung ist das Christentum selbst. Er hat den Nagel auf den Kopf getroffen!

Im Hinblick auf die Äußerungen anderer christlicher Denker schreibt er:

> Wenn ein Mensch eine revolutionäre Begegnung mit Jesus Christus in der Dimension des Geistes hat, wird er zum Katalysator für eine Revolution, denn: „Es gibt nach christlicher Soziallehre keine echte Gesinnungsform [sic; gemeint ist wohl „Gesinnungsreform"; Anm. d. Ü.], die sich nicht auch um Zuständereform bemüht. Ebensowenig ist ein gesundes und wirksames Bemühen um Zuständereform ohne ständige Gesinnungsreform möglich" [ein Zitat von Bernhard Häring]. Von daher formuliert [Jacques] Ellul nicht zu stark: Wenn ein Mensch „wirklich aus der Kraft Christi lebt, wenn er durch Hoffnung das Kommen des Reiches verwirklicht, dann ist ‚jener Mensch, unabhängig wie sehr es den gegenteiligen Anschein haben mag' ein wahrer Revolutionär."
> Deshalb spielt sich die christliche Revolution auch in einer tieferen und andersartigen Dimension ab. Die christliche Revolution meidet den selbstzerstörerischen Griff zur Gewalt; sie ist eine spirituelle Revolution, eine Revolution nicht durch das Schwert, sondern das Kreuz … Diese neue Revolution, diese andersartige Revolution, die sich das Kreuz zum Zeichen wählt, ist eine Revolution der Liebe – einer Liebe, die, so erinnert uns [James W.] Douglas, sieht und leidet, Anteil nimmt, dient und Opfer bringt, eine Liebe, die handelt, die sich daran erinnert, daß Gott, weil Er die Welt geliebt hat, eine eigene, Seiner göttlichen Größe angemessene Tat vollbrachte in Jesus Christus.[29]

Deshalb gilt nach Douglas: „Revolution beginnt im Revolutionär selbst mit seiner Reaktion auf die gegenwärtige Welt, indem durch die Krise der Vision und die gemeinsame Agonie jene Art von Kraft erzeugt wird, die wieder aufsteht, um einer zerrissenen Welt mit dem Wort der Liebe und dem Akt der Transformation zu begegnen."[30] Ja, so unmöglich es in den Augen der Welt erscheint, unsere Revolution ist eine Revolution der Liebe – der selbstlosen, opferbereiten, übernatürlichen Liebe.[31] Wenn unsere Feinde uns verfluchen, segnen wir sie. Wenn sie uns Böses zufügen, tun wir ihnen Gutes. Wenn sie uns verfolgen, beten wir für sie. Wenn sie uns hassen, lieben wir sie. So überwinden wir.[32] Selbst wenn sie uns niedermähen, werden wir immer mehr. Und wenn sie uns töten, leben wir. Das nennt sich radikal! Was könnte radikaler sein?

Wallace Henry, ein früherer Mitarbeiter des Weißen Hauses und späterer Pastor, hat es treffend formuliert:

> Die ecclesia militans, die kämpfende Kirche, steht immer in der Gefahr, in ihrer Philosophie und Strategie den Strukturen ähnlich zu werden, gegen die sie kämpft. Ihre Leidenschaft wird zu Haß, sie wird zunehmend aggressiver und setzt deshalb immer stärkere Mittel ein, bis sie zuletzt zu Bomben greift.

Wie kann nun die Kirche der Gesellschaft entgegentreten, ohne der Mentalität einer zornigen Militanz zu erliegen? Der Schlüssel liegt darin, mit dem Charakter Gottes zu beginnen, wie er sich in Jesus offenbart … In seinem Leben als Menschgewordener vor dem Kreuz sicherte sich Jesus [das Recht, der Gesellschaft entgegenzutreten,] indem er sich als Diener in die Gesellschaft hineinbegab … Wenn die Kirche das versteht und in diesem Geist handelt, wird ihr Kampf zu einem Werk der Erlösung und Heilung … Die Kirche gewinnt dann das Recht, ihre Kultur zu konfrontieren, wenn sie Diener ist, nicht ein gemeiner Kreuzritter.

So abstoßend es auch klingen mag: Wenn die Kirche den Homosexuellen entgegentreten will, muß sie ihnen zuerst die Füße waschen. Die Kirche *sollte* der ungeheuerlichen Praxis der Abtreibung auf Verlangen entgegentreten. Sie gewinnt das Recht dazu, wenn sie sich um die unverheirateten Mütter und ihre Babys kümmert, wenn sie denen, die eine Abtreibung hatten, hilft, heil zu werden, und die spirituellen und emotionalen Narben zu tragen.[33]

Henley nennt dies „kämpferische Liebe“ und macht ihr Wesen an einer Reihe von Gegensätzen deutlich:

> Aggressives Christentum ist eine Institution, die andere Institutionen belagert, ein Arsenal von Ideen, mit dem andere Arsenale niedergerungen werden sollen. Kämpferische Liebe ist das Leben, das den Tod attackiert, Licht, das gegen die Finsternis antritt, Wahrheit, die auf Lüge prallt … Der militante Islam beispielsweise mag zum Tod der Ungläubigen aufrufen und Todesurteile gegen seine Feinde ausstellen, aber Jesus von Nazareth erlaubt seinen Anhängern nicht, Feuer herabzurufen [vgl. Lukas 9,55-56]. Militantes instititutionalisiertes Christentum mag seine Bomben in Belfast, Beirut oder Sarajevo schleudern, aber die kämpferische Liebe Jesu wird Heilung bringen, Befreiung und Hoffnung.
>
> Jesus zeigt, daß kämpferische Liebe anderen kein Leid zufügt, sondern bereit ist, es um der anderen willen auf sich zu nehmen. Kämpferische Liebe nagelt nicht die Feinde ans Kreuz, sondern geht um des Feindes willen selbst ans Kreuz … Kämpferische Liebe begegenet

denen, die sie verletzen, mit aggressiven Akten der Freundlichkeit. Sie wäscht denen die Füße, die sie verraten.[34]

Kämpferische Liebe erringt den Sieg! Vergleichen wir, wie Paulus den Kampf führte:

> In allem erweisen wir uns als Gottes Diener: durch große Standhaftigkeit, in Bedrängnis, in Not, in Angst, unter Schlägen, in Gefängnissen, in Zeiten der Unruhe, unter der Last der Arbeit, in durchwachten Nächten, durch Fasten, durch lautere Gesinnung, durch Erkenntnis, durch Langmut, durch Güte, durch den Heiligen Geist, durch ungeheuchelte Liebe, durch das Wort der Wahrheit, in der Kraft Gottes, mit den Waffen der Gerechtigkeit in der Rechten und in der Linken, bei Ehrung und Schmähung, bei übler Nachrede und bei Lob. Wir gelten als Betrüger und sind doch wahrhaftig; wir werden verkannt und doch anerkannt; wir sind wie Sterbende, und seht: wir leben; wir werden gezüchtigt und doch nicht getötet; uns wird Leid zugefügt, und doch sind wir jederzeit fröhlich; wir sind arm und machen doch viele reich; wir haben nichts und haben doch alles. 2. Korinther 6,4-10

Was für eine Welt und Fleisch überwindende Methode! Sie funktionierte zur Zeit des Paulus, und sie hat seither funktioniert, bis zum heutigen Tag. Lassen Sie uns unseren Glauben einschalten, uns auf die Absichten Gottes für das Hier und Heute einstimmen und aus unseren Ausflüchten und unserem Selbstmitleid aussteigen. Wenn die Stunde jetzt nicht gekommen ist, wird sie nie kommen. Wie lautet Ihre Entscheidung? Vorwärts mit der Revolution?

Wir haben Methoden, Mitteln und Maschinen zu viel Aufmerksamkeit geschenkt, und der Quelle der Kraft, der Erfüllung mit dem Heiligen Geist, zu wenig.

J. Hudson Taylor, Gründer der China Inlandsmission

Zwar müht ihr euch darum, [die Ausgestoßenen und die Armen] von ihrer zeitlichen Not zu befreien und versucht, sie aus den Ursachen, die zu ihrem unglücklichen Zustand geführt haben, zu erretten. Ihr müßt aber vor allem danach trachten, ihr Elend zum Guten zu wenden, indem ihr ihnen helft, das Heil ihrer Seelen und die Errettung aus dem kommenden Zorn zu finden. Es wird ein recht geringer Lohn aller eurer Mühen sein, wenn sie schließlich im Jenseits doch zugrunde gehen, nachdem ihr ihnen im Diesseits zu ihrem Wohlergehen verholfen habt … Die Natur des einzelnen zu verändern, ins Herz vorzustoßen, seine Seele zu retten, das ist die einzige echte, dauerhafte Methode, ihm Gutes zu erweisen. *William Booth*, Gründer der Heilsarmee

Revolutionen werden wie Bäume an der Frucht erkannt, die sie tragen.

Ignazio Silone, italienischer Novellist
und Journalist (1900–1978)

Wir Sozialisten hätten nichts zu tun, wenn die Christen ihre Revolution, die Jesus begonnen hat, fortgesetzt hätten.

Ausspruch eines führenden Sozialisten der zwanziger Jahre

Kommt, Freunde, es ist nicht zu spät, die neu're Welt zu suchen.

Aus dem Gedicht „Ulysses“ von *Alfred Lord Tennyson*

13. Der Missionsbefehl: Gottes Strategie für eine erfolgreiche Revolution

Haben Sie sich schon einmal eine Karte mit den Missionsreisen des Paulus angesehen? Sie folgen einem klaren Muster. Warum? Weil Paulus eine Strategie hatte. Er war ein Visionär, ein Baumeister, eine apostolische Führungspersönlichkeit. Er hatte einen Plan! Aber wie hätte es auch anders sein können? Wie kann irgend jemand – und ganz besonders ein geistgeleiteter Diener Gottes – ohne Plan bauen? Und doch haben so viele von uns keinen Plan. Wir haben Worte, Begeisterung, vielleicht sogar eine Vision. Aber wir haben keinen Plan!

Von Unternehmen wird erwartet, daß sie neben einer Vision auch ein „Mission Statement", ein Leitbild aufweisen. Wie werden sie ihre Ziele erreichen? Wie ihre Absichten umsetzen? Wie kommen sie von A nach B? Das gleiche gilt auch in der Welt des Sports. Ohne einen Plan für die Offensive wird keine Mannschaft gewinnen. Selbst eine schwächere Mannschaft kann eine überlegene (weniger gut eingestellte) Mannschaft besiegen, wenn sie diszipliniert ans Werk geht, eine gute Kondition aufweist und eine erfolgreiche Strategie hat.

Das gleiche gilt auch für die akademische Welt: Berater setzen sich mit den Studenten zusammen und besprechen mit ihnen, welches Programm für sie am besten ist; sie erklären ihnen, welche Vorlesungen und Seminare sie belegen müssen, um die Voraussetzungen für ihr Examen zu erfüllen. Selbst wenn es darum geht, eine wissenschaftliche Arbeit zu schreiben, bestehen viele Professoren darauf, daß ihre Studenten eine Gliederung, eine Einführung und ein Literaturliste vorlegen, bevor sie das Unternehmen gut heißen. Warum? Sie wollen sichergehen, daß der Student einen Plan hat, der funktioniert! Wie können dann wir, denen doch die heiligste Aufgabe überhaupt anvertraut ist – die Aufgabe, den Missionsbefehl zu erfüllen –, so lethargisch und lustlos sein, wenn es um eine Handlungsstrategie geht?

Natürlich werden einige jetzt sagen, daß das einzige, was wir wirklich brauchen, die Führung des Heiligen Geistes ist. Aber da müssen wir weiterfragen: Hat der Heilige Geist keinen Plan? Verläßt er sich einfach auf Zufälle, um Seine Ziele zu erreichen? Weit gefehlt! Es ist unmöglich, die Evangelien und die Apostelgeschichte zu lesen, ohne eine göttliche Strategie zu erkennen. Die Tatsache, daß Gott uns oft überrascht und daß Seine Methoden oftmals denen des Fleisches zuwiderlaufen, bedeutet *nicht*, er wüßte nicht, wo Er hinwill oder wie Er dahin kommt.

Das Buch der Sprüche meint: „Pläne kommen durch Beratung zustande. Darum führe den Kampf mit Überlegung! ... Denn durch Überlegung gewinnst du den Kampf, viele Ratgeber verhelfen zum Sieg" (Sprüche 20,18; 24,6). Natürlich führt Gott uns durch Sein Wort; natürlich hat Er verheißen, uns durch Seinen Geist zu leiten; natürlich hat er weise Ratgeber in Seinem Volk. Laßt uns also diese Weisheit zunutze machen und die Arbeit tun.

Der Militärschriftsteller Bob Newman lobte Mao Tse-tung für seine sorgfältig durchdachte siebenfache Strategie des Guerillakrieges: 1.Rüttle das Volk auf und organisiere es; 2. erreiche politisch eine innere Einigung; 3. etabliere Ausgangsbasen; 4. rüste die Truppen; 5. gewinne die nationale Kraft wieder; 6. zerstöre die nationale Kraft des Feindes; 7. gewinne verlorene Territorien zurück.

„Mao", so schreibt Newman, „hat diese sieben Schritte nicht übers Knie gebrochen. Er hat sich gründlich überlegt, in welcher Reihenfolge sie kommen – und hat darin eine scharfsinnige Erkenntnis für die Fundamente an den Tag gelegt, die es braucht, damit eine Guerillatruppe zumindest eine Chance auf den Erfolg hat."[1] Gott aber ist der beste Stratege, und Er wird uns Seine Strategie mitteilen, wenn wir uns in Gedanken, Gebeten und Überlegungen intensiv darum bemühen.

Natürlich bin ich mir dessen bewußt, daß einige Leiter von den sie umgebenden Nöten völlig überwältigt sind und verzweifelt arbeiten, um ihren Kopf gerade noch über Wasser halten und ihre Herde einigermaßen gesund erhalten zu können. Trotzdem glaube ich, daß wir alle uns Zeit nehmen können, um Gott zu suchen, wenn wir das wollen. Und wenn wir Ihn suchen, werden wir Ihn finden. Und wenn wir Ihn finden, dann finden wir alles, was wir brauchen.

König Josia suchte Gott vier Jahre lang, bevor er mit seinen Reformen begann. Dann aber machte er sich an die Arbeit und brachte eine ganze Nation zu Gott zurück (vgl. 2.Chronik 34,1-3).[2] Steckt da eine Lektion für uns? Lassen Sie uns suchen, lassen Sie uns lernen, und lassen Sie uns handeln.

Hier sind einige Schlüssel, damit wir den Krieg um diese Generation gewinnen können. Wir dürfen auch nicht einen Moment verlieren.

Zuerst müssen wir unsere Ziele klar im Blick behalten, den Zweck unseres geistlichen Kampfes identifizieren und uns auf die Feinde konzentrieren, die wir bekämpfen müssen. Das ist ein grundlegendes Prinzip der Revolution, wie Roger Lloyd bemerkt: „Man kann keine Revolution haben, bis man Feinde hat, die man vernichten will."[3] Kämpfen Sie nicht einfach, um zu kämpfen. Regen Sie sich nicht auf, um sich aufzuregen. Leben Sie mit einem Ziel. Entfalten Sie den Plan des Meisters: Was ist Sein Wille für die Kirche in dieser Stunde? Wie will Er unsere Gesellschaft verändern?

Wir brauchen klar definierte Ziele. Sonst werden wir schnell uneffektiv. Newman machte das deutlich, als er von dem Guerillakrieg sprach, der trotz seines blutigen und gewalttätigen Wesens das Ziel hat, Krieg gegen Ungerechtigkeit, Unterdrückung und den Staus quo zu sein:

> Die Guerillaarmee muß politisch eins sein und ein einziges, klares und erreichbares Ziel im Sinn haben, wenn sie die Feindseligkeiten eröffnet. Guerillas oder potentielle Guerillas, die herumschwätzen oder nicht klar wissen, warum ein bestimmtes politisches Ziel notwendig ist, müssen durch Erziehung und aufrechte Führung überzeugt werden, daß das politische Ziel der Guerilla ein edles ist, daß alle von den Guerillaaktionen profitieren werden und daß es ihre Pflicht ist, auf dieses Ziel hinzuarbeiten.[4]

Glauben wir, daß die Dinge zur Zeit nicht so sind, wie der Herr sie eigentlich haben möchte? Glauben wir, daß das Evangelium die Lösung für die Probleme der Stunde ist? Glauben wir, daß wir als Christen diese Generation prägend beeinflussen können? Glauben wir, daß es für unser Land immer noch Hoffnung gibt? Glauben wir, daß das Blut Jesu den Schaden heilen kann, den die Sünde angerichtet hat?

Es stimmt: Wir *stehen* im Konflikt, und wir *erleben* heftigen Widerstand, aber wir *können* auch triumphieren. Lassen Sie uns deshalb losmarschieren und unterwegs Jünger für den Herrn gewinnen, Bollwerke niederreißen, Ketten zerbrechen und Gefangene befreien. Wir müssen glauben, daß die Dinge sich ändern können!

Das hatte Jesus im Sinn, als er uns lehrte zu beten: „Dein Reich komme!“ (Matthäus 6,10). Das ist keine Bitte für einen zukünftigen Zeitpunkt. Die Neutestamentler sind sich einigermaßen einig darin, daß das Kommen des Reiches hier, in dieser Zeit, in dieser Welt geschehen soll. Zwar wissen wir, daß das Reich Gottes erst in der kommenden Welt endgültig und vollständig da sein wird, doch ist Sein Reich schon vor 2000 Jahren in unsere Welt eingebrochen und wird weiter wachsen und zunehmen, bis der Herr wiederkommt.

Professor D. A. Carson hat bemerkt, daß, wer diese Worte im Matthäusevangelium liest, „wahrnimmt, daß das Reich schon angebrochen ist, und deshalb für seine Ausbreitung und unumschränkte Sichtbarwerdung betet.“[5] Das ist es, wofür wir beten: die „Ausbreitung“ und „unumschränkte Sichtbarwerdung“ des Reiches Gottes auf Erden.[6] So sei es, lieber Vater! Und fügen wir unseren Gebeten das Handeln hinzu.

Zweitens müssen wir Ausgangsbasen aufbauen. Das war auch ein Teil der höchst erfolgreichen (und mörderischen) Strategie des Moslemführers Hassan al-Sabah, wie Amir Taheri erklärt:

> Hassan, der fast ein moderner Revolutionär war, verstand die vier Phasen einer politisch-religiösen Bewegung: studiere, propagiere, organisiere und attackiere. Er wußte auch, daß eine echte revolutionäre Bewegung mindestens eine „befreite Zone“ braucht, von der aus sie ihren Versuch der Welteroberung starten kann.[7]

Es muß „befreite Zonen“ geben – geistliche Brückenköpfe oder Modelloperationen – von denen aus wir die Truppen zurüsten, unsere Strategie zuspitzen und unseren Angriff starten. Wenn es keine starke Heimatfront gibt, wird es schwer werden, im feindlichen Gebiet Erfolg zu haben. Wir brauchen Gebetsbasen, Trainingsbasen, Anbetungsbasen, Sendungsbasen. Auf der kleinsten Ebene kann das in einer Familie geschehen, die mit dem Leben und der Kraft Gottes erfüllt ist. Auf der nächsten Ebene kann das in einer wahrhaft biblischen, radikalen Gemeinde der Fall sein. Danach kommt die Ortsebene (was schon eine weit größere Herausforderung darstellt), und dann die höchste Ebene, eine verwandelte Region (das kommt selten vor, ist aber durchaus möglich).[8] Solche Ausgangsbasen dienen auch als Zufluchtsorte für die Erschöpften und Kampfesmüden.

Newman erklärte die Bedeutung der Basen für den Guerillakrieg:

> Die Guerilla müssen der Bevölkerung ständig die Bosheit des Feindes vor Augen führen, und dann muß den Zivilisten gezeigt werden, daß die Guerilla in der Lage – und es wert! – sind, sie zu schützen und ihnen zu dienen. Um das zu tun, müssen die Guerilla Basen errichten, die der Durchführung von offensiven Operationen dienen.[9]

Wenn wir das Wort „Guerilla" durch das Wort „Christen" ersetzen, haben wir eine Formel, die funktioniert. Christliche Universitäten können solche Basen sein; Jugendorganisationen können es sein; Zellgruppen können es sein. Aber wir müssen uns immer daran erinnern, daß diese Basen dazu dienen, auszubilden und zu senden, zuzurüsten und zu beauftragen, zu schulen und freizusetzen, Strategien zu entwickeln und umzusetzen. Die Basis darf nie zu einer Freizeiteinrichtung werden!

Drittens müssen wir die Botschaft propagieren. Das tun wir durch das gesprochene und geschriebene Wort, durch Bücher, Pamphlete, Traktate, Kassetten, Videos, CDs, Fernsehen, Radio und Internet. Jesus beauftragte seine Jünger, alle Völker zu taufen und zu Jüngern zu machen: „und lehrt sie, alles zu befolgen, was ich euch geboten habe" (Matthäus 28,20). Wir müssen das Wort hinaustragen, und wir müssen das Wort hineintragen – hinaus in die Öffentlichkeit und hinein in die hungrigen Herzen. Die Geschichte ist voll von Beispielen dafür, daß ein Buch, ein Dokument, eine Rede eine ungeheure Umwälzung oder Versöhnung bewirkt hat.

Denken wir nur an die Auswirkungen der 95 Thesen Luthers auf die Kirchengeschichte. Und es ist doch interessant, daß er diese Thesen nur anschlug, um eine öffentliche Diskussion zu ermöglichen, ohne zu wissen, daß sie eine Reformation auslösen würden! Oder denken wir an den Einfluß von Harriet Beecher Stowes *Onkel Toms Hütte.* Als Abraham Lincoln ihr begegnete, sagte er: „Sie also sind die kleine Frau, die das Buch geschrieben hat, das diesen großen Krieg ausgelöst hat!"[10]

Ende der siebziger Jahre stürzt Khomeini den Schah von Iran durch Botschaften, die auf Kassetten in den Iran geschmuggelt und dort kopiert wurden. Dann wurde ihre Botschaft von den örtlichen islamischen Predigern wiederholt.[11] Der Krieg wurde mehr durch diese massenhaft produzierten Botschaften gewonnen als durch militärische Stärke!

Hören wir noch einmal auf Newman:

> Erziehung ist der Schlüssel. Der Feind hat eine vollentwickelte Propagandamaschine am Laufen [wie wahr!], eine Maschine, die ein paar Wahrheiten mit Desinformation, Halbwahrheiten und ausgespro-

> chenen Lügen mischt, um zu verwirren, einzuschüchtern und auf jede Weise die Entschlossenheit der Guerilla und der Zivilbevölkerung, die Sympathien für die Guerilla empfindet oder möglicherweise empfindet, zu schwächen. Diese Propaganda zu bekämpfen, ist eines der Hauptanliegen der Guerilla, solange der Krieg dauert. Erziehung der Massen und der einzelnen Guerilla muß von Anfang an stattfinden und bis zum Sieg weitergeführt werden; sie muß auf allen Ebenen erfolgen, angefangen von der Diskussion zwischen Führer und Untergebenem bis hin zu ganzen Dörfern und Städten sowie der Massenverbreitung von Informationen.[12]

Das war auch Teil der Strategie Hassans vor 900 Jahren:

> Er teilte seine Bruderschaft in drei Kategorien ein. Zuerst kamen die *murschids*, die sich dem Studium und der Erstellung von Propagandamaterial widmeten. Dann gab es die *da'is* oder Propagandisten, die auf Proselytensuche durch die moslemische Welt gesandt wurden. Diese *da'is* waren oftmals hochgebildete Männer, die, anstatt nur ein paar Schüler zu unterrichten, ganze Landstriche bereisten, um allen die Botschaft zu bringen, einschließlich der Armen und Niedrigen … Schließlich kamen die *fedajjin* – diejenigen, die bereit waren, für Allah ihr Leben zu opfern und zu töten.[13]

Auch wir brauchen solche unterschiedlichen Kategorien von Mitarbeitern (natürlich mit offensichtlichen Abweichungen!): Wir brauchen Menschen, die sich ganz der Aufgabe widmen, die Botschaft zu meistern und zu entwickeln; wir brauchen solche, die geschickt und wirksam die Botschaft hinaustragen; und wir brauchen diejenigen, die für diese Botschaft leben und sterben. Und was für eine Botschaft wir haben! Welche Verwüstungen das Wort Gottes im Herrschaftsbereich der Dämonen anrichten kann! Wie erfolgreich das Wort Gottes kaputte Gesellschaften wieder aufbauen kann! Wie das Wort Gottes konfrontieren und konvertieren, segnen und bauen, reformieren und transformieren kann! Es ist eine Lampe, ein Licht, ein Lebensbaum, ein brennendes Feuer, ein mächtiger Hammer, ein durchdringendes Schwert, ein heilender Balsam.[14] Wir müssen uns an die Aufgabe machen, diese Botschaft hinauszutragen!

Wenn wir uns doch nur alle als Missionare für eine sterbende Welt sähen! Wenn wir doch nur alle die Sichtweise hätten, die A.H.Strong vor vielen Jahren dringend empfahl: „Wozu sind denn Gemeinden da, wenn nicht, um Missionare auszubilden? Wozu sind Ausbildung und Erziehung da, wenn nicht, um sie zuzurüsten? Wozu ist der Handel da, wenn nicht, um sie zu tragen? Wozu ist das Geld da, wenn nicht, um sie zu finanzieren? Wozu ist das ganze Leben da, wenn nicht, um den Zweck der Mission zu erfüllen – Jesus Christus in den Herzen der Menschen auf den Thron zu setzen?“[15] Denken Sie, der himmlische Vater sieht das anders?

Viertens müssen wir mit der Kraft und der Erkenntnis Gottes erfüllt werden. Das ist kein Kampf, den wir mit menschlicher Stärke kämpfen könnten, und menschliches Denken reicht nicht aus.[16] Wir brauchen sowohl das innewohnende Wort als auch den lebensspendenden Geist, sowohl die Erleuchtung als auch die Ermächtigung. Jesus öffnete den Jüngern die Augen, so daß sie Sein Wort verstanden, und dann wies Er sie an, auf die Kraft aus der Höhe zu warten (vgl. Lukas 24,44-49). Beides ist entscheidend! Wir dienen einem Gott, der spricht und handelt. Er ist nicht stumm, und Er ist auch nicht schwach.

Unsere Stärke kommt aus unserer persönlichen Nähe zu Gott. Wir müssen den geheimen Ort wiederentdecken, die Gebetsnacht, die Stunden des Ringens in der Fürbitte. Wir müssen wie Jakob beten, der in heiliger Verzweiflung zu dem Engel sagte: „Ich lasse dich nicht los, außer du segnest mich!“ Er ließ ihn nicht los, weil loslassen sterben bedeutet hätte. Er ließ nicht los, weil er nicht loslassen konnte.[17] Es ist nicht weniger dringlich für uns.

E. M. Bounds schrieb vor mehr als einem Jahrhundert: „Was die Kirche heute braucht, ist nicht mehr oder bessere Technik, nicht neue Organisationen oder neuere Methoden – sondern Menschen, die der Heilige Geist gebrauchen kann – Menschen des Gebets, Menschen des machtvollen Gebets.“ – Und jeder aufrichtige Diener des Herrn müßte dazu „Amen“ sagen.[18] Das ist der Grund, warum Gordon Lindsay mit Zuversicht sagen konnte: „Entschlossenes Gebet von treuen Gebetskämpfern kann die erfolgreiche Invasion des Evangeliums in der Außenmission möglich machen.“ Das trifft für die Invasion des Evangeliums in jedem Bereich zu. Durch entschlossenes Gebet können wir eine klare Bevollmächtigung bekommen, mit der wir den Feind besiegen können.

Aber wir dürfen nicht kämpfen „wie einer, der in die Luft schlägt“ (1. Korinther 9,26). Wir müssen Menschen des Wortes sein! Wir müssen wissen, was wir tun und wie wir es tun. Unwissenheit in bezug auf das Wort wird unsere Anstrengungen zunichte machen, noch bevor wir begonnen haben. Und wir haben keine Entschuldigung für Unwissenheit. Die Bibel ist nicht so ein dickes Buch, vor allem angesichts der Tatsache, daß wir ein ganzes Leben haben, um sie zu lernen. (Und zweifelsohne ist das Neue

Testament überhaupt kein dickes Buch.) Wir müssen einfach mehr Zeit und Sorgfalt dafür aufbringen.

Als ich achtzehn Jahre alt war, bekam ich einen solch großen Hunger nach dem Wort, daß ich jeden Tag 20 Verse auswendig lernte, und das sechs Monate ohne Unterbrechung. Ein Neutestamentler erzählte mir, er habe als Teenager einmal die Woche das Neue Testament ganz durchgelesen und versuchte, einmal im Monat die Bibel ganz durchzulesen.[19] Das Wort ist unser militärisches Handbuch! Wenn wir uns davon nähren, werden wir stark und siegreich werden.

Vielleicht haben Sie es nie geschafft, Tausende von Schriftstellen auswendig zu lernen oder die Bibel zwölfmal im Jahr durchzulesen. Aber ist Ihnen aufgefallen, daß man mit nur 30 Minuten am Tag bei einem durchschnittlichen Lesetempo die ganze Bibel einmal in vier Monaten laut lesen könnte? Moslemische Kinder lernen große Teile des Korans auswendig, jüdisch-orthodoxe Jungen große Abschnitte der hebräischen Bibel. Könnte es sein, daß wenigstens einige von uns an mentaler Trägheit oder Mangel an Übung und Disziplin leiden? Könnte es sein, daß wir uns nicht wirklich voll engagiert haben?

Gott gab dem Josua die folgende Strategie für die Schlacht, bevor er die Heere Israels in das Verheißene Land führte: „Über dieses Gesetzbuch sollst du immer reden und Tag und Nacht darüber nachsinnen, damit du darauf achtest, genau so zu handeln, wie darin geschrieben steht. Dann wirst du auf deinem Weg Glück und Erfolg haben“ (Josua 1,8). Wir führen Krieg mit dem Wort!

Die Sprüche ermutigen uns ebenfalls, sorgfältig auf das Wort zu achten: „Mein Sohn, achte auf meine Worte, neige dein Ohr meiner Rede zu! Laß sie nicht aus den Augen, bewahre sie tief im Herzen! Denn Leben bringen sie dem, der sie findet, und Gesundheit seinem ganzen Leib“ (Sprüche 4,20-22). Das wird wiederholt in dem Brief des Paulus an die Kolosser: „Das Wort Christi wohne mit seinem ganzen Reichtum bei euch. Belehrt und ermahnt einander in aller Weisheit! Singt Gott in eurem Herzen Psalmen, Hymnen und Lieder, wie sie der Geist eingibt, denn ihr seid in Gottes Gnade“ (Kolosser 3,16). Das Wort ist unsere Munition, unser Nachschub, unser Leben, unsere Stärke. Jesus besiegte Satan in der Wüste mit drei Versen aus dem 5. Buch Mose.

Wir müssen in das Wort hineinkommen und das Wort muß in uns hineinkommen. Dann können wir im Glauben Berge versetzen. Dann können wir Glauben haben für das Unmögliche. Dann haben wir eine nicht aufzuhaltende Waffe – das Schwert des Geistes. Wir gewinnen das Duell gegen den Teufel mit dem Wort!

Schalten wir doch den Fernseher, Videorekorder, die Computer- und Videospiele ab, legen wir unsere Zeitungen und Romane beiseite, und nehmen wir uns Zeit für das Wort und das Gebet. Durch Gebet wird die Kraft des Wortes in seiner ganzen Macht freigesetzt. Wie E. M. Bounds schrieb: „Heilige Menschen haben in der Vergangenheit die Kraft der Verhältnisse verändert; sie haben Charakter und Land durch Gebet revolutioniert. Und solche Leistungen sind immer noch für uns möglich. Die Kraft wartet nur darauf, benutzt zu werden."[20] Deshalb hatte es seinen guten Grund, daß John Hyde „der Beter", einer der größten Männer des Gebets, den es in der Kirchengeschichte gab, Anfang des letzten Jahrhunderts fragte: „Die Jünger hatten sich damals [an Pfingsten] zum Gebet eingeschlossen; kann irgend jemand sagen, was heute passieren würde, wenn die Kirche Gottes sich desselben Mittels bedienen würde?"[21] Was *würde* geschehen? Lassen Sie uns nicht von dieser Erde gehen, ohne es herausgefunden zu haben!

Fünftens: Wir müssen zum Angriff übergehen. Wir müssen uns weigern, aufzugeben bis zu jenem Tag, an dem wir Jesus von Angesicht zu Angesicht sehen. Die einzige Garantie, die Schlacht zu verlieren, ist der Rückzug. Deshalb leben so viele von uns mit der Niederlage: Wir leben in einer Rückzugsmentalität. Wir ziehen uns vor Konflikten zurück, vor Konfrontation, vor Ablehnung, vor der Revolution. Das ist nicht die Art und Weise des Evangeliums! Feiglinge und Ungläubige haben ihren Platz im Feuersee; der Himmel wird von Überwindern und Gläubigen bevölkert. Welche dieser beiden Gruppen beschreibt Sie und mich?

In Römer 8,37 schreibt Paulus: „Aber mitten in all dem" [nämlich „Leiden, Angst und Verfolgung, Hunger oder Kälte, Gefahren für Leib und Leben oder gar die Hinrichtung", vgl. Vers 35 GN] „triumphieren wir als Sieger mit Hilfe dessen, der uns so sehr geliebt hat." Nichts kann uns aufhalten – nicht einmal der Tod selbst –, wenn wir unsere Augen auf Jesus gerichtet halten, „den Urheber und Vollender des Glaubens; er hat angesichts der vor ihm liegenden Freude das Kreuz auf sich genommen, ohne auf die Schande zu achten, und sich zur Rechten von Gottes Thron gesetzt" (Hebräer 12,2). Er ist unser Vorbild, und Er ist alles andere als ein Feigling. Die Worte „Feigling" und „Jesus" stehen sich so nahe wie die Worte „Gott" und „Sünde"!

Ein Lexikon des Neuen Testaments bemerkt: „In manchen Sprachen ist ein ‚Feigling' [wie in Offenbarung 21,8] ‚einer, der immer davonläuft' oder ‚einer, der wegen nichts wegläuft'"; das griechische Wort für „Feigheit" [*deilia*] wird definiert als „ein Zustand der Angst aufgrund eines Mangels an Mut oder moralischer Stärke."[22] Das sollte für niemand unter uns gelten! Stattdessen sollten wir lieber solche sein, die nach den Worten des Paulus „als Sieger triumphieren".[23] Durch Jesus sind wir ja genau das. Und deshalb folgen wir dem garantierten Weg zum Sieg: Angriff!

Der Feind ist in jeder Beziehung unterlegen. Rückzug bringt Niederlage. Trotzige Herausforderung aber den Triumph. Was werden wir tun? Der Missionsbefehl ist ein Befehl zu gehen, zu sprechen, zu handeln. Wie Brother Andrew beobachtet hat: „Unser Herr hat gesagt: Geht hin. Er hat nichts davon gesagt, zurückzukommen. [Ja!] Für das Evangelium gibt es keine verschlossenen Türen, vorausgesetzt, es ist dir egal, wenn du einmal durch solch eine Tür gehst, ob du zurückkommst oder nicht."[24] Nehmen wir die Herausforderung an?

Andere haben uns daran erinnert, daß eine „Kirche, die nicht evangelisiert, zum Fossil wird" und: „Die höchste Aufgabe der Kirche ist die Evangelisierung der Welt" (Oswald Smith). Aber, wie Carl F. Henry sagte: „Das Evangelium ist nur dann eine Gute Nachricht, wenn es rechtzeitig kommt." Worauf warten wir?

Einer der großen Reformer in der Kirchengeschichte war der britische Politiker William Wilberforce (1759–1833). Nachdem er sich mit 25 bekehrt hatte, trachteten er und seine Gruppe, die sogenannte „Clapham Sect", danach, „das für die Oberklassen zu tun, was Wesley für die Unterklassen getan hatte. Sie setzten ihre Mittel und ihren Einfluß ein, um Menschen für das Evangelium zu erreichen. Er unterstützte die Mission, kämpfte darum, die Lage der Armen und der Gefangenen zu verbessern, und half 1840 mit, die British and Foreign Bible Society zu gründen."[25] Sein berühmtester Einsatz galt der Abschaffung des britischen Sklavenhandels, ja schließlich der Sklaverei selbst, in Großbritannien und seinen Kolonien.[26] Charles Spurgeon machte über die Anstrengungen von Wilberforce folgende Aussagen:

> Eine gesunde Gemeinde tötet den Irrtum und reißt das Böse in Stücke. Vor noch nicht allzu langer Zeit tolerierte unsere Nation die Sklaverei in unseren Kolonien. Philanthropen versuchten, die Sklaverei zu zerstören; aber wann wurde sie ganz und gar abgeschafft? Das war, als Wilberforce die Gemeinde Gottes wachrief, und als die Gemeinde Gottes den Kampf aufnahm, riß sie das Böse in Stücke. Ich war amüsiert über das, was Wilberforce am Tag, nachdem das Gesetz

> über die Sklavenbefreiung beschlossen worden war, sagte. Er meinte fröhlich zu einem Freund, als es alles vorbei war: „Gibt es nicht noch etwas, das wir abschaffen können?" Das war spielerisch dahingesagt, aber es zeigt den Geist der Gemeinde Gottes. Sie lebt im Kampf und im Sieg; ihr Auftrag ist, alles, was schlecht ist im Land, zu zerstören.[27]

Was für revolutionäre Wahrheiten! Die Kirche „lebt im Kampf und im Sieg; ihr Auftrag ist, alles, was schlecht ist im Land, zu zerstören", und wenn die Kirche den Kampf aufnimmt, dann „tötet" sie „den Irrtum und reißt das Böse in Stücke". Ja! Durch Angreifen überwinden wir. Durch heilige Aggression treiben wir den Feind zurück. Durch vollen Gehorsam – im Leben oder im Tod – bewirken wir die Veränderung. Wie Vernon Grounds ausrief: „Solch eine radikalisierte Kirche, die ihre Nachfolge mit fröhlichem Ernst annimmt, wird ein revolutionärer Katalysator in der Gesellschaft sein. Stellen wir uns die Kraft einer Gemeinschaft vor, die sich aus [solchen] Revolutionären zusammensetzt."[28] Stellen wir uns das vor!

Es gibt keinen Grund, die Schlacht aufzuschieben, keinen Grund, auf einen anderen Tag zu warten, keinen Grund, die Aufgabe der nächsten Generation zu überlassen. Gerade jetzt, diese Stunde, ist der perfekte Zeitpunkt zum Krieg. Der Feind unserer Seelen hat Alarm geschlagen; er ahnt den kommenden Angriff. Die Welt wartet verwundert, taumelnd in Sünde, doch ruhelos und unsicher. Und die Heere des Himmels stehen bereit und warten auf den Befehl des Herrn. Jeden Moment kann das göttliche Wort gesprochen werden, und bald könnte eine Nation erschüttert und eine Gesellschaft verwandelt werden. Unsere Träume könnten bald wahr werden!

Selbst jetzt steht etwas vor der Tür. Etwas bewegt sich in diesem Moment. Ein Wort wird gesprochen, sogar während ich schreibe und Sie das lesen. Der Geist spricht und Gottes Volk hört. Die Botschaft ist einfach und klar, radikal und zeitgemäß. Wir hören den Ruf zu den Waffen; es ist ein Aufruf zum Handeln, ein Ruf aufzustehen, ein Aufruf zur *Revolution jetzt.*

Ich sage: „Vorwärts mit der Revolution!" Wie steht's mit Ihnen?

ANMERKUNGEN

Vorwort

1. David G. Myers, „Wanting More in an Age of Plenty", Christianity Today (24. April, 2000), S. 95, übernommen nach: David G. Myers, The American Paradox: Spiritual Hunger in an Age of Plenty (New Haven, CT: Yale, 2000).
2. David Aikman, „The New Counterculture", Charisma (Mai 2000), S. 112, mit Verweis für dieses Konzept auf Os Guinness, Time for Truth: Living Free in a World of Lies, Hype and Spin (Grand Rapids, MI: Baker Books, 2000).
3. Aus dem Lied Revolution Now!; Text und Musik von Charles Ciepiel (© Meantime Music, 2000), weitere Texte von M. John Cava. Used by permission. Ein weiteres Revolutionslied von Studenten der School of Ministry findet sich in Kapitel 12 dieses Buches. Ich habe keinen Zweifel daran, daß Gott gesalbte Musik als ein wichtiges Werkzeug der Revolution gebrauchen wird. Mehr dazu in Kapitel 7. Relevant ist hier auch ein Zitat von Kent McClard, dem Besitzer von Ebullition Records, einem Untergrundlabel von Vinylplatten (ich danke Louis Vigo, einem anderen unserer Studenten, für den Hinweis): „Musik als Produkt, als Unterhaltung, als Ablenkung, oder Musik als Waffe, als Protest, als Aufschrei, als Ausdruck … Musik als Überschäumen („ebullition"). Das bedeutet den Krieg gegen die Unterhaltung, gegen die Musikindustrie. Musik, die die Emotionen verbrennt, das Denken verbrennt, das System verbrennt, die den Krieg inspiriert … Musik ist mehr als Noten und Griffe. Musik ist ein Werkzeug in den Händen des Künstlers, des Terroristen, des Revolutionärs." (Diese Aussage war ein Lieblingszitat von Louis, bevor er gläubig wurde; sie stammt von einem anonymen Beiblatt einer Platte; zu Ebullition Records vgl. http://www.ebullition.com.)
4. Spiritual Awakenings in North America: Christian History, Ausgabe 23, 1997, Christian History Interactive CD-ROM (Hervorhebung im Original).
5. Vgl. beispielsweise: Otto Scott, The Great Christian Revolution: How Christianity Transformed the World (Windsor, NY: The Reformer, 1995); Steven Ozment, Protestants: The Birth of a Revolution (New York:

Doubleday, 1992); eine Ausgabe von Gene Edwards' allgemeinverständlicher historischer Untersuchung hatte den Titel Revolution: The Story of the Early Church (Beaumont, TX: The Seed Sowers, 1974).

6. Interessanterweise bemerkt Raymond Lajoie, daß die im Exil vergefertigten Schriften William Tyndales „heimlich veröffentlicht werden mußten wie bei einem Katz-und-Maus-Spiel von Guerillaangriffen gegen viel größere und beeindruckend gerüstete Armeen. Und doch waren es diese ‚Guerillaangriffe', die sich durchsetzten und den Weg für die Reformation in England bahnten ... Wahrscheinlich sahen damals nur wenige darin die ersten Schüsse einer Revolution". Siehe William Tyndale: Christian History, Ausgabe 16, 1997, Christian History Interactive CD-ROM. Für die Bedeutung des Druckwesens für Tyndale (und, so möchte ich hinzufügen, für Revolutionäre im allgemeinen) sind die Bemerkungen von Lajoie interessant: „So sehr englischsprachige Christen sich Tyndale zu Dank verpflichtet sehen sollten, so sehr stehen sie gleichermaßen auch in der Schuld von Johannes Gutenberg – ohne ihn hätte Tyndales ‚Revolution' wohl kaum Konsequenzen gehabt" (ebd.).
7. John Trott, ein Gründungsmitglied der Jesus People USA, beschreibt beredt die geistliche Suche vieler Hippies: „Wir waren das Treibgut einer Generation, die sich aufgemacht hatte, die Unschuld des Menschen zu beweisen, wenn er nur von der westlichen Kultur frei wäre, die aber statt dessen bewiesen hatte, daß das Böse zutiefst ein Teil des Menschen ist. Und dann kam Jesus: jemand, für den man leben konnte, jemand, der einen bedingungslos liebte, jemand, den man deshalb selbst lieben konnte. Und jemand, der die schmerzhaften Fragen beantwortete: Wer bin ich? Warum bin ich hier? Was ist meine Bedeutung? Das Ergebnis war, daß wir wußten: So wie wir alles für Drogen, Sex und verschiedene Ideologien gegeben hatten, so war die Nachfolge Jesu ebenfalls keine halbe Sache." („Life's Lessons: A History of Jesus People USA", Cornerstone Magazine, Bd. 22, Ausgabe 102/103 [1994], S. 11. Will Croney, ein weiterer Absolvent der BRSM, ließ mir diesen Artikel zukommen.)

Kapitel 1

1. Eine kurze Erklärung für die, die die mit jüdischen Gebräuchen nicht so vertraut sind: Die Bar Mizwah ist ein Ritus, bei dem ein Dreizehnjähriger für religionsmündig erklärt wird; von jetzt an ist er verpflichtet, alle Gebote des Gesetzes zu halten. In den orthodoxen Kreisen des Judentums wird die Bar Mizwah sehr ernst genommen; in weniger religiösen Kreisen ist sie eher ein gesellschaftliches Ereignis (vergleichbar der Konfirmation; Anm. d. Ü.), dessen Höhepunkt in einer teuren Party besteht.
2. Das zweite Kapitel von Bernhard Härings Buch Theologie im Protest (Salzburg: Otto Müller, 1971) trägt in der englischen Ausgabe den Titel „Der Protest gegen den Status quo". Die Art von Protest, für die er eintritt, ist völlig gewaltlos und beruht auf der Bergpredigt. Vgl. auch John

R. W. Stott, The Message of the Sermon on the Mount (Matthew 5-7): Christian Counterculture (Downers Grove, IL: InterVarsity Press, 1988).

3. In den späten sechziger und siebziger Jahren wurden einige Rockstars des Ausverkaufs beschuldigt, weil sie auf Gewinn aus waren und damit unsere idealistischen Haltungen in Frage stellten.
4. Laut Stott wurden junge Leute, die in den sechziger und siebziger Jahren nach Wahrheit und Realität suchten, oftmals von dem enttäuscht, was sie in der Kirche fanden: „Zu oft ist das, was sie in der Kirche sehen, nicht Gegenkultur, sondern Konformismus, nicht eine neue Gesellschaft, die ihre Ideale verkörpert, sondern nur eine weitere Version der gleichen alten Gesellschaft, von der sie sich losgesagt haben, nicht Leben, sondern Tod. Sie würden heute bereitwillig bestätigen, was Jesus über eine Gemeinde des ersten Jahrhunderts gesagt hat [Offenbarung 3,1]: ‚Dem Namen nach lebst du, aber du bist tot.'" (Stott, Sermon on the Mount, S. 16).
5. The End of the American Gospel Enterprise, 2, Aufl. (Shippensburg, PA: Destiny Image, 1993), S. 85–86.
6. So lautete der Titel der umfangreicheren Ausgabe (Shippensburg, PA: Destiny Image, 1996).

Kapitel 2

1. Interessant ist, daß Billy Grahams Botschaft in Los Angeles 1949 den Titel trug: „Christus in der Krise", nämlich der „weltweiten Krise von Angst vor dem Atomkrieg, sowie wirtschaftlichen, sozialen und politischen Problemen. Und der moralischen Degeneration in diesem Land" (Richard Reynolds, Los Angeles Daily News, 30. September, 1949). Stellen Sie sich das vor! Moralische Degeneration im Jahre 1949. Wo stehen wir dann im Jahr 2000?
2. Vgl. Michael L. Brown, The End of the American Gospel Enterprise, S. 81–96; ders., How Saved Are We? (Shippensburg, PA: Destiny Image, 1990), S. 113–123; ders., Let No One Deceive You: Confronting the Critics of Revival (Shippensburg, PA: Destiny Image, 1997), S. 201–216.
3. William J. Bennett, The Index of Leading Cultural Indicators: American Society at the End of the Twentieth Century, 2. Aufl.. (Colorado Springs: Random House/WaterBrook Press, 1999), S. 2–3.
4. Ebd., S. 61. Bennett schreibt auch, daß „1999 von den 102 Prime-Time Shows bei ABC, NBC, CBS, Fox und Warner Bros. Networks nur 15 Väter als reguläre zentrale Charaktere beinhalteten" (ebd., S. 163).
5. Ebd., S. 58. Bennett beobachtet: „Bei Kindern, die mit nur einem biologischen Elternteil aufwachsen, liegt im Vergleich zu Kindern, die mit beiden biologischen Eltern aufwachsen, die Wahrscheinlichkeit dreimal höher, daß sie uneheliche Kinder bekommen, 2,5mal höher, daß sie als Teenager Mutter werden, doppelt so hoch, daß sie die Highschool abbrechen, und 1,4mal höher, daß sie die Schule verlassen und nicht arbeiten" (ebd., S. 62).
6. Vgl. ebd., S. 173–174.

7. Ebd., S. 175.
8. Irwin und Debbie Unger, Hg., The times were a changin': the sixties reader (New York: Three Rivers, 1998), S. 2.
9. Ebd., S. 7.
10. Stonewall wurde zur Bezeichnung für die Unruhen von 1969 im Stadtteil Greenwich Village von New York City. Die Homosexuellen hatten beschlossen, sich zu wehren, als die Polizei eine Razzia in ihrer Schwulenbar durchführte.
11. Bennett, Index, S. 15–16.
12. Ebd., S. 27. Zählt man die Zahlen der lokalen Gefängnisse zu den staatlichen (nationalen und bundesstaatlichen) hinzu, so wuchs die Gesamtzahl aller Insassen 1998 auf 1,8 Millionen an. Leider besagen die Schätzungen, daß 28,5 Prozent aller schwarzen Männer und 16 Prozent aller spanischsprachigen Männer während ihres Lebens mindestens einmal in einem Bundes- oder Staatsgefängnis sitzen werden, verglichen mit 4 Prozent der weißen Männer.
13. Laut einem Bericht des Time Magazins vom 15. Juni 1998, Bd. 151, Nr. 23: „Wenn soviel Sex in der Luft liegt, scheint das Verschwinden des unwissenden, sexuell naiven Kindes unvermeidlich. Tatsächlich schnappen heute Kinder schon im Alter von 10 Jahren die ersten sexuellen Details auf, selbst in den Samstagmorgen Cartoons. Brett, ein Vierzehnjähriger aus Denver, sagt, es sei ihm egal, ob seine Eltern mit ihm über Sex reden würden oder nicht, weil er im Fernsehen soviel mitbekommt. Wenn er in irgendeinem Bereich neugierig ist, informiert er sich in einem der vielen Fernsehkanäle. ‚Wenn man fernsehschaut, haben die da alles, was du wissen willst', sagt er. ‚So habe ich das Küssen gelernt, als ich acht war. Und das Mädchen hat mir gesagt: Mensch, du weißt aber wirklich, wie das geht.'" (Ron Stodghill II, „When Sex Is Kid Stuff", Time, 15. Juni 1998. http://www.time.com/time/magazine/1998/dom/980615/cover1.html).
14. Zwischen Januar 1997 und November 1998 – eine Zeit, in der ein TV-Rating System eingeführt wurde – stiegen bei den Fernsehsendern sexuelle Inhalte, vulgäre Sprache und Gewalt um mehr als 30 Prozent an. (Bennett, Index, S. 163.) Ein Bericht des Parents Television Council, der den Inhalt der Programme bei den großen Fernsehsendern analysierte, kam zu dem Schluß: „Was sexuellen Inhalt, rohe Sprache und Gewaltmaterial anbelangt, verdreifachte sich zwischen 1989 und 1999 der Wert pro Stunde nahezu; sexuelles Material kam mehr als dreimal so häufig vor; das Niveau der Gewaltdarstellungen blieb in etwa gleich" („What a Difference a Decade Makes: A Comparison of Prime Time Sex, Language, and Violence in 1989 and 1999," Parents Television Council, 30. März 2000. http://www.parentstv.org).
15. Vgl. oben, Kapitel 2, Anm. 13.
16. Thom Mount, Präsident der Producers Guild of America, zitiert im Calgary Herald, 21. November 1999, Sektion A, S. 12.
17. Diese Statistiken stammen aus einem Verbrechensbericht von 1995 und wurden an mich weitergeleitet, ohne die ursprüngliche Quelle zu nennen.

Die Statistiken stehen allerdings im Einklang mit anderen Berichten über mit Handfeuerwaffen begangene Morde, die ich gesehen habe.

18. Sylvio Izquierda-Leyva, der Verdächtige der Schießereien am Jahresende, wurde innerhalb von 20 Minuten nach dem Vorfall verhaftet. Der Polizeichef Bennie Holder gibt folgende erstaunliche Beschreibung der Verhaftung: „Als ich am Tatort erschien, war das, als ob man jemand wegen eines Verkehrsverstoßes angehalten hätte. Er war nicht aufgeregt; er war sehr ruhig. Er hatte sich oben ins Bett gelegt und schlief; offensichtlich machte er sich nicht allzu viele Gedanken" (30. Dezember 1999, http://www.msnbc.com). Und der Mann hatte gerade fünf Menschen ermordet! Die Mörder an der Columbine Highschool lachten bekanntlich, als sie ihre gleichaltrigen Opfer niederschossen.
19. „Das bemerkenswerte – und in mancher Hinsicht beklagenswerte – Produkt der jugendlichen Promiskuität und eines höheren sexuellen IQ ist das Ausmaß, in dem Kinder es lernen, sich in der komplexen hypersexuellen Welt zurechtzufinden, die ihnen an jeder Ecke verführerisch begegnet. Eines der positivsten Ergebnisse: die Zahl sexuell übertragener Krankheiten und Teenagerschwangerschaften sinkt. In den letzten Jahren haben die Kids es geschafft, die Teenager-Geburtenrate bröckeln zu lassen, die 1991 mit 62,1 Geburten auf 1000 weibliche Personen ihren Höhepunkt erreichte. Seitdem ist die Geburtenrate um 12 Prozent auf 54,7 Prozent gefallen. Untersuchungen zeigen, daß nahezu zwei Drittel der Teenager inzwischen Kondome verwenden, das sind dreimal so viel wie in den 70ern" (Ron Stodghill II, „When Sex Is Kid Stuff").
20. Hier einige Auszüge aus Mark Engleharts Besprechung des Films South Park: Bigger, Longer & Uncut: „O. K., räumen wir zunächst alle Warnungen aus dem Weg. Trotz seiner bunten (wenn auch rohen) Animation ist South Park: Bigger, Longer & Uncut keinesfalls für Kinder geeignet. Es ist randvoll mit Lästerungen, die selbst Quentin Tarantino erbleichen lassen würden, und spricht blasphemisch über Gott, Satan, Saddam Hussein (der buchstäblich mit Satan schläft), und Kanada. Es trieft von skatologischem Humor [d. h. Toilettensprache], anzüglichen sexuellen Situationen, politischer Unkorrektheit, und fröhlicher, wuchernder Vulgarität. Und es ist wahrscheinlich eine der brillantesten Satiren, die je gemacht wurden … Mit seinem Eintreten für freie Meinungsäußerung und dem satirischen Umgang mit wohlmeinenden, aber irregeleiteten Gruppen von Eltern, die solche Dinge zensieren wollen (mit einem speziellen Zwinkern zu der MPAA, der Motion Pictures Association of America, die auch für die Altersbeschränkungen mit verantwortlich ist), trifft Bigger, Longer & Uncut voll ins Schwarze der Paranoia und Heuchelei der Erwachsenen. Und die Witze sind einfach wahnsinnig komisch, wenn auch vulgär und drastisch; wir können sie hier nicht wiederholen, insbesonders nicht den Text des Hitliedes von Terrance und Philip, aber Sie werden sich auf dem Boden kugeln vor Lachen. Sie brauchen keine Angst zu haben, um es mit einer Paraphrase von Cartman zu sagen, dieser Film wird Ihren kleinen zerbrechlichen Verstand nicht verkorksen. Außer wenn Sie etwas gegen den Ersten

Verfassungszusatz haben" (Englehart, „Editorial Reviews", http://www.amazon.com/exec/obidos/ASIN/6305627347/qid=955987973/sr-1-2/104-5724946-0430058).

21. Schon 1985 berichtete Susan Baker, die Frau des früheren Senators Howard Baker, vor dem amerikanischen Kongress für das PMRC (Parents Music Resource Center) und rief die Musikindustrie dazu auf, „Warnhinweise auf allen Alben anzubringen, wenn die Texte Sex und Gewalt darstellen oder den Gebrauch von Drogen und Alkohol verherrlichen". Sie argumentierte: „Während es in der Vergangenheit immer ein paar empörende Aufnahmen gegeben hat, illustriert die Verbreitung von Liedern, die Vergewaltigung, Sadomasochismus, Inzest, Okkultismus und Selbstmord verherrlichen, durch eine wachsende Zahl von Bands einen eskalierenden Trend, der alarmierend ist ... Es gibt sicherlich viele Gründe für diese Übel in unserer Gesellschaft, aber es ist unsere Forderung, daß die weitverbreiteten Botschaften, die auf Kinder abzielen und Selbstmord, Vergewaltigung, Sadomasochismus usw. befürworten oder verherrlichen, zu den mitverantwortlichen Faktoren gezählt werden müssen" (Senator Robert Torricelli und Andrew Carroll, Hg., In Our Words: Extraordinary Speeches of the American Century [New York: Kodansha International, 1999], S. 360–361). In Erwiderung meinte der Rockmusiker Frank Zappa (ausschnittsweise): „Schlechte Fakten führen zu schlechten Gesetzen, und Menschen, die schlechte Gesetze verfassen, sind meiner Meinung nach gefährlicher als Liedtexter, die die Sexualität feiern. Freie Meinungsäußerung, Freiheit des religiösen Denkens und das Recht auf angemessene Behandlung für Komponisten, Künstler und Händler geraten in Gefahr, wenn die PMRC und die großen Musikfirmen diesen üblen Handel abschließen" (ebd., S. 363).

22. The Capitol Hill Prayer Alert, 11. November 1999, Newsletter (per E-Mail). In der E-Mail fand sich auch folgende Ankündigung: „Die Resolution ‚Baby Parts Harvesting' (‚Ernten von Babyteilen') ist durch: Wann werden Schritte unternommen, dieses ‚Ernten' zu stoppen?" Vgl. http://www.prayeralert.org.

23. Beispiele für solche Bücher sind: Jennie Brand Miller, u. a., The Glucose Revolution: The Authoritative Guide to the Glycemic Index – The Groundbreaking Medical Discovery (New York: Marlowe & Co., 1999); Robert Arnot, Dr. Bob Arnot's Revolutionary Weight Control Program (New York: Little, Brown & Co., 1998); Robert C. Atkins, Dr. Atkins New Diet Revolution (New York: HarperCollins Publishers, 1997); Robert E. Kowalski, The Revolutionary Cholesterol Breakthrough: How to Eat Everything You Want and Have Your Heart to Thank for It (Kansas City, MO: Andrews McMeel Publishing, 1996); Jeffrey S. Bland, The 20-Day Rejuvenation Diet Program: With the Revolutionary Phytonutrient Diet (New Canaan, CT: Keats Publishing, 1996). Ein Buchtitel enthält sogar die Worte „Erneuerung" und „Revolution" – aber ohne spirituellen Kontext: vgl. Timothy J. Smith, M. D., Renewal: The Anti-Aging Revolution (New York: St. Martin's Press, 1999).

24. Laut einem Bericht der MSNBC News haben 30 Prozent unserer Katzen und Hunde Übergewicht. Freßsucht bei Haustieren wird von Tierärzten für das führende Gesundheitsproblem gehalten. Der Bericht beschreibt, daß „sitzende Menschen dazu tendieren, Haustiere zu haben, die sich nicht viel bewegen, und Eigentümer, die viele Kalorien zu sich nehmen, tendieren dazu, ihre Haustiere ebenfalls mit vielen Kalorien zu verwöhnen." Evan Kirk vom Brewer Animal Hospital in Springfield, Illinois, meint: „Unsere Hunde und Katzen fressen sich zu Tode"; und Julie Churchill, die eine Klinik zur Gewichtsreduzierung [!] am veterinärmedizinischen College der University of Minnesota betreibt, formuliert: „Der durchschnittliche amerikanische Hund heutzutage ist ein ‚Fettsack'" (wörtl.: „couch potato", „Sofakartoffel", der Vergleich mit einem übergewichtigen amerikanischen Fernsehzuschauer; MSNBC, 16. Februar 2000. http://www.msnbc.com). Während also in anderen Ländern Menschen gezwungen sind, nach Essen zu suchen, ist Amerika voll von fetten Katzen und verfressenen Hunden.
25. Bennett, Index, S. 3.
26. Ebd., S. 175. Laut dem George Barna Report von 1999 liegen die Zahlen sogar noch höher: „39% der Amerikaner bezeichnen sich selbst als ‚hingegebene wiedergeborene Christen'. Beinahe zwei Drittel der Amerikaner (64%) sagen, sie hätten eine persönliche Hingabe an Jesus Christus vollzogen, die auch heute noch in ihrem Leben von Bedeutung sei." Diese Statistiken sind noch beunruhigender und man muß sich fragen: Wo sind diese Leute, und wo bleibt ihre Hingabe? („Faith Commitment", Barna Research Online, 5. April 2000.
http://www.barna.org/cgi-bin/PageCategory.asp?CategoryID-19).
27. Ebd., S. 217–218.
28. Ebd., S. 219–220.
29. Ebd., S. 221–222.
30. Ebd., S. 223–224.
31. Ebd., S. 227–228.
32. Ebd., S. 229. Die genaue Zahl beträgt 21,3%; danach kommen Spanien mit 17,5% und Kanada mit 14,9%. Finnland, Dänemark, Frankreich, Schweden und Deutschland liegen im unteren Bereich mit 6,1% bis 4,4%.
33. Noch erstaunlicher ist die Tatsache, daß „weniger als ein Viertel der amerikanischen Eltern denken, daß ihr Kind zuviel fernsieht" (ebd., S. 162).
34. Ebd., S. 47.
35. Ebd., S. 48.
36. Ebd., S. 175–176.
37. Ebd., S. 48–49.
38. Ebd., S. 53, Anmerkung.
39. Ebd., S. 50, Hervorhebung dort.
40. Ebd., S. 138.
41. Ebd.

42. Ebd., S. 139.
43. Ebd., S. 132.
44. Ebd., S. 132–133.
45. Ebd., S. 178.

Kapitel 3

1. Jon Lee Anderson, Einführung zu Che Guevara: A Revolutionary Life (New York: Grove Press, 1997). Anderson fragt (ebd.): „Wer war dieser Mann, der im Alter von sechsunddreißig seine Frau und fünf Kinder verlassen hat, seine Ehrenbürgerschaft, seinen Ministerposten und seinen Kommandeursrang im revolutionären Kuba aufgegeben hat, in der Hoffnung, eine ‚kontinentale Revolution' zu entzünden? Was hatte diesen Sohn einer argentinischen Aristokratenfamilie, diesen graduierten Mediziner dazu gebracht, zu versuchen, die Welt zu verändern?" Der bekannte Historiker Robert Conquest bemerkte in seinem Buch über das 20. Jahrhundert, daß er „nicht genügend Aufmerksamkeit der … Fortdauer einer jugendlichen revolutionären Romantik bis zum heutigen Tag gewidmet habe, als einem der unglücklichen Leiden, für das der menschliche Geist anfällig war und ist. Das wird jetzt erneut demonstriert (so wenig glaubhaft das auch scheinen mag) durch das Wiederaufleben des Kults des totalitären Terroristen Che Guevara" (Conquest, Reflections on a Ravaged Century [New York: W. W. Norton, 2000], S. 295).
2. William English Walling beschrieb, welchen Preis die russischen Arbeiter bei der Revolution von 1905 bezahlten: Sie wurden „niedergeschossen, zu Hunderten in Moskau, Riga und Odessa exekutiert, zu Tausenden in alle russischen Gefängnisse geworfen und in die Verbannung in die Wüsten und Polarregionen getrieben" (Walling, Russia's Message: The True World Import of the Revolution [New York: Doubleday, 1908], zitiert bei John Reed, Einführung zu Ten Days That Shook the World [1935, Neudruck mit einer Einführung von John Howard Lawson, New York: International Publishers, 1989], o. S.)
3. Unger und Unger, The times were a changin', S. 187. John Stott beschrieb die gleiche Zeit mit den Worten: „Andere verschmähen heute den habgierigen Wohlstand des Westens, der durch die Ausbeutung der natürlichen Umwelt, der Entwicklungsländer, oder beidem nur immer fetter zu werden scheint; und sie stellen die Totalität ihrer Ablehnung unter Beweis, indem sie einfach leben, sich formlos kleiden, barfuß gehen und Müll vermeiden. Statt trügerischer und oberflächlicher bürgerlicher Beziehungen hungern sie nach authentischen Liebesbeziehungen. Sie verachten die Oberflächlichkeit sowohl des nichtreligiösen Materialismus wie der angepaßten Religion, denn sie spüren, daß es eine gewaltige ‚Realität' gibt, die viel größer ist als diese Trivialitäten, und sie suchen nach dieser flüchtigen ‚transzendenten' Dimension durch Meditation, Drogen oder Sex. Sie verabscheuen schon den bloßen Gedanken des Konkurrenzkampfes und halten es für ehrenwer-

ter, auszusteigen als mitzumachen. All dies ist ein Symptom für die Unfähigkeit der jüngeren Generation, sich an den Status quo anzupassen oder sich in der vorherrschenden Kultur einzugewöhnen. Sie sind dort nicht zu Hause. Sie sind entfremdet" (Stott, Sermon on the Mount, S. 15–16). Stott beobachtete hellsichtig: „In bestimmter Hinsicht halten Christen diese Suche nach einer kulturellen Alternative für eines der hoffnungsvollsten, sogar begeisternden, Zeichen der Zeit. Denn wir erkennen darin das Wirken des Geistes, der, bevor er zum Tröster wird, der Unruhestifter ist, und wir wissen, wohin ihre Suche sie führen wird, wenn sie je Erfüllung finden soll" (ebd., S. 16).

4. Vinita Hampton und Carol Plueddeman, u. a. World Shapers: A Treasury of Quotes from Great Missionaries (Wheaton, IL.: Harold Shaw Publishers, 1991), S. 10.
5. Jim Elliot, Tagebucheintrag 1948. Vgl. Elisabeth Elliot, Shadow of the Almighty: The Life and Testament of Jim Elliot (San Francisco: Harper, 1989), S. 247.
6. J. Wesley Bready, This Freedom—Whence? (Winona Lake, IN.: Light and Life Press, 1950), S. 95–97.
7. W. E. DuBois, „The Battle for Humanity", gehalten August 1906, zitiert in Torricelli und Carroll, In Our Own Words, S. 18.
8. Bill Bright, Come Help Change the World (Orlando, FL: New Life, 1999).
9. In den Worten von Evangelist Billy Sunday: „Die Hölle ist der höchste Lohn, den der Teufel dir für deine Dienste anbieten kann."
10. Niu-Niu, No Tears for Mao: Growing Up in the Cultural Revolution, übers. Enne und Peter Amman (Chicago: Academy Chicago Publisher, 1995), S. 20.
11. Ebd., S. 22–23.
12. Vgl. The Barna Report, 1997 (http://www.barna.org).
13. Brown, The End of the American Gospel Enterprise, S. 39.
14. Die Praxis der Witwenverbrennung war weitverbreitet. Wenn ein verheirateter Mann starb, war es Sitte, seine Frau mit seiner Leiche auf dem Scheiterhaufen zu verbrennen. Diese furchtbare Sitte wurde von den Hindus aus sozialen und religiösen Gründen durchgeführt: Die Witwe blieb nicht arm und ohne finanzielle Mittel zurück, und man glaubte, es würde ihr bei der Reinkarnation im nächsten Leben helfen. Carey kämpfte jahrelang gegen dieses Sitte, bevor er irgendwelche Fortschritte erzielte.
15. Vgl. z. B. D. James Kennedy und Jerry Newcombe, What If Jesus had Never been Born? The Positive Impact of Christianity in History (Nashville: Thomas Nelson, 1994); vgl. auch Christianity Today (6. Dezember 1999), zu dem Thema „Where Would Civilization Be Without Christianity" (Wo wäre die Zivilisation ohne das Christentum?)
16. Quelle unbekannt.

Kapitel 4

1. Man beachte beispielsweise die Reaktion einiger Athener, die Paulus auf dem Areopag hörten: „Es sieht so aus, als wolle er fremde Götter verkündigen. Er hatte ihnen nämlich das Evangelium von Jesus und von der Auferstehung verkündigt" (Apostelgeschichte 17,18 L).
2. Pastor Castellanos wurde von sechs Kugeln getroffen, aber wie durch ein Wunder wurden keine lebenswichtigen Organe verletzt. Er bat die Ärzte, eine Kugel in seinem Körper als Zeugnis für die Ungläubigen zurückzulassen, denen er begegnet.
3. F. F. Bruce, The Book of the Acts, New International Commentary on the New Testament, rev. ed., (Grand Rapids, MI: Wm. B. Eerdmans Publishing Co., 1988), S. 167.
4. Vgl. Apostelgeschichte 9,23-24.29; 21,31; 23,15.27; 25,3; 26,21; 27,42.
5. F. F. Bruce, The Book of the Acts, S. 324-325. Professor James D. G. Dunn schreibt: „Das Problem eines möglichen Konflikts zwischen der Autorität Gottes und der des Kaisers muß für die frühen Christen ein sehr reales gewesen sein und wird in ... Markus 12,13-17 ... konkret behandelt. Die Frage, ob es geboten oder erlaubt sei, dem Kaiser Steuern zu zahlen oder nicht, war deshalb gut gewählt, weil Jesus damit in ein Dilemma geriet: entweder die Autorität des Kaisers zu leugnen (Rebellion) oder die volle Autorität Gottes (Verrat und Gotteslästerung). Jesu Antwort macht deutlich, daß der Gegensatz aus seiner Sicht falsch war: politische und göttliche Autorität müssen nicht unbedingt im Konflikt stehen. Der Mensch kann in von Autorität und Pflicht bestimmten menschlichen Beziehungen leben und gleichzeitig ‚Gott geben, was Gottes ist' [vgl. Matthäus 22,21]. Es gibt allerdings auch die Möglichkeit eines realen Konflikts zwischen der Pflicht gegenüber dem Kaiser und der Pflicht gegenüber Gott. Die Loyalität gegenüber dem Kaiser kann zu einer Ausflucht werden, die höhere Pflicht gegenüber der Wahrheit zu vermeiden (vgl. Johannes 18,38; 19,12-16). Wer seine Motive und Ziele auf die Freundschaft mit dem Kaiser begrenzt, schneidet sich von der Antwort auf die Frage ab: Was ist Wahrheit? Wer seine Loyalität nur dem Kaiser gegenüber bejaht, hat sich dadurch selbst verurteilt (vgl. Johannes 16,8-11)." Vgl. seinen Artikel „Caesar, Consul, Governor," in: Colin Brown, Hg., The New International Dictionary of New Testament Theology, Bd. 1 (Grand Rapids, MI: Zondervan Publishing House, 1986), S. 270.
6. Vgl. Adolf Deissmann, Licht vom Osten. Das Neue Testament und die neuentdeckten Texte der hellenistisch-römischen Welt, Tübingen: Verlag J. C. B. Mohr, 19092/3, S. 55; Johannes S. Louw und Eugene A. Nida, Hg., Greek-English Lexicon of the New Testament Based on Semantic Domains, Bd. 1 (New York: United Bible Societies, 1988), S. 498, #39.41. Richard N. Longenecker, „Acts", Expositor's Bible Commentary, Bd. 9, Hg. Frank E. Gaebelein (Grand Rapids, MI: Zondervan Publishing House, 1981), S. 469, bemerkt: „Sicherlich hatten die Bürgerversammlung und die Politarchen in Thessaloniki von den Unruhen unter der Judenschaft von

Rom und ihrer Verbindung zum Christentum gehört. Sie waren die Ursache für das sogenannte Claudiusedikt des Jahres 49–50, demzufolge alle Juden Rom verlassen mußten (vgl. Sueton, Vita Claudii 25,4, der von ‚ständigen Unruhen auf Anstiftung des Chrestus' spricht und den kaiserlichen Befehl zur Vertreibung berichtet; vgl. auch 18,2). Wahrscheinlich spielten die jüdischen Gegner der Missionare mit der Angst, daß sich eine solche Situation in Thessaloniki wiederholen könnte, wenn Paulus und Silas nicht vertrieben würden. Zusätzlich kann man aus ihrem Vorwurf, die Missionare würden einen anderen König verkünden (V. 7), schlußfolgern, daß sie die Erwähnung des ‚Reiches Gottes' durch Paulus (vgl. 14,22; 19,8; 20,25; 28,23, 31) benutzten, um den Verdacht zu schüren, er sei in einen gegen den Kaiser gerichteten Aufstand verwickelt. Das mag vielleicht sogar der Grund sein, warum Paulus den Gebrauch von ‚Reich' und ‚König' in seinen Briefen an die von ihm Bekehrten vermied, so daß nicht heidnische kaiserliche Beamte daraus fälschlich eine Opposition gegen Kaiser und Reich konstruieren konnten."

7. Adam Clarke, Commentary on the Acts of the Apostles, John Calvin Collection (Albany, OR: Ages Digital Library, 1998), CD-ROM.
8. Er schrieb: „Dies ist genau die gleiche Weise, wie die Verfolgung der Wahrheit und der Nachfolger Christi immer noch geschieht. Einige böse Männer in der Gemeinde holen einen Anwalt und einen Konstabler zu einem Mob, den sie selbst zustandegebracht haben; und, nachdem sie eine Reihe von Scheußlichkeiten vollbracht haben, indem sie Männer und Frauen beschimpft haben, schleppen sie den Diener Christi zu einem Beamten, der so wenig von seinem Amt versteht wie vom Evangelium, dann beschuldigen sie den Prediger und seine friedliche Hörer genau der Scheußlichkeiten, die sie selbst vollbracht haben; und der ‚Friedensrichter', eingesetzt von einem guten König nach den weisen und vorzüglichen Vorschriften einer gesunden Verfassung, vergißt, wessen Diener er ist, und spricht weder Gerechtigkeit noch hält er sich an die Wahrheit; sondern er unterstützt die Rolle des Mobs und nimmt ex officio den Charakter eines Verfolgers an. Der Prediger kommt ins Gefängnis, seine Hörer bekommen eine Geldbuße dafür, daß sie dem Evangelium zugehört haben, das sie nicht nur zum Heil geschickt macht, sondern auch zu friedlichen und ordnungsliebenden Bürgern, und welches die gleiche Wirkung auf den prinzipienlosen Magistrat gehabt hätte, den örtlichen Gutsbesitzer und den Mob, wenn sie es mit der gleichen Achtung und Ehrfurcht gehört hätten." Adam Clarke, Commentary to Acts 17, Sage Digital Library (Albany, OR: Sage Software, 1996), CD-ROM.
9. Man beachte, daß Jesus unter der Anklage des Aufruhrs gekreuzigt wurde; vgl. Luke 23,2.14. Man beachte auch, daß Ihm vorgeworfen wurde, „König der Juden" zu sein (Matthäus 27,11). Was für ein Verbrechen!
10. Man beachte die Anklage, die von den jüdischen Führern gegen Paulus vorgebracht wurde, als sie ihn vor den Statthalter Gallio schleppten: „Dieser verführt die Menschen zu einer Gottesverehrung, die gegen das Gesetz verstößt" (Apostelgeschichte 18,13).

11. Joseph A. Fitzmyer, S.J., The Acts of the Apostles, Anchor Bible (New York: Doubleday, 1998), S. 587, zu Apostelgeschichte 16,21.
12. Archibald T. Robertson, Word Pictures in the New Testament, Bd. 3 (Nashville, TN: Broadman & Holman Publishers, 1982; Neudruck, Grand Rapids, MI: Baker Books, 1991), S. 273, zu Apostelgeschichte 17,6.
13. W.C.H. Frend, The Rise of Christianity (Philadelphia: Fortress, 1984), S. 103.
14. Man beachte, daß der vorzügliche Neutestamentler N.T. (Tom) Wright seinen Bildband The Original Jesus mit dem Untertitel The Life and Vision of a Revolutionary versah (Grand Rapids, MI: Wm. B. Eerdmans Publishing Co., 1997). Selbst Friedrich Nietzsche glaubte, daß Jesus ein echter Revolutionär gewesen wäre. Vgl. Robert C. Solomon und Kathleen C. Higgins, What Nietzsche Really Said (New York: Schocken, 2000), S. 143. (Laut Nietzsche war Jesus der erste und „einzige" Christ!)
15. Juan Carlos Ortiz, Disciple: A Handbook for New Believers (Orlando: Creation House, 1975), S. 12.
16. James D. G. Dunn, „Caesar, Consul, Governor", New International Dictionary of New Testament Theology, Bd. 1, S. 269. Dunn beschreibt die Reaktion der Juden von Thessaloniki auf die Predigt des Paulus.
17. Apostelgeschichte 21,38; erinnern wir uns, daß dieser Vers das gleiche griechische Verb verwendet wie Apostelgeschichte 17,6.
18. Eberhard Arnold: „Das Zeugnis der alten Kirche wurde in den Feuern der Anklage, der Folter und des Todes geschmiedet. Mit seiner staatlichen Einheitsreligion und einer Regierungsstruktur, die jeden Bürger in ihrem eisernen Griff hielt, tolerierte das Römische Reich keine andere Autorität außer der eigenen und betrachtete alles, was sich widersetzte oder Widerstand leistete, als eine äußerst gefährliche Bedrohung. Jesus warnte seine ersten Jünger: ‚Um meinetwillen werdet ihr vor Statthalter und Könige geführt … Alle Menschen werden euch hassen um meinetwillen' (Matthäus 10,18.22). Und so geschah es, und geschieht es immer noch bei allen, die ihm kompromißlos nachfolgen." Das Zitat ist eine Rückübersetzung aus der englischen Ausgabe, da es im deutschen Original (Eberhard Arnold, Die ersten Christen nach dem Tode der Apostel, Sannerz und Leipzig: Eberhard Arnold Verlag, 1926) nicht verifiziert werden konnte: Eberhard Arnold, The Early Christians in Their Own Words (Farmington, PA: Plough, 1997), S. 59.
19. Vgl. z.B. Matthäus 5,10-12; 10,24; Philipper 1,29.
20. H. N. Bilalik und Y. H. Ravnitzky, Hg., The Book of Legends: Sefer Ha-Aggadah, trans. W. G. Braude (New York: Schocken, 1992), S. 238, #177 (b. Berakhot 61b mit Eyn Yaakov).
21. Ich unterstütze von Herzen die Sprache von Teen Manias „Teenage Bill of Rights" („Grundrechte der Teenager"; ein revolutionäres Dokument für die jungen Leute von heute [vgl. www.teenmania.org/tbor.html]), wo sich die jungen Leute auf das folgende verpflichten: „Wir werden die Autoritäten, die Gott in unser Leben gestellt hat, achten, auch wenn einige einen Charakter haben sollten, den wir nicht bewundern. Wir erkennen, daß alle

Autorität von Gott kommt. Wir weigern uns, unsere Eltern oder andere Autoritätspersonen zu sabotieren. Wenn aber ein moslemischer Vater seinem Sohn sagt: „Du kannst Jesus nicht nachfolgen!", muß der Sohn sagen: „Ich habe keine Wahl, ich muß Jesus folgen!" Das würde dann als subversiv betrachtet, obwohl sich dieser christliche Sohn in allen sonst möglichen Fällen aus Achtung unterordnet.

22. Danyun, Lilies Amongst Thorns: Chinese Christians Tell Their Story Through Blood and Tears (Ventura, CA: Gospel Light, Renew Books, 1993), S. 167.
23. Niu-Niu, No Tears for Mao, S. 35.
24. In einem Statement, das am 14. Oktober 1917 von den gemäßigten Sozialisten in Rußland veröffentlicht wurde, hieß es: „Das Drama der Revolution hat zwei Akte; die Zerstörung des alten Regimes und die Schaffung des neuen" (zitiert in Reed, Ten Days That Shook the World, S. 2).
25. Niu-Niu, No Tears for Mao, S. 96.
26. Fitzmyer, The Acts of the Apostles, S. 596, zu Apostelgeschichte 17,7.
27. Bestimmung des Zwölftafelgesetzes, 450 v. Chr.; Cicero, Von den Gesetzen II, 19, zitiert bei Arnold, Die ersten Christen, S. 61.
28. Gesetzesbestimmung nach dem heidnischen Juristen des zweiten Jahrhunderts L. Paulus, Sentent. 5,21,2, zitiert bei Arnold, Die ersten Christen, S. 61.
29. Das Urteil gegen Justin den Märtyrer und seine Glaubensgenossen, um 165 n. Chr., zitiert bei Arnold, Die ersten Christen, S. 79.
30. Um 177 n. Chr. Athenagoras, Bittschrift für die Christen 7, zitiert bei Arnold, Die ersten Christen, S. 61.
31. Tertullian, An die Nationen I,17; Apologie 14. 27. 35. 50. 2. 10; Zweite Apologie 8, zitiert bei Arnold, Die ersten Christen, S. 61–62. Juden wie Christen wurden im römischen Reich beschuldigt, „Atheisten" zu sein, weil sie sich weigerten, den Kaiser als Herrn anzuerkennen. Als sie zur Hinrichtung geführt wurden, schrie die Menge oft „Weg mit den Atheisten!" Es wird berichtet, daß Polykarp von Smyrna, einer der berühmtesten frühchristlichen Märtyrer, der Menge vor seiner Hinrichtung zuwinkte und ihnen zurief: „Weg mit den Atheisten!" (Der berühmte Bericht findet sich im Martyrium des Polykarp.)
32. Zitiert bei Amir Taheri, Holy Terror: Inside the World of Islamic Terrorism (Bethesda, MD: Adler & Adler, 1987), S. 34.
33. Ebd., S. 28.
34. Das islamische Gesetz in Pakistan legt die Todesstrafe für jeden fest, der „durch eine Unterstellung, eine Anspielung oder Andeutung, direkt oder indirekt den heiligen Namen des Heiligen Propheten Muhammad beschmutzt." Susan Bergman, Hg., Martyrs: Contemporary Writers on Modern Lives of Faith (San Francisco: Harper Collins Publishers, 1996), S. 5. Aufgrund dieses Gesetzes werden Moslems, die sich zum Christentum

bekehren, oftmals der Blasphemie angeklagt von denjenigen, die (fälschlicherweise) behaupten, daß die Christen Muhammad gelästert haben.

35. Über den speziellen Haß, den die Mörder auf Jesus, das Christentum und bekennende Christen hatten, vgl. Steve Rabey, „Videos of Hate", Christianity Today (7. Februar 2000), S. 21. In den Videos verspotten die Mörder das „What Would Jesus Do"-Konzept, verhöhnen die, die sagen, sie lieben Jesus, und bejubeln die Römer dafür, daß sie Jesus kreuzigten. Laut Darryl Scott, Rachel Scotts Vater, besuchte sie „die gleiche Klasse wie Dylan Klebold und Eric Harris, gab ihnen Zeugnis von ihrem christlichen Glauben und stellte sie zur Rede wegen der gewaltverherrlichenden Videos, die sie in der Schule machten." Auf einem der Videos macht Klebold sie persönlich zum Opfer seines Hohns.

Kapitel 5

1. Zitiert bei Taheri, Holy Terror, S. 21.
2. Jack Kelley, USA Today (3. Dezember 1997), S. 16A.
3. Aus einer Untersuchung von George Barna, die am 21. Dezember 1999 veröffentlicht wurde. Weitere Einzelheiten vgl. http://www.barna.org.
4. Taheri, Holy Terror, S. 20.
5. Zitiert bei Emanuel Sivan, Radical Islam: Medieval Theology and Modern Politics (New Haven: Yale University Press, 1985), S. 17. Der Autor gehörte zu der moslemischen Bruderschaft.
6. Die vielleicht extremste Form des Islam in der heutigen Welt findet sich unter den Taliban in Afghanistan. Ihre Praktiken umfassen „Schläge und Auspeitschungen für die Verletzung der Kleiderordnung für Männer oder Frauen, der vorgeschriebenen Bartlänge oder -form bei Männern; die Amputation von Händen oder Füßen bei Diebstahl; Tod durch Steinigung bei Ehebruch; Lebendig-Begrabenwerden für Sodomie – Strafen, die in der Öffentlichkeit vollzogen werden. Die grausamste aller Strafen für die Frauen und die Gesellschaft insgesamt ... war der Ausschluß der Frauen von Bildung und Arbeitsplatz" (John K. Cooley, Unholy Wars: Afghanistan, America and International Terrorism [London: Pluto, 1999], S. 3). Vgl. auch Ahmed Rashid, Taliban (New Haven, CT: Yale University Press, 2000); Peter Marsden, The Taliban: War, Religion and the New World Order in Afghanistan (London: Zed, 1998); William Maley, Hg., Fundamentalism Reborn? Afghanistan and the Taliban (Washington Square, NY: New York University Press, 1998). Eine breitere und gelassenere Perspektive findet sich bei John L. Esposito, The Islamic Threat: Myth or Reality, 3rd ed. (New York: Oxford, 1999). Zum Hintergrund des Dschihad vgl. Reuven Firestone, Jihad: The Origin of Holy War in Islam (New York: Oxford, 1999); Paul Fregosi, Jihad in the West: Muslim Conquests from the 7th to the 21st Centuries (New York: Prometheus, 1998). Es sollte beachtet werden, daß der Islam im allgemeinen nicht alle Musik verboten hat, wie die Taliban in Afghanistan.

7. Taheri bringt es präzise zum Ausdruck: „Unter dem Islam ist es nicht die Religion, die ein Teil des Lebens ist, sondern das Leben ist ein Teil der Religion“ (Taheri, Holy Terror, S. 22).
8. Zu einer umfassenden Kritik der christlichen Theologie der Revolution vgl. Vernon C. Grounds, Revolution and the Christian Faith (Philadelphia: J. B. Lippincott, 1971); vgl. auch Os Guinness, The Dust of Death: The Sixties Counterculture and How It Changed America Forever, 2nd ed. (Wheaton, IL: Crossway, 1994). Eine Einführung in die Befreiungstheologie, die zum Teil trotz ihrer edlen Absichten aus neutestamentlicher Perspektive höchst fragwürdig ist, stellt das klassische Werk von Gustavo Gutiérrez dar, Theologie der Befreiung, übs. von Horst Goldstein, (Mainz: Matthias-Grünewald, 1992[10]); vgl. auch Ellacuriá, Ignacio und Sobrino, Jon, Hg., Mysterium Liberations. Grundbegriffe der Theologie der Befreiung, Bd. 1+2 (Edition Exodus / BRO); Boff, Leonardo, Theologie der Befreiung: Anliegen – Streitpunkte – Personen; Materialien und Texte für die Erwachsenenbildung (Bonn: Missionszentrale der Franziskaner, 19874); Leonardo und Clodovis Boff, Wie treibt man Theologie der Befreiung?, (Düsseldorf: Patmos-Verlag, 1990[4])
9. Zu einer Diskussion der radikaleren Aussprüche Jesu, vgl. Michael L. Brown, Answering Jewish Objections to Jesus, Bd. 3, Messianic Prophecy, New Testament, and Traditional Jewish Objections (im Erscheinen, Grand Rapids, MI: Baker Book House, 2001); Walter C. Kaiser, Jr., Peter H. Davids, F. F. Bruce, und Manfred Brauch, Hard Sayings of the Bible (Downers Grove, IL: InterVarsity Press, 1996).
10. Professor Nahum Sarna schreibt dazu: „Dieses Gebot … warnt davor, den Bund zu verletzen, indem man in irgendeiner Form anerkennt, was andere Völker als Gottheiten akzeptieren. Der Gott Israels verlangt eine kompromißlose und exklusive Loyalität“. Exodus, Jewish Publication Society Torah Commentary (Philadelphia: JPS, 1991), S. 109.
11. Vgl. z. B. 1. Mose 35,1-4; 2. Chronik 15,8; 2. Könige 23,4-7.
12. Tony Campolo, Einführung zu Wake Up America! Answering God's Radical Call While Living in the Real World (San Francisco: Harper SanFrancisco, 1991).
13. Ebd.
14. Meine Aussage hier sollte in keiner Weise als ein Ausdruck des Einverständnisses oder der Bewunderung für den Islam oder den Marxismus verstanden werden. Im Gegenteil, die Tatsache, daß diese Systeme, von denen das eine primär religiös, das ander primär sozial ist, das westliche Christentum so sehr kritisieren, ist nur um so mehr eine Anklage der seichten und oberflächlichen Natur unseres Zweigs der Christenheit, denn das wahre Leben ist nur im Evangelium und nicht in einem anderen religiösen oder sozialen System zu finden.
15. The Gates of Zion, Newsletter (September 1993), S. 1.
16. William J. Bennett, Hg., Our Sacred Honor: Words of Advice from the Founders in Stories, Letters, Poems, and Speeches (New York: Simon & Schuster, 1997), S. 88–89. Rush hatte sich sogar gewünscht, sei-

nen Namen aus der Unabhängigkeitserklärung zu streichen, wofür ihn Adams umgehend tadelte (ebd.). Interessanterweise verweisen die Historiker der Erweckunggeschichte darauf, daß in den Jahrzehnten nach der Amerikanischen Revolution ein moralischer und geistlicher Niedergang zu verzeichnen ist – vielleicht brachte die Freiheit Selbstzufriedenheit mit sich? Dann haben Erweckungen (insbesondere das Second Great Awakening) die Lage wieder verändert.

17. Wenn Sie diesen kostbaren Mitarbeitern auf dem Missionsfeld helfen wollen, wenden Sie sich bitte an Brownsville International, 8594 Hwy. 98 W., Pensacola, FL 32506.
18. A.W. Tozer, The Best of A.W. Tozer (Grand Rapids, MI.: Baker Book House, 1978), S. 179.
19. Brown, How Saved Are We? S. 61–63. (Ich habe einiges von dem zitierten Material neu arrangiert und überarbeitet.)

Kapitel 6

1. David Van Biema, „A Surge of Teen Spirit: A Christian girl, martyred at Columbine High, sparks a revival among many evangelical teens", TIME, 31. Mai 1999.
   http:// www. time. com/time/magazine/articles/0,32566,25681,00.html.
2. Wendy Murray Zoba, Generation 2K: What Parents & Others Need to Know About the Millennials (Downers Grove, IL: InterVarsity Press, 1999).
3. Bennett schreibt, daß „zwischen 1973 und 1998, der Verkauf [von Musikprodukten, also CDs, Single CDs, Kassetten, Single-Kassetten, LPs/EPs, Single Auskoppelungen und Musikvideos] um mehr als 80 Prozent zugenommen hat … Amerikaner wenden fast fünfmal so viel Zeit für Fernsehen und Videos auf wie auf das Lesen von Büchern … 1993 hatten 3 Millionen Mensch einen Zugang zum Internet, verglichen mit den rund 80 Millionen 1999 … Das durchschnittliche Kind spielt … Videospiele sieben Stunden pro Woche" (Bennett, Index, S. 168, 170–171).
4. Bennett konstatiert: „Die Gesamtzahl der Gewaltverbrechen im Fernsehen (ohne Nachrichten und Dokumentationen) nahm innerhalb von drei Jahren um 74 Prozent zu, von 1002 im Jahre 1992 auf 1738 im Jahre 1995 – und erreichte einen Durchschnittswert von fast zehn Gewaltfällen pro Sender in der Saison 1995–1996. Die Gewalt findet sich konzentriert in den Filmen des Kabelfernsehens und in den Cartoon Shows … Ein sexueller Akt oder eine Bezugnahme darauf kommt im Durchschnitt alle 4 Minuten während der Prime-Time [Hauptsendezeit] vor" (ebd., S. 162–163).
5. Bennett, ebd., S. 166, für 1998: „Als ‚NC-17' und ‚R' eingestufte Filme machen 66 Prozent aller Filme mit Altersbeschränkung aus, während ‚PG-13' 17 Prozent und ‚PG' und ‚G' Filme zusammen ebenfalls 17 Prozent ausmachen. Zwischen 1988 und 1997 wurden viermal mehr mit ‚R' bewertete Filme produziert als ‚G' Filme. Gleichzeitig waren die Erlöse der als ‚G-rated' eingestuften Filme um 78 Prozent höher als der durchschnittliche

‚R-rated' Film." – Das zeigt, daß Hollywood nicht nur durch Habsucht motiviert ist, sondern oft auch durch Gottlosigkeit. – Anm. d. Ü.: Die sogenannten „Ratings" sind vergleichbar den Altersbeschränkungen in Deutschland. So steht G für „General Audiences"/allgemein freigegeben; PG für „Parental Guidance Suggested"/elterliche Begleitung empfohlen (einiges Material kann für Kinder nicht geeignet sein); PG-13 „Parents Strongly Cautioned" (einiges Material kann für Kinder unter 13 Jahren nicht geeignet sein); R für „Restricted"/eingeschränkt (Jugendliche unter 17 Jahren nur in Begleitung von Eltern oder erwachsener Aufsichtsperson); NC-17 für „No One 17 And Under Admitted" (niemand, der 17 oder jünger ist; früher: „X-rated").

6. So geschehen in Kolumbien nach der Fußballweltmeisterschaft 1994. Andres Escobar schoß den Ball ins eigene Netz und besiegelte damit die 2:1-Niederlage gegen die USA. Kurz danach wurde er in einer Bar niedergeschossen.

7. In der Alten Kirche war es den Christen generell verboten, an öffentlichen Sportveranstaltungen teilzunehmen, bei denen die Athleten oft nackt miteinander kämpften; manche waren außerdem extrem grausam, gewalttätig oder sadistisch. Für Taufbewerber galt beispielsweise, was der angesehene Bischof Hippolyt von Rom (160–236) schrieb: „Ebenso soll der Wagenlenker, der Wettkämpfer und wer sonst am Wettkampf teilnimmt, diesen Beruf aufgeben oder abgewiesen werden. Wer Gladiator ist, Gladiatoren im Kampf unterrichtet, ein Tierkämpfer, ein Organisator von Gladiatorenspielen: sie sollen davon ablassen oder zurückgewiesen werden". Traditio Apostolica 16; in: Didache/Traditio Apostolica, Fontes Christiani 1, hg. und übs. von Georg Schöllgen und Wilhelm Geerlings, (Freiburg: Herder, 20003), S. 247. Für eine Perspektive des modernen fundamentalistischen Islam vgl. Sivan, Radical Islam, S. 4. Sivan bemerkt, daß in den Augen mancher Moslems der Profisport „den Götzendienst einer heidnisch inspirierten Anbetung des Körpers auf die Spitze treibt".

8. „Der Theologe James Freeman von der Emory University, ein Experte für Sport und Religion meint: ‚Gott gibt keinen Pfifferling darauf, wer gewinnt oder verliert. Gott engagiert sich in der Welt, aber nicht in solchen Dingen wie sportlichen Wettkämpfen. Das ist zu frivol.' James Mitchell, der frühere Sportpfarrer bei den Tennessee Titans und nationaler Direktor für Evangelisation bei Pro Athletes Outreach, sagt: ‚Ich denke, es ist Gott völlig egal, wer gewinnt oder verliert.' Gott mag sich manchmal einmischen, wenn es wirklich wichtig ist – wenn Hitler droht, die Welt zu erobern –, aber er hat nichts am Hut mit Jungenspielen. Andere Evangelikale, einschließlich der FCA und AIA, denken, daß es für Gott schon eine Rolle spielt, wer gewinnt, vielleicht mischt Er sich sogar ein, aber es wäre töricht, wenn Sportler wissen wollten, was Er denkt. ‚Kümmert sich Gott darum? Ich würde sagen ja, aber wir wissen nicht, wen er gewinnen lassen möchte. Gott hat Pläne für dich, egal, wie das Spiel ausgeht' meint Petersburg. Der Sprecher der AIA, Greg Stoughton, meint, daß Gott zwar unter Umständen die Bitte eines Sportlers um den Sieg erhört, ‚aber Siegen kann für Gott

erheblich anders aussehen als für den Spieler ... Selbst wenn man verliert, baut Gott den Charakter.‘ Die ‚Geist-in-der-Flasche‘-Theorie kann das Problem der Niederlage nämlich nicht beantworten, so bemerken sie. Wenn Gott möchte, daß du gewinnst, heißt das, Er möchte deine Gegner verlieren lassen, die sich vielleicht genauso engagiert zu ihrem Glauben bekennen? Wenn deine Gegner verlieren, heißt das, daß sie nicht genug Glauben hatten? Wenn du selbst verlierst, heißt das, daß du nicht genug Glauben hattest? Der Flaschengeist hat darauf keine Antwort. Die meisten Evangelikalen stellen die ‚Geist-in-der-Flasche‘-Theorie auf den Kopf. Diese Theologie sieht Gott als das Instrument. Gott beweist sich dir, indem er dir das Tor gelingen oder dich stolpern läßt. Die meisten Evangelikalen aber sehen den Spieler als das Instrument. Der Spieler verherrlicht Gott, indem er sein Bestes gibt. Petersburg sagt, daß sein Browns-Team niemals um den Sieg betet. Sie beten, ‚daß sie ehrenvoll spielen, daß sie so gut spielen, wie sie können, daß sie Gott durch die Art und Weise ihres Spiels ehren, und daß sie von Verletzungen verschont bleiben.‘ Es geht nicht darum, wer gewinnt oder verliert. Es geht darum, wie sie das Spiel spielen.“ (David Plotz, „The God of the Gridiron: Does He Care Who Wins the Super Bowl?“ Slate, 3. Februar 2000 (http://slate.msn.com/Assessment/00-02-04/Assessment.asp.) Eine neuere Untersuchung zu dem Thema Sport und evangelikale Christen ist Tony Ladd und James A. Mathisen, Muscular Christianity: Evangelical Protestants and the Development of American Sport (Grand Rapids, MI: Baker Book House, 1999).

9. Studd stammte aus einer wohlhabenden aristokratischen Familie und war einer der besten Kricketspieler der Nation, als er in Cambridge war. Zu seiner Geschichte vgl. Norman Grubb, C. T. Studd: Cricketeer and Pioneer (1933; Nachdruck, Fort Washington, PA: Christian Literature Crusade, 1988).
10. Das ist keine Übertreibung. Das wird gesagt und getan; ich habe die fragliche Aussage mit meinen eigenen Augen gelesen. Man möge es mir verzeihen, wenn ich den Namen des Sportlers verschweige.
11. Zwei Prinzipien, die ein Freund von mir vorgeschlagen hat, wären: 1. Sich so zu kleiden, daß die Aufmerksamkeit auf das Gesicht gelenkt wird, und 2. der Sinn unserer Kleidung besteht darin, etwas zu verhüllen, nicht etwas zu enthüllen.
12. Richard Wurmbrand, The Overcomers (Tunbridge Wells, England: Monarch, 1993), S. 82.
13. Bennett, Index, S. 171.
14. Ebd., S. 166–167.
15. Ebd., S. 172.
16. „The Spread of the Obesity Epidemic in the United States, 1991–1998“, Journal for the American Medical Association, Bd. 282 (27. Oktober 1999), o. S. Eine Zusammenfassung des Berichts findet sich im Internet unter http://jama.ama-assn.org/issues/v282n16/abs/joc91119.html; der volle Text unter http://jama.ama-assn.org/issues/v282n16/full/joc91119.html. Fettsucht wird von medizinischen Autoritäten unterschiedlich definiert; einer weitver-

breiteten Daumenregel zufolge beginnt sie bei 20 Prozent über dem angemessenen Körpergewicht. Wer entsprechend seiner Körpergröße und seinem Körperbau 80 Kilogramm wiegen sollte, leidet ab einem Gewicht von 96 oder mehr Kilogramm an Fettsucht.

17. Dies beruht auf der Tatsache, daß telefonische Studien durchgeführt wurden, bei denen die Teilnehmer nach Größe und Gewicht gefragt wurden. Man weiß, daß dabei die Leute dazu tendieren, ihr Gewicht zu untertreiben und ihre Größe zu übertreiben! Außerdem haben kürzlich durchgeführte Studien als Eßsuchtrate mehr als 21 Prozent der Bevölkerung ergeben.
18. Bob Newman, Guerrillas in the Mist: A Battlefield Guide to Clandestine Warfare (Boulder, CO: Paladin, 1997), S. 95. Vor zweihundert Jahren sagte der chassidische Rabbi Nahman von Breslau: „Mehr Menschen sterben an zu vielem Essen als an Unterernährung."
19. R. A. Torrey, in E. E. Shelhamer, Heart Searching Talks to Ministers (Louisville, KY: Pentecostal Publishing Co., 1914), S. 124–127, zitiert in Wesley L. Duewel, Ablaze for God (Grand Rapids, MI: Zondervan Publishing House, 1989), S. 88.
20. Interessanterweise bemerken die Ungers: „Ende der sechziger Jahre hatte die Babyboom-Generation der Nachkriegszeit einen prozentual höheren Anteil an der Gesamtbevölkerung erreicht als je zuvor seit dem vergangenen Jahrhundert. Angetrieben von dem neuen Wohlstand, neuen Bundeszuweisungen und dem wachsenden Bewußtsein, daß ein College-Abschluß für den Erfolg in der modernen ‚Wissensgesellschaft' unerläßlich sei, strömten die jungen Leute an die Colleges. 1960 gab es weniger als 3 Millionen College-Studenten; 1970 waren es mehr als 6,3 Millionen" (Unger und Unger, The times were a changin', S. 8). Eine weitreichende Diskussion des Versagens der modernen amerikanischen Erziehung findet sich in Thomas Sowell, Inside American Education: The Decline, the Deception, the Dogmas (New York: The Free Press, a div. of Simon and Schuster, 1993); vgl. auch die bahnbrechende Darstellung von Alan Bloom, The Closing of the American Mind (New York: Simon and Schuster, 1987).
21. Das steht in starkem Kontrast zu den Antworten von Studenten christlicher Colleges. Die weit überwiegende Mehrheit dieser Studenten sagt, daß ihre Collegeerfahrung ihnen sogar geholfen habe auf dem Weg, die Ziele Gottes für ihr Leben zu erfüllen.
22. Hier Auszüge aus einer E-Mail, die eine Studentin in unserer School of Ministry von ihrer Mutter bekam, die sich als Christ bezeichnet: „Wenn Du die Gehirnwäsche bei diesen sogenannten ‚Professoren des geistlichen Dienstes' durchlaufen hast, gibst Du ihnen natürlich Dein Leben und wirst zu ihrer Marionette. Diese Schule hat das mit Dir angestellt. *Akkreditierte Schulen* lehren nicht in dieser Art und Weise … Ich bete jede Nacht zu Gott, daß Du das Licht erkennst und schließlich unsere Ängste verstehst in bezug auf den Ort, in den Du hineingeraten bist. Du warst ein vorrangiges Ziel – sie mögen junge, unschuldige Leute, die man leicht einer Gehirnwäsche unterziehen kann … Wach auf und erkenne, daß Du Dein Leben genießen solltest wie alle anderen in Deinem Alter. Mom."

23. Eine weitere ähnliche Kritik in David F. Wells, „The D-Min-ization of the Ministry“, No God But God: Breaking with the Idols of Our Age, Hg. Os Guinness und John Seel (Chicago: Moody, 1992), S. 175–188; eine ausführlichere Diskussion in David F. Wells, No Place for Truth (Grand Rapids, MI: Wm. B. Eerdmans Publishing Co., 1992). Noch schärfer fällt die Kritik aus bei Eta Linnemann, Wissenschaft oder Meinung? Anfragen und Alternativen, (Neuhausen-Stuttgart: Hänssler, 1986). Zweifelsohne hat die Apologetik (Verteidigung des christlichen Glaubens) im Lehrplan christlicher Colleges und Seminare einen wichtigen Platz, und wenn nur um der Studenten willen, die vielleicht jahrelang mit unbiblischen Konzepten und Perspektiven bombardiert worden sind. Doch findet man oft das subtile, unterschwellige Gefühl, wir müßten als christliche Professoren und Akademiker unsere intellektuelle Integrität ständig unter Beweis stellen, so daß wir mehr Zeit damit verbringen, den Irrtum zu widerlegen, als die Wahrheit zu lernen.
24. Wie denken Sie, fühlt es sich an, wenn man einen Artikel für ein wissenschaftliches Nachschlagewerk schreibt und der eigene akademische Hintergrund mit „Brownsville Revival School of Ministry“ angegeben ist, während die andere Autoren an Harvard, Princeton, John Hopkins und Yale unterrichten? Aber das ist meine Berufung – und ich nehme sie gerne an. Das geschah kürzlich mit zwei meiner Artikel, die 1999 publiziert wurden, nämlich „Kipper and Atonement in the Book of Isaiah“, in: R. Chazan, W. W. Hallo, und L. H. Schiffman, Hg., Kî Barukh Hû': Ancient Near Eastern, Biblical, and Judaic Studies for Baruch A. Levine (Winona Lake, IN: Eisenbrauns, 1999), S. 189–202; und „Was There a West Semitic Asklepios?“ in: Ugarit Forschungen, Bd. 30 (1998), S. 133–154.
25. Noch mehr an zeitgenössischen Götzen, die gestürzt werden müssen, finden sich in Herbert Schlossberg, Idols for Destruction: The Conflict of Christian Faith and American Culture (Wheaton, IL: Crossway Books, 1990).

Kapitel 7

1. Unger und Unger, The times were a changin', S. 7. Man höre und staune: Ein Teil der frühen Folkmusik (insbesondere Rock und Folk) war Untergrundmusik (d. h., Piraterie!).
2. Ursprünglich 1973 erschienen bei InterVarsity Press, wurde es 1994 neu aufgelegt von Crossway Books mit einem neuen Vor- und Nachwort des Autors.
3. Das deckt sich mit den Beobachtungen der britischen Premierminister George und Baldwin im Blick auf das England des neunzehnten und das Amerika des frühen zwanzigsten Jahrhunderts: Beide lassen sich nicht ohne den Einfluß von John Wesley verstehen! (Vgl. oben, Kapitel 3.) Das gleiche gilt – unter entgegengesetzten Vorzeichen – für das Amerika des frühen einundzwanzigsten Jahrhunderts: es kann ohne den Einfluß der Rockmusik nicht verstanden werden.

4. Lisa Law, Flashing on the Sixties (San Francisco: Chronicle Books, 1987), S. 13.
5. Os Guinness, Dust of Death, S. 119.
6. Baba Ram Dass, Vorwort zu Flashing on the Sixties.
7. Unger und Unger, The times were a changin', S. 1, 6–7.
8. Lohnend ist der Hinweis, daß das Talmudstudium, das extrem anspruchsvoll sein kann, in einer Art Singsang erfolgt, der auf Hebräisch „niggun" heißt („gesungen; gespielt"). Das unterstützt den Prozeß des Auswendiglernens.
9. Um nur ein Beispiel zu nennen: Charles Kaiser vergleicht Eric Claptons berühmte Ballade „Layla" von 1970 mit anderen großen Rockhits dieser Ära (vor allem „Somebody to Love", „Satisfaction", „Piece of My Heart", „Help!" und „Like a Rolling Stone"). Dabei beschreibt er sie als „eine siebenminütige Sühne der Agonie, die eines der spektakulärsten Kunststükke des Rock bleibt" und nennt sie „ein entscheidendes Lied mit einem einzigartigen emotionalen Widerhall bei nahezu jedem einzelnen Angehörigen der Vietnamgeneration." Vgl. seine wichtige Untersuchung: 1968 in America: Music, Politics, Chaos, Counterculture, and the Shaping of a Generation (New York: Grove Press, 1988), S. 209; laut Kaiser schaffte Clapton es, „Layla" trotz einer damaligen „schweren Heroinabhängigkeit" zu produzieren.
10. Jim Morrison, Elektra Records Biography, 1967, zitiert in „The Life and Death of Jim Morrison", The Doors Official Website. http://www.thedoors.com/gamma/frame_sets/Jim_home.html.
11. The Observer, zitiert bei Guinness, Dust of Death, S. 120.
12. Ebd. Zwei der drei Stars waren Jimi Hendrix und Janis Joplin.
13. Ich bin Gott sehr dankbar für die wenigen zeitgenössischen christlichen Künstler, denen der Inhalt wichtiger ist als die Verkaufszahlen, und Wahrheit wichtiger als Popularität. Sie sind zu loben! Eine sehr faire Kritik des Versagens der christlichen Musik angesichts der kürzlichen Scheidung von Amy Grant — ohne jedes biblische Fundament — und Wiederheirat, vgl. Wendy Murray Zoba, „Take a Little Time Out", Christianity Today (7. Februar 2000), S. 86.
14. Wie viele andere Männer und Frauen im geistlichen Dienst habe ich mich über Jahre hinweg entschieden, keine Art von Tantiemen für meine Bücher oder Kassetten zu nehmen, aber ich sehe nichts Verkehrtes darin, wenn christliche Autoren, Sprecher oder Musiker Tantiemen beziehen; ich verurteile sie nicht im mindesten. Möge Gott sie hundertfältig segnen! In meinem Fall aber wollte ich ausschließen, daß finanzieller Gewinn die Motivation sein könnte, und wollte auch nicht in der Versuchung stehen, Gott für den Verkauf meiner Bücher zu vertrauen – sie sind alle aus Leidenschaft und Überzeugung geschrieben. Finanzieller Gewinn ist nicht meine Motivation für das Schreiben von Büchern!
15. Der im Hebräischen hier verwendete Begriff „(lam-)Menazeach" findet sich 56mal im Alten Testament (z.B. Ps. 4,1; 5,1; 6,1; Hab. 3,19) und wird in den unterschiedlichen englischen Bibelübersetzungen mit „chief musician",

„the director of music", „the choir master" wiedergegeben; im Deutschen steht meist „Chorleiter", „Chormeister".

16. Eine Reihe von Psalmen beginnt offensichtlich mit einer Anweisung für das Singen; vgl. z.B. die Überschriften der Psalmen 9, 22, 46, 56-60, 69, 75, 80 („nach der Weise ..."). Andere Psalmen geben andere musikalische Anweisungen, z.B. „mit Saitenspiel" (vgl. Psalm 4, 6, 54-55) oder „zum Flötenspiel" (Psalm 5). Vgl. auch Willem VanGemeren, „The Psalms", Expositors Bible Commentary, Bd.5, S.36–37.
17. Bis zu einem gewissen Grad ist das auch die Wirkung von Alkohol. Ein Rausch kann alles mögliche an empörendem und unsozialen Verhalten zum Vorschein bringen; dabei gehen Maßstäbe und Überzeugungen über Bord. Wie viele Frauen sind am Morgen nach einer durchzechten Nacht aufgewacht, um sich mit einem fremden Mann im Bett zu finden? Der Unterschied zwischen der Wirkung des Alkohols und der Drogen ist, daß Alkhol zu Bewußtseinsausfällen führen kann, während man sich bei der Einnahme von Drogen seiner Handlungen bewußt bleibt, selbst wenn man sehr viel genommen hat. Außerdem können die Erfahrungen mit Drogen (vor allem solchen, die Halluzinationen hervorrufen) das eigene Weltbild beeinflussen.
18. Taheri, Holy Terror, S.41–42. Es gibt Diskussionen unter den Wissenschaftlern, wieviel – oder ob überhaupt – bei den Fedajjin Haschisch im Spiel war. Der Bezug zu dem Begriff Haschaschin / Assassine ist allerdings sicher.
19. Der berühmteste Dichter geistlicher Lieder war in seiner Zeit Charles Wesley, der eine Zeitlang jede Woche ein Lied dichtete, um die Botschaft zu ergänzen, die sein Bruder John predigte. (Interessant ist der Gedanke, daß wir heute zwar die Predigten von John nicht mehr in unseren Kirchen hören, wohl aber die Lieder seines Bruders immer noch singen!). Andere große geistliche Liederdichter jener Zeit waren Isaac Watts, John Newton, William Cowper und Augustus Toplady. Im neunzehnten Jahrhundert waren D.L.Moody und Ira Sankey das berühmteste Paar; zu Einwänden, die gegen Sankeys Musik erhoben werden, vgl. Brown, Holy Fire, S.52.

Kapitel 8

1. Karl Marx und Friedrich Engels, Das Kommunistische Manifest, 8.Ausgabe Berlin: Buchhandlung Vorwärts, 1918, S.25.
2. Ebd., Vorreden, S.17. Angaben zu den verschiedenen Ausgaben und Übersetzungen finden sich z.B. bei Eric Hobsbawm, Introduction to The Communist Manifesto, S.6–11.
3. Ebd., S.56.
4. Mao Zedong, Quotations from Chairman Mao Tse-tung (Peking: Foreign Languages Press, 1972), o.S.
5. Ebd., S.182. Die Zitate stammen aus: „On Coalition Government", Selected Works, Bd.3 (24.April 1945), S.318, und „The Foolish Old Man Who Removed the Mountains", Selected Works, Bd.3 (11.Juni 1945), S.321.

6. Eine massive Dokumentation der zerstörerischen Wirkungen des Kommunismus findet sich in Stéphane Courtois u. a., Das Schwarzbuch des Kommunismus. Unterdrückung, Verbrechen und Terror, (München: Piper 2000). Die Informationen in diesem Buch sind so niederschmetternd, daß Tony Judt in seiner Besprechung in der New York Times meinte: „Keiner kann noch länger Unwissenheit oder Ungewißheit hinsichtlich der verbrecherischen Natur des Kommunismus hegen, und diejenigen, die begonnen hatten zu vergessen, werden gezwungen, sich daran zu erinnern." Zu den Verbrechen Joseph Stalins vgl. Robert Conquest, The Great Terror: A Reassessment (1968; Neudruck New York: Oxford University Press, 1991).
7. Freunde von mir, die eine stark evangelistische Gemeinde in Tübingen leiten, sind wegen ihrer Glaubensüberzeugungen (die natürlich falsch dargestellt und mißverstanden wurden) von Behörden beobachtet worden. In einem Brief der Steuerbehörde in Tübingen vom 1. Dezember 1998 heißt es: „Schließlich ist auch von Bedeutung, inwieweit sich ein gemeinnütziger Verein im Rahmen der verfassungsmäßigen Ordnung bewegt. Als Verstoß dagegen wäre meines Erachtens nicht nur die Bekämpfung der verfassungsmäßigen Ordnung anzusehen, sondern einzuhalten sind auch elementare Grundrechte wie Freizügigkeit, rechtsstaatliches Gehör oder Versammlungs- und Vereinsfreiheit. Zu dieser Freiheit muß – ähnlich dem Wahlrecht – auch die Freiheit gehören, aus entsprechenden Organisationen wieder ohne Komplikationen auszutreten. *Bei Religionsgemeinschaften, welche für sich in Anspruch nehmen, den wahren Glauben zu vertreten, kann dies u. U. zu Schwierigkeiten führen, wenn dem austrittswilligen Vereins- oder Gemeindemitglied suggeriert wird, dadurch auch des ewigen Lebens verlustig zu werden.*" (Hervorhebung von mir). Die Gemeinde mußte vor Gericht ihren rechtmäßigen Status der Gemeinnützigkeit verteidigen.
8. Mao Zedong, Quotations from Chairman Mao Tse-tung, S. 258.
9. Robert E. Coleman, The Master Plan of Evangelism (1964; Neudruck Grand Rapids, MI: Fleming H. Revell, 1993), S. 122, Anm. 13.
10. Wichtige Einsichten zu der Berufung der Kirche, Gegenkultur statt Subkultur zu sein bei John Bevere, A Heart Ablaze: Igniting a Passion for God (Nashville: Thomas Nelson, 1999), vor allem S. 81–93. Er schreibt: „Die Linien des konservativen Amerika haben sich verschoben, und die der Kirche haben sich mit verschoben. Was Ungläubige in Amerika in den vierziger Jahren schockiert hätte, wird heute von den meisten Gläubigen für normal gehalten" (ebd., S. 85–86).
11. Leonard Ravenhill, Why Revival Tarries (Minneapolis, MN: Bethany, 1962), S. 98.
12. Mao Zedong, Quotations from Mao Tse-tung, S. 256–257.
13. Danyun, Lilies Amongst Thorns, S. 167.
14. Weitere Gedanken dazu vgl. Michael L. Brown, Go and Sin No More: A Call to Holiness (Ventura, CA: Regal, 1999); deutsch: Geh und sündige nicht mehr (Fürth: Richard Hassmann Verlag 2000).
15. Ebd., S. 147–162.

16. Compass (Herbst 1999), S. 31.
17. Interessanterweise gibt es heute jüdische Führer, die der Meinung sind, daß die Assimilation – die Heirat mit Nichtjuden und/oder die Anpassung an die säkulare Kultur bzw. die Übernahme einer anderen Religion – eine weit größere Bedrohung für das weltweite Judentum darstellen, als es der Holocaust war.
18. Vgl. beispielsweise die Artikel von Peter T. Chattaway und Steven Lansingh für die Zeitschrift Christianity Today, „My Favorite Films of 1999" und „Ten Films That Made My Year", ChristianityToday.com, 2000. Der Chattaway Artikel: http://www.christianityonline.com/ct/current/0118/0118b.html. Der Lansingh Artikel: http://www.christianityonline.com/ct/current/0118/0118a.html. Einer der Filme, der von Lansigh ausgewählt wurde, war Fight Club, ein extrem gewalttätiger, als „R" eingestufter Film (Jugendliche unter 17 dürfen ihn nur in Begleitung Erwachsener sehen), während sechs der von Chattaway genannten Lieblingsfilme mit „R" bewertet wurden, einschließlich einiger mit drastischen Sexualszenen.
19. „Jude", Expositor's Bible Commentary, Bd. 12, S. 395, Hervorhebung von mir.
20. Man beachte, daß das hebräische Wort aschrê, das oft mit „selig" oder „gesegnet" übersetzt wird (z.B. Psalm 1,1; 33,12; 65,4; 84,4), eigentlich „wahrhaft glücklich" meint. Vgl. meinen Artikel ’as´rê, in: Willem VanGemeren, Hg., The New International Dictionary of Old Testament Theology and Exegesis, Bd. 1 (Grand Rapids, MI: Zondervan Publishing House, 1997), S. 570–572. Das gleiche trifft wahrscheinlich für das griechische makarios zu, das sich beispielsweise in den Seligpreisungen der Bergpredigt findet (z. B. „selig sind die Armen im Geist" etc.).
21. Marx und Engels, Das Kommunistische Manifest, S. 56.
22. Winkie Pratney, Revival (Springdale, PA: Whitaker, 1983), S. 337, Hervorhebung im Original. Die Klammern zeigen an, daß die Worte „und Revolution!" von mir stammen; sie stimmen aber völlig mit Winkie Pratneys jetziger Sicht überein.

Kapitel 9

1. Diese Worte stehen mit großen roten Buchstaben auf der schwarzen Vorderseite der neuen Ausgabe des Kommunistischen Manifests, das ich besitze.
2. Friedrich Engels, Vorrede zur Ausgabe von 1883, in: Kommunistisches Manifest, S. 21. Der relevante Teil lautet: „... daß ... die ganze Geschichte eine Geschichte von Klassenkämpfen gewesen ist ... daß dieser Kampf aber jetzt eine Stufe erreicht hat, wo die ausgebeutete und unterdrückte Klasse (das Proletariat) sich nicht mehr von der sie ausbeutenden und unterdrükkenden Klasse (der Bourgeoisie) befreien kann, ohne zugleich die ganze Gesellschaft für immer von Ausbeutung, Unterdrückung und Klassenkämpfen zu befreien ..."

3. Zum Scheitern der nichtchristlichen Weltbilder im zwanzigsten Jahrhundert vgl. Charles Colson und Nancy Pearcey, How Now Shall We Live? (Wheaton, IL: Tyndale, 1999); dort auch weitere wichtige Literatur.
4. Vgl. Dale Van Kley, Hg., The French Idea of Freedom: The Old Regime and the Declaration of Rights of 1789 (Stanford, CA: Stanford University Press, 1994), o. S.
5. Das Zitat fährt fort: „Wie wurde sie durchgeführt? Mit Blutvergießen. Erstens, sie beruhte auf Land, der Grundlage der Unabhängigkeit. Und die einzige Weise, wie sie es bekommen konnten, war durch Blutvergießen." Die entscheidende Aussage war für ihn: „man hat keine Revolution, die nicht Blutvergießen beinhaltet". Vgl. seine Rede „There's No Such Thing As a Non-Violent Revolution" („Gewaltlose Revolution? – Es gibt nichts dergleichen!" vom 10. November 1963 (mehrere Monate nach der berühmten Rede von Martin Luther King, Jr. in Washington, DC), zitiert bei Torricelli und Carroll, In Our Own Words, S. 240–241. Mehr zum Thema „keine Revolution ohne Blut" in Kapitel 10 dieses Buches.
6. Bill Bright und John N. Damoose, Red Sky in the Morning (Orlando, FL: New Life, 1998), S. 17. Die Unterzeichner der Unabhängigkeitserklärung erlitten folgendes Schicksal: „Fünf der fünfundsechzig wurden von den Briten gefangengenommen und gefoltert. Zwölf erlebten, daß ihr Haus durchwühlt, geplündert und konfisziert oder niedergebrannt wurde. Siebzehn verloren ihren Besitz. Zwei verloren ihre Söhne im Krieg, bei einem anderen gerieten die beiden Söhne in Kriegsgefangenschaft. Neun der fünfundsechzig verloren aufgrund von Verletzungen oder Not ihr Leben im Krieg." Den Hinweis auf diesen Text verdanke ich meinem Freund und Kollegen Larry Tomczak.
7. Nelson Mandela, „I Am Prepared to Die" („Ich bin bereit zu sterben") African National Congress.
   http:// www. anc. org. za/ancdocs/history/rivonia.html.
8. Die erste Aussage stammt vom November 1962, die zweite vom Juni 1964; sie umrahmen damit die Rede von Martin Luther King, Jr. im Jahre 1963. „Malcolm X Quotes", Elke's Homepage, 28. April 1998. http:// www. unix-ag. uni-kl. de/~moritz/xquotes.html.
9. Anthony Lloyd, „People Willing to Die for Freedom," GQ magazine. http:/ / www. chechnya. net/article/wil_fre.shtml.
10. Im Hinblick auf den Kampf für Freiheit sind die Jünger Jesu Freiheitskämpfer im wahrsten Sinn, denn sie kämpfen den realsten, dauerhaftesten Kampf von allen.
11. Für leidenschaftliche Aussagen des Bedauerns, die die Sklaverei als fundamentalen Widerspruch zu den Idealen der amerikanischen Revolution sehen, vgl. Bernard Bailyn, The Ideological Origins of the American Revolution, enlarged ed. (Cambridge, MA: Belknap Press of Harvard University Press, 1992), vor allem S. 232–246. Einfach gesagt: Wie konnten Männer wie John Adams, die die Amerikaner unter der Herrschaft der Engländer als „elendeste aller Sklaven" bezeichnet hatten (ebd., S. 233), eine viel schlimmere und unmenschlichere Form der Sklaverei in ihrer Mitte dulden? 1774

fragte Richard Wells von Philadelphia; „[Wie können wir] die Ausübung der *Sklaverei* mit unserem Bekenntnis zur Freiheit in Einklang bringen?" (ebd., S. 239), während John Allen, ein baptistischer Prediger und Verfasser von Flugschriften, schrieb: „Errötet, ihr angeblichen Verehrer der Freiheit! Ihr banalen Patrioten! ... denn während ihr für die Wiederherstellung eurer verbrieften Rechte fastet, betet, den Import und Export verweigert, protestiert und Entschließungen und Eingaben verfaßt, setzt ihr doch gleichzeitig diese gesetzlose, grausame, unmenschliche und abscheuliche Praxis des Versklavens eurer Mitgeschöpfe fort" (ebd., S. 240). Bailyn erläutert: „Als sich die revolutionäre Krise zuspitzte und die Amerikaner ihre Liebe zur Freiheit und ihren Haß auf die Sklaverei vertieften, wurde das Problem, das die Knechtschaft in ihrer Mitte darstellte, immer schwieriger zu vermeiden. Was sollten sie den Engländern antworten, die ihnen ins Gesicht sagten, sie sollten ‚diese verfluchte Sache (diese entsetzliche Unterdrückung) aus ihrer Mitte wegschaffen, bevor sie sich anmaßten, das Eingreifen der göttlichen Gerechtigkeit zu erflehen; denn während sie ihre Brüder ... in der schändlichsten unfreiwilligen Knechtschaft hielten, sei es lästerlich, zu dem barmherzigen Herrn aller Menschen aufzuschauen und Ihn Vater zu nennen!'" (ebd., S. 241).

12. George Grant, The Patriot's Handbook (Nashville, TN: Cumberland House, 1996), S. 278.
13. Interessanterweise gab es einen Briefwechsel zwischen Anthony und Elizabeth Cady Stanton (beides ausgesprochene Feministinnen), in dem die letztere der ersteren versicherte, der Name sei nicht zu extrem; vgl. Andrew Carroll, Hg., Letters of a Nation: A Collection of Extraordinary American Letters (New York: Kodansha, 1997), S. 181–183. Stanton schrieb: „Ein Journal mit dem Namen Rosebud (Rosenknospe) mag diejenigen ansprechen, die mit Parfüm und Handschuhen kommen, um unsterbliche Kränze an den Monumenten niederzulegen, die vom Schweiß und den Tränen anderer gehauen und errichtet wurden; aber für uns, und für jenen großen Schmied unter uns, der solch rotglühende Blitze für Pharisäer, Heuchler und Sünder schmiedet, gibt es keinen anderen Namen als die Revolution" (ebd., S. 182). Der Name wurde allerdings dann doch geändert.
14. Grant, Patriot's Handbook, S. 278. Mehr zu Garrison vgl. James Brewer Stewart in Ernest R. Sandeen, Hg., The Bible and Social Reform (Chico, CA: Fortress/Scholars Press, 1982), S. 32–49.
15. Grant, Patriot's Handbook, S. 278.
16. Abraham Lincoln in einer Rede vom 16. Juni 1858, zitiert in Oxford Dictionary of Quotations, 3rd ed. (New York: Oxford University Press, 1980), S. 314, #14.
17. Ebd., S. 314, #22.
18. Seine Ansichten lassen sich mit den völlig gewaltlosen von Booker T. Washington vergleichen; zum Erfolg von Washingtons Ansatz vgl. Booker T. Washington, Up from Slavery, unabridged ed., (New York: Dover Publications, 1995).

19. W.E. DuBois, „The Battle for Humanity", August 1906, zitiert in Torricelli und Carroll, In Our Own Words, S. 19. Eine verständnisvolle Kritik von John Brown, vgl. Otto Scott, The Secret Six: John Brown and the Abolitionist Movement, 3rd ed. (Seattle, WA: Uncommon Books, 1993).
20. Charles Turner, zitiert von George Grant, Vorwort zu Give Me Liberty: The Uncompromising Statesmanship of Patrick Henry, von David J. Vaughan (Elkton, MD: Highland, 1997), o. S. Wichtige Hintergrundinformationen zur Rolle des Christentums bei der Geburt Amerikas bei James H. Hutson, Hg., Religion and the New Republic: Faith in the Founding of America (Lanham, MD: Rowman & Littlefield, 2000); eine gut bebilderte Dokumentation ist: ders., Religion and the Founding of the American Republic (Hanover, NH: University Press of New England, 1998).
21. J. Blunck schreibt: „Für den modernen Menschen spielt seltsamerweise die politische Freiheit im NT eine recht untergeordnete Rolle. Jesus hat hier alle Mißverständnisse unzweideutig beiseite geschoben. Er und sein Reich leben nicht durch diese äußere Freiheit. Sonst wäre sie nicht so bereitwillig aufgegeben worden (Johannes 18,36). Selbst an den Stellen, an denen Jesus seine irdische Autorität betont (Matth. 28,18), werden daraus keine Schlußfolgerungen für einen Anspruch auf politische Freiheit gezogen. Er enttäuschte alle spätjüdischen Erwartungen eines politischen Messias. Seine Lehre hatte ein ganz anderes Ziel im Blick. Die Art von Freiheit, die er predigte, war eine, die durch die Rückkehr zum Vater kommt – Freiheit im Blick auf die Menschen (Matthäus 4,17; Lukas 24,47; Johannes 8,34 ff und öfter)." Blunck, „Freedom", The New International Dictionary of New Testament Theology, Bd. 1, S. 720 (der gesamte Artikel umfaßt die Seiten 715-721).
22. Dieses Thema durchzieht das ganze 5. Buch Mose: „Und wenn der Herr, dein Gott, dich in das Land führt … nimm dich in acht, daß du nicht den Herrn vergißt, der dich aus Ägypten, dem Sklavenhaus, geführt hat" (5. Mose 6,10.12; vgl. auch 8,11-14). „Wenn dich morgen dein Sohn fragt: Warum achtet ihr auf die Satzungen, die Gesetze und Rechtsvorschriften, auf die der Herr, unser Gott, euch verpflichtet hat?, dann sollst du deinem Sohn antworten: Wir waren Sklaven des Pharao in Ägypten, und der Herr hat uns mit starker Hand aus Ägypten geführt. Der Herr hat vor unseren Augen gewaltige, unheilvolle Zeichen und Wunder an Ägypten, am Pharao und an seinem ganzen Haus getan, uns aber hat er dort herausgeführt, um uns in das Land, das er unseren Vätern mit einem Schwur versprochen hatte, hineinzuführen und es uns zu geben" (5. Mose 6,20-23). Wenn ein falscher Prophet versucht, Israel zum Götzendienst zu verführen, soll er getötet werden, denn „Er hat euch aufgewiegelt gegen den Herrn, euren Gott, der euch aus Ägypten geführt und dich aus dem Sklavenhaus freigekauft hat … Du sollst ihn steinigen, und er soll sterben; denn er hat versucht, dich vom Herrn, deinem Gott, abzubringen, der dich aus Ägypten

geführt hat, aus dem Sklavenhaus" (5. Mose 13,6.11). Der Herr sagte: „Denk daran: Als du in Ägypten Sklave warst, hat der Herr, dein Gott, dich freigekauft. Darum verpflichte ich dich heute auf dieses Gebot." (5. Mose 15,15) und „Denk daran: Du bist in Ägypten Sklave gewesen. Daher sollst du auf diese Gesetze achten und sie halten" (5. Mose 16,12; vgl. auch 24,18. 22). Denk daran!

23. Zu der königlich/priesterlichen Bedeutung des blauen/purpurfarbenen Streifens, den alle Israeliten tragen, vgl. Jacob Milgrom, Numbers, The JPS Torah Commentary (Philadelphia: Jewish Publication Society, 1990), S. 127–128.
24. Vgl. Brown, Go and Sin No More, S. 19–89 (aufgeführt werden zwanzig Gründe nicht zu sündigen).
25. Viele Wissenschaftler glauben, daß zur Zeit Jesu die wöchentlichen Synagogenlesungen aus den Propheten noch nicht festgelegt waren. Material und Diskussion bei I. Howard Marshall, The Gospel of Luke, New International Greek Testament Commentary (Grand Rapids, MI: Wm. B. Eerdmans Publishing Co., 1978), S. 181–182.
26. Wichtige Literatur bei C. H. H. Wright, „Jubilee, Year of," Anchor Bible Dictionary, Bd. 3, S. 1028; es wird Bezug genommen auf das „Nazareth-Manifest" (vgl. U. Busse, Das Nazareth-Manifest: Eine Einführung in das lukanische Jesubild nach Lk. 4,16-30, Stuttgart: Katholisches Bibelwerk, 1978); vgl. auch John Nolland, Luke 1-9,20 Word Biblical Commentary (Waco, TX: Word, 1989), S. 195; dort die Feststellung: „Lukas 4,16-30 wird weithin als programmatischer Text für das ganze Unternehmen des Lukas betrachtet." Vgl. auch John G. Lake, den Missionar und Heilungsapostel des frühen zwanzigsten Jahrhunderts, „The Platform of Jesus" in Roberts Liardon, The Complete Collection of His Life Teachings, Hg. John G. Lake (Tulsa, OK: Albury, 1999), S. 168–177. Weitere Diskussion des Dienstes Jesu und des Themas des Erlaßjahres bei Michael L. Brown, Israel's Divine Healer: Studies in Old Testament Biblical Theology (Grand Rapid, MI: Zondervan Publishing House, 1995), S. 217–218, mit ausführlichen Verweisen. Für die praktischen Herausforderungen an die Kirche der Gegenwart vgl. Donald Kraybill, The Upside-Down Kingdom (Scottdale, PA: Herald Press, 1994).
27. Fidel Castro meinte: „Die kubanische Revolution … ist eine Diktatur der Ausgebeuteten über die Ausbeuter." http://www.quoteland.com/quotes/author/84.html.
28. Oxford Dictionary of Quotations, S. 310, #19; der Freund war Duc de la Rochefoucauld-Liancourt.
29. Weiteres Material vgl. Kaiser, 1968 in America, S. 37–45.
30. Unger und Unger, The times were a changin', S. 1.
31. Thomas Jefferson, zitiert in John Sorelli, The Family (Tulsa, OK: King's Signet Books, 1997), S. 56, zitiert in Governor Mike Huckabee, mit Dr. George Grant, Kids Who Kill: Confronting our Culture of Violence (Nashville, TN: Broadman & Holman, 1998), S. 85.

32. Patrick Henry, zitiert in Kids Who Kill, S. 103. Kapitel 6 von Huckabees Buch (S. 85–104, „Families Under Siege") ist besonders relevant.
33. Time (20. Dezember 1999), S. 42.
34. S. C. Gywnne, „An Act of God?" Time (20. Dezember 1999), S. 58
35. Rutherford L. Decker, Einführung zu Bready, This Freedom—Whence?

Kapitel 10

1. King meinte einmal: „Die Schwäche von Unruhen liegt, abgesehen von den moralischen Fragen, darin, daß sie nicht zum Sieg führen, und die Teilnehmer wissen das. Von daher sind Unruhen nicht Revolutionäres, sondern etwas Reaktionäres, denn sie provozieren die Niederlage. Sie enthalten zwar eine emotionale Katharsis, aber sie haben das Gefühl der Vergeblichkeit zur Folge."
2. Malcolm X, „There's No Such Thing As a Non-Violent Revolution", zitiert in Torricelli und Carroll, In Our Own Words, S. 240–241. Interessanterweise schrieb schon John Adams im Jahre 1815 an Thomas Jefferson: „Was meinen wir mit Revolution? Den Krieg? Das war kein Teil der Revolution; er war nur eine Auswirkung und Folge davon. Die Revolution fand in den Köpfen der Leute statt, und das geschah zwischen 1760 und 1775, im Verlauf von 15 Jahren, bevor der erste Tropfen Blut bei Lexington vergossen wurde" (zitiert in Baylin, Ideological Origins, S. 1). 1787 hatte Benjamin Rush geschrieben: „Der amerikanische Krieg ist vorbei; aber das trifft noch längst nicht auf die amerikanische Revolution zu. Im Gegenteil, nichts als der erste Akt des großen Dramas ist zu Ende gegangen. Was bleibt, ist die Aufgabe, unsere neuen Regierungsformen zu errichten und zu vervollkommnen, und die Prinzipien, die Moral und die Sitten unserer Bürger für diese Regierungsformen geeignet zu machen, nachdem sie errichtet und vervollkommnet worden sind" (zitiert in ebd., S. 230). Also gab es eine Revolution vor dem Krieg, und eine Revolution nach dem Krieg!
3. Ayatollah Fasl-Allah Mahalati, zitiert in Taheri, Holy Terror, S. 17.
4. Zitiert in einem Bericht von B'nai Brith vom Mai 1995. Weitere Informationen zu Hamas und ihren Zielen vgl. http://www.hamas.org.
5. Ayatollah Ruhollah Khomeini, Key to the Secrets (1942; Neudruck, Qom, Iran: 1986), zitiert in Taheri, Holy Terror, S. 242–243.
6. Roger Lloyd, Revolutionary Religion: Christianity, Fascism and Communism (London: SCM Press, 1938), S. 14. Ich verdanke meinem Freund und Kollegen Pastor Bob Phillips den Hinweis auf dieses Buch.
7. John Wesley, zitiert in Bready, This Freedom—Whence?, S. 146–147.
8. Ebd., S. 147.
9. Mark Twain, A Connecticut Yankee in King Arthur's Court (NY: Harper & Bros., 1917), o. S. Mao Tse-tung: „Politische Macht wächst aus dem Lauf von Gewehren." http://apachego.com/rights/quotes.htm.
10. Jerry Rubin. http://www.quoteland.com/quotes/author/398.html.

11. Grounds unterscheidet zwischen „Revolutionären“, die er als „Vertreter einer radikalen Veränderung“ definiert, und „Revolutionisten“, die er als „Vertreter einer gewaltsamen radikalen Veränderung“ definiert. Ironischerweise gehören die Nachfolger Jesu zu den „Vertretern einer gewaltsamen radikalen Veränderung“ – der Gewalt des Kreuzes! (Grounds, Revolution and the Christian Faith, S. 13.)
12. Justin der Märtyrer, Apologie I, 13,4, zitiert in Hengel, Crucifixion, S. 1.
13. Ebd., S. 6–7.
14. Pseudo-Manetho (3. Jahrhundert n. Chr.), Apotelesmatica 4,198–200, zitiert in Hengel, Crucifixion, S. 9.
15. Die meisten Wissenschaftler glauben, daß Jesus im Einklang mit der römischen Sitte nackt gekreuzigt wurde, vgl. die Verweise bei Michael L. Brown, Answering Jewish Objections to Jesus, Bd. 1, General and Historical Objections (Grand Rapids, MI: Baker Book House, 1999), S. 249, n. 258.
16. Johannes Schneider, Artikel stauros ktl., Theologisches Wörterbuch zum Neuen Testament, Bd. 7 (Stuttgart, Berlin, Köln: Kohlhammer Verlag 1990), S. 573.
17. Vgl. Hengel, Crucifixion, S. 2, 4, 8.
18. Ebd., S. 9–10.
19. Ebd., S. 25.
20. Ebd., S. 30–31.
21. Eine Diskussion der verschiedenen Traditionen findet sich in den Standardnachschlagewerken zur Bibel; in populärer Form vgl. William Stewart McBirnie, The Search for the Twelve Apostles (Wheaton, IL: Tyndale House Publishers, 1979).
22. Alan Johnson schreibt in seinem Kommentar zu diesem Vers (besonders den Worten „standhaft ausharrt“): „Johannes sieht die gegenwärtige verborgene Herrschaft Christi und seiner Jünger in ihrer ‚standhaften Ausdauer‘ verkörpert. Sie schauen über ihre unmittelbaren Bedrängnisse hinaus und setzen ihr ganzes Vertrauen auf Christus; darin haben sie Anteil an seiner königlichen Würde und Macht. Ob diese Bedrängnisse in Gefangeschaft, Ausstoßung aus der Gesellschaft, Verleumdungen, Armut, wirtschaftlicher Diskriminierung Feindseligkeiten (gewaltsamer und gewaltloser durch Synagoge, Öffentlichkeit und Polizei), Störung der Gemeinden durch falsche Propheten und die konstante Todesgefahr durch die Gewalt des Mobs oder von seiten der Beamten bestanden, die Christen sollten ihre gegenwärtige königliche Herrschaft mit Christus in ihrer standhaften Ausdauer verwirklichen“ („Revelation,“ Expositors Bible Commentary, Bd. 12, S. 424).
23. H. S. Vegeveno, Jesus the Revolutionary (Glendale, CA: Gospel Light, 1966), S. 11.
24. Coleman, The Master Plan of Evangelism, S. 57.
25. Bei einem Dienst in Indien im Jahre 1996 schrieb ich die folgenden Worte: „Es gibt ein letztes Geheimnis, um den Teufel zu überwinden, das die meisten amerikanischen Christen nicht lernen wollen: Offenbarung 12 (‚sie liebten ihr Leben nicht bis in den Tod‘). Das ist der Schlüssel zum Sieg und

zur Freiheit. Das bricht dem Teufel das Rückgrat! Dann hat er nichts mehr, womit er dich bedrohen kann, nichts, das er dir nehmen kann. Seine Kraft ist die Angst vor dem Tod. Vertrau dich völlig Gott an, bis in den Tod hinein, und du brichst seine Macht."

26. Das berühmte Zitat stammt von Tertullian: „So oft wir von euch niedergemacht werden, um so mehr wachsen wir zahlenmäßig. Das Blut der Christen ist die Saat" (Tertullian, Apologie 50,13).
27. Eberhard Arnold, Die ersten Christen, S. 28–29. Tom Wright weist darauf hin, daß die Vorstellung der Auferstehung des Messias für die Juden der damaligen Zeit überraschend war, und sagt: „... die Regel ... scheint klar. Wenn man einem Messias folgt und er getötet wird, hat man offensichtlich auf das falsche Pferd gesetzt. Dann sollte man entweder aufgeben oder einem Führer aus der gleichen Familie folgen. Warum aber taten die Nachfolger Jesu von Nazareth nichts dergleichen? Nach der Hinrichtung Jesu gaben seine Nachfolger die Revolution nicht auf; sie wählten sich auch keinen anderen Führer aus derselben potentiellen Königsfamilie. Warum nicht?" (Wright, The Original Jesus, S. 70).
28. Vgl. James C. und Marti Hefley, By Their Blood: Christian Martyrs of the Twentieth Century, 2nd ed. (Grand Rapids, MI: Baker Book House, 1996), S. 57–58.
29. Ebd., S. 57.
30. Ebd., S. 60. Ich kann nicht verhehlen, daß mir beim Schreiben dieser Zeilen die Tränen gekommen sind. Meine Gedanken sind sofort zu den jungen Ehepaaren gegangen, die unsere Schule absolviert haben und jetzt in China und anderen gefährlichen Teilen der Welt arbeiten. Auch sie haben gefragt: Angst – davor?
31. Steve Saint, „A Cloud of Witness", zitiert in Bergman, Martyrs, S. 154 (das ganze Kapitel umfaßt die Seiten 142–154). Ein Bericht über die fünf Missionare, die 1943 bei ihrer Arbeit mit der New Tribes Mission in Bolivien den Märtyrertod starben, findet sich bei Ruth A. Tucker, From Jerusalem to Irian Jaya: A Biographical History of Christian Missions (Grand Rapids, MI: Zondervan Publishing House, 1983), S. 307–312.

Kapitel 11

1. Dov Gruner, zitiert in Chaim Herzog, Heroes of Israel (Bnei-Brak, Israel: Steimatzky, 1989), S. 198–199. Dov Gruner wurde von den Briten am 16. Mai 1947 wegen subversiver proisraelitischer Aktivitäten gehängt.
2. Emanuel Ringelblum, Warsaw Ghetto Diary (o. S., o. D.), zitiert in Herzog, Heroes of Israel, S. 136. Deutsch: Ghetto Warschau: Tagebücher aus dem Chaos, (Stuttgart: Seewald, 1967). Anm. d. Ü.: Der englische Text ließ sich in der deutschen Ausgabe leider nicht verifizieren.
3. Das genaue Zitat lautet bei Augustin: „Der Grund, nicht das Leiden, macht echte Märtyrer" (Augustin, Briefe, 89,2).

4. Anderson, Che Guevara, S. 720. Marc Becker schreibt dazu: „Ches Leben repräsentiert eine selbstlose Hingabe an die Anliegen der Unterschicht, das Ringen darum, die Menschen zu ermutigen, die Nöte und Bedürfnisse der breiteren Gesellschaft vor die eigenen engen persönlichen Wünsche zu stellen, und eine Bereitschaft, große persönliche Opfer zu bringen, um eine gerechtere Gesellschaftsordnung zu erreichen. Che brachte das größte Opfer für seine Überzeugungen. Mit seinem Tod im Oktober 1967 durch die Hände des Militärs in Bolivien wurde er zum Märtyrer und Propheten für linke Anliegen und Überzeugungen. (Becker, Einführung zu Guerilla Warfare, von Che Guevara [Lincoln, NE: University of Nebraska Press, 1998]).
5. Jewish Voice Prophetic Magazine (Februar 1995), S. 2.
6. Sheik Ahmed Abdul Salim, zitiert in USA Today (3. Dezember 1997), Sektion A, S. 15.
7. AP Cairo, November 1, 1997. Sheik Salim ist ein geistlicher Führer der Al Gama'a, einer Terrorsitenorganisation aus Ägypten.
8. Thomas Merton, Hg., Gandhi on Non-Violence (New York: New Directions, 1964), S. 57.
9. Joan V. Bondurant, Conquest of Violence: The Gandhian Philosophy of Conflict, rev. ed. (Princeton: Princeton University Press, 1988), S. 39. Vgl. auch die entsprechenden Abschnitte in der nützlichen Sammlung, hg. von Louis Fischer, The Essential Gandhi: An Anthology of His Writings on Life, Work and Ideas (New York: Vintage, 1983). Allgemeiner vgl. A. L. Herman, Community, Violence, and Peace: Aldo Leopold, Mohandas K. Gandhi, Martin Luther King, Jr., and Gautama the Buddha in the Twenty-First Century (Albany: State University of New York, 1999).
10. Bekanntlich stammen das englische Wort „martyr" ebenso wie das deutsche „Märtyrer" vom griechischen Wort für „Zeuge" ab (martys). Vgl. das Zitat von Arnold im vorhergehenden Kapitel, Anm. 27.
11. Ravenhill, Why Revival Tarries, S. 118, Hervorhebung von mir.
12. K. P. Yohannan, Living in the Light of Eternity: Your Life Can Make a Difference (Grand Rapids, MI: Chosen Books, 1995), S. 159–160.
13. Nach dem Handbuch für schwedische Missionare mußten Missionare, die in den Kongo gingen, genügend Holz für ihren Sarg haben – und die Werkzeuge zur Sargherstellung! – bevor sie ausreisen konnten.
14. Jean-Francois Steiner, Treblinka, trans. Helen Weaver (1967, Neudruck; New York: Meridian, 1994), S. 182–183.
15. Ebd., S. 183.
16. Ebd., S. 185–186.
17. The Nizkor Project. http://www.nizkor.org (vom April 2000) (Nizkor ist ein hebräisches Wort und bedeutet „wir werden uns erinnern".) Von den ungefähr 850 Gefangenen, die zur Zeit des Aufstands im Lager lebten, kamen fast die Hälfte bei den Kämpfen um; 300 weitere wurden bei ihrem Fluchtversuch in die nahegelegenen Wälder getötet. Einhundert Gefangene überlebten und konnten die Verbrennungsöfen zerstören, wurden aber später getötet. Nur 40 deutsche Soldaten kamen um. Nach unterschiedli-

chen Schätzungen waren am Kriegsende etwa 60 bis 70 der aus Treblinka Entkommenen noch am Leben.

18. A.W. Tozer, This World: Playground or Battleground? (Camp Hill, PA: Christian Publications, 1989), S. 5–6.
19. Quelle unbekannt.
20. Der Untertitel von August Kinneas Biographie von Watchman Nee (The Story of Watchman Nee [Camp Hill, PA: Tyndale House Publishers/Christian Literature Crusade, 1978]) lautet Against the Tide, („gegen den Strom") und spiegelt damit die Erfahrung vieler christlicher Leiter in jeder Generation wider, daß Fortschritte im Christenleben nur bergauf zu erzielen sind.
21. World Shapers, S. 5. David Brainerd (1718–1747), dessen Leben frühzeitig durch Tuberkulose zu Ende ging, brachte große Opfer, um unter den Indianern Amerikas zu arbeiten. Sein Tagebuch hat viele Auflagen erlebt und ist zu einem der einflußreichsten christlichen Bücher seiner Art geworden. Für einen ersten Überblick, wer alles von diesem Buch beeinflußt wurde, vgl. Ravenhill, Why Revival Tarries, S. 83–86; er schreibt: „Wollen wir sie aufzählen: [Edward] Payson, [Robert Murray] M'Cheyne, [William] Carey, [Jonathan] Edwards, [John] Wesley – berühmte Männer, aber alle von einer einzigen Flamme entzündet; alle stehen in der Schuld des kränklichen, aber intensiv betenden Brainerd (S. 86).

Kapitel 12

1. Grubb, C. T. Studd, S. 35–36.
2. Ebd., S. 36. Natürlich finden wir die Gefühlslage dieses Atheisten leicht übertrieben, insbesondere, wenn er schreibt: „Die Erde mit ihren Freuden und Schmerzen würde keinen Moment lang meine Gedanken beschäftigen." (Vgl. zu diesem Thema das vorhergehende Kapitel.) Die einfache Tatsache aber bleibt, daß die Botschaft und die Einstellung dieses Traktats konsequent auf der Linie ewiger Werte liegen und für Christen im Westen eine scharfe Zurechtweisung darstellen.
3. Amy Carmichael, zitiert in Elizabeth Elliot, A Chance to Die: The Life and Legacy of Amy Carmichael (Old Tappan, NJ: Fleming H. Revell, 1987), S. 85.
4. Ebd., S. 117.
5. William Gurnall, The Christian in Complete Armour (Neudruck, Carlisle, PA: Banner of Truth, 1964), o. S. William Gurnall war ein englischer Puritanerprediger im siebzehnten Jahrhundert (1616–1679).
6. Es ist hier nicht meine Absicht, die Frage der „Geistlichen Kampfführung" in bezug auf eine Stadt bzw. das „Niederreißen von geistlichen Bollwerken" durch Gebet zu diskutieren. Mir geht es bei diesen Versen aus dem Lukasevangelium um die klaren Prinzipien, die hier gelehrt werden. Eine nüchterne Diskussion des Themas geistlicher Kampf findet sich beispielsweise bei Gregory A. Boyd, God at War: The Bible and Spiritual Conflict

(Downers Grove, IL: InterVarsity Press, 1997); Ed Murphy, Handbook for Spiritual Warfare, rev. ed. (Nashville, TN: Thomas Nelson, 1997).

7. Im Hinblick auf Homosexualität wurde bemerkt, daß Homosexuelle sich nicht durch Fortpflanzung, sondern nur durch Verführung vermehren können. Deshalb sind viele Schwule nicht mit dem Recht zufrieden, ohne Diskriminierung so leben zu können, wie sie es wollen, sondern wollen andere zum gleichen Lebensstil ermutigen.
8. Ich weiß, daß ich hier ein bißchen übertreibe: Die Christen benutzen viele der gleichen Medien wie der Feind: Musik, Medien, Technologie, Bildung usw. Aber wir tendieren dazu, sie weniger aggressiv einzusetzen – und im allgemeinen weit weniger wirkungsvoll – als unser Gegner.
9. USAF Special Operations School: Pyschological Operations (Macdill AFB, FL: United States Special Operations Command, o. D.), S. 6–1. Ich bin Capt. Rudy Atallah dankbar, daß er mir diese militärische Quelle zur Verfügung gestellt hat. (Anmerkung des Übersetzers: Der deutsche Originaltext ließ sich leider nicht verifizieren. In den Erinnerungen Hindenburgs findet sich aber eine ähnliche Aussage: „Auch der Gegner sorgte für diese Zersetzung. Nicht bloß durch seine Blockade und den dadurch hervorgerufenen Halbhunger, sondern auch noch durch ein anderes Mittel, das man ‚Propaganda im feindlichen Lager' nannte. Es ist ein neues Kampfmittel … Der Regen verhetzender Flugblätter fällt nicht nur hinter unseren Fronten in Ost und West … Als ‚Aufklärung des Gegners' bezeichnete man diese Art von Propaganda. ‚Verschleierung der Wahrheit' sollte man sie nennen, ja noch schlimmer als das, ‚Vergiften der Seelen des Feindes'. Sie entspringt einer Auffassung, die nicht die Kraft in sich fühlt, den Gegner im offenen, ehrlichen Kampfe zu überwinden …' Generalfeldmarschall von Hindenburg, Aus meinem Leben, Leipzig: Hirzel, 1934, S. 225–226.)
10. Ebd.
11. Mit ‚etwas Würze' meint unser Gegner ein paar vulgäre Ausdrücke, ein bißchen nackten Körper und ein bißchen kostenlose Gewalt, die zur Abrundung eingestreut werden.
12. Bondurant, Conquest of Violence, S. 39, Hervorhebung im Original.
13. Quelle unbekannt.
14. Guevara, Guerrilla Warfare, S. 7–8.
15. Brown, Let No One Deceive You, S. 201–216 („Is Good News Bad News for the Gloomers and Doomers: Exposing the Laodicean Lie" / „Sind gute Nachrichten schlechte Nachrichten für die Schwarzseher des Weltuntergangs: die Entlarvung der Laodizea-Lüge")
16. Der berühmteste Ausspruch Edmund Burkes (1729–1797) ist wahrscheinlich: „Das einzige, was nötig ist, damit das Böse triumphiert, ist, daß gute Menschen nichts tun." Er äußerte auch folgendes: „Die wahre Gefahr besteht darin, daß man die Freiheit Stück für Stück abbröckeln läßt, weil es zweckmäßig erscheint" (aus einem Brief vom 3. April 1777). Auch die folgenden Warnungen sollten wir zu Herzen nehmen: „Niemand begeht einen größeren Fehler als der, der nichts tut, weil er nur ein wenig tun konnte." „Wenn schlechte Menschen sich zusammentun, müssen sich auch

die Guten zusammenschließen, sonst fallen sie alle, einer nach dem anderen, ein unbeachtetes Opfer in einem verächtlichen Kampf."

17. Ein äußerst empfehlenswerter Augenöffner für den großen Unterschied zwischen dem islamischen Fundamentalismus und dem amerikanisch christlichen Fundamentalismus ist: „God Fights Back: The Rise of Religious Fundamentalism," The People's Century, Public Broadcasting System, 1999. Vgl. auch Susan Harding, The Book of Jerry Falwell: Fundamentalist Language and Politics (Princeton, NJ: Princeton University, 2000).
18. Nach Francis Schaeffer „riefen die alten Erweckungen in Großbritannien, Skandinavien usw., und auch die alten Erweckungen in diesem Land [Amerika] ohne Frage und mit großer Klarheit zur persönlichen Erwekkung auf. Aber sie riefen auch nach Konsequenz im gesellschaftlichen Handeln." (Schaeffer, A Christian Manifesto [Neudruck, The Complete Works of Francis Schaeffer, Bd. 5, Westchester, IL: Crossway Books, 1982], S. 451; dieses Zitat ist Teil des wichtigen Kapitels „Revival, Revolution, and Reform" S. 451–456). Historische Untersuchungen zur Auswirkung von Erweckungen auf Amerika vgl. beispielsweise William G. McLoughlin, Revivals, Awakenings, and Reform: An Essay on Religion and Social Change in America, 1607–1977, Chicago History of American Religion (Chicago: University of Chicago: 1978), mit weiteren Literaturangaben; J. Edwin Orr, The Event of the Century: The 1857–1858 Awakening (Wheaton, IL: International Awakening Press, 1989); Timothy L. Smith, Revivalism and Social Reform: American Protestantism on the Eve of the Civil War, 2nd ed. (Baltimore: Johns Hopkins, 1980); Paul E. Johnson, A Shopkeeper's Millennium: Society and Revivals in Rochester, New York, 1815–1837 (New York: Hill and Wang, 1978). Eher allgemeinverständlich vgl. Malcolm McDow und Alvin L. Reid, Firefall: How God Has Shaped History Through Revivals (Nashville, TN: Broadman & Holman, 1987). Praktische Aspekte in Bill Hull, Revival That Reforms: Making It Last (Grand Rapids, MI: Fleming H. Revell, 1998).
19. Für seine Grundphilosophie (in seinen eigenen Worten) vgl. Unger und Unger, The times were a changin', S. 177–183.
20. „An einem Punkt in seinem letzten Delirium äußerte er [Leary] die Worte ‚Warum nicht.' Er äußerte diese Wendung wiederholt in verschiedener Intonation: als Frage, als Aussage, leise, laut, nachdenklich, kläglich und zuversichtlich. Bald danach starb er; diese Worte waren die letzten, die er laut gesprochen hatte" („Timothy Leary's Last Trip," Timothy Leary, 18. Februar 1999. http://www.leary.com/LastTrip/index.html). Nach seinem Tod am 31. Mai 1996 wurde er verbrannt. Seine Asche wurde an die Familienmitglieder verteilt; ein Teil davon wurde in den Weltraum geschossen.
21. Text und Musik von Ronnie Gorton und J. Brandon Chase. (Dies sind die ersten beiden Verse und der Refrain.)
22. Kirk Franklin, „Revolution", Nu Nation Project. Da sich dieser Rap mit der Mischung aus Reim, Rhythmus und Slang im Deutschen kaum nachahmen läßt, hier der Text im Original: „Do you want a revolution? Do you want a

revolution? Sick and tired of my brotha Killing each other Sick and tired of daddies leaving Babies with their mothers To every man that wants to lay around and play around Listen potnah, you should be man enough to stay around Sick and tired of the church talking religion But yet they talk about each other makin decisions No mo racism Two facism No pollution The solution A revolution Do you want a revolution? Do you want a revolution?"

23. Newman, Guerrillas in the Mist, S. 7–8.
24. Eine vernünftige Antwort auf das Phänomen, das als extrem verurteilender und bösartiger christlicher Aktivismus bzw. Rhetorik wahrgenommen wird, vgl. Francis Frangipane, America at the Threshold of Destiny (Cedar Rapids, IA: Arrow, 1999).
25. Lloyd, Revolutionary Religion, S. 14–15.
26. Ebd., S. 15–16.
27. Ich bin mir der Logik hinter einem „christlichen" Ruf zu den Waffen durchaus bewußt, besonders angesichts der Geschichte unserer Nation. In diesem Zusammenhang wird oft Abraham Lincoln zitiert: „Dieses Land gehört mit seinen Institutionen den Menschen, die es bewohnen. Wann immer sie der existierenden Regierung müde werden, können sie ihr verfassungsmäßiges Recht ausüben, sie zu ändern oder ihr revolutionäres Recht, sie zu stürzen" (Oxford Dictionary of Quotations, 3rd ed., S. 314, #19). Man beachte auch Francis Schaeffers berühmte Bemerkungen in dem Kapitel „The Use of Force" („Der Einsatz der Waffen") in seinem Christian Manifesto (Complete Works, Bd. 5, S. 483–491).
28. Grounds, Revolution and the Christian Faith, 1971. Zum „revolutionären" Einfluß des Christentums vgl. Otto Scott, The Great Christian Revolution.
29. Ebd., S. 220–221. Die Zitate stammen von Bernhard Häring, Theologie im Protest (Salzburg: Otto Müller, 1971), S. 15, und Jacques Ellul, The Presence of the Kingdom (Philadelphia: Westminster, 1951), S. 51; vgl. auch James W. Douglass, The Non-Violent Cross: A Theology of Revolution and Peace (New York: Macmillan, 1968), S. 187. Ich bin mir natürlich bewußt, daß das Konzept eines „Zeichen des Kreuzes" für viele Juden abstoßend wirkt, weil dieses Zeichen für Tausende von ihnen den Tod durch das Schwert bedeutet hat. Für die Sicht eines jüdischen Gläubigen an Jesus vgl. Michael L. Brown, Answering Jewish Objections to Jesus, Bd. 1, S. 101–177; vgl. auch ders., Our Hands Are Stained with Blood (Shippensburg, PA: Destiny Image, 1992).
30. The Non-Violent Cross, S. 8, zitiert in Grounds, Revolution and the Christian Faith, S. 221. Man beachte auch das erste Kapitel von Härings Untersuchung Theologie im Protest: „Gewaltlosigkeit: Evangelium bedeutet Revolution" (S. 3–20).
31. Wie Grounds bemerkt: „Für einen weltlichen Revolutionär scheint die christliche Revolution der Nadir [absoluter Tiefpunkt] eines impotenten Idealismus. Und während eines großen Teils der Kirchengeschichte war sie

auch wenig mehr als das: ein impotenter Idealismus. Deshalb müssen wir die Bedeutung dieses unerträglich mißbrauchten Wortes ‚Liebe' klären" (ebd., S. 22).

32. Vgl. Matthäus 5,43-48; Lukas 6,30-36; Römer 12,17-21; 1. Petrus 2, 19-21; 3,9.
33. Wallace Henley, Confronting the New World Disorder: The Emerging Church for the 21st Century (Houston: Encourager Media, 1995), S. 249–250.
34. Ebd., S. 252–253.

Kapitel 13

1. Newman, Guerrillas in the Mist, S. 81.
2. Natürlich kann auch die Jugend Josias für die lange Zeit, in der er der Herrn suchte, verantwortlich sein – aber auch das läßt sich auf uns anwenden!
3. Lloyd, Revolutionary Religion, S. 7.
4. Newman, Guerrillas in the Mist, S. 83.
5. Hier sind die relevanten Kommentare in ausführlicherer Form zusammen mit anderen von ausgewiesenen neutestamentlichen Gelehrten. Zuerst D. A. Carson: „Dieses Reich bricht unter dem Dienst Christi an, wird aber erst am Ende der Weltzeit vollendet (28,20). Zu beten ‚Dein Reich komme!' bedeutet deshalb, gleichzeitig zu bitten, daß sich jene rettende, königliche Herrschaft Gottes jetzt ausbreitet, wo Menschen sich ihm unterstellen und schon den eschatologischen Segen des Heils schmecken, als auch nach der Vollendung des Reiches zu rufen (vgl. 1. Korinther 16,22; Offenbarung 11,17; 22,20). Gottesfürchtige Juden warteten auf das Reich (Markus 15,43), ‚den Trost Israels' (Lukas 2,25) … Aber der Jude schaute vorwärts auf das Reich, während der Leser des Matthäusevangeliums zwar nach vorne auf seine Vollendung schaut, aber doch erkennt, daß das Reich schon angebrochen ist; er betet um seine Ausbreitung wie um seine ungehinderte Sichtbarwerdung" („Matthew," Expositors Bible Commentary, Bd. 8, S. 170). Donald A. Hagner schreibt: „Das Evangelium ist selbst mehr als alles andere die Ankündigung, daß Gottes verheißene Herrschaft jetzt in dem und durch das Werk des Messias Jesus begonnen hat (vgl. [Matthäus] 3,2; 4,17.23). Deshalb werden die Jünger ermutigt zu beten, daß das, was im Dienst Jesu begonnen hat und woran sie jetzt begonnen haben teilzuhaben, in aller Fülle erlebt werden möge." (Matthew 1-13, Word Biblical Commentary [Dallas: Word Publishing, 1993], S. 148.) Craig S. Keener: „Wenn das Reich Gottes völlig zukünftig wäre, könnte man daran verzweifeln, jetzt überhaupt irgendeine Gerechtigkeit zu erreichen; wenn man annähme, daß es ganz gegenwärtig sei, dann würden die Realitäten dieser Welt schnell das utopische Denken der Jünger beenden. Aber weil die Evangelien bekräftigen, daß in Jesus das Reich Gottes in verborgener Weise gegenwärtig ist, können die, die an ihn glauben, anfangen, in ihrer Welt

jetzt einen Unterschied zu machen, und darum kämpfen, daß die Wirklichkeit bei der Wiederkunft Christi vollendet wird." (A Commentary on the Gospel of Matthew [Grand Rapids, MI: Wm. B. Eerdmans Publishing Co., 1999], S. 200, Anm. 172.)

6. Ich vertrete nicht den sogenannten Postmillenniarismus, der erwartet, daß das Reich Gottes vor der Wiederkunft Jesu völlig auf Erden errichtet wird, auch wenn ich mir der Tatsache bewußt bin, daß viele christliche Leiter (wie Jonathan Edwards und Charles Finney) diese Position vertraten und sie ihren Glauben an die verändernde Macht des Evangeliums beflügelte. Meine Postion läßt sich am besten als klassischer Prämilleniarismus beschreiben. Gegenüberstellung und Diskussion vgl. Robert G. Clouse, Hg., The Meaning of the Millennium: Four Views (Downers Grove, IL: InterVarsity Press, 1977); Millard J. Erickson, A Basic Guide to Eschatology: Making Sense of the Millennium, rev. ed. (Grand Rapids, MI: Baker Book House, 1999).
7. Taheri, Holy Terror, S. 38.
8. Manche haben Erweckung definiert als „die Durchdringung einer örtlichen Gemeinschaft mit Gott". Traurigerweise haben Gemeinschaften, bei denen in der Vergangenheit solche Erweckungen aufgetreten sind, es nicht geschafft, diese Dynamik zu nutzen, auszubilden und zu exportieren sowie einen Schlachtplan zu entwickeln, der eine bis zur nächsten Generation reichende bleibende Frucht hervorbringt. Die vier „E", die mir seit meinem Engagement in Pensacola wichtig wurden, sind: Entrench („sich eingraben" – tiefer gehen), Expand („Erweitern" – mehr Mitarbeiter, größere Gebäude usw.), Equip („zurüsten" – Gottes Volk zum Handeln zuzubereiten) und Export („ausbreiten" – Arbeiter bis an die Enden der Erde zu senden). Weiteres dazu vgl. Michael L. Brown, How to Mess Up a Move of God: Twenty Surefire Ways to Kill Revival in Your Church (Shippensburg, PA: Destiny Image, im Erscheinen); vgl. auch David Ravenhill, They Drank from the River and Died in the Wilderness (Shippensburg, PA: Destiny Image, 2000).
9. Newman, Guerrillas in the Mist, ebd. Zu seiner Strategie der Guerrillabasen (die rein militärisch ist und sich nicht wirklich auf unser Thema anwenden läßt), vgl. ebd., S. 84–85.
10. Abraham Lincoln, zitiert in Oxford Dictionary of Quotations, S. 315, #6. David Remnick, Redakteur des New Yorker, ist der Meinung: „Bis zu einem gewissen Grad muß man sagen, daß das literarische Werk von Alexander Solschenizyn geholfen hat, das letzte Imperium auf Erden [nämlich das Sowjetimperium] zu Fall zu bringen" (zitiert in Christian History 65, „The Ten Most Influential Christians of the Twentieth Century" [Vol. XIX], S. 33). Welche Macht das gedruckte Wort haben kann!
11. Das ist auch Teil einer Doppelstrategie zur Verbreitung der Wahrheit: 1. sie direkt in die Hände einer möglichst großen Zahl zu bringen, und 2. sie in die Hände – und Herzen und Gedanken – von Leitern des Leibes Christi zu bringen; dann kann sie Teil ihres eigenen Anliegens und ihrer Botschaft werden.

12. Newman, Guerrillas in the Mist, S. 83.
13. Taheri, Holy Terror, S. 38.
14. Vgl. z.B. Ps. 119,105; Prov. 3,18; 4,20-22; Jer. 5,14; 23,29; Hebr. 4,12.
15. Quelle unbekannt.
16. Dieses Konzept war für die Heilsarmee wichtig; vgl. God As Strategist, mit Artikeln von Samuel L. Brengle und anderen Führern der Heilsarmee (Neudruck, New York: Salvation Army, 1978).
17. Vgl. Michael L. Brown, „Revival's Holy Desperation", Ministries Today (Juli-August 1999), S. 42–44; als Grundlage dient eine auf Video aufgenommene Predigt mit dem Titel „Holy Desperation" („Heilige Verzweiflung"; vom 10. Februar 1999 in der Erweckung von Brownsville).
18. Man sollte auf die Weisheit von O. Hallesby in seinem Klassiker zum Thema Gebet hören: „Schließlich sollten wir mit gebeugten Knien für die Evangelisten beten, die herumziehen und das Wort Gottes predigen … Lassen Sie mich in diesem Zusammenhang erwähnen, was ein einfaches Mädchen vom Land, Bolette Hinderli, für den großen Prediger Gottes Lars Olsen Skresfrud bewirken konnte. In einer Vision sah sie einen Gefangenen in seiner Zelle sitzen. Sein Gesicht und seine Gestalt konnte sie deutlich erkennen. Eine Stimme sprach zu ihr: ‚Dieser Mann wird das Schicksal anderer Verbrecher teilen – wenn niemand die Arbeit auf sich nimmt, für ihn zu beten. Bete für ihn, und ich werde ihn aussenden, um mein Lob unter den Heiden zu verkünden.'
    Sie gehorchte der himmlischen Vision; sie litt, betete und kämpfte um diesen Gefangenen, obwohl sie ihn nicht kannte. Sie wartete sehnsüchtig darauf, von einem bekehrten Sträfling zu hören, der in die Mission gegangen war. Schließlich hörte sie bei einem Besuch in Stavanger, daß ein ehemaliger Sträfling, der sich bekehrt hatte, an jenem Abend predigen sollte. Als Skrefsrud zum Rednerpult trat, erkannte sie in ihm sofort den Mann, den sie in ihrer Vision gesehen hatte. Diese Frau hatte gelernt, was es heißt, die Gnadengaben durch Gebet hervorzubringen.
    Soweit ich das Wort Gottes verstehen und aus der Geschichte des Reiches Gottes lernen kann, gibt es keine wichtigere Gebetsaufgabe als diese. Wenn die richtige Person an den richtigen Ort kommt, ist das, was sie bewirken kann, nahezu endlos" (Hallesby, Prayer [Downers Grove, IL: InterVarsity Press, 1961], S. 59–60).
19. Der Neutestamentler ist Craig Keener, Professor of New Testament Studies am Eastern Baptist Theological Seminary in Pennsylvania.
20. Edward McKendree Bounds, E. M. Bounds on Prayer (Neudruck, Springdale, PA: Whitaker, 1997), S. 37.
21. Vgl. Captain E. G. Carré, u. a., Praying Hyde (South Plainfield, NJ: Bridge, 1982), S. 180.
22. Louw-Nida, Dictionary, Bd. 1, S. 318, #25.268; Bd. 1, S. 317, #25.266.
23. Ebd., Bd. 1, S. 501, #3958, zu *hypernikao* (vgl. Römer 8,37).
24. Quelle unbekannt.

25. J.D.Douglas und Philip W.Comfort, Hg., Who's Who in Christian History (Wheaton, IL: Tyndale, o.D.), zitiert in Quick Verse 6.0 (Hiawatha, IA: Parsons Technology, 1999), CD-ROM.
26. Zum Brief Wesleys an ihn vgl. Michael L.Brown, It's Time to Rock the Boat (Shippensburg, PA: Destiny Image, 1992), S.182–183.
27. J.B.McClure, Hg., Pearls from Many Seas (Albany, OR: Ages Software CD, 1996), S.105.
28. Grounds, Revolution and the Christian Faith, S.230, mit Bezug auf Ernst Käsemanns eloquente Beschreibung der Überwinder im Buch der Offenbarung: „Sie kämpfen nicht, um Macht zu errichten, sondern weil sie ihrem Herrn gleich werden müssen. Sie wollen nicht die Welt erobern, sondern den Anspruch ihres Herrn auf die Erde verteidigen und tun das sterbend … Insofern sind die Christen, die sich zum Widerstand rufen lassen … die Stellvertreter mißbrauchter Schöpfung, die Sprecher aller Unterdrückten, das Volk der Wüste, das jedermann vor Augen hält, Ägypten sei endgültig zu verlassen und Heil gebe es allein im Exodus." (Ernst Käsemann, Der Ruf der Freiheit, Tübingen: Verlag J.C.B.Mohr, 1972[5], S.239–240.)